21世纪
新闻传播学
应用型教材

丁邦杰 / 著

时评要领

THE ESSENTIALS OF COMMENTARY WRITING

中国人民大学出版社
·北京·

序 | 有道有术乃良师

鄢烈山[1]

丁邦杰老师之前出版的两种涉及新闻传播领域的专著，令我对他刮目相看：他不是我这种书呆子式的报社编辑与评论员，也不是一般的懂得政治把关和经营管理的媒体高管，更不是大学校园里某些光说不练的新闻学教授。他的工作经历、阅历和思考成果凝结成兼有并超越以上三种角色的这本书即《时评要领》。同时，他使我对新闻传播领域的教师和著作刮目相看：他们传授的不都是屠龙术，学生也不是只得到一纸混世界的通关文凭。

丁老师已出版的那两种书，一是《新闻纷争处置方略》（江苏人民出版社，2011年），二是《企业危机公关中的媒体攻略》（江苏人民出版社，2015年），都是煌煌大著，前者52万字，后者41万字。“面面俱到”对这两本书不是贬义词，而是意指实操性很强的褒义词。像律师的职业道德要求“各为其（雇）主”没有什么可非议的，丁邦杰这两种书教人的都是正派与合法的手段。你看，他讲企业危机公关的种种技巧时，提出“纠正几种危机公关误识”（1. 搞掂媒体——出发点就错了；2. 无敌公关——期望值过高了；3. 金钱开道——成败论难料了；4. 欺骗隐瞒——灯下黑不能了；5. 斗智斗勇——树敌法碰壁了；6. 强势堵嘴——征服欲反弹了）。这是我所喜欢的，也是某些不走正道的人可能遭遇的滑铁卢。

有此前缘，他约我为他的这本《时评要领》写前言，我便请他将电子书稿发我先睹为快，看了再说。讨来一看，果然就放不下手了。又是大部头，电子文本显示是688

---

① 鄢烈山，中国著名时评家、鲁迅文学奖获得者。曾任《南方周末》高级编辑，现为纪事丛书《白纸黑字》主编。已出版《点灯的权利》等个人文集二十余种，另著有传记《威凤悲歌：狂人李贽传》等。

页；又是那么缜密生动，而且对我这个时评写手更切近、更有用。

全书分时评概论、选题、架构、论法、类别、声像、文风、投稿等八章，可谓条分缕析，言之谆谆。幸好还只是“时评要领”，否则恐怕要1 000页了！

显然，本书的基础是他这些年在大学主讲时评的教案。这不仅表现在全书结构的完整方面，也表现在语言的生动活泼——口语化方面，不避年轻人习惯使用的网络语言，有时甚至有活跃气氛的调侃性说法。

但是交付出版社之前，他又进行了梳理，改写了最新的教学案例，以便读者有亲近感和新鲜感。比如，书中写到了2017年7月5日《锵锵三人行》谈的主题是特朗普与辛普森。“这么严肃高端的国际话题，却从普通公民个体的视角去看去分析。主持人在周轶君和马家辉之间串联、收拢，非常得体。”

这本书的读者是大学本科的学生，也适宜社会上有志于在时评写作方面求发展的人阅读，基础性、实用性很强。与此前出版的那些时评写作教材相比，它不偏重研究性地讨论问题，而是着重讲时评写作的基本知识，但又比此前所有时评写作的讲义更周全、更扎实。

全书既有论时评写作之道的章节，比如我非常认同作者对优秀时评人素养和品格的概括（民主意识：平等主义思想，尊重论辩规则。关注天下兴亡，积极参与意识。法律观念浓厚，人民利益至上。坚持协商理念，论理不强加于人。权贵面前，毫不畏惧。科学精神：评论事实求真，理性存疑权威，认真容纳异见，追求创新思维。实践检验思想，勇于自我否定。独立人格：自主意识、自控意识、批判意识、社会责任意识、个性意识、敢于首先发声意识、善于恰当表达意识，经得起实践检验意识），强调“当代公民的责任修为”，是“时评写作者融入时代、介入社会的自我精神要求”。

同时又不避世俗与功利之讥，专辟一章，真诚地为习作者指点投稿迷津。稿件是文化产品，投稿当然要讲适销对路。作者以《新京报》的时评专版为例：“应该能发现这家报纸是不喜欢时评引进杂文写法的。你有道理直接明白晓畅地讲出来就好，只要事实靠谱、论据充分，能成一家之言。”

在“登门拜访的最佳时机”这一节里，讲“在和编辑已经熟悉的情况下，有条件或有重要稿件可去编辑部接受耳提面命”。作者引萧军、萧红等人得益于结识鲁迅，马云专程登门向日本企业经营四圣之一的稻盛和夫取经，说明中国的人际交往，对登门求教有特别的看重。

小时候我看《封神榜》之类的戏剧和小说，厉害的人都有一个了不起的师傅，就像哪吒之有太乙真人，或者，某个英雄被打败了，重回山洞找师傅苦修几年，再出山就出手不一般了。这样的良师一定是有道有术的。丁邦杰老师虽然没有秘而不宣的武功秘籍能传，也没有奇门遁甲之术可授，但是，认真研习他的这本书，多练一练，对于时评写作者必有进益。至于时评写作所需要政治、经济、法律、逻辑、历史和社会学、统计学方面的基础知识，那当然不是这本书可以教会的。

对于我来说，读这本书的收获主要有三点。

一是提振了我对于当下从事时评写作的信心。

2011 年底退休以来，我没有了工作压力，但也渐渐丧失了写作时评的热情和锐气。尽管我知道“江山代有才人出，各领风骚没几年”是很正常的现象，积改革开放以来 40 年之经验，言论尺度时松时紧也是规律，但是对言论自由的期待总是过于理想化，不免多有消极判断。丁老师此书一开篇就给我信心和力量。你看第一章“时评概论”的前两节标题，哪一个不切实呢？

想一想，可不是吗？传统的纸质报刊衰落了，可是新媒体方兴未艾呀！过千万的微信公号等自媒体发布的文章，有不少是时评。只是细化了，可能有的只讲经济，有的只讲法治，有的只讲婚姻家庭，不一而足。“微信对于时评的意义不仅在于用户数量庞大，而且它的交流性表达、圈层式传递、非正统语言、平视切入、差异性观点，给时评体裁的写作方式、发表形态、黏性程度带来了革命性的重大变化。”

再看 BAT 三巨头，腾讯已办“大家”频道多年，阿里新收的 UC 网办了“名家”频道，百度奋起直追改造升级“百家”，纷纷出高价争抢有影响力的评论作者。还有“今日头条”“看天下”等新媒体也参与其中。丁老师说，不是名家，但“自嗨”也很有特点：“自嗨”的评说“快比全重要，批比颂更多，评比述靠谱”。

坚信人之异于禽兽者，是有思想，是有发达的语言交流思想；那个“先天下之忧而忧，后天下之乐而乐”的范仲淹，他的誓言“宁鸣而生，不默而死”，也是许多志士仁人和爱国者的人生信念。

二是弥补了我对于时评的许多认知不足。

最明显的当然是第六章“时评声像”，电视台、电台、视频网站等媒体的时评，我以前很少关注，从此书中得到了一些了解。关于杂文与时评的交集与区别，我有过思考但没有细心研究。关于时评的选题与写作，我有朦胧的感觉，但没有那么深入探讨，凭惯性与直觉写作。如果早有这种教材出版，我也会答应退休后去大学讲评论写作的，换几个自己熟悉的例子，添加一点自己的心得就可以了。

三是阐述了一些时评理论的创新观点。例如，书中提出并阐述“时评的新闻信息首发性”，是传统媒体的新闻评论和传统新闻评论教科书所没有论及的。作者用“数量最多、影响最广、用途最大、作者最众、传播介质最为纷呈、呈现形式最为多彩、发展势头最为迅猛的一个品种”来概括当今时评在新闻体裁十八般武艺中的显赫地位，令人耳目一新。他对时评“‘切’的学问”的理解和阐述，操作性很强。特别是书中对“新媒体正盛的碎片化时评”展开分析，充满着新鲜新意和新论新知。这些都是难能可贵的理论贡献。

最后，我想说，本书里引了毛泽东与李敖做范例，应该补充说明的是，毛泽东是个革命领袖、政治家，他笃信“谁是我们的敌人？谁是我们的朋友？这个问题是革命的首要问题”，坚信“枪杆子、笔杆子，夺取政权靠这两杆子，巩固政权也靠这两杆子”，对于他来说一切为了达成革命目标，政治效果考量第一，拿起“笔杆子”著文，主要是为了宣传鼓动；而我们这种普通公民发表意见、交流思想，崇真求实，“书生意气”，以表达自己真实而独到的想法为出发点，以促成社会共识为归宿，写作态度是不完全一样的。

至于台湾李敖，既是作家，也是文化商人，“五十年来和五百年内，中国人写白话文的前三名”，都是他李敖之类自吹自擂，足见其言之夸饰。其人坐井观天，自命不凡，为文情胜于理，我终不以为然也。

2017年10月3日

目录
CONTENTS

第一章

时评概论

在当今中国传媒乃至世界传媒新闻体裁的十八般武艺中，时评可以说是数量最多、影响最广、用途最大、作者最众、传播介质最为纷呈、呈现形式最为多彩、发展势头最为迅猛的一个品种。

舆论，是公众在特定的时空里，对特定的公共事务公开表达的基本趋于一致的信念、意见和态度的总和。它是社会评价的一种，是社会心理的反映。

构成舆论的要素的内涵，虽然有新闻信息的传播，但它的主体，应该还是最广大人民群众即公众的观点或意见。

那么，作为舆论传播介质的媒体，其纷繁复杂的表达形式中，哪种体裁还能“荣享”前面授予的“七最”美誉呢？当然只有时评。除此之外如消息、通讯、特写、调查报告、专访、新闻公报、深度报道等没有一个品种可以与时评争这个殊荣。没有一位媒体总编、台长、社长不认为评论的地位要远高于新闻报道本身。“媒体旗帜论”，是中外新闻界对时评早已耳熟能详的权威定论。

时评不单是一个国家和民族的“起居注”，而且鉴于其思想的力量、对舆论的干预性，在记录历史之外，又增加了一道催生未来的功能。

诚然，如果单从传统媒体如报纸、广播、电视、新闻性杂志中看，时评在发表数量上并不能压倒作为新闻信息传播的新闻报道。这除了要理解时评“七最”表述的角度是基于广义媒体介质、广义新闻外，还要突破新闻体裁认识和划分的局限性，即时评中传输的新颖观点也属于信息。

2017 年 3 月 14 日《南方周末》的《刺死辱母者》震惊社会，这条新闻瞬间引发了网民排山倒海地发表时评。据人民网舆情监测室披露，它“拉开了近年来百万级跟帖评论的序幕”。另有媒体报道，全国网络和移动媒体“一天时间引起上亿网友的评论”。当年《南方都市报》的《被收容者孙志刚之死》，成为中国废除劳教制度的导火索，其影响力之大、震撼力之深，足以载入当代中国新闻史。但它的反响还没有这次来得迅猛。其间时隔 14 年，人民舆论对社会热点焦点的关注和参与程度，质和量都有了 n 次方的爆发性提高。原发报道必须客观中立，受众时评却扯开了观点的大旗——这些舆论几乎倾覆了山东聊城法院的判决权威。时评在这场浩大的舆情浪潮中，不仅担纲着主唱的角色，而且，其多维视角、多样剖析、多头论证、多重探究、多方观点，哪一方面不算新的信息传递和旧的信息深度再生产？尽管熙熙攘攘的“吃瓜群众”跟在后头随帖喊打，密密麻麻的平头百姓为那“凶手”变相点赞，但合计起来也还是一种舆论倾向信息。

如果有人抬杠说，你举的案例太重大太典型啦，出现这种情况的概率并不高。

首先，我们要用当今互联网舆论事件形成热点焦点的基本规律，来论证视角多维、观点复杂、风格多样的时评已然成为新闻信息传播的主体之一。根据国务院新闻办实施的“互联网内容采集分析系统”和北大方正“方正智思互联网采集分析系统”大数据算法，可以推出我国舆情热点焦点呈此起彼伏的特点，基本上一周时间左右就会更迭替代。全年只有极少数网络热点可以长期发酵、霸占论坛。因此，没有“刺死辱母者案”，也会有其他热点焦点成为时评的中心议题。这波舆论高潮过后，还会有下一波舆论高潮扑将过来。

其次，我们要看到今日时评的外在形式，已经不能简单用长短字数来定义衡量。记得郭美美事件吗？中国红十字会曾经在事后发表公开声明、组织新闻发布会，目的就是切割撇清。电影导演冯小刚对此在网上只发出一个字评价：“呸!”谁想到，短短一个小时全国网民跟在后头，发出了 240 000 个“呸!”，这创造了史上最精练、最旗帜鲜明的微时评浪潮。愤怒、抨击、蔑视、嘲讽、批驳、群殴、对阵、厌恶、幽默、戏谑……这一个“呸!”字，内含的观点态度信息量之大之深，迄今还无人能够完全解读。如果谁把这 24 万个“呸!”，只当作网民起哄跟帖，那就看低了舆论水平，忽视了人民智慧，对互联网生态环境的认识还属一个“桃花源中人”——不知有汉，无论魏晋也！所以，用传统的新闻评论模臼来套新时代时评，就一定会显出苍白且落伍。如果能解决这个认识问题，我们对时评质的度量界定，就会进步很多。

再次，时评的新闻信息首发性，更是实践早已走在理论前面的现实。过去多少年，传统媒体的新闻评论实践和关于新闻评论的传统教科书，都强调抓过一个已发表的新闻由头来发挥。现在，大量的时评既是新颖论点的展现体，也是新闻发布的第一者。它并不按常理出牌循规蹈矩，它等不及记者先报道后通过引用评说来是非臧否。《新京报》的“圆明园湖底防渗工程”系列时评，就凸显出这样的特点。该报12篇大作“单兵作战”，紧紧抓住这桩事件的进展节点，盯住变动中的新闻不放，连续进行理性评点，直至国家环保局要求工程的有关方面“全面整改”。当然，时评首发新闻，还不至于抢了新闻报道记者的饭碗。但它已经形成了一种竞争态势。在教授新闻评论写作的教师对此种写法还说不出所以然、教科书对此暂付阙如的情况下，这既是新闻时效争抢之使然，也是大量非专家时评主流作者对新闻评论领域的实践创新。所以，人们总笃信康德的箴言：“理论是灰色的，而生命之树常青。”这位欧洲先哲的话，放在我们这儿用于认识今天时评的身份和身价，也是颠扑不破的真理。

时评和传统的新闻评论相比，已经有了极大的变革。著名时评家鄢烈山先生认为，新闻评论只是时评的子集。[①] 沉睡在图书馆里那些汗牛充栋的关于评论写法的论著，以及那些习惯用老眼光来分析者，均无法准确定义和解读今日时评的许多个ABC。

从内容选择看，传统新闻评论的选题和新闻由头，基本取自已经发表的新闻报道，评论只是新闻报道的附属品。它起着深化新闻、揭示思想、表达判断的作用。时评却在新闻报道和作者自己的耳闻目睹及其他未报道的内容上，几面选题和取材。它不受已经报道或尚未报道的限制，只要具有评论价值，纵横驰骋皆成文章。

从写作者队伍看，传统新闻评论的写作者，只局限在传统媒体里供职的极少数评论编辑或总编那里，而群众投稿刊登播出的机会概率是很小很小的。老报人张季鸾先生主笔《大公报》期间，看完大样写评论，那种倚马可待的水平，曾经为几代新闻人所景仰追求学习。如果单从个体新闻业务上看，这当然值得点赞。但是，用与时俱进的宏观眼光看，新时代的媒体评论以这种模式为最高追求，那会束缚多少传媒的手脚？

---

① 鄢烈山．21世纪的“新乐府”：我的“时评”观．青年记者，2006（10）．

正是传统新闻评论写作者队伍的过于“精干”，你反而看不到几篇社论、评论员文章、编后语、专栏评论、新闻述评，出自“外来户”之手。言说到此，如果有谁举出1978年《光明日报》发表的《实践是检验真理的唯一标准》，就是南京大学胡福明的成名之作，那他也不得不同时承认这只是凤毛麟角。而且，那还是一篇理论雄文，严格意义上讲，并不属于新闻评论。虽然写作者隐于“本报特约评论员”头衔背后，但这篇六千多字洋洋洒洒的文章，从新闻由头到架构都难以划入新闻评论之列。而且，在传统媒体记者编辑队伍里，可以操刀新闻评论的职业评论员，又是“一小撮”。方今，随着网络媒体和移动客户端的发展，漫山遍野的时评和台前幕后的公民写作大军无以计数，仅在微博和论坛上评点江山者，至少亿数，这还不算微信放喉的大军，他们足以撼动时局和主流舆论。现在，即使传统媒体，也革故鼎新纷纷辟出专版专栏，来论、个论如雨后春笋。比较有影响力的如《南方周末》《新京报》《南方都市报》《中国青年报》等，都已向外拓展，建立了比较庞大的时评写作者队伍。

从发表流程看，传统新闻评论那种比较复杂的审稿把关机制，虽然在控制政治口径、技术差错、社会传播方面，发挥了重要作用。但是，“双刃剑”理论早就揭示了它反过来对作品可能的“伤害”。人们常说，最好最精彩的文章，现在不在传统媒体。其实是对那种司空见惯的“对口径”言说不满，是对自上而下教训口吻的八股文风不满，是对表现风格单调的评说模式不满，更是对选题控制说与不说的不满。而在新时期时评写作者眼里，“主编已死”——海阔凭鱼跃，天高任鸟飞。我欲直上重霄九，谁能奈我何？只要公民言论不违法犯罪，连司法机关也要保护时评写手应用互联网和移动客户端进行内容创造、分享与传播的权利，这是宪法保护公民言论自由之使然。传统的新闻评论，既想不到这样的“变天”，更无法应对这样巨大的变革。著名电视评论员杨锦麟先生，放着香港一家电视台执行台长位置不做，花甲之年辞职为腾讯视频做一档个人主持的时评节目。智慧的媒体人，总是选择站在变革的潮头。

从写作风格看，传统新闻评论就更不能望其项背啦！数以亿计的时评写手，各自张扬着自己的个性，利用各种社交、搜索、移动的工具与平台，竞相绽放着自己的评点江山之花。怒斥贪腐夹带着赤膊开骂，批评当局伴随着冷嘲热讽，追踪热点由头里不乏“据说”，反观陋习挖祖坟时中华文化一锅煮……这些有棱有角风格迥异的表达，缺点和优点一样鲜明，既不枯燥，又吸眼球，还有不少很耐读，是时评生命力张扬不衰的要津。而且，最关键是它的内容和观点，集中反映了人民群众的心声，呈现出舆论本真的特性。因此，其主流得到了党和政府的充分肯定。大作家王朔早在几年前就在自己的微博上发了一篇时评《开通你妈×的国际漫游啊》在传统新闻评论拥趸眼里，这种下流粗话是完全入不了法眼和笔下文章的。但是，人民群众太多人站在了王朔一边为其点赞叫好。最多最趋于相似的跟帖，是“话糙理不糙”。且看它的开首一段：“手机无法直接拨打台湾号码，问客服说需要开通国际漫游。……开通你妈×的国际漫游啊！自己都不承认台湾是中国的，你还一天到晚说台湾是不可分割的……”有人说观点正确，有人说合乎民心，有人说论据还是难以撼动的。但时评大家却提出应该正视“一中各表”，两岸电信仍在分治这个既成事实。平心而论，同道专家的分析，是实事求是的。不过这篇时评，至少可以反观映照出“国际漫游”的说法用在台湾这种祖国领土的话费漫游上，是很不妥当的。谙熟对台政策的各级台办，对此绝不会赞成。时评的后文，更是鞭辟入里处处精彩！到了 2017 年 3 月全国“两会”，李克强总理在《政府工作报告》中明确要求，“年内全部取消手机国内长途和漫游费，大幅降低中小企业互联网专线接入资费，降低国际长途电话费”。各报将此摘出作为头条，百姓点赞政府做了好事。这至少说明，王朔那篇带脏话的时评，既有远见也含正义，但其风格在传统新闻评论高尚的园地里，不可能有一席容身之地。邓小平同志指出，一个革命政党，就怕听不到人民的声音，最可怕的是鸦雀无声。但他老人家生前的那个年代，新媒体可谓是小荷才露尖尖角。胡锦涛同志指出，人们使用网络诉诸表达权，可以直接、全面、方便地表达自己的想法，这是人民参政议政的好形式，也是政府的重要执政资源。当年，他就亲临人民网人民论坛和网民热切互动。习近平总书记在全国“两会”上要求，我们要随时随地倾听人民呼声、回应人民期待。他要求党和政府官员“尽快掌握这个舆论战场上的主动权，不能被边缘化了”。互联网和移动客户端时评，其糟粕源自一种文化和个体素质的自然表露。在漫长的进化过程中，一定会受到外力和自身的净化。我们应该有这个定力和自信！

综上所述，学习时评的写作者，有必要扬弃旧的新闻评论思维，换一副新眼镜，认识时评当下鼎盛的原因与背景和它的基本要素与特点。

第一节

媒体进入热卖观点新时代

我国晚报都市报，发行量从“滑坡”到“断崖”，处境从“寒冬”走向“冰河时代”，历时之短、变化之快，连媒体人自己都不敢相信。它不过是纸媒的一个缩影或前行者。

电视人均收视时长和观众平均到达率，这几年也双双下降。当年人均收视时长数据，这六年几乎年年创下新低。

央视市场研究股份有限公司（CTR）媒介智讯的研究表明，2008 年至今，全国广播电台数量减少了 100 个左右，占总数的 35%。传统广告市场同比下降，颓势没有扭转的迹象。

属于纸质媒体的新闻性杂志，由于出版周期长而时效性落后于其他媒介，加上经济拮据、新闻挖掘缺乏资金支撑，最近几年来大多数处在难以为继的状态。但真的退出江湖又下不了狠心，生不好也死不了，处境确实尴尬……

究竟是什么原因，使中国媒体坠入如此艰难的困境难以自拔？这可能要一部砖头厚的专著才能说清问题。但是，所有人都已经清楚地感受到，中国新闻媒体一个革故鼎新的时代已经悄悄到来。大浪淘沙，真金犹存。嬗变之后，凤凰涅槃。我们只能在此抓住几个跟传统新闻评论凋零、新时评中兴相关的几个要素，来作我们自己的文章。

媒体时代变革，最重要的是垄断的话语平台多元化分拆。回首几十年，中国的新闻发布和言论传播载体，始终是由党和政府直接掌控委托运营的。任何一家传媒及其机构，都没有私营或同仁创办。“枪杆子、笔杆子，打江山坐江山都要靠这两杆子。”——一位伟人曾经如此教导我们。而美国除只负责对外广播的美国之音外，传媒组织均为企业财团或个体创办运营，美国联邦法律规定政府不许创办与运营传媒。我国则完全相反，半个多世纪执政实践证明，这种牢牢控制舆论机器的模式，为国家政权的稳固发挥了巨大作用。但是到了 21 世纪初，这块“铁板”就出现了裂纹。2003 年第 3 期《中国记者》上，首次刊载了国家通讯社新华社总编辑南振中提出的“两个舆论场”理论。他认为“在当下中国，客观存在两个舆论场，即党报、国家通讯社、国家电视台组成的官方舆论场，都市报特别是互联网构成的民间舆论场。两个舆论场重叠的部分越大，舆论引导的针对性和有效性越强；两个舆论场重叠的部分越小，舆论引导的针对性和有效性就越弱。如果两个舆论场根本不能重叠，主流媒体就有丧失舆论影响力的危险”①。

显然，那时的南总编辑只是忧心于不同层面传媒之间的舆论不对口，尚未直面传统媒体被分拆的话语权和被分流的受众市场。十几年过去的今天，新的技术革命浪潮风起云涌，裹挟着世界各国一道前行。互联网媒体问世，带来话语平台的多元化，非政府组织可以建立网站发声，公民个人更可以通过论坛、博客、微博、微信、QQ 等社交媒体，发表传递自己耳闻目睹的信息和对时局的分析观点。后来，又在这两者之间创新诞生出一批聚合类新闻载体……

不过，多元化并非意味着话语权管理的失控，就像互联网早已风靡全球，美国仍然继续掌握着互联网世界的最终控制权，1998 年 10 月互联网域名与地址管理机构成立时，美国商务部授权其管理这 13 台根服务器。中国各级党和政府一方面强化新媒体运营建设的法规制度化建设，一方面要求传统媒体主动参与融合。习总书记多次在不同场合强调，高度重视传统媒体和新兴媒体融合发展，要利用新技术新应用创新媒体传播方式。如果把“两个舆论场”理论放大扩展到这个疆域，则南振中当年提出“打通两者路径”的建设性主张，于新时期还有新的意义——寻求两个舆论场的“最大公约数”，推动两个舆论场“同频共振”，促进两个舆论场有机融合。

其实，以互联网为依托的新媒体，在争抢传统媒体蛋糕的同时，也在悄悄做着融合的业务。聚合类媒体如今日头条、网易新闻客户端、果壳网等，已经向同业和传统媒体实行“拿来主义”……

所有这些媒体变革，表面上看是信息与观点发布载体的开拓创新，其实质却是舆论场话题设置和引领主导权的易手分拆。

狭义新闻是信息，言论观点也是信息。消息可以大同小异，时评却必须毫不雷同。因此，多样化后的媒体话语平台，新闻信息由于特别容易“撞车”而相同相似，一个

---

① 南振中．把密切联系群众作为改进新闻工作的着力点．中国记者，2003（3）．

报道选题各家都去下手抢做。同台竞技的结果，只能看出报道水平高下之分，看不出其他实质性区别。且这种“看出”，还必须是媒体内行，甚至是“老司机”，一般受众并不包含在内。在激烈竞争了很长一段时间后，新闻江湖几乎所有媒体都在征战中受伤不小。面对新媒体饿虎抢食，大家终于警醒，在原来那个无法避免趋同的卖新闻领域企图 PK 掉对手，基本是不可能的。尤其是看着互联网媒体和移动客户端，那么多既是“记者”也是用户的对手，他们对受众的口味需求，比其他任何人都清楚。市场导向，就在千千万万作为“公民记者”的写手心中。当绝大多数人根本无法亲临新闻事发现场、根本无法直接面对面采访新闻当事人的时候，发表、倾诉对新闻由头的意见观点，就成了公众的普遍要求和自觉行动。这就是我们看到的任何一件新闻，无论社会影响力大小，终会有 n 次方的公民评论紧随其后。

观点、立场、态度和表达风格千差万别的公众时评，构成了这个时代新闻内容的主干或最广大的成分。对于因同质化竞争已经碰得鼻青脸肿的传统媒体来讲，公众时评是它们取之不尽用之不竭的新闻资源，更是彰显自己个性风格的重要利器。媒体可以运用时评，展现自己有别于同行的新闻价值观、观察问题的视角、写作特色等。这不是个别媒体的选择，而是大多数已经觉醒、正在觉醒的传统媒体主动自觉的华丽转身。尤其是作为思想文化信息集散地和社会舆论放大器的互联网与移动客户端的引领，两个舆论场同频共振相互影响，开辟了媒体热卖观点的新时代。

最能支持上述观点的科学依据，是人民网 2014—2016 年连续三年的热点事件舆情监测报告。该网运用德尔菲法及层次分析法，邀请近 20 名舆情研究领域的专家，针对七大形态的权重进行赋分。通过专家打分法，对每一热点事件的舆论倾向性做了量化处理。其中，2014 年 20 件社会热点事件分别如下：马航航班失联事件，香港“占领中环”非法集会事件，云南鲁甸发生 6.5 级地震，阿里赴美上市，台湾学生占领台湾“立法院”事件，中央对周永康涉嫌违纪问题立案审查，昆明火车站暴恐案，昆山爆炸事故，麦当劳、肯德基供应商黑幕曝光，演员柯震东、房祖名在京吸毒被抓，兰州自来水苯含量超标事件，南京大屠杀死难者国家公祭，山东招远血案，广西玉林狗肉节事件，内蒙古呼格吉勒图案再审，郭美美赌球被行政拘留，东莞扫黄事件，湖南产妇因羊水栓塞死亡，乌克兰政局剧变，广东茂名 PX 项目群体事件。围绕上述事件媒体所发新闻量加权精确计算数为 38 097 240 篇，而仅仅微博的同口径总数加权已经高达

40 500 958 篇，后者比前者绝对值多出 2 403 718 篇。到了 2016 年 12 月底，人民网舆情监测室再请专家用这套科学方法，统计出当年 20 件热点事件的舆情反应时，专业统计的公众评点江山观点表达平台，在单个的微博之外，又增加了论坛、博客、微信等这几个活跃的新媒体品种。2016 年 20 件社会热点事件分别如下：G20 杭州峰会，南海仲裁事件，雷洋事件，2016 年美国大选，王宝强离婚事件，魏则西事件，女排奥运夺冠，网络直播带动“网红”，A 股熔断机制实施 4 天后暂停，2016 年全国多省份暴雨洪灾，山东“问题疫苗”事件，各地网约车新政出台，校园“毒跑道”引舆论关注，杨改兰案与《盛世中的蝼蚁》引争议，赵薇新片《没有别的爱》引争议，北京如家和颐酒店女子遇袭事件，朴槿惠“闺蜜门”，江苏、湖北等地高考减招风波，帝吧表情包大战，“连云港反核”群体性事件。其新闻总发稿数是 3 237 600 篇，而其他发稿总数为 4 168 000 篇。而且，在许多公众热议的焦点问题上，如南海仲裁事件、雷洋事件、女排奥运夺冠等，呈时评倍于新闻的态势。而牵连着王宝强、魏则西、赵薇、杨改兰等这些名人明星或普通百姓身上的评头论足是非臧否，相比新闻数量多达几倍甚至十几倍。新闻在公众评论面前，再次从“老大”的位置上跌落下来。这表明了我们的新闻媒体，真的已经从新闻信息主营步入公众时评表达观点的新时代。难怪中央电视台评论节目主持人白岩松自豪地说：“《新闻周刊》卖新闻，我们《新闻 1+1》卖观点选择。”[①]“罗辑思维”“知乎”也是如此。

二

新闻同质化竞争倒逼传统媒体卖点转移

如果翻开五年开外的《中国新闻年鉴》就可以看到，至少十辑以上都有媒体如报纸、广播、电视，受众数量雄踞世界第一的光辉记录。人均国民收入不如欧美，但是精神属性的产品数量早已实现了超越。欧美一座城市通常只有一两家报纸，中国南京市却每天有 16 家日报在出版。加上周报、内刊报，那就更加令人目不暇接。放眼再看

① 史国立．看《新闻周刊》和《新闻 1+1》如何“卖选择”．活力，2014（7）．

全国其他城市和地区，到处都是媒体同业硝烟四起的征战。有个业界同仁是这样描述中国媒体同质化竞争的：在南京，八张都市报曾经混战一团；在重庆，五家报纸从三国演义到两军对垒；在广东，四大报业集团各拥优势攻城掠地；在杭州，《都市快报》《钱江晚报》近拼肉搏招数迭出；在成都，从“三国大战”到“七雄争霸”再到集团之间“两军对垒”；在郑州……在济南……在北京……在沈阳……有心人在纵观中国报业市场化竞争态势时，以“报业德比战十大战区”为标题，形容报业遍布各地的烽火硝烟。

再看电视业，全国各地省级卫视相互竞争以及对中央电视台一家独大的蚕食，搅和成一派乱局。在湖南卫视《超级女声》大获成功后，2009 年仅仅围绕一个全民 K 歌替代“选秀”，就忽然冒出了湖南卫视《挑战麦克风》以及江苏卫视《谁敢来唱歌》，接着浙江卫视号称门槛最低的音乐比赛《我爱记歌词》在影响力方面后来者居上。江苏卫视的《非诚勿扰》，更是出尽了风头。

受众不能忍受媒体的千篇一律，即“千媒一貌”。同质化问题最多地出现在同一地区的都市报之间，其次是在党刊类杂志及其子刊中，而行业报刊趋同也很严重。电视除了新闻内容形式相似，还有娱乐节目的相互模仿抄袭，已成风靡之势……

终于有一天，受众在数不清的报刊摊亭大同小异的新闻和看不完的电视连续剧及综艺节目面前，厌倦起来了。原因是，这些内容套路大都差不多。“同质化是新闻媒体内的毒瘤，是新闻传播中的瘟疫，其快速蔓延和扩散会直接导致媒体内容生产与传播的模仿、抄袭、克隆之风盛行，新思想、新观点、新创意不见踪影。媒体创新停滞不前，最终导致受众流失、广告下降、人才出走，媒体难以发挥其应有的功能和作用，影响力和权威性不复存在，于是恶性循环。”①

再以后，受众发现后起之秀互联网和移动客户端上，节目呈海量之势，内容与形式千差万别，风格和口味应有尽有。这还不要了传统媒体的老命吗？因此，同质化混战导致杀敌一万自损八千，以致最后有些就“咣当”一声同归于尽。

幸存下来的媒体还要活命，这就不能不改弦更张，弃走同质化那条老路。其实我们作为新闻从业几十年的道中人，深知方今媒体太多，加上新媒体抢食，独家新闻已经是极难发现与获取的。一旦发生重大事件、突发事件，一旦党和政府有什么国计民

---

① 邵培仁．新闻媒体同质化的根源及突破．传媒评论，2014（4）．

生新政策出台，一旦涌现如天津孤寡老汉白方礼捐助几十万辛苦钱，资助素不相识的学生读书那种特别有故事的人物或事迹，各路新闻记者就会蜂拥而至。缺少了独家，千媒一面，一些总编台长就从时评上寻找突破口了。由于时评的文体和写作特点与新闻相当不同，它没有“倒金字塔”结构和写人写事那几个惯常套路束缚，媒体想让作者“一二一齐步走”都很难。美联社采用 WordSmith 程序机器人写作，《华尔街日报》和 CNN 上线 Messenger 聊天机器人，腾讯创造新闻写作机器人，新华社推出“快笔小新”写作机器人等世界所有模拟人类的新闻写作，都只能局限在以消息为主的新闻品种上。人工智能可以通过大数据算法，攫取新闻要素，但却难以形成人的思想，它们中无一可以涉足时评类文体。这就更加反映了时评的特质。

2017 年 4 月 15 日，世界已经屏住呼吸：“韩国屯粮，日本撤侨，中国停航，美国重兵云集，平壤喜气洋洋”——这一天，“是正义与邪恶的面对面打赌，更是文明与野蛮的零距离较量”（微信公众号 chenyanbiyue）。美国总统特朗普在命令对叙利亚政府军机场等设施发射 59 枚“战斧”巡航导弹，向阿富汗东北部的一个“伊斯兰国”地道设施投掷了重达一万公斤的“炸弹之母”后，放出狠话：要正式对朝鲜动武！朝鲜则声称：将以自己包括核打击手段在内的所有朝鲜式超强硬方式，予以坚决回应，打击韩国、日本甚至美国本土目标。围绕这一惊天动地的新闻，全世界记者都在捕捉哪怕一丁点最新新闻信息。但是，能够挖掘出的相关内容，只有那么几行字几个视频镜头。打开所有报纸版面、电视频道、广播频率，包括网络和移动客户端，受众在大同小异的新闻面前，很难获取新的信息。而满世界的时事评论，已经充斥大大小小新闻媒体，尤其是网络和移动客户端。有分析叫阵双方异动走向的，有对侵略和反侵略阵线旗帜鲜明站队的，有为中国忧心忡忡思前想后的，有从世界安宁和平广角呼吁双方停止引发战端的。更有数不清的公民评论家深挖历史，从一战二战爆发的导火索来反观今日的博弈。这一天，用百度输入“美国朝鲜”关键词，所呈现出的搜索结果数为 237 000 个，新闻报道只是其中 1%不到的极少数。总之，时评已经成了“霸占”媒体地盘的主角。这个案例中，和前面提到的人民网舆情监测室 2014—2016 年热点事件，舆论倾向性量化处理结果更进一步，说明这种媒体体裁主演角色的转变，正在加快加剧。

中国的新闻媒体太多、中国的新闻记者太多，每当重要新闻线索稍一露头，就会出现大家蜂拥而至的情景。这在今天，已经成为新闻界的一个常态，独家新闻真的非常难以获得。过去，媒体主要是靠卖新闻信息安身立命的。如今生存危机倒逼媒体转移卖点，靠卖观点来规避同质化竞争——新闻可以差不多，时评却拉开了差距，直至媒体的档次都有了许多提升。这显然不是一两家媒体为了解困的权宜之计，而是新闻单位群体性的战略转移。尤其是传统媒体，在新媒体尤其是自媒体挑战面前，不得不作的一种突围选择。寻求突出时评差异、在观点出新上更胜一筹，形势倒逼传统媒体自觉展开从“卖新闻”到“卖观点”的变革。

变则活，不变则死，而且是一道都死——新闻媒体目前已经痛感同质化竞争带来的死亡威胁。上海 2016 年前八个月主动关闭八家报纸，就是自觉进行的媒体“去产能”的“供给侧”改革实践。香港的老牌强势媒体《壹周刊》，发行量从高峰的 20 万跌落到如今的 3 万左右，凸显了以新闻报道为主打的办报刊形式，也在香港众多媒体竞争中走向衰败。究其原因，还是它在新闻选题及其写法结构上，很难摆脱与其他媒体同质化竞争的窠臼。代之而起的则是新媒体平台，如网络新闻、移动新闻客户端。香港记者协会主席岑倚兰盛赞新媒体的报道内容颇具水平，赢得不少口碑，尤其在大数据、graphics（图像）上都给读者耳目一新的感受。笔者细查这些新兴媒体的最有亮点的内容，还是建立在分析评论基础上的对当下各种热点焦点的述评新闻、调查新闻和数据新闻。有的新媒体更是以敢言、独立批评挥斥方遒，在香港媒体激烈的竞争中，杀开一条血路。相比之下，香港《文汇报》和《大公报》报网合一，《南华早报》免费向网络读者开放等。传统媒体止不住的滑坡，也反证了变革的紧迫性和必要性。

但是，实事求是地分析，中国传统媒体当前展开从新闻信息营销向观点展示的战略转移，还只是一个开始，远远没有达到采访变阵、写作变型、价值观变位、阅读视听效果变化的新高度。变革，从来就是一场系统工程。任务艰巨，难以毕其功于一役。几十年上百年的传统媒体新闻当家思路，不可能一朝一夕被“变”掉，变革任重而道远！

二

公民议政参与热引发众口评说之潮涌

“位卑未敢忘忧国”，陆游少年即受家庭爱国思想的熏陶，晚年寒素蛰居山阴仍操心国事，作诗自警自励。当今中国拥有如此胸怀的百姓，何止千万。其中一位典型人物名叫张洪铭，此公 2012 年 11 月起运营“学习粉丝团”微博账号，后来拥有粉丝 269 万。《南方周末》2015 年 3 月刊登一篇记者刘斌的采访报道《领导人的网络“粉丝团”》，披露张总共发布微博 2 877 条，社会影响了得。另一个名“丽媛粉丝团”，共发布微博 962 条，粉丝 42 万。随便发一条微博，至少几十万人阅读；即使什么也不发，都有七八千人点击。刘斌联系采访了多个类似账号的运营者，他们有的是城市白领，有的是快递员，也有的曾是地方干部。《南方周末》在这篇报道中，还提到一个新浪微博“向李学习”，其账号简介是向李学习、克难攻坚、发愤图强。这些名不见经传的博主，以关注党和国家高级领导人为主，不时就军国大事发表学习体会和分析见解。

中国到底有多少人关注时政？请大致浏览一下新浪微博、微信公众号等的主要内容，就基本能有个判断。如果你再去各大著名网络论坛，如凯迪社区、天涯社区等“转悠”半天，或许你会受这些公众的议政参与热影响，经不住自己投入其中，指点江山激扬文字起来。

从媒体平台考量，公民参政议政的主要渠道有报纸投稿、广播互动、电视受访及入播评说、互联网和移动客户端上自陈等。人民来信来访这种方式，由于缺乏公开性和受众分享，因此不属于媒体渠道。尤其在议政方面，缺乏透明公开受众分享，那就只能算是一种对话。回首过往，普通民众要想登上那些传统媒体，公开谈论时事政治和国家政务，那是极其罕见的。封建中国自古就有庙堂之上“肉食者谋之”一说，与你百姓何干？今日则不同，社会的进步，除了生产力的发展，还体现在人民的精神解放上。“天下者，我们的天下。国家者，我们的国家。社会者，我们的社会。我们不说谁说！我们不干谁干！”这是一位伟人投身革命时的话语。而运用媒体平台议政，还可以产生空谷回音万众瞩目的效果。因此，现代社会现代公民，善用媒体纵论国家大事者，已经不在少数。

按照我国现行的政治制度，宪法和法律保障人民的参政议政权。而且，不断扩大公民的参政议政权，是执政党和各级政府决策民主化的基础。公民利益多样化复杂化趋势，公民对国家社会管理的意见观点，仅仅依靠人民代表和信访渠道反映群众的诉求，难以做到全面、准确、及时，更不能做到人民意愿表达的深刻性。在党风和廉政建设进入新的历史时期，扩大公民参政议政权，还是国家机构权利得到有效监督的正当途径。2012—2016 年连续五年，人民网都在全国“两会”召开前夕，组织十大社会热点问题分析大调查。最后的结果显示，人民的参与评说内容，涵盖了民生、社会、党风等许多重大与切身方面问题。2016 年的十大社会热点依次是社会保障、居民收入、医疗改革、打虎拍蝇、教育公平、住房、环境保护、司法改革、金融风险、一带一路。如果有人认为芸芸众生议政不过是争取一点自身利益，那么，我们要用马克思的名言来回答：“人们奋斗所争取的一切，都同他们的利益有关。”①

正是公民议政参与热，才引发了方今众口评说之潮涌。街谈巷议、人民呼声、舆论正义……这些耳熟能详的词汇正在成为越来越常见的公民生活方式写照。陆游、范仲淹、林则徐如果活到今天，他们或许会惊讶于“位卑未敢忘忧国”，已经完全不仅限于社会贤达才具有的优秀品质。这是中华文化的进步，更是民族素质提高的显著标志。

人民网《2016 年中国互联网舆情分析报告》指出，传统上由媒体精英过滤传播信息的方式不复存在，大众文化成为互联网“算法”经济的核心。对网民兴趣主导的客户端“算法”，需要提升受众的鉴别力、鉴赏力。该报告归纳出这一年网络舆论场还有两个特征：其一是在部分网民中产生意识形态分歧和争论，需要弥合撕裂、凝聚共识；其二是港台问题和国际话题受到网民强烈关注，境内外舆论呈现冲撞之势。一个南海仲裁事件，竟然爆发了 820 600 篇人民热议。雷洋事件和魏则西事件，也分别达到 488 900 篇和 390 800 篇。这种舆论的力量，足以令任何权贵震撼！换个角度，从全世界广角来看，恐怕也还没有如今中国人民这样，对时事政治和社会治理有这样强烈的主动参与和介入感。

凡此种种，都构成了时评中兴的一个“生产力要素”。任何媒体仅仅依靠编辑部内几个写手，均无法支撑时评的大局，需要公众的广泛参与或投入。

从议政渠道考量，公民目前议政可以广泛使用的有四条：

政务渠道——宪法保障普通公民通过旁听人大会、政务监督、立法听证等渠道，向有关国家机关提出意见和建议，参政议政。新闻媒体依法对此进行实事求是报道。

媒体传声——公民向传统新闻媒体投稿或接受职业记者采访等，发表自己对重大

① 马克思恩格斯全集：第 1 卷. 北京：人民出版社，1956：82.

事件、突发事件、社会现象、政府工作的意见、建议、批评、赞扬等。众声组成了舆论的主体。

街谈巷议——工人农民军人知识分子以及其他各种成分人等，已经越来越热衷对国家以及社会上的新闻人物、事件、现象等，直抒胸臆表达爱憎。在众说纷纭中构建了舆论队伍的庞大基层。

“自说自话”——自媒体特别是微信、微博的诞生，赋予广大群众自由表达自己所见所闻特别是所感的空间平台。在这里，评点论说的内容成分更多更大，人们表达的自由度更大。

显然，这些议政渠道被有效利用的最大头，还是传统媒体和新媒体。这样看来，构成时评表达的主平台要素就清楚地显现出来了。

三

时效性滞后促使传统媒体观点求胜

传统媒体（报纸、广播、电视、新闻性杂志）时效性差，已经成为它的一个先天劣势。已经有太多专家学者研究后指出，其原因是出版或制作流程复杂且耗时过长……

比如报纸和杂志，本身出版周期就无法做到随时随地与新闻同步。再加上记者采写、编辑处理、审稿把关、排版制作、卫星传版、厂家印刷、投递发行……

广播电视时段制约及时性。任何电台电视台都有节目内容时段划分，重特大新闻的及时插播，永远不能成为工作常态。故而在突发新闻、重要新闻、受众关注度大的新闻发布上，往往难以做到迅速及时。

电视直播也只能算特例。播出时间固定，突发新闻一般不能及时报道；线性顺序播放，受众无法根据喜好自主选择；互动性差，传播效果不易及时反馈；采、编、播、审成本较高。虽然现在有了直播车开到现场，全程不间断发射播出的方式，但是这些特别方式并非常态，只能偶尔为之。为什么呢？除了安全问题，还有经济投入的顾虑。比如电视直播车开到现场，一般是要一辆移动供电车跟随搭配运行的。直播车上林林总总编辑平台设备使用和现场供电，运行费用都很惊人。据央视一位新闻界同行介绍，每次采用现场拍摄播报，动辄几十万上百万元。所以一般新闻单位承受不了，不是特例不敢一掷千金。

杂志出版周期太长。受制于刊期的限制，新闻性杂志只能在有限的时间内，对新闻作出滞后的反映。而且它还存在报纸所具有的基本缺陷……

不过，人们对传统媒体时效性大大落后于新媒体，忽视了一个非常关键的原因，就是多道编辑把关所耽误的黄金时间。至于媒体需要编辑如何把关，我们后面会进行讨论。但是，仅就时效性而言，它确实是制约传统媒体争抢时效的一个瓶颈。在与新媒体同台竞技、争抢新闻时效方面，传统媒体屡屡败阵。

网络媒体在时效性上的优势非常明显。但是，门户网站缺乏采访权，已经成为难以逾越的“门禁”。2014 年 10 月 21 日，国家新闻出版广电总局和国家互联网信息办公室联合发出《关于在新闻网站核发新闻记者证的通知》。该通知规定从 2015 年开始，中央、地方的重点新闻网站以及全国性行业新闻网站的采编人员，将分批获得新闻记者证。2015 年 11 月，国家网信办授予了 14 家网站采访权，但商业网站除外。具体包括人民网、新华网、光明网、中国网、国际在线、中国日报网、中国网络电视台、中国青年网、中国经济网、中国台湾网、中国西藏网、中国广播网、中国新闻网和中青在线 14 家，拿证记者共 594 名。可是，我国网站数量已经高达 423 万个①，目前能有新闻采访权的寥寥无几，它们只能“打擦边球”……

这么看来，传统媒体和网络媒体各有苦衷。正是在这种特定环境下，以长微博、微信公众号、SNS 应用等为代表的自媒体，突飞猛进地高速发展，已成为我国媒介生态一个重要构成部分。由于它的作者即用户，加上无须编辑审稿环节，所以在时效性上，完全把专业新闻媒体 KO 在脚下。

如上分析可以看出，新闻时效性滞后倒逼传统媒体和许多门户网站，做起了观点求胜的“蛋糕”。因为时评观点比纯新闻消息具有时间的“保鲜性”，关键还不那么容易“撞衫”。新闻的事实真相只有一个，观点却可以各具特色。当传统媒体在时效性无法和新媒体尤其是自媒体争抢获胜的情况下，时评就成了同台竞技的抢手武器。用时

---

① 智研咨询集团．2017—2022 年中国互联网市场分析预测及发展趋势研究报告．(2017－01)[2018－08－06]．http：//www.chyxx.com/research/201701/491254.html.

评打差异化牌，用时评展现媒体深度，用时评争取受众更长的驻留时间，用时评观点开拓媒体新生前途。

2017 年 4 月 15 日朝鲜“太阳节”，核爆没有成为事实，围绕在这一尚未发生的事件（不爆也是重大事件），全世界的评论分析阐述铺天盖地。这一天傍晚，忽然传出该国的导弹试射失败消息，又是一波评论的大潮席卷而来。中国有多少新闻媒体？世界有多少新闻媒体？首发这些消息的只有那么儿家，几万几十万跟在后面的媒体，能用的竞争武器也只有时评，试图用新颖的观点，抓住受众的眼球。仅此而已，岂有他哉？总之，时评之于新闻消息，从单篇结构上看，后者仅为前者挑开话题的由头而已。从全局上看，前者则为倍加的罗汉陪观音——这个比喻不知恰当不恰当？如果局限在新闻本身，全世界媒体没有几家可以发布最新信息。而视角不同、深浅不一、写法各异的时评分析观点，却成了广大媒体献给受众的美味佳肴。

四

思想深度策略催生时评发展的春天

有作家这么认为，新闻是速朽的，文学却能永存。一部《红楼梦》可以传世千秋，新闻报道却转瞬即逝。作为记者，我是不认可这种观点的。因为，从广义上看，今天的新闻就是后人追溯的历史。可是，如果从狭义上看，从单篇消息稿件上看，新闻确实容易速朽。其根本原因在于消息中的事实，绝大多数很难蕴含思想深度。

时评却不然，它所追求的新闻事实由头评点之外的深刻思想内涵，真的可以打动人心流传很久。梁启超的《少年中国说》传咏至今，其原因就在于蕴藏在字里行间的深刻思想。光绪二十六年（1900 年），这篇雄文发表在《清议报》上，用今天的新闻体裁划分法来看，它是一篇驳论，属于典型的时评。将第一段译成白话文如下：

日本人称呼我们中国，一称作老大帝国，再称还是老大帝国。这个称呼，大概是承袭照译了欧洲西方人的话。真是实在可叹啊！我们中国果真是老大帝国吗？梁任公说：不！这是什么话！这算什么话！在我心中有一个少年中国存在。

文章从驳斥日本和西方列强污蔑我国为“老大帝国”切入，随后深刻阐发作者理想的资产阶级共和国。在这篇近 3 000 字的文白相杂的长文中，梁启超左证右析得出断言：封建专制制度和封建官吏已经腐朽，希望寄托在中国少年身上，并且坚信中国少年必有志士，能使国家富强，雄立于地球。其文一腔热血灌注的气势，逻辑推理层层推进的笔法，展示了梁启超渴望祖国繁荣昌盛的爱国思想和积极乐观的民族自信心。

把眼光收回到近现代，我们能记起的时评，如鲁迅先生的雄文《论“费厄泼赖”应该缓行》《记念刘和珍君》《略论中国人的脸》《再论雷峰塔的倒掉》《习惯与改革》《中国人失掉自信力了吗》《论“人言可畏”》《言论自由的界限》等，无一不是靠深邃的目光洞穿所引新闻由头背后中国的问题之症结而传世的，如中国国民的劣根性等。言及此处，有些人可能要说，鲁迅的那些名篇是杂文啊！其实，杂文和时评有区别，但也有难以割裂的内在渊源联系。以上各篇，用现在时评要素的观点来分析，是基本都符合的。关于时评和杂文如何攀亲结缘、相互区别联系，本书后面的章节会详细讨论。

当代中国新闻媒体，也是通过思想深度策略，催生时评发展的春天的。它的基本套路如下：

(1) 抗“滥”盾牌。当今我国的媒体信息传播平台已经多如牛毛，绝对的全球老大。有资料显示，2009 年我国媒体已经达到三百多万家，其中电视台 4 000 多家，广播电台 2 000 多家，网站 331 万个，报纸 1 938 家，期刊 9 468 家。未经国家有关部门批准建立的还不包括在内。① 传统媒体之外还有手机短信、微信发布、户外广告……但时评却不是所有媒体都能驾驭得好的。过滥的新闻信息载体，最多只能“博眼球”但驻留不住受众，优秀时评却可以做到让你“深阅读”“深视听感受”。

(2) 破“浅”利器。新闻报道停留于表面现象，已成各种媒体的通病。它们只说表象，不究内里，只求快捷，不管深度。人们在不满这种浅薄的情况下，开始关注时评内涵，撰写内涵时评。在我国千千万万个新闻网站社群中，有一个叫作“凯迪社区”的时政深水区论坛。凯迪日 IP 访问量达到 80 万，同时在线人数常常突破 43 万。其声称依法保护言论自由，坚持公开、公正、公平的原则，坚持维护正义与人权，聚集了

① 中国媒体数量世界第一．(2010-08-17)［2018-08-06］．http：//www.jzwcom.com/jzw/ec/998.html.

大批民间人士在那里议政，他们已经成为中国网络议政的主力军之一。凯迪的分论坛有个“猫眼看人”板块，抛弃流派、理论、主义束缚，谈事说理，保守派和激进派在这里常常有激烈的冲突、交锋。这家论坛的看家本领，或者叫有别于其他大大小小论坛的利器，就是破“浅”，它公开声称自己属于“深水区”论坛。我们确实可以看到很多有深邃之见的时评写作高手，经常在这里叱咤风云挥斥方遒。它的成功，典型反映了媒体存活和发展壮大的成功范式。

（3）治“邪”良药。党政腐败和社会风气滑坡令人忧心，单维的新闻报道体裁，很难直接表达人民的爱憎。因此，时评的发展是顺应时代合乎人心的表现，它更为扶正驱邪提供了良药。我们知道，新闻只用事实说话。不过，正面新闻一般不能反做，反面新闻如果正做也会露出破绽。而时评对新闻的解读和分析，却不受正反限制约束。一种道理一个观点一类主张，无不可以多维角度、多种说法、多样表述。尤其是驳论时评和剖析时评，由于它们能有效嫁接杂文的优势特长，在发挥投枪匕首作用上，可以远超消息报道。人们常说，治疗沉疴需下猛药。对于那些贪污腐败和社会顽疾，时评的战斗力是一般新闻体裁难以企及的。

（4）争“强”高招。时评是媒体的旗帜，是新闻的标杆，是舆论的导向，是强势的筋骨。任何形式的媒体，如果缺乏思想观点的时评或时评不强，都一定是弱势媒体。这一条，在新闻媒体圈内是没有异议的。就说报纸，历数当今中国强势报社，哪一个不是以时评为拳头产品的。《人民日报》的“人民论坛”“今日谈”，《新京报》的“时事评论”“经济评论”，《中国青年报》的“青年话题”，《南方都市报》的“时评版”，《扬子晚报》的“热点评说”，《经济观察报》的“来论”和“闲谈”，《学习时报》的“观察思考”，《深圳特区报》的“热点话题”，《成都商报》的“岷江评论”，《南京日报》的“谈今”，《现代快报》的“时评”，《华商报》的“华商时评”，《南方周末》的“众议”，《今晚报》的“今晚谈”，《钱江晚报》的“经济评论”和“财富观点”……反过来说，很难找到哪家媒体时评办得一塌糊涂，而媒体本身却跻身强势之列。时评作为媒体展现价值观判断最显耀的体裁，属于核心竞争力资源。打造好这个品种，可以强身健骨凸显张力，可以在同业竞争中立于不败之地。

第二节

公民自由评点江山之利器

时评曾经属于媒体专业圈子内极少数人才能操刀的新闻体裁。新闻界老前辈张季鸾先生在主笔《大公报》期间，创造了“看过报纸大样写评论”的辉煌。他提出著名的“不党、不卖、不私、不盲”“四不主义”办报方针，更给自己写的时评，增加了客观公正的诱人色彩。但是，无论当时的《大公报》的报人还是后来的新闻史研究者都不否认，张季鸾主笔其他人就很难插上杠子，也没有几个记者编辑能胜任这份工作。毕竟，张先生的时评思想和笔力，往深里追溯，还可以看到他曾经跟林伯渠都任过孙中山秘书的经历。文人论政，是如今公民论政精神的源流之一。

公民时评，至少包含这几个要素：一是建立在宪法定义上的公民身份。二是以公民心态、公民视角、公民利益、公民诉求为基本思维。三是贯穿平等、自由、博爱、人本、民主、责任担当等时代精神。

宪法涵盖的公民身份虽说是全域的，任何成人只要身在这个国家、具有中国国籍，就都是合法公民，它可以穷尽上到高官下到引车卖浆者流。但是，这里论述写时评的“公民”二字，显然是就其普罗大众的一般身份而言。如果你端着自己局长厅长总经理董事长或专家学者的架子，所写的文章就不配叫公民时评。鲁迅笔下，阿 Q 想攀赵老太爷的远亲，被结结实实赏了两个耳光：你也配姓赵！现在反过来，也是这个道理。倘若谁把自己居高临下的评论文章端出来，标榜自己写公民时评的话，保不准受众也会赏他一记响亮的耳光……

这第二个要素是前一个自然的延伸和表现。只有真的把自己放在普通公民的层面，才能在自己的时评文章中，以公民视角看事、以公民心态论理、为公民利益看护，为公民诉求求索。有一篇评论主题说维稳，先是以省委书记讲话切入，然后分析当前形势，再然后是严肃要求保持清醒头脑、防止麻痹松懈，推动维稳工作从应急状态向常态建设转变，接下来提出工作标准不降低、工作劲头不放松云云。这样的架势，还有一丁点公民时评的影子吗？而同样的论述主题，《人民日报》这样的党中央机关报，标题中就旗帜鲜明地主张“维权才能真正地维稳”，其实全文的主题，是集中笔力阐述打捞“沉没的声音”。

有些声音只是“说也白说”，意愿虽表达，问题未解决。这些，都可谓无效表达。

那些为网络关注、被媒体聚焦的热点事件，只是“冰山的一角”，海面之下这些体量更大的冰块，才是让冰尖浮出水面的庞大基石，也才是决定社会心态的“潜意识”“核心层”。

在一定程度上，表达上的弱势群体，也是现实中的弱势群体。在社会层面，他们既缺乏影响公共舆论的资源，又鲜有参与政府决策的渠道，甚至无法得到与自身密切相关的信息，表达和追求自己利益的能力同样薄弱。因此，尽管可能人数不少，他们的声音却很难在社会中听到。

在众声喧哗中，尽可能打捞那些沉没的声音，是社会管理者应尽之责。以政府之力，维护弱势人群的表达权，使他们的利益能够通过制度化规范化渠道正常表达，这是共建共享的应有之义，是构建和谐社会的关键所在。只有这样，才能让“说话”“发声”不仅是表达诉求的基本手段，更成为培育健康社会心态的重要环节，成为社会长治久安的坚实基础。①

这种时评之所以能够使受众入耳、入脑、入心，完全在于和前一篇截然不同的公民心态、公民视角、公民利益和公民诉求。

所以，判断一篇文章是不是公民时评，要看内核而不要看其外表。

第三个要素是完全精神的、内在的核心，形影无见似乎只能意会，一般不是三言两语可以说清楚的。李敖在台湾写了等身的时评，猛烈抨击蒋介石治下的暴政。有一本叫《千秋评论》的著作，是中国著名时评家牧惠先生给他选编的。全部126篇时评，从选题到思想再到笔法，充满了为自由抗争、为民权呐喊、为宪政亮剑、为揭黑大书

---

① 执政者要在众声喧哗中倾听“沉没的声音”. 人民日报，2011-05-26.

的精神。看看他的时评标题就可见一斑：《直笔——乱臣贼子惧》《一种失传了的言论道具》《记一位没有“留学的自由”的先烈》《从“迟到的自由刑”到“逝去的自由监”》《“敢怒又敢言”的自由》《坐假牢与判假刑——致法务部林部长的一封信》《陈立夫，你为什么不早说》《对〈美丽岛受难人共同声明〉的单独声明》《教国民党怎么收干儿子》《骂总统的自由》《党外不可帮国民党擦屁股》《国民党乱点鸳鸯谱——短评〈中国日报〉短评》……由此我们领悟到，暗含在时评中的那些可贵的精神难以言状，或者叫只可意会不可言传。

公民自由评点江山之利器——时评是也！

二

新形势下舆论表达方式日趋多元

正像前面所举《人民日报》时评，主张“打捞那些沉没的声音”，真实的原因在于，新形势下舆论表达需要多元。

> 在今天的中国，能听到各种声音。两会会场中代表、委员纵论国是，报纸杂志上不同思想交流探讨，新闻评论跟帖动辄上千条，近2亿网民随时写下140字微博……条条声轨，汇成合奏，呈现这个时代多元多样的复杂图景和蓬勃活力。
>
> 我们迎来了表达的“黄金时代”，但仍有许多声音未被倾听。一方面，有些声音被淹没在强大的声场之中，难以浮出水面；另一方面，也有些声音只是“说也白说”，意愿虽表达，问题未解决。这些，都可谓无效表达，有人称之为“沉没的声音”。①

中国现今的多元表达，大致可以分为几个方面。

（1）主流媒体。以党报党刊党台为代表的主流舆论场，围绕党和国家的政治经济

① 执政者要在众声喧哗中倾听“沉没的声音”. 人民日报，2011-05-26.

大局，进一步加强了时评的水平和频次，及时准确传达主流意识形态的声音。以科学的理论武装人，以正确的舆论引导人，以高尚的精神塑造人，以优秀的作品鼓舞人。马克思、恩格斯早在一个世纪前就指出过，统治阶级的思想，是占统治地位的思想。我国没有欧美国家那种企业或私人办媒体，任何报纸广播电视等，都是党和人民的耳目和喉舌。“官方舆论场”上的这些主流媒体，基本一色的传统大众媒体新闻报道和时评选题，通常都有严格的内部把关制度。如报纸就有坚持几十年的“三审三校制”。它的运营模式便于把控也同时带来了单向传输的缺点。入耳容易，入脑、入心就有一定难度。

国家通讯社新华社前总编辑南振中所研究表述的另一个舆论场叫“民间舆论场”。它是以“三微一端”即微信、微博、微视频以及移动客户端为介质的自媒体为主导的。当然，也还有互联网平台所构成的其他基础媒体。

(2) 移动终端。艾媒咨询（iiMedia Research）发布《2016 年 App 与微信公众号市场研究报告》的数据显示，2016 年中国手机网民规模达到 7.25 亿人。2016 年中国微信公众号数量超过 1 200 万个，预计在 2017 年增长到 1 415 万个。微信已经不是一般意义上的电子革命带来的创新应用，而是舆论表达崭新的平台和窗口。数亿人非常便捷地运用移动客户端获取新闻信息，鉴别是非表达臧否，公民参政议政的舆论宽度极大拓展。

(3) 网络渠道。我们早已进入 Web 2.0 互联网时代，社会各阶层各种人士都在运用网络渠道发声，表达自己国家和社会甚至世界变动的所见所闻所感所议……

(4) 信息反馈。国家已经以法律形式，规定了各级政府必须公开的信息内容和形式，公民除了享有追寻求知的权利，还享有对各级政府已公开信息进行批评建议和表达其他意见的权利。

其实，拓宽舆论表达渠道，是改革开放的需要，也是党和国家政治生活和民主化建设的需要，是泄压维稳实现长治久安的需要，也是各民族各阶层和谐相处的需要。时评在这么多需要中，担当了舆论先行和营造百花齐放百家争鸣氛围的重任。它虽然是多元表达交响乐中的一个分支，但确是最彰显最具影响力和凝聚力的一支。尤其是接地气的公民时评，社会效果往往能产生官方新闻评论难以企及的疏导教育的力量。

二

民主诉求催生千千万万公民写手

自西方近代报刊传入中国，洋人传教士用这种媒体工具传输先进思想也传输精神鸦片以来，民主的基因就随之植入。美国林乐知主编的《万国公报》，是外国传教士在中国创办的历史最长、发行最广、影响最大的新闻刊物。它有两大特色：第一就是重言论；二是介绍西方的议会制度、民主政治思想。该刊曾经作为戊戌变法维新派的思想阵地，先后刊载了李佳白的《改政急便条议》《新命论》，林乐知的《中西关系论略》，李提摩太的《新政策》等维新变法文章。[①] 虽然有些出自殖民主义的利益和发展教会势力来鼓吹支持变法，但也从一些方面影响了戊戌变法运动和中国近代的思想启蒙。

从时评的出生历史来考，也可以看到民主诉求的影子。我们知道，时评的祖宗政论，其源头在中国可以追溯到2000多年前。从先秦诸子，到秦汉、魏晋、唐宋、明清，哪一代都有扛鼎之作传世，如李斯的《谏逐客书》、贾谊的《治安策》、欧阳修的《朋党论》、王安石的《答司马谏议书》。但是，所有这些大手笔之所以还不能称其为时评，是因为这些名篇并没有新闻由头，也没有新闻时效性，有的甚至完全不针对当时的政治军事经济，而是一种思想漫谈、个人修为的儒释道箴言。直到晚清思想家王韬1874年在香港搞出第一份由中国人创办的中文报纸——《循环日报》，他的维新言论才开拓了中国时评的雏形。加上后来梁启超如椽大笔指点江山，时评算是登上了舆论的峰顶浪尖。我们从王韬留下的《弢园文录外编》和梁启超、章太炎等人的评论作品可以看出，贯穿其中总有一根民主的红线。

然而一百多年来的中国，时评始终是文人、官宦、记者编辑垄断的文体。直到共产党执政后主张开门办媒体，这种状况才有所改善。不过，时评写作并没有根本转为大众普遍使用的舆论表达工具。是互联网和自媒体时代，开创了时评真正变革的新天地。人民在民主诉求的驱动下，不经号召，就广泛、自觉、主动地操起了时评利器，

① 许玲．近代早期传教士办报与中国民主思潮的产生．理论月刊，2004（11）．

对上到时事政治国家大事，下到民生民治民享，指点江山激扬文字。

美国大时评家沃尔特·李普曼，早在百年前写过一本专著《公众舆论》(*Public Opinion*)，被公认为是传播领域的奠基之作，至今还具有巨大的影响力。李普曼认为，舆论作为一种公众的意见，是公众对特定的公共事务公开表达的基本趋于一致的信念、意见和态度的总和。现代国家，公民的民主诉求不断高涨，必然导致人们对国家和社会事件、现象的坦诚评说。越是民主，越是介入感强烈。时评就是这种公民介入的最常见最容易上手的方式。

我国公民写手千千万万地涌现在时评文苑，有时代发展的外因，更有人民自己民主诉求的动力。仔细推敲至少可以看出这几种：

(1) 内需，是人民民主自由表达所与生俱来的自我需求。过去中国封建统治压迫、禁锢了人们个体和群体欲望的自由表达。文坛和舆论工具被少数人“霸占”，也封闭了基层百姓观点态度展示的窗口。但是，人民追求自由表达的欲望，从来没有因政治和社会生态不好而泯灭。一旦互联网和移动端写作平台问世，加上政治清明度提高，人民群体中的时评写手就如雨后春笋般，纷纷露头。

(2) 参与，是公民参政议政思想和公民主人翁意识增强的必然表现。国家的进步和社会的进步，首先表现在吾国几千年的臣民变成了公民。参与社会事务的治理，维护自身利益的意识，日渐成为众人主动自觉的选择。宪法赋予公民对公共事务和国家政治的参与权、知情权、监督权。通过写作时评参与国家治理，展现公众爱憎，是构建和谐社会的基础建设。民主意识促使公民对国家事务和公共管理的强烈参与，时评是这种参与的直接表现。

(3) 表达，是千百万人价值观的零散表达和人民意志的集体体现。只要在法律红线内，公民时评表达观点，不但受到媒体的鼓励，而且也给党和国家制定路线方针政策提供民意参照。从单篇上看，时评表达的是写作者个人的观点意见。但从单篇累积观，就是整个阶层的是非臧否。所以，这种表达，属于真真实实的舆论组成形式，任何高官或组织都忽视不得。

(4) 维权，是公民维护自身政治权利和言论自由权的展现形式。言论自由入宪，其内涵广泛，主要是保障公民新闻、出版、演说自由等。这里面的公民时评，既是言论自由权，也是公民对自身其他权利进行维护的铠甲。虽然维权的方式可以有许多种，但以时评维权，更重要的意义在于其多半不是维护个体的私权，而是广义公民的神圣权利。

（5）宣泄，是国家与社会压力释放的出口或阀门之一。改革开放带来阶层和个人利益格局的调整，社会发展的不能整齐划一又带来一部分人的相对贫困。矛盾无处不在，博弈时常都有。面对这种情况，公民时评又是一种情绪宣泄的舆论场、压力释放的有效出口，也是这种公民心理的宣泄阀、社会长治久安的解压阀。

（6）转阵，是社会情绪、公民意见变换形式的曲折表达。在官方舆论场无法或难以表达的情况下，公民时评就成了民间舆论场最好的载体。公民观点、社群意见，更喜欢在没有总编辑把关的媒体平台绽放。主流媒体多少年来的宣传教育角色以及把关角色，致使许多公民将自己的时评发表阵地转移到新媒体尤其是自媒体上。这种阵地转移，不是一时权宜之计，而是名副其实的战略转移。正因如此，官方舆论场需要通过时评，寻找和民间舆论场最大的公约数，力争做到两者同频共振。

三 网络新媒体开辟了时评新天地

过去被视为高大上的时事评论，由于写作者身份受限制和发表平台官媒化，长期不能成为普通公民写作者能写能发的体裁品种。比如外交事务，哪轮得着布衣百姓说三道四。再如军事战略，更容不得民间随意涉足。国家改革开放，首先在政治言论开明上充分体现出来。而网络 PC 和智能手机打造的自由平台，带来一场信息传播和话语权转移的重大变革，它更开辟了公民时评的新天地。

（1）微博——引发了传播学意义上的一场重大变革，过去广域受众的传播模式，被微博的微众模式颠覆。尤其是微博对国家、社会时事政治、民生经济的民间评说，通过微众收转、群组连接方式集聚的能量，竟然赶上甚至超过了传统媒体的传播效能。普通民众运用微博，公开发布自己大到对江山社稷的评点、小到对切身利益的看护。中国互联网络信息中心报告，截至 2016 年 6 月，中国微博用户规模为 2.42 亿，使用率为 34%。与去年同期相比，微博用户数增长 18.6%，在网民中的渗透率增长了 3.4 个百分点。

（2）论坛——这块电子白板，是民间时评最早、最喜欢展示的窗口。交互性强的特点，使新闻事件特别容易在论坛上长期驻留，通过无数网民主动介入讨论评说，论坛将公众的价值观判断植入传播内容，并产生持续的传播效应，导致传播的连锁反应。任何人、任何群体、任何地域、任何文化、任何职业、任何观点、任何话题、任何倾向，都可以在论坛中找到自己的归宿。论坛的精髓在“论”，论坛最集中的表达形式就是时评。每个人在这里平等地发言评说，斑竹（版主）不过是“开场子”的那个主，维持秩序可以，统一观点不行。人们运用搜索引擎内容编辑技术，不仅使内容能在论坛上有所表现，还能在不同阶层和不同兴趣爱好者中间产生共鸣。中国大大小小的网站，主要是门户网站，都开设了论坛。它的横空出世，大大地促进了民间时评的发展，推动了人民自发自主议政的普及畅行。

（3）QQ 及 QQ 群——腾讯开发 QQ 软件的初衷，只是想推出一个崭新的即时通信工具。但是无心插柳柳成荫，没想到它的交互功能，成就了人们用它议论国家和社会大事的平台。QQ 群一直都是作为舆论的丛生地而存在和发展的，类聚着许多价值观相同相近的公民，议论群友耳闻目睹的各种社会事件。它在传播新闻信息和公众观点上，正担负着重要角色。

（4）微信——这是几乎颠覆了中国普通民众信息共享、观点交互传统手段、方式的技术革命产物，是时评表达平台的后起之秀。而且，它突破了微博的字数限制，可以无拘无束地放开写作，长短自控丰俭由人。它避免了传统纸媒单一图文容易枯燥的缺点，可以将观点意见整合成文字图片＋视频音频，多维展现。还有一个诱人之处，就是微信并不依赖 PC，可以用移动客户端真正简单方便及时表达喜怒哀乐嬉笑怒骂。它对其他所有媒体平台优秀作品所独有的共享方式，也展现了自己博大的胸怀。微信推动了时评发展，使之进入一个前所未有的新阶段。它将一款智能终端提供即时通信服务的免费应用程序变成了当今最为流行的新媒体传播核心渠道。反过来促使所有品种的传统媒体拥抱社交传播汲取民间时评养分。

2000 年以后，网络新媒体时评的发展，呈媒体平台展示场景全面“移动化”趋势。从新闻由头获取到时评写作和时评发表的全流程，大多数实现了随身移动的革命。如果仅仅把这看作 App 技术的进步，那就会低估移动化带给时评的伟大功绩。从人类已经经历的三次重大技术革命所导致翻天覆地的社会进步来看，时评写作和发表技术的变革，其意义不能简单从生产工具、生产过程、媒体平台的出新来度量。仅仅说移动化媒体消解了种族和族群之间的数字鸿沟这一条，就可以大书特书万千字。对于时评来说，移动化媒体除了平台形式的变化，最重要的意义在于写手队伍主体的嬗变。随之而变的，当然还有角度、思维、手法、语言等等一系列关键要素。

四

党和国家需要倾听人民的声音

“一个革命政党，就怕听不到人民的声音，最可怕的是鸦雀无声。”这是邓小平同志 1978 年 12 月在那个决定中国在毛泽东后走什么路的重大决策会议上所说的名言。

胡锦涛同志 2008 年视察人民日报社时指出，“人们使用网络诉诸表达权，可以直接、全面、方便地表达自己的想法，这是人民参政议政的好形式，也是政府的重要执政资源”。

习近平总书记在全国“两会”上要求，我们要随时随地倾听人民呼声、回应人民的期待。

时评可以最直接反映人民的呼声。2017 年 4 月起，由江苏作家周梅森的作品改编的电视连续剧《人民的名义》开播，在全国各地火得厉害。有些地方政府组织干部收看学习，民间大众边看边揣测剧中的腐败典型对应现实中的哪位落马高官。如果仅仅从受众评价看，这部作品无论如何也不会超出“一千个读者就有一千个哈姆雷特”的定式。可是，人们对《人民的名义》表现出的高涨热情和如潮品评，早已超出艺术评价的范畴。我们可以在大量的相关时评中清楚看到，文艺批评早已嬗变为人民对腐败惊人烈度的批判，对党和国家政治社会生态修复的呐喊，对民生经济潜在危机的忧虑。

可以设想，如果没有《人民的名义》，时评也会以其他“名义”为突破口，表达人民的爱憎与隐忧。“人民为国家之基，人心则为国家之根。根的力量，表面难以看见，却在深层发挥着本质的作用。人心所向，则如根系牢固。”①

① 人性就是力量．人民日报，2016－02－01.

从时评写作者队伍的主体构成，我们可以得出“民间舆论场活跃群体”“传达人民的声音”是它最大功效的结论。

自 21 世纪初叶时评中兴始，出自官方“喉舌”的时评数量百分比，骤然降低。虽然在党和政府强化新闻评论旗帜功能的要求下，官媒的时评数量不但没有减少而且还有一定增加，但千千万万公众利用新媒体尤其是自媒体平台直抒胸臆发表时评，在数量上实现了一次“核裂变”。因此，时评历史性地走出了传统媒体编辑部，变成人民直接表达呼声要求和价值观判断的一种新闻体裁。

再从党和政府设立的各级舆情监测分析机构的意图也可以知道，时评反映人民呼声的功能，已为官方所深刻认识和接受。现在许多人把舆情监测分析看作维稳的工具，这就狭隘地理解了舆论之于国家治理的功效。中国共产党中央机关报《人民日报》主办的人民网，每年要组织大量的舆情分析，基本都是给高层或有关管理方提供决策参考用的。它所引用的舆情大数据，各种时评是其重要组成部分。但其主体评价内容是正面的，集中反映了人民的呼声。随手找到人民网所作的重要报告，摘引一些标题即可窥一斑见全豹：《十八大以来法律共同体舆论生态建设报告》《人民日报客户端观察报告》《2016 上半年社会治理舆情报告》《微博政民互动典型案例分析报告》《两会企业家代表委员“尽责建言”舆评报告》《7 月网络舆论共识度研究报告》《2015 上半年网络流行语分析报告》《2014 年中国移动舆论场舆情发展报告》《一季度网络舆论共识度研究报告》《2014 中国网络语象报告》《全国网民留言回复办理指数报告》……

时评能够最快捷表达人民的意愿。时评追求的时效性特点，加速了人民群众对国家、社会大小事件的反应。尤其是在那些关乎国计民生的大事上，时评表达的迅疾程度，已经使传统媒体深愧弗如。以 2015 年发生的三起全国影响的医患纠纷为例：湖南某患者手术前留遗书，若失败索赔 30 万元；韩雪看病爆粗口，怒斥医生不负责；退休医生开夜门诊，就医者多到限号。据人民网权威监测，在官方反应、院方反应、媒体报道倾向、网民态度、意见领袖观点五大维度上分析，网络上早已沸沸扬扬之时，官方反应却几乎为零。

时评追求最明确彰显人民的爱憎。从时评写作水平、技巧来看，专业的传统媒体、专业的评论编辑，总体看水平一定比业余民众写手高出一截。你看报纸广播电视杂志上的文章，起承转合那么行云流水，逻辑推理如此天衣无缝，表达主题前铺后垫衬托何等讲究。普通公民写出的时评就做不到这么圆满。他们通常喜欢“巷子里面扛木头——直来直往”，爱憎统统放在面上。在国内外各种重大事件发生之时，负面会招来时评吐槽骂声，正面会引发时评点赞叫好，怜悯会义捐，支持会打赏，喜爱会发红包……对于普罗大众，喜怒哀乐形于色。出自他们之手的时评，不掩饰不做作，爱憎分明。

时评还讲究最广泛诉求人民的福祉。孙中山先生在《同盟会宣言》里立誓：“复四千年之祖国，谋四万万人之福祉。”人民如今已经觉醒要把命运掌握在自己手里。于是，利用各种舆论工具张扬呼号，敢为小康富裕和民众维权者，多将起来。现在的新媒体尤其是自媒体，充斥着千千万万个敢言的勇士，他们运用时评的利器，广泛诉求人民的福祉。即使其中含有一些比例不多的为自己及家庭被侵权而战斗的檄文，总起来看，也还是民众福祉追求不可或缺的一部分。这部分内容，正是群体维权的导火索，时常唤醒普罗大众的民主意识、社会意识、公民意识。

第三节

时评的定义、特点和涵盖种类

本书为什么把时评和传统的新闻评论区别开来？这是有着特定含义和良苦用心的。

在不少业内专家学者看来，现在畅行兴旺的时评，就是过去的新闻评论，两者之间是画等号的。在最近几年出版发表的有关新闻评论或时评的论著中，广泛存在着这种观点。也有业界一些出色的媒体评论员，对此有相似的认识。如新闻评论界老前辈、著名报人丁法章，在他的著作中就持有二者合一不分彼此的论述。

时评和新闻评论属于同族同宗，这是确定无疑的。追根溯源，我们可以从中国政论面世的历史中，找到它们的发凡。2011 年 1 月 31 日，笔者采访中国社科院名誉学部委员刘起釪老先生。95 岁的他拿出一套自己的代表作《尚书校释译论》，讲到《尚书·盘庚》三篇，它是商王说服臣民迁殷的训词——这就是我国最早有文献资料可考的政论文，产生于公元前 14 世纪，距今 3 300 多年。《古文观止》更清清楚楚列出许多政论名篇，如《墨子·非命上》、《韩非子·五蠹》、《荀子·劝学》、李斯《谏逐客书》、贾谊《过秦论》、李密《陈情表》、陈寿《隆中对》、魏征《谏太宗十思疏》、苏洵《六国论》。而有些新闻史研究家曾经提到司马迁《史记》也为政论，“开创论赞传统”，“汉代开始兴盛的‘传注’，以及明末清初的‘评点’”，则为谬说。[①] 因为《史记》的“太史公曰”，无论是附于本纪、世家、列传末尾，还是置于表、书的开头，都不是全文的主体，只不过是少许的主观评价，附着在史实记叙文之后或之前。一则对历史事件、历史人物简要品评，以为前面大段经得起历史检验的客观记述作个结论。一则以议统摄全文，宛如导论，便于提纲高举引出史实。如此而已，岂有他哉？但真正的政论文，还是要以论为主，所叙之事是为“由头”，根子主干还需落实到观点倾向是非臧否上。明确这个要义，才能够在写作实践中，避免喧宾夺主。

戈公振《中国报学史》有这样一段话：

> 狄氏灰心武力运动，乃创办《时报》，为文字上之鼓吹。延陈冷为主笔，独创体裁，不随流俗。如首立时评一栏，分版论断，扼其机枢。

戈公振先生所言的《时报》，创刊于20世纪初叶，它在新闻史上最值得一书之处，是首创了“时评”专栏。“所谓时评，指《时报》的评论而言，后来各报纷纷仿效，那是作为时局的评论而言了。”——这是《时报》写手郑逸梅的一家之言，已为后来的方家所证伪。主要原因是，在这家号称“中华民国唯一日刊”的版面上叱咤风云的时评大佬梁启超、康有为之辈之前很久，中国就诞生了满足时评全部要素的文章模式。由于本书不是历史考证，暂不深究。总而言之，时评和新闻评论都是议论文的大家族成员，都在剖析事物、论述事理、发表意见、提出主张的文体范畴内。

时评和新闻评论属于“近亲”即“叔伯弟兄”，这是我的观点。首先是两者构成的要素相同——它们都借助于大众传媒平台，发表写作者对于时政和社会现象、新闻人物的分析评论。这是时评和新闻评论都具备的显著特征。进一步归纳就是属于有新近发生的新闻事实作为由头的评论。正是这一条的相近或相同，才导致很多媒体业内人

---

① 邵传烈．中国杂文史．上海：上海文艺出版社，1991：102.

士、学界专家学者，对它们两者等同看之。无议不成论，无新闻由头也就不是新闻评论。这就是为什么梁启超那么大手笔，但其名篇《少年中国说》是散文、是以论述为主的精品传世驳论，但无论如何也算不上新闻评论和时评。为什么？因为它平地起风雷，切入论题的由头没有新近发生的新闻事实。

> 日本人之称我中国也，一则曰老大帝国，再则曰老大帝国。是语也，盖袭译欧西人之言也。呜呼！我中国其果老大矣乎？梁启超曰：恶！是何言！是何言！吾心目中有一少年中国在！

梁启超驳斥的日本和西方列强污蔑我国为“老大帝国”论，并非当时刚起之谬论。1894年1月，日本陆军第二军司令官大山严在出兵威海卫前，与日本海军联合舰队司令官伊东祐亨商议，联名给清朝北洋水师提督丁汝昌写一封劝降信，文中即蔑称吾国为“旧帝国”。早于梁任公光绪二十六年（1900年）檄文六年以上。“老大帝国”即颓废老化、风烛残年、腐朽欲摧、濒于灭亡的帝国。它的一个重要标志，就是以皇帝为国家元首的君主专制。中国皇帝的历史，可以追溯到2000多年前的秦始皇。至于何时开始积贫积弱，有清朝说，有明朝说，更早有宋朝说（因为那时外敌入侵，大片祖国疆域被倭寇侵占）等等。

至于时评为什么不能和新闻评论完全画等号？后面有文专门阐述，在此先按下不表。

一

定义标识时评的基本功能

时评，是时事评论的简称。它是那些新近发生的重要新闻所引发的评析和论述，以大众传媒为载体快速传播的一种鲜活的论述文体。

在最近这些年出版的论著中，方家们对时评下过各式各样的定义。每一种说法总有它的考虑和涵盖面，优点和强调要求。但所有定义的核心关键词，还都离不开新闻、论说、大众传媒、第一时间表达这四个要素。

其实，“新近发生的重要新闻”这种返回本源的权威说法，是对时评时事由头最准确、最精练的概括。而“鲜活”二字，高度凝练着时评对时效性特别讲究的要求。大众传媒，是传播介质的背景指向。评析和论述，则是对时评文体的基本界定。

时评的准确定义，对写作者来说，并非无关痛痒。虽说在写作实践中，没有哪个提笔写时评必须先弄懂其定义的。但定义所标识的时评基本功能，确实可以使一些初学者认清目标方向，循着定义中的几个要素写作，少走弯路、不走错路。

时评的及时性——对当前重要的新闻事件和现实生活中所需要关注的倾向、亟须解决的问题，迅速表达主张意见或分析判断。

不讲究时效性的评论文章，就够不上时评的资格。比如，季羡林先生的高徒钱文忠，是央视《百家讲坛》的明星学者。他的《钱文忠谈人生》，在大中院校火得不行。可即使如此，那也算不上时评，属于思想漫谈差不多。原因是完全没有新闻由头，再过十年二十年，也不过时。而时评的时效性追求，则表现出今天管用明天“速朽”的特征。时评写手不要看到“速朽”两个字就悲伤起来，你看我们的老前辈《大公报》张季鸾先生早就指出过，评论只有一天生命。正确的理解应该是，“这一天”评就恰逢其时，过一天下手就毫无价值的意思。可见，时评的及时性是多么重要！

时评的针对性——明确就一桩事件、一种倾向、一个问题、一种人物等发言，但都是受众关心或感兴趣的、有的放矢的选题和立论。

时评和散文之间的差别是很明显的。散文喜欢形散意不散，笔走龙蛇，海天湖地。时评呢？连形都不能散。紧紧抓住盯住非常具体的新闻事件或新闻背后的问题倾向，剖析、评价。它不允许写作者游离于一个确定的立论，而去山南海北高谈阔议。一般来说，一篇时评是不能有两个或两个以上的立论的。全文中的论点、论据、论证，都必须围绕一个有针对性的议题展开。否则，打枪的靶标多头，时评的针对性就不复存在了。

鲁迅先生的时评大多数是短小精悍的，但他偶尔也会写篇幅较长的。用他自己的话说，就是有时写作也讲究“从容舒缓”。但没有人不说鲁迅手中的投枪匕首，靶标针对明确。《记念刘和珍君》长达两千多字，共分七小节。鲁迅追忆这位始终微笑的、态度温和的学生，痛悼“为了中国而死的中国的青年”，歌颂“虽殒身不恤”的“中国女子的勇毅”，愤怒谴责反动派在屠杀爱国青年后，竟又指使它的帮凶文人吹出“阴险的论调”，真是凶残卑劣之极。但全文的核心意图绝不含糊：通过悲叹庸人易于忘却革命者的牺牲，警醒人们永远记住这笔血债。学习鲁迅精神，也要学习他的写作笔法。

时评的作用力——可以引导公众的思想倾向，帮助人们认识新闻现象蕴含的本质，对党和政府、公众人物实施舆论监督，提升媒体和写作者的社会影响力，宣泄个人或群体的心理压力。

时评的作用，是潜移默化的。

当人们为新闻表象所迷惑，事实背后的本质深藏不露之时，就特别需要时评及时揭穿阐明。第二十四届中国新闻奖获奖作品《限制“公款消费”本质是制约权力寻租》，就是把当时流行的观点“遏制公款消费，同时制约了经济发展”，放在经济学范畴展开分析。这位中国经济网评论员子房先生，用经济学家弗里德曼提出的“花钱矩阵理论”做论据，洞穿遏制“公款消费”看似只是“反腐败”的措施，其实还蕴含着深刻的经济学语义，最后得出结论：反对公款吃喝、铺张浪费，其本质是制约权力而不是抑制消费。改变了政府运作模式和官员的行为方式，也将极大缩减官员的权力寻租空间。

监督舆论虽然不具有强制性，但它却具有一种精神的、道德的力量。当分散的、个别的议论引起人们普遍关注，经过传播而形成社会舆论时，便代表着众多人的看法和意志，对社会生活产生重要的影响。宪法保障舆论对党和政府监督的权利，公众人物更有责任义务主动把自己置于社会聚光灯之下。很多官员、名人明星、新闻人物，并不惧怕其他处置，却对媒体曝光批评，害怕得要命。世界新闻网最早报道了中国“海派清口”周立波在美弧线开车被警察截停，并当场查获毒品和枪支。后经美国法院判决：撤销非法持枪、持毒等四项罪名，仅保留开车时使用手机违法，并处以罚金及缴纳其他相关费用共计 238 美元。周在庭审后出来还谈笑风生，但那么多记者一拥而上，他的神情就难堪紧张起来。有位“北美崔哥”也干脱口秀的营生，他揪住周立波事件，不断给新闻媒体作解析性评说，实际就是一种典型的视觉时评。北美崔哥是老北京，又是北大英语专业的高材生。2006 年胡锦涛总书记访美时担任过美方翻译，还曾经为比尔·盖茨、波音总裁、星巴克总裁作过同期声翻译。加上崔哥在西雅图大学攻读过法律，所以对周立波案的法律解读又内行。这样的公民时评（绝非官方）产生的舆论监督威力特别大。

时评给媒体带来的甜头好处，时评为社会纾解压力，前面已多有阐述。囿于篇幅，不再赘述。

二

从传统新闻评论到公民时评的变革

中国新闻评论萌芽于古代的政论文，历经几个阶段后直到 21 世纪的新媒体时代，新闻评论的概念暴露出其局限性，已经无法涵盖目前各种评论形式、内容。以网络为代表的新媒体，在改变新闻生产和传播格局的同时，也改变着新闻的范畴和内涵。它不但扩大了新闻评论的范围和形式，还使其主题、手段日趋多元。

时评对传统新闻评论的革新，有如下五个方面。

（1）从刊发传播载体看，建立在把关人制度之上的传统报纸、广播、电视、杂志评论，其生机活力与公民记者自主自为地在新兴媒体空间尤其是自媒体传播平台上发表的时评，不可同日而语。

我国的传统媒体都强调它的党和政府的耳目和喉舌功能，因此，把关防错尤其是防止舆论导向性错误，就是一个必然。几十年来，我们在新闻单位摸索建立了一整套把关审核制度。其中有报纸的“三审三校制”、广播电视多道审听审看制，还有重要社论、评论员文章的送审制等等。这些在可见的将来，还会是传统媒体继续执行的行规纪律。媒体有人把关，当然可以减少差错和重大谬误发生，但有时候也磨去了新闻评论的棱角和写作者个人创新风格。

而以新媒体包括自媒体为发表传播主平台的时评，则将这道关口前移，直接放到了写作者身上。只要你的时评不触碰国家法律红线，不违反社会公序良俗，基本就获得了平台赋予通行的权利。新媒体包括自媒体的舆论管控，已经从事前预防走向了事后追惩。像传统媒体那样的“门将”把关，基本上是不存在的。现在，虽然国内有的门户网站设立了监审岗位，但实际都是事后裁判处置。即已经刊登的，发现违法或者侵权或者低俗的，再去撤稿。特别是民事诉讼调整范畴内的稿件，都是关口前移至写作者，谓之文责自负。为了防范政治风险，有的门户网站通过技术手段，如软件自动识别敏感词过滤等来应对。当然，时评“自审”也有很强的自我净化水平。当大 V 或网络意见领袖剑走偏锋、非理性失控、结论有失公允、打破边界的时候，就会立即招来无数的不知名写作者所写时评猛烈抨击。在广大时评写作者看来，挑战法律底线不行，挑战道德底线也破坏了社会可以承受的边界。时评选题之新、观点之新、写法之新、角度之新、时效之新，体现了公民法治意识、自立自强的水平素质。

（2）从主流写作者队伍看，传统新闻评论写手构成的媒体人主笔、评论通讯员投稿，已经完全不能和新媒体包括自媒体为主平台的时评写作者队伍相提并论。

时评之所以和新闻评论不能画等号，还在于写作者队伍和发表过程的巨大不同。时评写作打的是名副其实的人民战争，时评写作者的主力军是千千万万业余公民写手。而新闻评论多半在媒体内部“生产制造”，主流写作者基本都是专业新闻工作者。有传统媒体工作经验的“老记”“老编”都知道，即使在每家新闻单位内部也只有那么“一小撮”人能够操刀时评——总编、社长、台长、评论编辑。从“关门办媒体”到“开门办媒体”，那些许的进步，不能从根本上解决写作者面狭窄的问题。时评的优缺点，有时正好和自己的“叔伯兄弟”互补。Web 2.0，开启了公民人人都有麦克风、人人都是时评写手的新时代。它所拥有的规模巨大的写作者队伍，创造了惊人的来自民间的新闻由头发现能力。加上表达观点的亲民、写作风格的多样，完全弥补了“叔伯兄弟”的短板。

（3）从评论的时效性看，今天的时评，脱胎于新闻评论，但它对由头的时效性、立论的时效性，已经比100多年前的《时报》不知前卫多少倍，比传统媒体玩得纯熟自如的新闻评论，也明显高出一筹。这主要是互联网时代对评论提出的时效性要求更加突出强调，以之为生命使然。

老报人都记得《大公报》的张季鸾先生“看完大样写社论”的辉煌。张先生自立高标杆，说“评论只有一天生命”，就是强调时效性的重要。1941年12月7日，日本突然袭击珍珠港挑起太平洋战争。次日，张季鸾在报馆值夜班看到记者发的消息，随即写下《太平洋大战爆发——暴日走上切腹之路》……后来的媒体人，也继承了这个倚马可待写评论的传统。1994年初，笔者在广东《羊城晚报》参会，慕名专访该报首席评论员“微音”先生。真名许实时年75岁高龄的他，还在编辑部坚持每天一评，许多由头就是当天报纸大样上的新闻。仅在《羊城晚报》头版“街谈巷议”专栏发表小言论，就达1 900多篇，几近百万字。即使是《南方周末》这样的周报，也在我驻南联盟使馆被炸当日，立即发表了编辑部文章《没有高度的纪念碑》。

可是，新闻评论那么紧跟新闻的步伐，仍然不能与今日时评同日而语。因为，传统媒体受制于编辑、出版、制作、发售等等环节，并且“环节时耗”远大于撰稿写作时间。换句话说，新闻评论的时效性是以“天”为计量的，而今日时评的时效性，是以“分”为计量的。君不见，太多太多的新闻事件，从发生到如潮时评，也就是在几十分钟甚至几分钟之间。而且，今日时评的时效性追求，在选题反应和观点变化出新两个方面，都竭尽所能。一种评说分析意见，瞬间再说就是“嚼别人吃过的馍”。没有更新的评析，大家只把你当作“跟帖”。

(4) 从观察分析问题的角度看，传统新闻评论习惯的自上而下、教育宣传灌输的角度，很难入耳入脑入心。而时评则变更为自下而上的大众视角，更中听更动人更有说服力。

罗一笑事件本来是社会伸出援手、自发救助求助者的义举。深圳本土作家罗尔通过“卖文”，引发了社会极大的关注。今天我们反观《罗一笑，你给我站住》，可以看出这就是一篇抒情散文和观点时评相结合的文章。但是，后来引发舆论强烈反响的主要还是“打赏红包”和如潮时评。“这是一篇深情款款、发自肺腑的动人文字，充满着一个父亲的爱意、悲伤和期望。但短短几小时内，剧情发生反转，有质疑医药费的，有质疑‘带血营销’的，还扒出作者罗尔个人私生活进行谴责。自然，最核心的话题依然落到了这种未经慈善组织介入的被《慈善法》排除出（法定）‘慈善’领域的‘个人求助’行为，出了问题如何善后。”①

已经有太多的案例可以证明，公众舆论对社会公德、人性矫正的作用。在这舆论的大潮中，公民时评是一股激荡的清流。

(5) 从语言文风总体风格上看，传统的新闻评论的严肃严谨、向上对口径，带来了面孔僵持、口气训导甚至呵斥的副产品。而公民时评，革新为新鲜活泼、自由率性的表达，除了直抒胸臆也可旁敲侧击，也不乏竭尽嘲讽搞笑之能事。有关这方面事例，不消多说，随便点开一个网站论坛、微信公众号、微博大 V 等等，都能得出令人信服的答案。

---

① 马剑银．“罗一笑”事件：警惕“好故事”欺骗满满善意．南方周末，2016-11-30.

三

时评的语言、构成的要求完全不同于消息

时评虽然属于广义新闻的一支，但它和狭义新闻（消息），还是存在着较明显的不同。从新闻要求上来看，它们之间的主要差异，在语言和构成两个方面。当然，决定这些不同的根本原因，还在于时评的功能或目的是表达思想观点，而消息的功能或目的是传递新闻信息。两者在构成方面的不同，如图 1-1 所示。

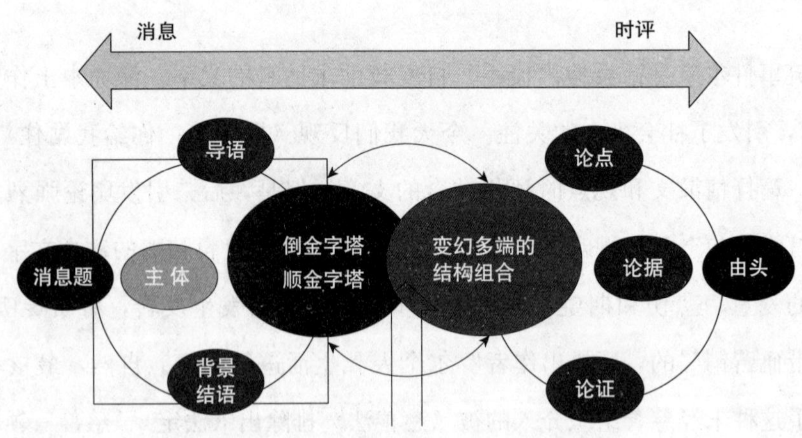

图 1-1　消息与时评构成的区别

消息与时评在语言方面的区别如下：

（1）消息报道语言的要求：保持客观、追求确切、叙事简练、用词朴实、通俗易懂。新闻媒体要求记者在报道中用事实说话，所有的价值倾向和观点，都隐含在具体、客观、真实的新闻事实之中。这叫“舌头含在嘴里说话”，属于高明的报道艺术。而且，消息报道还要求尽可能详尽确切，新闻要素的“5 个 W 和 1 个 H”（什么人、什么事、什么时间、什么地点、为什么、怎么了），应尽可能具备。在叙述与描述事实的文字中，尽可能少用或不用形容词和副词。为什么呢？就是防止在新闻报道中，可能出现记者主观倾向的外露，而影响报道的客观公正性。最要防止的，就是记者在新闻报道中作出直接判断。比如，有一个年轻民工，大白天闯进一民宅，将屋中老妪强奸了。记者在报道中用“禽兽不如”表达了自己的态度，这就犯了消息报道的忌。

（2）时评写作语言的要求：爱憎分明、形象生动、合情入理、叙议交融、讲究修

辞。观点判断，是时评的核心要素。而且，这个要素必须旗帜鲜明地表达出来。它不像记者写的消息，报道者的倾向隐含在对事实的客观报道语言之中。时评写作语言的主观倾向非常明显，写作者的喜怒哀乐是非臧否，必须毫不含糊地彰显。

我们来比较就同一个新闻事件的两种不同的语言表述：

> 东盟“两会”将于9月12—15日在我市举办。为进一步提升全市市容环境卫生管理水平，确保东盟“两会”期间我市市容环境卫生保障工作任务的顺利完成，南宁市环卫处下大力气积极创新。8月4日上午，南宁市环卫处组织各城区（开发区）环卫站在茶花园路开展了道路清扫保洁现场会。道路清扫保洁是南宁市各个环卫站每天的基本工作之一，此次现场会中，青秀区环卫站按照“以克论净”的标准，向大家展示了实行“深度清洁”的作业规范。[①]

> 这不是在“深度清洁”，而是用生命在艺术创作。试问，以如此复杂而烦琐的工序来清扫街道，整个城市的环卫工作需要多久才能完成？须知，日常生活，垃圾的产生可不会等待“五步清洁”……不久前，枣庄市为了创建卫生城市，发出《致广大出租车驾驶员的一封信》，要求当地出租司机在专家来暗访时通过专用暗号及时报告。此事与“以克论净”当真有异曲同工之妙。创建卫生城市也好，保持道路清洁也罢，本应是为市民服务的大好事，却在某些地方走向了反面，实在值得深思。[②]

前一个客观表述事实，找不到赞许的语言，但它尽在事实背后。后一个以诘问表示反对，接着引枣庄市的弄虚作假事例，映衬南宁的形式主义，其批评意味是很明确的。

时评和消息报道，构成的基本材料也大相径庭。前者是由论点、论据、论证这三个要素加上评论由头组成。后者是由导语、主体、背景或结语等组成。时评和新闻（特指消息报道）之间唯有一处交集，那就是两者都包含新近发生的事实。

---

① “以克论净”保障东盟“两会”：市环卫处组织召开道路清扫保洁现场会．(2017-08-04)［2018-08-06］．南宁市城市管理局官网．

② 李勤余．城市是否干净市民一目了然，“以克论净”为谁而设．澎湃新闻，2017-08-07.

分清楚时评完全不同于消息报道的语言和构成，一是防止写作者拘泥于事实，弱化了评论的锋芒。二是提醒写作者，尽量发挥时评对事实的分析判断功能。另外一个，就是时评比较讲究语言的生动表达。消息报道由于受到事实本身客观展现的限制，生动性空间无论如何都没有时评大。因此，运用修辞手段能够大大增加时评的可读性和感染力。如毛泽东辛辣评论吓退傅作义：

> 当着国民党军队的将军们都像一些死狗，咬不动人民解放军一根毫毛，而被人民解放军赶打得走投无路的时候，白崇禧似乎还有一点生命力，就被美国帝国主义所选中，成了国民党的宝贝了。蒋介石已经是一具僵尸，没有灵魂了，什么人也不再相信他，包括他的“学生”和“干部”在内……蒋介石不是项羽，并无“无面目见江东父老”那种羞耻心理。他还想活下去，还想弄一点花样去刺激一下已经离散的军心和人心。亏他挖空心思，想出了偷袭石家庄这样一条妙计。①

文中的比喻、借代、双关、引用等手法，极尽嘲讽批斥之能事。人民看了解气，蒋军看了气煞！

四

传统分类与泛媒体时评拓展创新

中国时评的传统样式基本起源于报刊，并且一直延续至今。时评如果根据样式分类，大致有如下几种。

（1）社论，是代表媒体编辑部发言的最重要的时评体裁。社论的观点，就是这家媒体对于此事此人的好恶判断。在我国，社论很多时候还代表同级党委和政府的立场、态度，其重要性在其他各种评论体裁之上。它一般是就国内外当前政治、经济、思想、文化领域中的重大问题进行分析评论。其出现的概率，没有其他时评体裁高。

---

① 毛泽东．评蒋傅军梦想偷袭石家庄//中共中央文献研究室毛泽东研究组．毛泽东著作辞典．杭州：浙江人民出版社，2012.

（2）评论员文章，是介于媒体社论和短评之间的中型评论，一般也具有表达媒体观点的性质，而不是阐发个人意见。由于是围绕重要事件、重要社会活动、重要领导人讲话等内容所展开的分析阐释，所以分量也较重，具有导向作用。

（3）短评，是媒体针对比较具体的新闻由头所发表的简短评论，可以署名也可以不署名。它通常表现出两种形式：一是依附着其他新闻而配发，两者结合相当紧凑。二是独立发表，文中需要讲清楚来由。但任何一种，都强调突破评论由头本身进行阐述。

（4）编者按，是媒体编辑在编发其他比较重要的新闻时所撰写的按语。内容可以是观点意见，也可以加入对长篇报道的关键的介绍提示或提示引申，还可以补充报道中没有的重要背景等材料。总之，它依附其他新闻而存在，不可独立。大多数列在文前，极少数放在文末或插入文中。

（5）专栏评论，是媒体专门开设的新闻评论栏目，报纸杂志是固定版面，广播电视是固定时段，互联网媒体是固定频道。专栏的写作者一般是开放性的，绝大多数采用外来投稿、约稿，极少数是媒体自己写稿。为了凸显自己的辨识度，各家媒体的评论专栏都有自己的独特名称，如《人民日报》的"今日谈"、新浪评论的"新观察"、《新华日报》的"漫说快评"、《解放军报》的"秋实篇"、《中国青年报》的"冰点时评"、南京人民广播电台的《马青时间》。

（6）新闻述评，是一种夹叙夹议、以叙为主、以议为辅的新闻体裁。在非常详细报道新闻事实的过程中，掺杂写作者的分析议论，以使事实与观点非常紧密地融合在一起。它其实是新闻报道和新闻评论两种文体融合的产物，也可以理解为评论由头的具体放大。可是，述评的新闻内容，一定要是首发的，而不能像其他评论那样引用。一般非重点、非大众关注、非特别事件，不适宜用这种文体。

（7）论坛杂说，是互联网媒体广泛使用的一种评论样式，尤其是门户网站几乎家家都有。它是广大网民发声的普遍手段，人人可以平等地发表意见、交流看法，不分阶层身份、不分文化高低、不分贫穷富裕、不分职业界别、不分地域南北、不分宗教信仰等，交互性特别强。论坛上评说的主题，也是开放性的，只要不违反国家法律或新闻管理规定，谈论什么不谈论什么，网站方面不作限定。它的受众往往也兼作者，双重身份存在其间。

（8）微信群议，是利用微信群组的平台功能，集合朋友或熟悉之人在一起，议论国家大事、社会生活、地方新闻、朝野逸闻以及人们关心关注的其他方面。这种议论通常呈碎片化的特点，长短不限。大多数发表三言两语，亦有成篇文章发送，或自写或转发。也是受众即作者，身份合二为一。一个微信群限制在 500 人之内，和论坛相似，也是不限主题、不限写作者身份，人人平等，可以批评也可以反批评。交互性比其他评论样式更强，随机性也强，由于是手机移动写作和阅读，非常方便。

（9）博客、微博，是公民个人通过互联网平台发表议论评析观点意见的一种传播形式。微博最早源于美国的推特（Twitter），篇幅受到限制，一般不能超过 140 字，现在有功能可以在特殊情况下突破篇幅限制。博客，则完全不受此限制。网络实名制规定实施之后，所有博客、微博的博主，都向公众公开了身份，真名可以隐匿网络，平台却必须掌握。这两种媒体形式，发表的内容非常广泛，但其中评论、观点要占一半左右，算是比例最高的。

当今时评表达，泛媒体化方兴未艾。即突破传统媒体对时评的垄断，新媒体尤其自媒体百花齐放，深入我们的生活。人们甚至在街头大屏、电梯间荧屏上等，也能发布观点性内容。

第四节 当今时评讲究的思维方式

时评写作的过程，就是写作者思维运行发展变化的过程。而时评的思维方式，就是写作者观察问题、思考问题的角度、方式和根本方法。

美国科学幻想小说黄金时代的奠基人罗恩·哈伯德指出，思想家帮助人们进行思维，因为他们给别人定下了思维方式。没有哪一个人能闭门独自写作或思维——思维是无形的，但是为了创造出有形的具有时代气息的东西，就有必要将思维表达出来。①

① 黄亚男．成功人生必备的思维方法全集．北京：华夏出版社，2009.

他的作品发行量超过四千五百万册，所以其写作思维的观点，具有令人信服的力量。

思维方式是时评写作纲领性的大问题，是决定时评价值观判断路线方向的导引标杆，是时评写作者全部论点孕育产生的主要沃土。有大量时评阅读体会的人知道，很多写作者重视表达超过思维，重视技巧多过思想，重视语言胜于理念。这种写作习惯，反映在具体时评作品中，就是可能出现立论的价值观判断错误，观点倾向与时代违和。这些人往往看见一个新闻由头，单凭热情激情信马由缰挥笔写来，花在细节上雕琢的时间功夫，远超大的主线把握。靠灵感和小聪明，或许能成一篇脍炙人口的小品，但无论如何不会哺育出评析观念出新、思想深度了得、受众过目不忘的大作。

时评写作中的结构方式、语言风格等技巧，都必须置于正确的思维方式导引下，才能发挥良好的社会传播效果。如果思维方式出错，再好的写作技巧都是白搭。就像驴友想到八达岭长城，却把方向弄反了，坐飞机乘高铁都是错。

时评写作通常涉及七种思维，即联想思维、发散思维、超前思维、缜密思维、批判思维、重点思维、总结思维。为什么有的权威专家说错话办错事，能被有的时评写作者一针见血地指出？这就是批判思维在起作用。这种思维，导致时评不为事物表象所迷惑，不唯上不唯书只唯实。所以，当许多人拜倒在权威脚下盲目迷信的时候，具有批判思维的时评写作者敢于也善于察觉出谬误错识。

浙江《都市快报》2017 年刊文指出人教版小学语文教材中《爱迪生救妈妈》，是违背科学的杜撰之作。原因是 1847 年出生的爱迪生 7 岁那年是 1854 年，而查阅资料发现，现有的医学论文大多认为世界上第一例阑尾炎手术发生在 1886 年。也就是说，爱迪生小时候，根本还没有阑尾炎手术。批判思维还表现在几年前，有人撰文揭露小学语文教材的十大错误。

更厉害更可贵的，是批判思维甚至不迷信自己，不固守已有的认知和思考，会自觉主动地从不同的视角来审视自己的实践和观点，这就减少了很多犯错的机会。当然。时评的所有思维方式，都必须由逻辑的红线贯穿，才不至于出格走向极端。另外一种写作杂文式时评需要掌握的，就是形象思维。如鲁迅写《论“费厄泼赖”应该缓行》，就把批判资本家的乏走狗和“痛打落水狗”这种思维形象联系起来论述。

那么，当今时评写作的思维方式，具体应该有哪些呢？

一

常理推导，不违背基本逻辑

罗辑思维，起先是一档自媒体视频知识脱口秀节目，半年时间就成长为互联网社群知名品牌，并迅速普及到 App。它由央视第一财经频道前总策划罗振宇一手创办和主持。2015 年 10 月，罗辑思维完成 B 轮融资，估值 13.2 亿元人民币，柳传志等行业大佬参与了罗辑思维的股权众筹。罗振宇并非单纯靠口才打天下，而是每一讲内容，都充满了逻辑的力量。正是这种特色表述，抓住了受众。据透露，中国有非常广泛的知识群体、政坛人物、企业家等，是罗辑思维的忠实拥趸！

用辩证逻辑眼光看，逻辑的力量，今天能够具有这种魅力，是因为在我们现实生活和媒体表达中，有太多违背基本逻辑的现象和谬误。时评，尤为突出！

有位博士后写了一篇很长的评析文章，发表在“新校长传媒”微信公众号上，标题就叫《教师是教育进步最大的阻碍力量》，结果是可以想象的“令人震惊”。此文开篇：“既然林语堂的《吾国吾民》已经一百年了，柏杨的《丑陋的中国人》已经五十年了，卢梭的《忏悔录》已经数百年了，作为一个中国的教师，为什么不能……”然后列举教师阻碍教育进步九大方面的证据，分别是“一、从全世界范围看，选择教师职业的人都具有部分‘反创新情愫’；二、从中国的实际情况看，教师，比学生、家长和教育官员，在创新驱动视野下，更加倾向是既得利益者；三、从行业分布来看，似乎找不到比教师更加安逸和不愿意面对现实社会的群体了；四、抱怨和能力撕裂，成为教师不敢面对自我和不敢面对现实的最大问题；五、从行业语言来看，教师已经形成了一套可怕的自洽系统，这种系统不仅与创新隔离，甚至是反创新的；六、从实践情况来看，越是需要创新的行业，越是进步最快的行业，这个行业越是需要‘没有被教育所污染的人’；七、在中国对创新最大的伤害在于，经过严格筛选智商潜质最强的 200 万高校教师，正在变得怨天尤人无所事事还振振有词；八、面对创新，不再是教育重不重要，而是什么样的教育重不重要；九、教师的自我教育能力的丧失，是教育学生创新问题的根节所在”。观点很有深度，爱之深责之切跃然纸上。但逻辑的破绽，也凸显出来。比如，全部内容推导不出标题的逻辑结论来，每一个小标题几乎都存在偏激的定论问题等。逻辑思维出错，论证过程不合理，导致写作者对教师“恨过头了”……

时评写作涉及最多的逻辑关系也是写作者必修的基本内容，为逻辑的三大基本规律——同一律、矛盾律、排中律。如果更进一步，还有理由充足律。它们最普遍地适用于各种概念、命题、推理和论证。

关于逻辑三大基本规律的内容和要求非常严谨，只能请出我国哲学形式逻辑学开山鼻祖金岳霖先生，用他的观点来表述。

第一，同一律的内容和要求：同一个思维过程中，每一思想与其自身是同一的，即“A 就是 A”。同一个思维过程中，概念都要确定，并保持自身的同一，不得随意变更。

第二，矛盾律的内容和要求：同一个思维过程中，两个互相否定的思想不能同真，必有一假，即“非（既 A 又非 A）”。同一个思维过程中，不能对不能同真的命题（矛盾关系、反对关系）同时加以肯定。

第三，排中律的内容和要求：同一个思维过程中，两个相互矛盾的思想不能同假，必有一真，即“要么 A 要么非 A”。同一个思维过程中，不能对不能同假的命题（矛盾关系、反对关系）同时加以否定。

时评写作不能不用推理之术，而推理就不能丝毫违反逻辑的这三大基本规律。推理，是由一个或几个已知的判断（前提）推出新判断（结论）的过程，有直接推理、间接推理等。我们经常见到有的时评荒谬有违常理，原因就是背离了这三大基本规律。

（1）时评违反同一律要求的逻辑错误。

一是混淆概念或偷换概念。把两个不同的概念混淆起来，并用一个概念代替已经使用的另一个概念。例如：南京姑娘远嫁匈牙利，提出彩礼问题竟然被认为低俗、高价姑娘。裴多菲早有箴言，生命诚可贵，爱情价更高。无价无礼，我们的“妹纸”也太“贱卖”了吧……这就是在偷换概念。“高价姑娘”的“价”，是“价格”的“价”，是贬义。而裴多菲诗中“爱情价更高”的“价”是“价值”的“价”，是褒义。因此，同一个词语（“价”）表达的是不同的概念，但上述例子将它们混同起来，用前者偷换后者，这是一种明显的违反同一律要求的逻辑错误。再比如，现在朝核问题的观点政论较多。有人认为朝鲜发展核武器是出于自身安全的需要，倘若没有核武器朝鲜就会被美国侵占或颠覆。这个推导，把安全概念的外延扩大化了，且到后一句跟被美国侵占或颠覆相关联，搞成唯一结果的直言三段论。这就犯了混淆概念的错误。

所以，时评写作推理既不能因为表达需要而随意变更概念的内涵和外延，也不能将同一词语在不同语境中表达的不同概念混为一谈。

二是转移论题或偷换论题。在同一思维过程中，改变原来的断定内容，或者用另一断定代替。有的人在时评写作中，前面论述的问题和后面得出的结论，完全风马牛不相及。分开单个看，都是真理一般，但联系起来就是谬误。原因是它的论题在走向结果的过程中已经发生转换，这在写作学上也叫作“主题漂移”或“论点漂移”。比如在抨击美联航粗暴对待乘客时，前述该公司 CEO 危机事件中的傲慢无礼，后面竟然得出“超售机票”终于尝到苦果。其实，这两者之间并不是同一个评析的因果主题。

此外，时评违反同一律的错误，还表现为在思维中用一个与原来相似但不同的命题代替原来的待断定命题，思考或谈论问题时没有中心论题或者远离中心论题。这两类问题，错误的严重性没有前面那两类厉害。

形式逻辑中的同一律要求论述者，在同一个思维过程中保持稳定，当然它并不否认思维的发展变化。变化的内容，需要在另一个思维语境中展开并得出另一个结论。

(2) 时评违反矛盾律要求的逻辑错误。

简而言之是自相矛盾，即同时肯定了互相矛盾的命题。韩非子用最精练的文字最透彻地描摹了自相矛盾者：人有鬻矛与楯者，誉楯之坚，“物莫能陷也”。俄而又誉其矛，曰：“吾矛之利，物无不陷也。”人应之曰：“以子之矛，陷子之楯，何如?”其人弗能应也。以为不可陷之楯与无不陷之矛，为名不可两立也。

时评写作中违反了矛盾律，通常是在两种语境中出错的。一种是反对关系，一种是矛盾关系。在这种情况下，写作者做出的判断，必须二选一，赞成这个就要否定那个。既不能同时肯定，也不能同时否定。有一篇国际时评，讲到美国总统特朗普和总统国家安全事务助理麦克马斯特发生了冲突。它在称赞后者要求美国按协议支付部署萨德反导系统 10 亿美元费用是“承诺守信”的同时，又称赞他回复前者：“我最讨厌的事情，就是否定总统的指示。”事实上，特朗普已经向世界明说，韩国要支付那 10 亿美元。这两个对立的观点，怎么能同时点赞呢?还有一篇评“网红官员”的时评，前面批评官员蹭热点只为“作秀”图谋升迁捞政绩，后面又用大量笔墨论证官员不能因噎废食，不能因为害怕被质疑、害怕被解读，从而主动放弃这块融入公众的“新大陆”。只要出发点是一心为民，只要这样的“上网”讲分寸守纪律有底线，官员就不应该对成为

“网红”避之不及。这两个矛盾的观点，到底哪一个才是写作者要表达的观点呢?

时评中最难处理的是矛盾律中的悖论。悖论是一种特殊的逻辑矛盾，即通过一个命题的真，可以推假，而通过它的假，又可推真。古希腊著名哲学家苏格拉底有句名言：“我只知道一件事，那就是我一无所知。”从字面看，这是一个显然的悖论，但后人从这个悖论里面读出了伟大的谦虚。说到古希腊，了解那段历史的人，会想起忒修斯之船悖论。这个悖论，赫拉克利特、苏格拉斯、柏拉图等大师们曾经激烈讨论，近代启蒙运动中的大哲学家们也曾尝试解答。如果忒修斯船上的木头被逐渐替换，直到所有的木头都不是原来的木头，这艘船还是原来的那艘船吗?答案始终难以一锤定音。由于这个悖论，我们无法解答同一个概念下的问题：人体细胞每七年更新一次，七年后，镜子里的你还是原来的你吗?

悖论是同一命题或推理中隐含着两个对立的结论，而这两个结论都能自圆其说。时评写作很多情况下在论证过程中不小心陷进了悖论的泥沼。关键是你能不能、会不会“解悖”?最有名的“说谎者悖论”，即表面上由“我在说谎”和“我说实话”这两个对立的“命题”组成，实际上这两个“命题”并不等价——前一个命题包含思维内容，后一个“命题”只是前一个命题的语言表达式，因此后一个“命题”不是严格意义上的命题。长期以来人们之所以把其看成悖论，是由于把两个“命题”看成等价，即都是思维内容和语言表达式统一的命题。只要把思维的两大层次即命题的思维内容和命题的语言表达式区别开来，“我在说谎”这个悖论即可化解。关于时评已经进入“专家时代”，就是当前新闻和思想界比较流行的一个悖论，似乎正反看都能成立。但“解悖”之后却发现这个命题存在着明显的漏洞。[①]

矛盾律其实并不否认客观世界事物之间的矛盾……

（3）时评违反排中律要求的逻辑错误。

一是两不可，对于相互矛盾的命题同时不予肯定，或者含糊其词。二是回答复杂问题时，可以通过否定前提同时对结论加以否定。例如，加拿大前外交官朗宁出生在中国，在竞选外交官时有人据此提出诘问：“朗宁是喝中国奶妈的奶长大的，一定有中国血统吧?!”朗宁只抓住对方的前提反驳道：“如果这些人的推论说得对，那么他一定

---

① 陈世清．用对称逻辑解悖．(2015-07-08)[2018-09-04]．大公网．

有牛的血统。因为大家知道，他们是喝牛奶长大的。”这种归谬法驳论字字千钧，让对方哑口无言。

二 与时俱进，不逆时代而动

进取心、时代感、创新性、开放观是时评写作思维永远不能缺乏的驱动力，也是时评写作者应该具备的最基础的进取精神。如果把谈事论理的脑袋停滞在任何年代，就会凸显“九斤老太的哲学”。鲁迅在《风波》里写她，自己生下来有九斤，儿子八斤，孙子七斤，曾孙女只有六斤，常常感叹：“一代不如一代了!”时评沉迷在怀旧情绪中裹足不前，是不可能对时势客观认识，对社会进言推动，为国家献计献策，为人民提供思想养分的。

蔡元培先生早在1910年初就撰写了一部《中国伦理学史》。针对清朝末年中国思想文化界抱残守缺、故步自封的局面，蔡元培通过中西文化对比，把散见于中国古书中的“与时偕行”“与时俱化”“与时俱新”等激励人的说法，同西洋学术结合概括综合为“与时俱进”。写时评就靠思想意识驱动，这方面不行，基本就算“残了”。

(1) 没有进取心的负面表现有：安于现状、不思进取的心态。这种思维反映在时评写作上，往往就是作停滞观，对新生事物、新思想等看不惯，爱挑刺，喜欢把前进中发展中的问题，看作洪水猛兽，以为不横批不怒斥不“把洗澡水和孩子一道泼掉”，就会产生严重后果云云。在社会腐败顽疾难以根除之时，有人在时评中归罪于外来经济文化的传染，追忆“史无前例”那个时代的纯洁美好。我们是不是还要倒退到几十年前呢？在生态环境遭受破坏情形严重之时，有人在时评中庆幸：我们青海幸亏没有像上海，未开发未开放未把国民经济顶上天，终于保护了我们的大自然云云。18世纪末，清王朝乾隆皇帝“天朝物产丰盈，无所不有，原不借外夷货物以通有无”的国度，是不是比今天更好呢？有太多的时评观点，以中华五千年文明做论据，结果把中华五千年文明推演成了一个沉重的历史包袱。

(2) 缺乏时代感的负面表现有：陈旧观念阅世，九斤老太哲学。这种思维反映在时评写作上，就会拿已经被社会摈弃了的陈腐思想去分析判断当下的时事和人物。有一篇文章援引的评论由头，说是每年有10万洋患者来中国看中医，推导出的结论却是“西医要亡”。今夕何夕？还用“道可道，非常道”那种想法，还用“老军医”那种语言来说事推理，不嫌太“古代”太“忽悠”了吗？可是，这样的评析方式确实存在并不罕见，缺乏时代感很多时候并非和年龄直接有关。但是，有阅历的人，如果不坚持学习与时代同步，是很容易从怀旧开始，继而看不惯现时的许多社会现象与人物的。

（3）缺少创新性的负面表现有：死抱政治教条，唯上唯书不唯实。这种思维反映在时评写作上，就是喜欢用革命领袖话语或者名人箴言当《圣经》，谁违反谁受批斥鞭挞。且不说任何伟人名士的思想观点，都打着那个时代的烙印，至少真理还要持久不断地经受实践和时间的检验。比如爱国，是一个跨时代、跨国度、跨政治制度的永恒话题。已经有太多太多的仁人志士，讲过太多太多的爱国主义名言。于是，我们见过不少网上时评，高举这些名言的大旗，对杨振宁在美国做研究并获得诺贝尔奖，回祖国享受最后的人生怒批，骂他一点不爱国。于是，就有人站出来反诘：马克思爱不爱国？耶稣爱不爱国？释迦牟尼爱不爱国？即便中国的孔子，推行他的政治思想，也不局限于他出生的鲁国，而是任何一个可能的、可以接触的国家。政治教条不但无助于时评论证推理，而且可能有害于自己观点的确立。

（4）违逆开放观的负面表现有：喜欢故步自封，习惯抱残守缺。这种思维反映在时评写作上，就是俺、俺们、俺们中国、俺们主义，是最了不得最伟大的。有科学史研究者发现，20世纪人类最伟大的100项科学发明，没有一项是出自中国的。于是，就有时评写作者拿出中国的“四大发明”来抵御，说那些100个“伟大”，哪一项缺了俺们的“四大发明”能创造出来？还不是站在巨人的肩膀上摘星星？照这个思路，俺们的“四大发明”可以吃千秋万代。对改革开放横挑鼻子竖挑眼的网上评论，那就更多了。这类时评写作者的一个重要特点，是“怀旧情结”，总觉得还是“史无前例”那个时期好。他们就不想想生产力的落后，是最大的痛苦。打开窗户呼吸新鲜空气，也会把苍蝇蚊子招惹进来。

与时俱进是一个以时代特征为基础的动态概念，是指准确把握时代特征，始终站在时代前列和实践前沿，始终坚持解放思想、实事求是和开拓进取，在大胆探索中继承发展。这对时评写作的思维，具有极其重要的引领作用。有时候时评观点出错，源于写作者的思维犯了方向路线性错误。不断学习进步，才能跟得上时代前进的步伐。

三

追求出新，不说正确的废话

时评不讲究出新的艺术，就会成为旷野的呼唤，马克思形容为“沙漠的布道者”。观点之新、语言之新，是时评的生命。缺乏这个创新水平创新艺术，就会如李瑞环同志视察中央电视台时说过的那样，满嘴空讲马列主义，观众手中的遥控器一关，马列主义就等于零。

正确的废话，是空话、套话、官话、人所共知的道理的代名词。在时评写作的思维阶段，写作者就要思考自己所要阐述的思想观点和语言表达，是不是具有一定新意？即便你没有“语不惊人死不休”的壮志豪情，至少也要在乎一下自己作品的新鲜感。仅仅觉得不错，是连及格标准都够不上的。心里想着受众，想着他们读你写的时评味同嚼蜡的感受，用这个驱动思维，恐怕就会远离正确的废话。

追求出新思维，需要时评写作者养成三个写作习惯。

（1）司空见惯的道理——绕道走。

时评求新，就不能讲人们常见、厌闻的道理。这些正确的废话虽然不错，也符合国家法律和政策方针，但以重复强调为自嗨，不是时评的任务。时评属于广义新闻中的一个品种，它必须求新求异阐明新鲜独特的道理。有一篇时评号召人们给身患绝症的罗一笑捐赠，它用的观点是中华民族自古就有大爱，道德高尚的人都好善乐施，道通天下德贯古今……这样的理由错不错呢？无疑一万个正确。但它实在是太常见、太一般化了，家喻户晓妇孺皆知。时评写手下笔前要想到这个，应该主动绕道而行，寻找其他有创新意义的观点和评论语言来。后来，我们在搜狐网看到一篇未署名作者的时评，题为《罗一笑事件：谁偷走了中国人的信任感?》。它首先引用中国社会科学院社会学研究所发布的社会心态蓝皮书中的描述：

目前，中国社会的总体信任进一步下降，已经跌破 60 分的信任底线。人际不信任进一步扩大，只有不到一半的调查者认为社会上大多数人可信，只有两到三成信任陌生人。

然后列举了一系列越来越多的中国人患上欺骗恐惧症的现象。进而提出中国社会中，社会中间组织一直处于缺位状态。中国社会的信任依然停留在家族信任阶段。文中引用权威研究，说信任可以分为三类即人格信任、货币信任、专家信任。而目前中国在这三个系统里，都出现了严重的危机。最后推导出如下观点：

> 从“杀熟”成为中国社会一种普遍现象开始，我们赖以存在的最基础的信任结构开始瓦解。“杀熟”标志着不仅在陌生人中缺乏信任，而且熟人中的信任也日益丧失，意味着社会信任降到了最低点。

整个时评内容深度，都非一般写手所能为，关键就是一个“新”字，让人读了掩卷深思。

（2）别人嚼过的馍——绝不吃。

时评求新，就不能作人云亦云、按常理出牌的文章。这些篇幅的字里行间虽然也能看出评论的影子，但散发着他人口腔的异味儿，是东施效颦。它对公众的思想观念无助，还浪费了大家的时间。写这类时评的人，也不至于原模原样地抄袭，他换了一套语言，但说的还是那些车轱辘话、大同小异的道理。就说前面举到《罗一笑事件：谁偷走了中国人的信任感?》例子，在这篇文章发表之后，许多媒体上面接二连三照葫芦画瓢也发表同样选题、同样视角、同样观点的文章来。巴尔扎克在《人间喜剧》中指出，第一个形容女人像花的是聪明人，第二个再这样形容的就是傻子。中国最早这样形容女人的是《诗经·桃夭》，也有说是屈原的《离骚》。鲁迅说过：“依傍和模仿，决不能产生真艺术”[①]。所以，他不但从内容上不吃别人和自己嚼过的馍，甚至连形式上也要坚持创新实践。他的第一篇小说《怀旧》是用文言写的，第一篇白话小说《狂人日记》是用日记体写的，而爱情人生小说《伤逝》，则是用心灵独白写的，《祝福》

---

① 鲁迅全集：第6卷. 北京：人民出版社，1981：482.

是用鲜明对比法写的……所以茅盾对鲁迅作品的评价是，一篇有一篇的样式，绝不雷同。

(3) 语不惊人死不休——学着点。

时评求新，就不能以假话大话空话虚话来堆砌自己文章的大厦。追求个人语言和思维特色风格，是许多时评高手能够吸引广大受众的一个基本要素。他们既不故作高深，也不平淡如水。魅力所在，是一种文化功底的自然流露。

台湾作家龙应台，1984 年起为《中国时报》撰写“野火集”专栏，引起强烈社会反响。专栏文章结集出版后，一上市即告罄，一个月内印刷 24 次，销售 20 万册，风靡台湾，是 20 世纪 80 年代对台湾民主发展极具影响的一本书。余光中称其为“龙卷风”。龙应台的影响力，是把思想的力量与语言的艺术有机融合在一起的结果。她并不喜欢堆积华丽的辞藻，但平实之中充满新意。她针砭时弊鞭辟入里：

> 你可以选择做官，你也可以选择挣钱，但你不能选择通过做官来挣钱；你可以选择做圣人，也可以选择做俗人，但你不能选择让大家像圣人一样崇拜你，还要像俗人一样原谅你。只想要权力不想要约束是恶霸，只想要享受不想尽义务是流氓。

她写《亲爱的安德烈》，一反批判犀利的笔调，而是温柔纤细，深情动人。她把给儿子的坦率得几近痛楚的情感，完全倾注于笔尖……

有志于时评写作的人，都该学着点。

四

有机联系，观点与事实一张皮

时评最重要的抓人卖点在观点，观点能否站得住脚在论证，论证唯一靠谱的基石是论据。所以，时评的价值观判断，必须贴合且有据的事实来做支撑。而且，时评要求它们之间的关系，应当是水乳交融的，绝不能弄成“两张皮”。

时评构成三要素分别是论点、论据、论证。写作者的价值观判断，在时评中主要由这三个方面来完成。无论报纸、广播、电视、杂志或新媒体哪一种载体的时评，无论社论、评论员文章、献词、短评、博客，甚至140字限制的微博哪一种时评的样式，无论猛烈鞭挞、柔情恳谈、宏观博议、小事切入哪一种表达风格，也无论是公论还是个论，只要属于时评家族成员就不能不具备这三要素。写作时评从思维阶段起，就要统筹考虑它们三者之间的联系和布局。我们既不能把毫不相关的材料观点捏合在一起，即使并非如此也不能使受众看出它们之间有明显沟壑。鲁迅先生的杂文与时评，几乎每一篇都闪耀着逻辑缜密、无可辩驳的光辉。他在论证自己深邃思想的文字编排中，对事实的使用极其讲究。他的推理形式主要有两方面：一是娴熟运用归谬法逻辑推理；二是巧妙运用复合判断推理。鲁迅杂文中归谬法推理运用，主要有四种：第一种“化实法”，就是借助具体事例使论敌出乖露丑。具体讲，就是以谬论为大前提，通过演绎推理，得出荒唐至极的结论……第二种是“类推法”……第三种是“矛盾律法”……第四种是“夸张法”……①

（1）论点，是写作者对时评议论问题（事件、现象、人物、观念等）所持的见解和主张。时评无论点而不立，文章的全部追求和力道，都是为了论证一个独特的观点或价值观判断，这是评论性体裁作品关乎生命之所在。《人民日报》历史上第一块新闻评论版，在人民网诞生后，编者将其索引定位于“人民时评——观点”。每周一至周五，都有许多新作在这里问世。编者的卷首语认为，这是一个千帆竞发的多元社会，也是一个百舸争流的观点时代。创办新闻评论版，既是为了回应期待、服务读者、方便阅读，也是为了更好地传递党心民意、建构理性思想、凝聚社会共识。可见，它是众声喧哗中，论点交汇、思想交融的平台。

时评的论点和立意是孪生兄弟紧密相连的，文章在没下笔的构思阶段，首先要考虑的就是自己的论点。这个要素不新鲜、无创意、缺少吸引力，后面的写作再怎么用力，都无济于事。曾任《人民日报》总编辑的邵华泽，对时评论点提出了“科学性、有新意、鲜明、全面、深刻”五个要求。美国两位有重大影响力的大学者理查德·保罗、琳达·埃尔德，在他们合著的《批判性思维》一书中，提出论点的“争议性、明

① 王成功．鲁迅杂文中逻辑推理的运用//逻辑今探：中国逻辑学会第五次代表大会暨学术讨论会论文集．北京：中国逻辑学会，1996．

确性、平衡性、挑战性”四项要求。中外这两种要求结合考虑，比较适当。只是“全面”有点和时评的“抓住一点，不及其余”写法，不太吻合。但如果作防止偏颇论，也是能站得住脚的。

论点在时评中的基本表现形式，就是针对所议话题作出明确表态性的完整判断句。我们知道，汉语句式一般分为四种：陈述句、疑问句、祈使句、感叹句。只有陈述句直接表达判断，而其他三种分别表达提出问题、提出请求、表达感情，都无法反映作者的是非臧否观点主张。时评写作者在构思阶段，首先要对所议问题对象，进行事实判断，然后才能进行价值观判断。事实的基础判断依据如果错了，写作者得出的论点就一定不正确。这两者之间的前后思维关系还不能颠倒。如果先观点、后事实，就会出现主题先行的问题。另外，还有论点的普遍判断和具体判断这一对矛盾关系。前者对所议问题以外的相关范畴，均有效或起作用，后者只针对这一个管用，也叫“一事一议”。它独独在时评尤其是很短的评论中，可以成立。如果放到新闻报道中，就叫缺乏普遍意义的“一厂一店”。

（2）论证，是写作者在时评中运用论据来证明论点的过程和方法。它和论点、论据最大的不同，是呈现一个发展运动的过程。时评要想说服受众接受自己的判断主张，不得不展开寻找、检验、确证。它需要一套缜密的推理过程，才能完成。再好的观点，论证不力甚至漏洞百出，只能被人当作欺世之谈。2018 年 8 月有一篇自媒体时评《二师兄惨了》在微信朋友圈传得很猛：

> 1985 年至 1995 年，西班牙政府为了扑灭非洲猪瘟，花费了将近 1 亿美元，耗时整整 10 年。俄罗斯远东地区 2017 年以来发生多起非洲猪瘟疫情，至今闹腾没消。我国山东、江苏、辽宁等省正在蔓延。你还敢吃猪肉吗？人家朝鲜半个多世纪没发生过猪瘟，人民群众不也快快乐乐地生活吗？远离二师兄，谁要吃谁吃。一人中招，全家“光荣”。同意的转起——

写作者的观点，就是把得猪瘟和吃猪肉而且一人死一家死，强列成一道等式，而且用朝鲜不吃猪肉来论证自己抵制主张的正确性，犯了“不关联”的谬误。所以，结论完全不成立。

时评论证的方法常见的有四种：

一是举例论证，就是列举确凿、充分、有代表性的事例证明论点的方法。例如：

> 人皆愿已成才，于是，就有人羡慕那些一鸣惊人之才。其实，一鸣之前必有百鸣、千鸣、万鸣，只是未使人惊而已（观点）。达·芬奇画《蒙娜丽莎》之前，作画何止万千，据说他画鸡蛋就画了好几十天。莫泊桑的成名小说《羊脂球》发表前曾被退稿四十九次，稿纸堆起来有书桌般高（事例）。

文中用达·芬奇、莫泊桑的刻苦用功，证明自己“一鸣惊人”之前经历了“万鸣不惊人”，就是举例论证。举例论证必须注意案例的普遍性，时评中最容易犯的错误是“孤证”。列宁说：

> 在社会现象领域，没有哪种方法比胡乱抽出**一些个别**事实和玩弄实例更普遍、更站不住脚的了。挑选任何例子是毫不费劲的，但这没有任何意义，或者有纯粹消极的意义，因为问题完全在于，每一个别情况都有其具体的历史环境。如果从事实的**整体上**、从它们的**联系**中去掌握事实，那么，事实不仅是“顽强的东西”，而且是绝对确凿的证据。如果不是从整体上、不是从联系中去掌握事实，如果事实是零碎的和随意挑出来的，那么它们就只能是一种儿戏，或者连儿戏也不如。①

二是道理论证，就是用已经被人们的社会实践、历史结论、科学公理证明是正确的道理，来论证时评观点的方法。它包括经典著作中的精辟见解，古今中外名人的名言警句以及人们公认的定理公式等。这是一种为行文言谈所普遍使用的论述方式，所以不用举例来说了。

三是对比论证，就是将两个相互对立矛盾的概念或事物，特意放在一起进行比对议论，形成强烈反差映衬，以证实时评观点的方法。例如：

---

① 列宁全集：第28卷．北京：人民出版社，1990：364.

骐骥一跃，不能十步；驽马十驾，功在不舍。锲而舍之，朽木不折；锲而不舍，金石可镂。蚓无爪牙之利，筋骨之强，上食埃土，下饮黄泉，用心一也。蟹六跪而二螯，非蛇鳝之穴无可寄托者，用心躁也。

荀子在《劝学》中，熟练运用两两相对的对比论证，确立了自己关于学习必须持之以恒、专一到底的见解主张。

四是比喻论证，也叫喻证法，就是用具体生动的事物来形象地证明抽象道理的论证方法，它是一种由虚向实转化的过程。这里面要注意的问题有两个：一方面要知道所有的比喻都是跛足的，所以必须有两个或两个以上的喻体相互佐证，以确立无可置疑的观点。另一方面，要和修辞比喻加以区别，不要混淆。比喻论证要解决的问题，是观点道理的可接受性，避免抽象、生硬、空洞、无聊。所以，例子必须真实客观存在。而修辞比喻，是为了生动、形象、逼真。所以，例子可以想象、虚构，充满浪漫主义色彩。

此外，还有引用论证（也有方家认为是道理论证的一种）、类比论证（借助某个或某几个类似的故事、实例或写作者安排的情境，进行由此及彼的推理）、因果论证（通过分析事理，揭示论点和论据之间的因果关系来证明论点）、演绎论证（根据一般原理或结论来论证个别事例的方法，即用具有普遍性的论据来证明具有特殊性的论点）、归纳论证（它是用列举具体事例来论证一般结论的方法）等。

（3）论据，是时评写作者支撑自己论点的材料，是用来证明论点的理由和根据。事实胜于雄辩，颠扑不破的道理有时候也胜于雄辩。所以，时评论据内含事实论据、道理论据两种。有中学老师教高考生写议论文，就“诚信”观点，手把手给出如下论据。一是经典论点：言必信，行必果。诚信能促进人与人之间的交往。诚信是诚实和信用的统一。诚信会使友谊更加牢固。二是理论论据：民无信不立（孔子）。小信诚则大信立（韩非子）。人无忠信，不可立于世（程颐）。失去钱财可找，失去信任难挽（谚语）。三是事实论据：晋文公退避三舍。商鞅立木取信。曾子杀猪教子。“狼来了”的教训。时评则不同，要求论据真实、充分、典型、新鲜、新颖。

时评观点推导，要和评论由头相联系。如果前后根本没有什么关系，或者关系并不紧密，那所有“三要素”组织就是一场空。

时评主张指向，要和事实论据相联系。如果写作者的观点根本就不是所举论据的逻辑推理结果，无论如何正确甚至是真理，也是不可能为受众所接受的。

时评的结论答案，要和认知逻辑相联系。如果费劲推导出的最后结论，和人们的基本认知相冲突，乃至完全违背了社会或生活的基本逻辑，那就会成为术士的狡辩。

要 领

1. 观点、立场、态度和表达风格千差万别的公众时评，构成了这个时代新闻内容的主干或最广大的成分。对于因同质化竞争已经碰得鼻青脸肿的传统媒体来讲，公众时评是它们取之不尽、用之不竭的新闻资源，更是彰显自己个性风格的重要利器。

2. 网络 PC 和智能手机打造的自由平台，带来一场信息传播和话语权转移的重大变革，它更开辟了公民时评的新天地。

3. 观点判断，是时评的核心要素。时评写作语言的主观倾向非常明显，写作者的喜怒哀乐是非臧否，必须毫不含糊地彰显。

4. 时评写作的过程，就是写作者思维运行发展变化的过程。而时评的思维方式，就是写作者观察问题、思考问题的角度、方式和根本方法。

5. 时评要追求创新，就要求时评写作者养成三个习惯：司空见惯的道理——绕道走；别人嚼过的馍——绝不吃；语不惊人死不休——学着点。

6. 时评最重要的抓人卖点在观点，观点能否站得住脚在论证，论证唯一靠谱的基石是论据。

第二章

时评选题

时评写作开始的第一步，就是寻找与确定选题。它要解决评论的对象是什么、什么题材才有评论价值的问题。因此，属于方向路线的抉择。选题对于时评具有方向导引意义。换句话说，选题在整个时评中的重要地位，宛如建造大厦要打地基，基础不好前功尽弃矣！

围绕朝核问题的“六方会谈”，始终是时评选题的热点焦点。但这不等于说只要论这个选题的，就一定是黄金评论。如果所有媒体一哄而上，这个选题不是要泛滥吗？中国国际广播电台很早就做了一档论坛节目《“六方会谈”卡在哪里?》，邀请了美国卡托研究所负责防务和对外政策研究的副所长特德·盖伦·卡朋特博士和中国现代国际关系研究院东北亚研究室主任兼日本所所长杨伯江，隔洋进行热线讨论和辩论。这个选题，获得了非常热烈的社会反响。它的评论价值何在？一是不同观点意见的新颖性，这个我们平时很难听到。二是在平心静气地分析碰撞中，产生思想火花，它体现了价值判断的冲突性。三是多维表达却又不是吵架斗狠，体现了广义新闻中观点平衡的普适价值。如果我们拿央广这个选题和一些节目中常见的一群专家同一声调合唱相比，就可以看出，时评选题为什么是时评作品价值的决定性因素。

照耀时评选题路线图的唯一明灯，就是评论价值。当代中国时评界，很多权威人士把时评看作新闻的“附加值”，即建立在作为评论由头新闻基础之上的二次开发价值。这种论点的合理之处在于突出了评论价值，可以防止评论者就事论事、在新闻本身的圈子内转悠，以致缺少评论分析和引申力量。此外，还有助于时评抓住新闻本源，深钻开发触类旁通，防止评论者高谈阔议却游离于附加的原体。不过，这种观点也存在明显缺陷，就是它可能会限制时评独立存在的传播价值。如果时评的由头，是写作者自己亲身经历耳闻目睹的，即首发新闻，那么它和由此生发的评论一道享有传播价值，同生共荣不可分割，完全不是依附关系。在这样的情况下，附加值概念就比较难说得通。当今时评，这种新闻首发现象已经屡见不鲜。尤其是新媒体平台上的时评，几乎每天都诞生着形形色色的首发新闻评论。在这方面，传统媒体发表的时评，受制作环节、审稿机制、习惯的依附评论等影响制约，是很难赶上新媒体时评的。还有一种问题导入式时评，其由头不是新近发生的单个新闻事实，而是写作者思考的某个当今亟须关注的问题。这种选题介入，也是屡见不鲜的手段方式。如果把附加值概念应用到此类时评上，也是较难说得通的。因为，这种问题之所以能够成为入评的由头，往往也是首发。只要首发，它和评论本身，就都是一个整体不可分割，亦无所谓谁附加谁，而是共同构成评论价值。

选题在时评的几乎所有写作要素中，是起决定作用、支配作用的。中国新闻奖获奖时评作品，很多首先是选题制胜。《执政者要在众声喧哗中倾听“沉没的声音”》《不是所有弯道都是超越好时机》《“网友曝”是一种很恶劣的新闻文风》《“倒钩”事件凸显多元监督重要性》《以诽谤罪追究记者必须慎之又慎》《警惕“专家观点”成为“利益俘虏”》《“加分令”：左手插进右兜》……这里列举的每一个选题，都具有新颖性、重要性、典型性、思想性。而另外一种社会效果很差甚至是反向效果的时评，并不是写作水平不行，而是选题方向错了，论的价值观出现误判。如 2013 年 4 月复旦学生投毒案发生后，除了互联网上口水盈天，传统媒体时评也迅速跟进。在作案动机不明、警方尚未破案的情况下，这种“抢戏”的选题，就很容易发生错评。2016 年 2 月 14 日，一篇关于东北乡村“礼崩乐坏”的文章，引发道德沦丧之类如潮评说，结果却被虚假新闻的事实打脸。这种由头坍塌的时评选题，也是写得无论怎么精彩都会随之“灭亡”的。2016 年 11 月末发生的罗一笑事件，评论更是被事实反转，弄得灰头土脸。这种选题之谬，有时候时评写作者很难自控。那就只有靠阅历累积和洞察力提升，所谓功夫在诗外。

解决时评选题的价值导向认识问题后，还要注意选题价值标准的把握，要以绝大多数受众的判断标准为标准，而不能以媒体编辑个人口味或编辑部小团体的兴趣爱好为标准。时评写作者在预选阶段，应该换到广大受众的立场上站位，思考他们的喜欢什么和厌恶什么。

第一节 选题决定评析的基本价值

选题，在新闻媒体里面，是花最多时间研究、最让记者编辑尤其是总编主任伤透脑筋的工作内容。因为，它决定着媒体新闻报道社会效果的方方面面。优质媒体与三流小报、畅销介质与关门单位，它们之间的差距，从内容制造上来看，主要是选题水平的天壤之别。有人错误地从非常具体的写作手法上来找原因，不但不能对症下药，而且会发生持续性的误识。

时评选题，更属于方向路线性范畴的东西。写什么，比怎么写重要。写得不好，充其量只是欣赏的人少。选题不适销对路，就会成为废料。而且，选题作为时评生产的第一道工序，它的成功与否，决定后面的所有劳动能不能开花结果。最为关键的，还是时评的基本价值是由选题决定的。写作笔法或水平，只是为其加分还是减分的问题。美国资深评论员康拉德·芬克曾经指出，如果写税收，你会触动每一个美国人。如果写玫瑰栽培，那么你只会赢得相对较少人的关注。①

时评选题在新闻价值方面的重要地位和作用，通过中外媒体内部工作程序和操作的重视度，可窥一斑。

康拉德·芬克分享他的写作经验体会时说："这项工作的 80%，在于确定要写什么。"② 在这位资深媒体人的著作《冲击力》中，他还提到了美国《亚特兰大日报》内部的工作流程：

> 每天上午 9 点，在所有成员看完当天的晨报及《纽约时报》或（有时候）《华

① 芬克．新闻评论写作教程．北京：新华出版社，2002.
② 芬克．新闻评论写作教程．北京：新华出版社，2002：23.

尔街日报》之后，编委会就开会……讨论那些报纸应该评论的主题。编辑委员会成员根据新闻报道内容及其个人兴趣分配论题……每次会议上，编委会成员都提出他们计划的论题，然后对每个论题进行讨论。有些论题激不起多少反响，有些论题则犹如投下一颗原子弹。有的论题，还要投票才能决定。①

2008 年 2 月 7 日，国家审计署公布了全国公路超期收费的报告，第二天出版的《北京青年报》《新京报》和《南方都市报》的社论，不约而同地都选择了这一论题，分别写了《公路收费：与民争利到几时》《公路收费乱象不能再持续下去了》《贪婪的公路收费让政府蒙羞》。中国人民大学新闻学院对这三家评论部主任进行专访调查，想了解他们这次选题“撞衫”的幕后操作。

《新京报》王爱军回答：“下午 3:30 部门开会，由各位编辑报题，然后根据当日新闻的价值讨论决定社论选题。”“我一直认为，新闻评论的意义，除了现今价值观的‘增量传播’外，还有一个就是再推事件的发展。”《南方都市报》李文凯解密：“作为社论的选题，我们侧重的是公共性、重大性与相关性。这也就意味着，有全国关注度的新闻、中央部委的政策意见以及广州本地的重要议题，是我们选题的重点。”“我们编辑与评论委员会提交出来进行讨论，从发言的价值、发言的角度、发言的难度几个层面来分析写作社论的可能性，予以甄别取舍。”《北京青年报》李星文回忆：这是当天下午例行的大编前会产生的两个备选题目之一。“当天的值班评论员是我，与潘多拉（另一评论员）展开了讨论……公路收费这件事情实在是‘人神共愤’。因此，我们二人迅速地达成共识，要在顽固堡垒上动它几锹土。”②

笔者从业几十年曾经工作过的数家报社，以及新闻界众多朋友讲过的他们工作程序表明，中国媒体同行在时评选题上的重视和操作，与美国报社是大同小异的。我还列席旁听过多次《圣路易斯邮报》（普利策创办的第一份报纸）的评论编前会、编务会，感觉他们对时评选题的确定标准更加严格，有时甚至到了严苛的程度。除了中外具有共性的新闻报道占传统媒体内容数量绝大多数、时评属于少而精品种外，还有就是他们认为，时评的影响力大于报道。由此可见，时评写作在选题方面是很费周折、

① 芬克．新闻评论写作教程．北京：新华出版社，2002：47.

② 马少华，刘洪珍．新闻评论案例教程．北京：中国人民大学出版社，2008：54.

要反复推敲的。原因就在于议题设置决定着评析的基本价值。

议题设置的价值观判断，既是时评写作者个人思想水平和观察水平、捕捉水平的真切体现，也是所发媒体的编辑方针、大局意识、辨识水平的深刻反映。两者之间，经常相互影响，相互促进，相互启发。胡适先生曾经在 1922 年 7 月 23 日的《努力周报》“这一周”专栏发表评论说：

> 这一周中国的大事，不是董康（当时的财政总长）的被打，也不是内阁的总辞职，也不是四川的大战，乃是十七日北京的地质调查所的博物馆与图书馆的开幕。

按我们常人、今人的价值观看，一定会选择另外那几个中的至少一个，但胡适所携的《努力周报》却和大家不一样，可能是该报偏向文化内涵的宗旨所决定的吧。所以，时评选题的确定，跟文化素养、媒体定位及其偏向也有关。

一

时评选题的基本概念

时评选题，是时事评论对评析的对象、论题、域宽、价值观、大致倾向的选择方向构想。在时评写作的整套环节——选题、寻材、架构、写作中，选题是第一道工序，它决定着时评的方向和路线，更是奠定评论价值的基石。选题的重要性，几乎超过了时评写作的其他方方面面。

时评动笔写之前，总要考虑写什么、怎么写。写什么，就是进入选题的酝酿推敲之中。这时，写作者要选择所需评析的事物和展现的论题。在纷繁复杂的新闻和社会现象、社会人物面前，要做出自己评和论的筛选，其实是一个沙里淘金的过程。有时候一闪念就有了灵感，有时候需要痛苦的长时间思考。

曾经在《中国青年报》主持时评专栏的马少华先生，后来在中国人民大学新闻学院专职从事新闻评论教学研究。他在《一篇评论的“选题”过程》一文中指出“不见得一晚上、一天就能够选出来。实际上，我有过两三天都没能确定选题的情况”。“相反，一个适当的选题，则可以让我焕发出认识的激情，使出浑身解数，或一气呵成，下笔不能自休，或激动地站了起来，在室内不断走动，口中念念有词。适当的选题本身，就是自己的判断力仍然存在的证明。”① 像这样的时评“老司机”都会几天不能确定一个选题，遑论一般写作者。可见，时评选题的重要和确立时评选题的艰难。

不同媒体、不同写作者、不同表达形式即展现平台，对时评选题的要求不尽相同，无法一一细究，但我们可以把时评选题基本需要考虑的方面，列出几条来。

第一，公众关注度。时评选题首先要考虑发表之后的受众关注范围和关注力度，社会效果是所有广义新闻作品不得不事先估量的。吃这碗饭的人或业余爱好者，没有不追求自己作品受到广泛关注的，谁也不想写那种发表即冷藏的无用之作。学会和习惯评估时评的受欢迎度，是选题第一个要解决的问题。

第二，论题新颖性。时评所要贡献的论题，如果属于陈芝麻烂谷子，人家早已谈过论过的内容，那就没有必要接手跟着后头再写了，趁早扔了重找。时评属于广义新闻大家族中的一员，喜新厌旧是所有这个家族血脉中共同的基因。话题可以八方聚焦，观点必须一家独有，这就要求在论题上体现首创性。

第三，思想展现张力。有的选题适合就事论事、一事一议。有的选题可以广泛演绎、多面推展。究其原因是，它们内在的张力弹性空间到底有多大？如朝核问题，2017 年 5 月中国召开“一带一路”国际合作高峰论坛，开幕头一天朝鲜违反联合国决议精神发射了一颗导弹。有人写时评，说我们办喜事，他来“砸场子”……这种选题，可以展开的空间就很有限。但另外一篇时评，说世界领袖来中国，并非“藩属朝贡，万国来仪”。文章立意，是提醒国人要抛弃封建大国思想，对利益观有清醒的意识。这样的选题，内涵的展现张力就很大。

第四，个性表达空间。时评从宏观上讲，当然需要个性纷呈、千变万化。但是，从微观具体的写作上看，每一种风格的形成，受到每个写作者的思想、文化、阅历、辨识、逻辑、写作习惯等要素的影响。在选题过程中，对于不适合自己独特风格发挥的，就要忍痛舍去。曾任《人民日报》副总编的范荣康、作家王朔，他们的时评作品都很精彩。但是，如果让王朔写《人民日报》社论或评论员文章那些主流舆论的正统选题，他一定无从下笔。如果让范荣康写王朔那种带一点粗野的话题内容，也会晕过

---

① 转引自 2006 年 7 月 27 日马少华的博客。

去。而台湾李敖，却可以将极其严肃沉重的政治话题，用连钩带刺的辛辣语言呈现出来。所以，写之前就要思考，所立的选题，适不适合自己的风格。

时评选题的主要类型，包括事件性选题、思想性选题、社会性选题、规定动作选题等。它们之间有时存在交叉重叠、相互融合。因为，你不能说事件性选题思想性不强，你也不能讲规定动作选题一定不能就重大事件来评论。任何一种分类都是跛足的，这种分类是就时评围绕的主要对象或表达特点而定的。

事件性选题，是围绕一桩或者一类新闻事件来展开评析的。有的时评研究者认为，事件性选题就是媒体已经公开报道过的一桩新闻，时评抓住这个新闻由头进行评议。这会把时评的选题与新闻由头等同起来，而且会降低时评选题的重要意义。记者原发的事件报道当然具有新闻价值，评论仅仅用这个由头则不一定具有“一鱼二吃”的价值。关键还是要在选题酝酿时，能不能够抓住这桩事件内在或者背后可阐发的观点。如果举一反三找出“这一类”，则更加具有含金量。

思想性选题，是抓住时评的思想含量深钻狠挖，以思想阐述为核心为重点所评点的选题。比如，《实践是检验真理的唯一标准》，它洋洋洒洒几千字，对当代中国的政治走向产生了重大影响，推动了全国人民解放思想，对破除“两个凡是”的精神束缚做出了巨大贡献。这种选题，要有相当的理论功底或专题研究铺垫，不然很容易失之浅薄甚至错误。

社会性选题，是针对社会现象、社会问题、社会议论说事论理，进行剖析、评议、点拨的选题。这种选题通常一事一议并不铺开，但在及时性和别致性上，比较讲究。不过，也有的社会性选题，会将时评新闻由头的“这一个”和整个社会普遍存在的“这一类”联系起来分析，这就在广度和深度上，需要突破“一”的边界。

规定动作选题，通常是指上级领导有明确范围重点要求、写作者奉命而作的时评选题。我们经常在传统媒体上看到，配合党和政府重大方针政策出台，国家或地区、行业重要活动的开展，特别节日与喜庆、纪念的当口，会发表社论、评论员文章、献词、集体化名的其他时评等，就属于这一类。它有一个特点，就是公论的较多，个论的极少。

时评选题和标题、命题绝不能画等号。一个选题，可以制作出许多不同的时评标题来。而命题则是随选题而动的子项目，它还有非常复杂的亚里士多德分类、康德分类、传统逻辑分类等等，不一而足。

二 时评选题的方向性导引

选题对于时评写作的意义如此重要，写作者不能不为此比在别的环节上多花许多功夫。古人云："为求一字稳，耐得半宵寒。"（清·顾文炜）时评写作者为选题是否恰当，可能要花费更多的周折。但是，到底如何入手才好呢？那些时评界经验丰富的方家、大咖，在给我们指点时，希望首先解决方向性导引的问题，就是从总的路线图上走对头。紫金山天文台在南京的东面，方向对即使绕一点弯路也没什么。如果你弄反了朝西面走，就越走越远始终到不了目的地。

寻找时评选题，可以循着以下这四个方向求索，或许能得到事半功倍的收获。

（1）关注社会最具爆炸性的事件。新闻事件，是时评写作永恒的关注焦点和热点。可有些事件，并不适合作为时评的选题。比如，一架军机突然撞山坠毁了。这件事只在局部地域被山民知道，出于国家安全和保密需要，新闻媒体不允许公开报道。你抓住此事大做文章就不合适。假设一桩事件具有爆炸性，即影响力巨大，时评就有了议论的价值和空间。比如，2000 年 8 月 12 日，俄罗斯最大的核潜艇库尔斯克号在巴伦支海域举行的演习中爆炸沉入了海底。这桩事件忙坏了世界许多媒体的时评大家。2003 年初，我海军常规动力 361 号潜艇，在内长山以东我国领海进行训练时，因机械故障失事，艇上 70 名官兵不幸全部遇难，海军司令员被免职。此事也引起了世界蜂议众评。"7·23"甬温线特别重大铁路交通事故、2003 年肆虐全国的"非典"危机、"5·12"汶川大地震等这类全国性的特大事件，当然会受到时评的重点关注。而那些局地发生的、某一个行业的事件，如果可能产生非常广阔或深远的社会影响，一样也是时评的重点选题，如云南"躲猫猫"事件、《京华时报》围猎农夫山泉事件、徐晓东暴打太极高手雷雷事件、"港独"分子"占中"事件等等。在媒体发达和资讯海量的时代，事件是永远不会休眠的。爆炸性事件即使没有足够体量达到这一强度，但总有一桩会"矮子里头拔将军"涌现出来，只要舆论关注度大，它就是时评的对象了。

（2）盯准人民群众热议的话题焦点。从孔夫子《论语》演绎过来的"君子喻于义，百姓喻于利"，已成为许多人认识社会的思维定式。其实不然，如果你到公园溜达溜达，悄悄听听那些打拳唱戏的老头老太议论最多的是什么？如果你留心在办公楼餐厅侧耳旁听，那些进餐中的青年创业者最关心的话题热点是什么？你就会知道绝大多数老百姓，还是十分热衷谈论周边时事和国家大事的，甚至美国总统、法国总统、韩国总统换人，也会成为他们热议的话题。时评写作者特别需要在人民群众热议的话题焦点中找选题。这是把握广大受众脉搏最接地气的妙招或好办法。从《收入与房价摆着，南京人 36 年不吃不喝买套房》《公务员养老金为嘛跟我们差距有 N 倍?》《马克龙的忠贞婚姻羡慕死了我》《“一带一路”的百姓期待》《延缓退休年龄对企业职工有利还是无利?》等这些时评的标题，可以窥见它们的选题方向，无一不是群众关心的热点和谈论的焦点。这会首先在核心话题上，抓住广大受众的眼球。

（3）研究党和国家最新出台的政策。执政党和各级政府的每一项新推出的政策，都需要严谨分析和精准解读。这是“上面”和“下面”的“公约需求”。通常文件上的政策，都是言简意赅的。其丰富的内涵和具体的针对性，非常需要分析研究。时评的时效性和引导性，决定了它有责任、有条件、有动力、有受众基础，来及时准确地将它当作重要选题，展开比较具体的评析。作为时评指导思想的马克思主义哲学世界观和方法论，就是要解决是什么、为什么、怎么办三大基本问题。深入文件政策精髓，并结合地方实情、涉及对象实情、落实难度实情，逐一展开解剖评说。人民群众对时评有个共同的需求——解渴。对政策之渴，与对政策解读之渴，几乎同等重要。因为，多少年来，“歪嘴和尚念错了经”的事情，在现实生活中屡屡发生已不鲜见。时评还肩负及时纠错纠偏等重任。例如，为了实现全面小康，党和国家推出了“精准扶贫”的一系列政策。关于产业扶贫，就包括产业扶持类型、贫困户扶持及资金拨付、市场主体扶持及奖励政策、重点贫困村和非重点贫困村扶持政策、旅游业和电商业等帮扶规定等等复杂的内容。关于贫困村异地搬迁，就包括八大类搬迁方式、补助标准及兑现、基础设施建设及资金拨付等基本规定。关于扶贫的保障兜底，就包括四种民政类、四项医疗卫计类、五项教育助学类、六项人社保障类等需要落实的条款。还有金融扶贫……时评研究这些政策，从选题上展开精准解读，抓住群众反映，盯准执行中出现的新问题、新倾向，是最好的“顶天立地”，于党于国于民于社会统统有利，时评写作者何乐而不为?

（4）注意敏感人物的言说表现。现在时评对网络大 V、意见领袖，已经投入足够的关注。但这种注意力眼界，还是过于狭窄。我们应该把它进一步拓宽到敏感人物方面，才能捕捉时事源起的“青蘋之末”。前几年博客、微博的盛行，已经让受众看到不少粉丝几百万乃至上千万的大 V，其实并非是靠新观点、新主张、新时讯来吸引广大网民的。如号称微博女王的姚晨，已经拥有 80 631 678 个微博粉丝关注。有人调侃她放个屁也得三天才能在祖国大地上散尽，谓之影响力确实了得。还有北大中文系教授孔庆东，如此大 V 竟然在新浪博客上屡屡爆粗口开骂，法院都判他败诉。时评如果在他们身上找选题，是很难得到重要收获的。这些都不是我们时评关注的敏感人物。而敏感人物，是指那些在国家和社会上牵一发而动全身的特定对象，他们的一言一行有可能影响时局发展方向或许多人的价值观判断。比如台湾的吴敦义，他在竞选国民党主席前几天的一个公众场合竟然妄言：“如果要‘统’，回到对岸去住就可以实现，何必拖累二千三百万同胞?”这样一个苗头性观点，立即被海峡两岸众多时评写作者抓住，如雨解析评点劈头盖脸发表出来。于是，吴敦义为舆论所迫，赶紧出来否认。后来虽然他如愿当选国民党党主席，但时评的巨大战斗力显示了自己的作用。

对于时评关注言说表现的敏感人物，绝不是固定不变的。时局不同、阶段不同、场合不同、事件不同，敏感人物就会有所不同。他和身份地位不画等号。像汶川地震时期，一个中学老师“范跑跑”就成了敏感人物。“宁愿坐在宝马车里哭，也不愿意坐在自行车上笑”的《非诚勿扰》女嘉宾马诺，在那个时期也属于敏感人物。许多人随着时过境迁，也就“脱敏”了，时评又要关注新的对象。

三

时评选题展现写作者的思想深度

方家不用开口，便知思想深度——时评首先在选题上就能展现写作者发现的眼力、捕捉的本领、辨识的睿智、下手的水平。

金用火试，人用钱试，时评用选题试。

思想深度之于时评，首先表现在能见微知著。中国古代著名的政论家韩非子在他的《说林上》有云：“圣人见微以知萌，见端以知末，故见象箸而怖，知天下不足也。”

汉代史家班固《白虎通·情性》有云:“智者,知也。独见前闻,不惑于事,见微者也。”见微知著是小中见大、以小见大的同义词,是防微杜渐、智者见微的近义语。时评写作者如果能够在纷繁复杂的社会细小现象、平民一般话语、潮流源起苗头等等面前,以一滴水见太阳的光辉,以一斑而窥全豹,把握住事物的本质或社会发展的大趋势,这就是最高的思想深度。

上海的司马心先生有一篇时评《天堂义痰》,他能够从杭州岳王庙秦桧跪像面前游客必吐“义痰”,而谈到中国的“国粹”问题:

> 目睹该种以污染环境而“净化心灵”的“文明”,却不免产生“靖康耻,犹未雪”之叹。中华堪称古国,人民疾恶如仇,只是表达该种文明的方式,历来颇多“国粹”。例如反对奢侈,便要火烧阿房宫;例如废除剥削,便要戴帽游街;例如讨伐邪恶,便要宣以“国骂”。更称“粹”者,几乎人人接受关于“大方向”理论,认为只要反对秦桧,事属义举,便不必苛责其余……举国禁痰、疾呼文明之时,仍要对痰作“阶级分析”,文野忠奸区别对待,那就真是愚昧之至,沉重之极了。殊不知此种“义痰”,多少年来对于文明人心灵的亵渎,恐怕要比随地而吐的“不义之痰”,深刻百倍![①]

思想深度之于时评,还表现在敢直言不讳。观点、见解、价值观判断,是时评最核心的要素。“我们共产党人从不隐瞒自己的政治观点”——这是毛泽东早在抗战刚刚胜利之时,就宣示天下的。写时评的人,最忌讳也最厌恶曲迎趋势、人云亦云,也反对“随势跟风”和弯弯绕绕。坦诚直率地展现,直抒胸臆地表达那些对时局的“鲜见”、对社会的预警、对潮流的逆反、对党和政府的建言,恰恰反映了一种深刻的大爱和见识水平。“子规夜半犹啼血,不信东风唤不回。”(宋·王令《送春》)时评不是“象牙之塔”里的学究式论文,它要面对现实正视问题。如果写作者因不敢言不愿言而藏头露尾,便失去了这类写作的意义。从选题开始,就要抛弃立论平庸、隐晦主题的程式。时评和曲笔杂文显著不同,它是用敏锐观察、如刀笔力,见人之视不见,发人

① 司马心.天堂义痰//大风集.上海:上海人民出版社,1993.

之不敢先发。罗素曾说：“提到过去，每个时代都承认它是事实。提到当前，每个时代都否认它是事实。”我们最大的敌人，原来就是我们自己。这种思维的旧传统，时评需要突破。在选题上直言不讳，可能产生震撼力的效果。

在薄熙来事件爆发以后，全国各种媒体平台上出现的时评铺天盖地，正面欢呼居多，反思也只就事论事。但著名律师陈有西先生却写了《反思“重庆现象”的国家样本意义》，极其深刻地揭示了“悲剧的社会基础，在中国非常雄厚地存在着”。他探究“为什么重庆道路差点成了”，坦率直言这几个要害：第一个是被重庆拿来做包装的“唱红”的思想基础，“红海洋”癔症并没有彻底消除，对“文革”我们并没有真正清算和反思。第二个是“打黑”的法律基础。我们的泛犯罪化立法，导致运用刑法工具整人非常容易。第三个是“维稳”方针——高压，“顺我者昌，逆我者亡”，即使在警察内部，也是搞党同伐异大清洗。第四个是改革开放的思想路线被否定。还有就是社会舆论的绑架。其结论是，重庆现象实际是在一个省区出现的全国性隐患的集中总暴露。它让我们看清了极左势力复辟的极大可能性和深厚的土壤。从这篇时评的标题到观点，受众更可以看出陈有西的思想深度，确实与众不同。

思想深度之于时评，更表现在善剑走偏锋。在惯常思路之外别具一格的选题，是时评写作者的洞察力、表现力、思辨力的综合体现。往往一桩新闻事件、一个新闻人物、一种社会思潮、一项政策出台，都会引起方方面面关注与评头论足。当人们评论的角度、观点、推理逻辑、最终结论已经形成思维定式，或者叫“按常理出牌”的时候，他别具一格、异军突起、出奇制胜，就是用大家完全意想不到的评析选题，来深掘思想的金矿。

《纽约时报》在 2013 年 3 月报道新教皇“登基”时，就剑走偏锋地通过添加结构化数据的方式，来增强与受众双向互动的讨论。其具体做法是：当读者在阅读弗朗西斯（Francis）当选的报道时，被要求回答三个调查性问题：是否对选举结果满意？是否对选举结果吃惊？是否是天主教徒？然后用户可以通过以上条件筛选阅读自己想看的评论，也可以自己投入只言片语讨论正规时评写作。此举从时评选题上，给爱好阅读评论的读者送去自己喜欢阅读的、经过挑选的观点汇总，而不是看一群人在那里乱哄哄地互相谩骂。这种“站队式”时评，绝不是一种分类的出新，而是在如此重大的世界性关注的评论选题面前，《纽约时报》祭出一个在时评表达上尊重各种宗教信仰的奇招。因为有的事物观点无所谓正确错误，媒体也不应该任性地进行舆论引导。于是，让拥趸自己一方的拥有自己的朋辈，让反对自己一方的可以清楚地看到不同的观点，这种时评选题的思路，确实够得上别具一格。在我们国内媒体上，近百年来还没有见过如此令人耳目一新的“怪招”。

在决定选题高低水平所有要素方面，思想深度是最难实现的一个子项。

它取决于时评写作者对时事新闻的敏感程度。在新闻还处在尚未被记者编辑发现之时，他已经敏锐地捕捉到了，而且能及时地评析出来。这就是精彩的新媒体时评，常常展现出“时评的新闻首发性”（这个议题本书后面将详细展开）。

它取决于对隐含在现象背后议题的见识水平。不畏浮云遮望眼，是时评高手的看家本事。一汪潭水，常人只能看一厘米深浅，他却能清澈见底，是因为许多真相或者本质、许多道理和高见，隐藏在常人普遍能看到的表面现象背后。

它取决于对问题苗头的捕捉本领。当风起于青蘋之末时，就有人看出了端倪，就有人抓住了要害。这样的时评写作者，思想深度当然非常人所能望其项背。时评是广义新闻的一员，苗头的捕捉是写作者必须具备的本领。

它取决于对党和国家路线方针政策的解读才赋。这种才赋不是天生具备的，而是需要大量的政治经济知识和马克思主义哲学的学习研究基础，需要对党和政府执政理念的深刻理解。这本身就是时评思想深度的源泉。

它取决于对复杂状态众说纷纭的辨别能力。事态纷扰时最可能迷失方向，众声喧哗中最容易混淆视听。有定力的写作者犹如大海行舟，任凭风浪起稳坐钓鱼船，他会在时评中拨云见日把正船舵。

四

时评选题关乎受众阅读效果

时评和其他任何一种写作体裁一样，应该追求受众的阅读效果。而且，这必须是放在第一位的最高追求。自己躲在书斋自我欣赏，那是自娱自乐的卡拉OK。时评还是要争取大众广泛关注、广泛接受、广泛欣赏这三项重要指标。

写作水平、写作技巧，当然可能影响阅读效果。但是，真正优秀的写手是首先从时评选题上下功夫的，在下笔之前的思维构思阶段，就把受众需要、受众喜爱、受众观感、受众价值，放在突出位置考虑。这里有三个特点不得不兼顾：受众不是一个有组织的群体，受众与传播者并无直接的联系，受众的受传行为通常是个人行为。因此，写作习惯可能兼顾的面向比选题可以兼顾的面向更窄。这就为时评选题在谋划阶段，创造了广阔的空间。

我们一直是从正面论述选题的正确抉择之道的，现在不妨尝试从负面分析，反观照镜看哪些时评选题，最可能影响受众的阅读效果。

（1）居高临下的政治说教，会遭到唾弃。中国当代新闻评论可追溯的半个多世纪的历史，最大的问题就在于政治说教的病根难除。不要说“史无前例”时期的“两报一刊”社论，就是其他各场政治运动的党报党刊评论，也都存在着居高临下颐指气使之风。改革开放几十年来，我们的新闻改革已经取得巨大进步，但就像鲁迅先生生前所剖析的国民劣根性，病根完全消除也难。不仅党报党刊，其他大众传媒也还或多或少存在居高临下我说你听的时评惯性。今天，受众可选择的媒体形式太多太多，互联网和移动客户端更开启平等互动说理的广阔平台。所以，时评说理从选题阶段，就要撇开教师爷的切入角度和枯燥乏味的政治灌输套路。不然，受众厌读甚至唾弃，就是可能的基本选项。现在遇有重大政治活动举办和政策文献出台，仍有数量不少的社论、评论员文章、署名评论等，存有或多或少的政治说教遗风。也有一些媒体拓新上路，把那些政治色彩浓厚的时评选题，做得让人愿意接受亲近，甚至愿意加入互动讨论。除了灵动体贴的语言，更在于它们将政治大道理化为普通人能接受的思想观念，开始进入了钱锺书先生所说的盐溶于水，“无痕有味”的境界。

（2）鹦鹉学舌的路线解读，会引起反感。有一种时评，是专司在党和政府新思新政出台之后，跟着作些照抄照搬、换句话唠叨的文章。读这样的评论文章，不如去看原来的文本。这样的时评，其实根本没有掌握上头文件精髓，只不过换一个平台、换一种方式，说“永远正确的废话”。“如鹦鹉只学人言，不得人意。经传佛意，不得佛意而但诵，是学语人，所以不许。”（宋·释道原《景德传灯录·越州大殊慧海和尚》）另外一种，是不管实际永远伟大正确的论证式评论。重庆“唱红打黑”，他说是树正气、廓社风、顺民意。重庆后来反“打黑”，他说是拨乱反正、社会呼唤、人心所向。

总之，正反都对着上峰的口径说，不用自己思考，永远保持正确。时间一久，受众看出了套路，唾弃也就是必然的选项了。有一篇《重庆“唱红打黑”解》，还从“沉淀下来的思考”“三条经验”“对市场崇拜的一种‘对冲’”等多角度论证，为薄熙来新政进行立论推销。现在看来，这位政治学研究大佬的当时选题，是完全缺乏独立辩证思维的败笔。

（3）违反逻辑的文章立意，会让人耻笑。支撑时评的骨架是逻辑，推理路线图依靠的也是逻辑，选题立论靠谱不靠谱更需要逻辑检验。如果我们仅仅把逻辑看作文章句式成立的一门艺术，那就会走入违背社会常识、认知常识、事物变化常识的误区。譬如，新加坡的汇率改革是成功的，我国的汇率改革也应该成功——这样的选题设置，就犯了逻辑学上类比不当或类推不当的错误。按照这样的思路去写时评，就会因外国可以，所以我国也可以的推导，得出中国无所不能的结论。有一位教育领域的老记者写了一篇时评，说高考是考生家长们的重大节日。这样的选题立论，违反了人们生活中的基本实际，其实也就是违反了常识逻辑。每到高考时节来临，成千上万的考生和他们的家长，犹如火山上炙烤的蚂蚁，那种焦虑的心情，真的是其他人很难理解的，简直有度日如年的感觉，这怎么会是“重大节日”呢？时评中的某一句话、某一个用词用语不合逻辑还好，那只能让人觉得你局部不严谨。但时评选题上背离逻辑，就会留下一个大的笑柄。

（4）缺乏深度的高谈阔议，会应和者寡。时评当然需要上挂下联地说理，当然需要把握正确的舆论导向。不过，再好、再正确的观点，都不能悬在空中，“接地气”是须臾不可忘记的命题。在选题阶段，时评写作者就应该考虑自己的作品，会不会“浮在表面”？议论的核心，有没有深度开掘的空间？立论和观点，受众接受度究竟几何？如此“三问”后下笔，大概就多少能回避夸夸其谈所造成的和者盖寡的问题。有些理论研究学者，学习习近平同志在哲学社会科学工作座谈会上讲话后，要写一篇“坚持以马克思主义为指导，首先要解决真懂真信的问题”时评。这样宏大的选题，是非常容易落入泛泛而谈空讲道理的俗套的。而且，不写它个几万字不能解决问题。但他们在选题创意上，从人们最厌恶的问题导向入手，写出《“空洞说教论”是认识误区》（2016 年 10 月 20 日《人民日报》，作者刘晓玲、刘晓川）的短评。全文也就 1 200 多字，却段段抓住思想引领之纲：

马克思主义具有真理性，占据着真理的制高点。马克思主义具有人民性，占据着道义的制高点。马克思主义具有实践性，占据着方法论的制高点。

用这些去反证：

在现实社会生活中，一些人包括少数党员干部曲解和误读马克思主义，将其视为空洞的说教，出现了“姓马”而不“信马”的现象。因此，解决真懂真信的问题，必须走出把马克思主义视为空洞说教的认识误区，深入把握马克思主义的时代意义。

这种选题，是有很高的思想深度的，受众接受度广。

第二节

选题获取的主要渠道

获取有价值的选题，是时评写作的第一道工序。许多新手甚至“老司机”曾经遇到过这样的经历：想法很多，也有写作冲动，但坐到电脑键盘前就不知道从哪儿下笔了。为什么？就是找不到合适的选题呗！

青海地质工作的开拓者与奠基人卢振兴，回忆恩师李四光教自己如何找矿时，就讲了唐古拉、祁连山这些矿藏资源确定的渠道选择……时评选题矿藏，也需要正确的获取渠道，才能事半功倍如愿以偿。

路线图的重要性，在于确定从起始点到达设定目的地的方向和最佳渠道。没有路线图，就是盲人骑瞎马靠感觉行进。路线图不对，就可能犯方向路线性错误。因此，学习时评写作，应该知道获取选题的基本路线图。

时评写作不像古代士大夫坐在书斋无感而发，也不是今人漫无指向的小品文创作。这种新闻类体裁，和高考试卷上的议论文还有显著不同，这就是必须具有崭新鲜活的新闻由头。它特别强调立论观点的现实意义，特别强调对现实生活的干预性，特别强调反映与引导当下社会舆论。如欲满足这一系列前提要求，获取选题的主要渠道，就不能不盯住新闻媒体、盯住社会关切、盯住重大变故，盯住执政者的一举一动。只有从这些入手，才能便捷高效地实现时评写作的首环突破。

渠道很重要！渠道非常重要！渠道太重要了！这种话，企业经营者讲得最多，听得也最多。时评选题的获取，其实也是情同此理。尤其是对那些初入门者，经常感到无处下笔、无对象写作，他的真正痛苦，在于找不到合适的选题、不知道上哪儿找选题。这里的“上哪儿”，正是渠道的别称。

时评选题自发地生长在写作者的脑海中，这样的情况即使有，也一定是罕见的。写作者需要通过渠道捕捉选题；通过渠道将自己的目光，投射到纷繁复杂的大千世界。社会生活的可圈可点，通过渠道映射到时评写作者的视野范围。渠道是公众对时势变局的思想认识和时评写作者的思考观点发生交流碰撞的场所。过去许多年，媒体强调“内容为王”。后来在新闻同业的竞争中，“市场为王”流行了起来，再后来新媒体兴盛，就出现了“渠道为王”的呼声。获取时评选题的渠道，尽管和这个含义不尽相同，但其重要意义是基本一致的。把握渠道，对时评写作者捕捉选题至少提供了一种捷径。受渠道影响启发，比你坐在书斋里冥思苦想，效率效能不知要高出多少。

渠道的选择，各有不同。思想家喜欢书本，记者编辑习惯传媒，街头观察家相信亲历，小市民钟情传说，还有一些领导秘书从“红头文件”和领导讲话中找观点。那么，究竟哪些是科学高效的时评选题获取渠道呢？

一

在媒介报道的新闻中捕捉

不是所有新闻报道都可以用来写时评，都值得写时评的。因此，捕捉选题的水平就是时评写作的最大本事。

时评的新闻由头，是必不可少的时事或时政新闻，是时评写作者阐发的源头。

大众传媒每时每刻，都在履行着报道新近发生的新闻事实的职责。普天下记者报道新闻，都有自己的价值观判断。我国主流媒体半个多世纪来形成的新闻价值判断标准，通常表述为五大要素，即重要性、时效性、显著性、接近性、趣味性。西方主流媒体的新闻价值观虽有所不同，但核心标准有重叠。影响力、接近性、异常性、显要性、及时性、冲突性、人情味——这是美国密苏里新闻学院（普利策创办的全世界历史最悠久的新闻学院）教科书上，对新闻价值判断标准的表述。新闻价值观驱动媒体的记者编辑寻找挖掘合乎新闻价值判断标准的新闻，也反过来检验媒介报道的含金量。

时评，属于广义新闻大家族中的一员。它的选题标准，也受到新闻价值判断标准的制约。从时评自身角度上说，它确实需要时间上及时，内容上有新意。所评目标应是受众关注的重大事件而非鸡毛蒜皮的常闻，新闻事件与当前的生活和广大群众的切身利益有密切关系，至少要有地理接近性或心理接近性。时评选材一般遵守如下公式或要求：名人＋寻常事＝新闻；普通人＋不寻常事＝新闻；名人＋不寻常事＝大新闻；普通人＋寻常事≠新闻；令人心情愉悦的趣闻逸事；等等。时评选题并不渴求所有这些方面都具备，但至少必须有一两个方面是具备的。

如此看来，从媒介报道的新闻中捕捉，就成了时评选题的一个重要路径。主要原因是它们两者之间的价值判断标准有很大的重叠。

吴敦义当选国民党主席当天，习近平总书记发去贺电，吴也很快发回感谢电。新闻媒体及时将这两个电文全部报道后，南京大学台湾研究所所长刘相平立即发表时评《吴敦义有弦外之音》。作者从报道中抓住习近平总书记强调要坚定反“台独”立场，而吴敦义在两岸关系表述上存在一定模糊性这个可疑之处切入，提醒世人要密切关注后者领导下的国民党大陆政策何去何从。刘相平敏感地察觉到，回电中吴敦义表示“两岸都坚持一个中国的原则，但是对于它的含义，双方同意用口头声明方式作各自表述”。作者认为，吴敦义实际上要表达的是“九二共识、一中各表”的意思。他指出，1992 年两岸两会达成的共识中没有“一中各表”这个东西，1992 年两岸各自以口头方式表述“海峡两岸均坚持一个中国原则”的共识，大陆方面表示在海峡两岸事务性商谈中不涉及一个中国的含义，“各自表述”是台湾单方面的要求。此外，作者还评点了吴敦义不提两岸政治议题，属于战术清晰战略模糊。因此，警示国人，防止有人在岛内打一些“擦边球”，在反“台独”立场上模糊化，游走在“台独”和“独台”的边缘，出现一些让大陆疑虑的言行，在红绿灯之间的黄灯间隙中穿行。这种评析的选题，如果没有新闻报道为导引和依托，再好再专业的写手，也是不可能无影造西厢、生产出如此有价值的时评作品的。

新闻报道是时评取之不尽、用之不竭的选题蕴藏宝库，高明的时评写作者都喜欢在这里淘金。我们从中国人民大学从事新闻评论研究的教授马少华先生《一篇评论的“选题”过程》中可见一斑：“昨晚，我在网上下载了好多新闻与评论，准备考虑下周一在北青报专栏的选题。”“早上我离家之前，连续看了北京地方三家报纸关于此案的报道——《京华时报》《北京晨报》和《新京报》，并且把它们放在一个临时的文件夹里保存了下来。”“有一篇《新京报》的评论筲箕凹的《“强奸保命”争论莫入精神自虐的误区》”，“我在张天蔚《女性如何面对强奸》（见张天蔚博客）一文的跟帖中表达了……”① 由此可见，一方面从媒介报道中获取选题，另一方面还可能受媒介其他评论启发而产生灵感。

这里要明确，媒介的概念绝不要局限在传统媒体的报纸、广播、电视、新闻性杂志圈子内。马少华既看这些，也关注博客等新媒体传播形式。他是在几种媒体多家平台获取了新闻素材和评析观点后，再行考虑而完成了一次评论的选题过程的。这种多媒体涉猎、多平台捕捉，有利于时评写作者的开阔眼界，也有利于评论由头的相互印证，更有利于丰富锁定新闻的内容要素。现在，网络和移动客户端上，比传统媒体更加开放、更加精彩的新闻和时评多了去了，连职业记者编辑有时都自叹不如。

总而言之，在媒介报道的新闻中捕捉时评选题，必须紧紧抓住以下四点，它们是时评切入选题的真正抓手：

看新闻里面有没有蕴含新颖的观点？

看新闻之外有没有尚未揭示的真理？

看新闻深处有没有值得纠偏的普遍误识？

看新闻触点有没有可以推导的其他结论？

不过，时评对于不同的媒介报道，要保持不同的警觉性。传统媒体报道虽然也有失实的情况，但毕竟相对于新媒体要靠谱许多。而且，传统媒体作为权威消息源，时评无论直接引用还是间接受到启发，如有出入，责任由消息源出处媒体承担。而新媒

---

① 转引自 2006 年 7 月 27 日马少华的博客。

体包括自媒体新闻源头出了问题，时评写作者就要担责，因此，必须查核其可靠性。本书后面章节将对此详细论述。

二

在社会突发事件里寻找

突发事件关注度大，非常需要理性评析与冷静引导，时评要抓焦点中的冷思考选题。

突发事件真相不明，特别容易流言蜚语不胫而走，时评要抓廓清事实的辟谣性选题。

突发事件官方谨慎，说与不说都有可能引火烧身。时评要抓求知上下公约数的选题。

突发事件舆论震荡，人们往往攻击一点不及其余，时评要抓能够举一反三的选题。

百度百科对突发事件的定义，有点儿过窄：突发事件，是指突然发生，造成或者可能造成严重社会危害，需要采取应急处置措施予以应对的自然灾害、事故灾难、公共卫生事件和社会安全事件。其实，许多并不具有严重社会危害的事件突然爆发，也应该进入我们关注的视野。比如，2017 年 4 月 11 日，第 101 届普利策奖在美国哥伦比亚大学揭晓。突发新闻摄影奖被授予《纽约时报》的自由摄影师丹尼尔·贝瑞胡拉克(Daniel Berehulak)。他在该报刊登的充满叙事意味的照片，记录了菲律宾政府的禁毒行动。再如，2016 年 12 月 24 日早上 6 点，年仅 5 岁的罗一笑，在深圳医院里停止了呼吸。又如，2017 年 5 月 22 日，俄罗斯任命外交部副部长阿纳托利·安东诺夫为俄驻美国大使。还如，2017 年 5 月 22 日，长城汽车拖薪欠费被外国员工起诉，被曝 1 年内近 50%员工离职……只要是不可预料的、属于不可抗力下毫无预兆发生的意外性新闻以及不为人所控制的新闻事件，都应该引起时评写作者的关注。

事实上，突发新闻事件最容易出时评选题。这是因为它蕴含了几乎全部符合新闻价值判断标准的要素。突发事件的时效性肯定是最强的，它有一个爆炸和裂变期，通常这个时间是以天、小时甚至是分钟计算的。突发事件的显著性，也是无可置疑的。

“轰隆”一声事件就发生了，不说惊吓了谁，至少人们会本能地去投射关注和一探究竟的目光。突发事件的重要性和接近性，取决于它的爆炸威力，可能是区域性的，也可能是世界性的。无论如何，它能够称得上突发事件，一定会影响一部分人的利益，也对其周边相近人的利益产生波动，所以会有大小不等的重要性。而接近性是不能用简单的地域距离来衡量的。美伊战争爆发的时候，《江苏商报》第二天出了几十个专版，详细报道了这场战争，该战争可能对中国人的旅游观光、交通出行、金融外汇、股票期货、油价行情、黄金买卖等十多个领域产生重要影响。这就是媒体在打接近性的牌。所以，隔着千山万水，蝴蝶翅膀的扇动，也有可能引发我们身边的一场海啸。关键是时评写作者在选题策划酝酿阶段，会不会挂联？能不能将媒体报道的突发事件转换为自己笔下的评析选题？

突发事件特别适合快评的写作节奏，可以随事件本身的爆发性和深入发展，而引发比其他时评选题更大的社会关注。抢在突发事件发生后的第一时间打出第一枪，对于时评选题非常重要。既然关注率高，受众在获知事件信息之时，会产生各种各样的不解或疑问。记者的后续报道，担负着深化客观报道的责任。而主观分析判断，在事件中拨云见日，时评就当仁不让了。现如今，受众对突发事件中的观点需求，有时甚至超过了新闻信息本身。美国弗吉尼亚大学校园枪击案发生后，人们惊恐之余十分关心和此事相关的种族、教育、持枪自由、政党轮换等问题。资讯发达的美国新闻媒体敏锐地捕捉到这个选题后，迅速组织媒体内编辑和媒体外写手，策划了多次连续深入的时评分析，满足了人们的阅读渴望。

在社会突发事件里寻找选题，不是为了简单地“拿来”一个时评的新闻由头，然后天南海北地引申开来评一点什么。它最要紧的是对事件本身进行解析和评判，所以选题的立足点主要是评这桩事。和时评选题其他来由不一样，突发事件的时间延伸长度有限，几个小时、一天、几天都有可能，过了这个井就没有这个泉了。在极短的时间和空间里，时评能不能产生独到的观点、睿智的分析、恰如其分的解说，关乎时评自己的生命。随着人们对这桩事件关注的逐渐减弱，时评的“活鱼”也就逐渐淡出了人们的视野。但真理是永远不会一次性穷尽的。明白了这个道理，时评选题就要坚持不懈地在突发事件里面含有的评点价值上做文章，而尽量不要扯远。事实上，受众在这个当口，亟须读到看到听到的，也是和事件关联最紧密的观点。

2017年5月12日，席卷全球的“勒索”病毒——电脑蠕虫病毒——至少让150个国家和地区的企业、医院，甚至是政府机构受到感染，网络安全问题一时间再度引发全球关注。欧洲刑警组织负责人将其称为一次前所未见的攻击，在全球的波及范围史无前例。短短的两天时间里究竟发生了什么？跨越“网络战”的模糊边界了吗？谁是幕后黑手？美国的网络武器真是“元凶”？是技术漏洞，还是监管不力？各国在网络安全威胁上的应对得力吗？是否暴露了社会大众网络安全意识的薄弱？这次网络病毒会持续多久？未来发生的频率会不会提升？带着这一系列重要的待解谜团，澎湃新闻立即投入重兵，通过对国内外知名网络安全公司、专家学者及重要国际机构的采访，深入评估、探索这场网络病毒爆发的原因、影响、教训和启示。澎湃新闻的国际栏目推出了“勒索病毒拷问”等四大系列，将这场突发事件背后的分析判断，及时地展现在世人面前。

在社会突发事件里寻找选题，有时候并非取自传统新闻媒体，甚至不是新媒体自媒体，也可以是时评写作者自己耳闻目睹的亲历。遇到这样的情况，因为没有已经公开的报道，时评需要在有限的篇幅内，极经济极简练地先把事实说清楚，但这通常是很难的。因此，时评写作者在选题策划阶段，就可以考虑用时事述评这种夹叙夹议的方式来进行。这种特殊的时评体裁，并不忌讳叙事的翔实甚至琐碎，但强调评析观点的穿插融合。在选题构思时，写作者需要分段分节考虑立论要点的落实。

三

在街谈巷议的焦点中思考

群众是舆论构成的主体，他们的关注焦点，就是时评必抓的选题重点。

千百年来，国人都以“君子喻于义，小人喻于利”这样的惯性思维，看待社会各色人等的言行举止。一般写时评的人，也会认为老百姓最关心柴米油盐酱醋茶，其实也不尽然。你到公园、广场、茶社、餐厅等公共场所仔细听听，人们聊天的话题总有一半是谈国家和社会大事，甚至会讨论特朗普当选美国总统对中国好还是不好这样隔着太平洋的天下事。而官僚腐败、物价上涨、医疗保险、子女就业、养老问题、社会风气、海归待遇、农民工讨薪、雷洋事件、PM2.5 超标、交通拥堵……你很难把这些明确区分为个人私事还是国家大事。其实，这两者之间有着千丝万缕的联系。“家庭是社会的细胞”，这是习近平总书记在 2015 年春节团拜会上说的。群众的街谈巷议，从总体上讲就属于最典型、最广泛的社会舆论。不但党和政府应该关切，我们的媒体及其代表媒体思想价值观的时评，更应该极大地投入关切的目光。

当然，时评对群众街谈巷议的关注和选题捕捉，绝不是做群众的尾巴，把群众中那些落后思想、牢骚抱怨、过激主张、不当要求，当作时评的诉求和中心思想。我们只是在群众广泛议论的话题之中寻找焦点和热点，由此把握最广大人民群众的脉搏律动，把握时代的进步性要求。

那么，什么是街谈巷议的热点、什么是群众舆论的焦点呢？

一是与各种利益有关，反映各种利益群体的诉求，隐含不同利益群体之间的交锋和博弈——这样的事情或争论，就应该引起时评写作者的关注和思考。2015 年 9 月 21 日新华时评发表《让暴力拆迁成为不敢碰触的“高压线”》，就在同一天，人民网不约而同发表《别再让强拆制造血泪》。2015 年 11 月 3 日，山西经济网发表《让“暴力拆迁”和“钉子户”成为历史》。2016 年 1 月 14 日，人民网“法治时评”又发表《别让强拆的“强”字苦了百姓》，2016 年 7 月 14 日，《人民日报》的“人民时评”又发表《遏制非法强拆当坚守法治底线》……从中央到地方新闻媒体，在一段时间里集中就拆迁问题展开时评，反映了政府在推进城镇化建设中与不动产所有人之间的利益博弈，反映了法治建设进程中的适格应用和打着法治幌子非法侵犯公民私产之间的矛盾。长期以来，拆迁过程中出现的违法侵权行为已经累积了相当大的矛盾冲突。像这种舆论的热点焦点，如果时评仍然漠然置之，那就没有发挥媒体的旗帜作用和正义的战斗力功能。

二是有社会群体的参与，不仅通过舆论表达意见态度，而且参与事件调查、组织活动等，直接影响热点事件的走向——这样的重要事件或活动，就应该引起时评写作者的关注和思考。据《新京报》副总编辑也曾担任评论部主任的王爱军介绍，该报在“黑龙江宝马撞人案”“北京世界遗产门票涨价”“关注禁讨区现象”等等群众议论热点问题上，通过时评勇于介入事件从而发挥了重要作用。特别是就圆明园防渗膜工程连续不断的舆论监督中，他们的时评在推进这个热议问题解决中凸显了舆论工具的战斗力。2005 年 3 月底，《新京报》以《圆明园湖底敷防渗膜节水遭质疑》报道见报，同天社论型时评《改革管理体制 圆明园才能获最终安全》一并推出。在人民群众和全国媒体议论纷纷中，该报4月2日又刊发了《圆明园防渗工程该如何收场》。4月11日，该报接着发表《圆明园听证会不能辜负公众期望》评论，4月13日又发表《圆明园听证会不能“一听了之”》，4月15日再发表《圆明园：能否启动问责程序?》。随着事件的进展，《新京报》接二连三发表《什么样的专家对圆明园有决定权》《为什么没有机构敢为圆明园做环评》《环评单位为何惧怕承担责任》《法治，是解决圆明园事件的必然方向》《解决圆明园问题的原则和方向》《应公布圆明园环评报告》。直到当年7月7日，国家环保总局通报了各方专家对圆明园环评报告书的审查结果，明确“要求圆明园湖底防渗工程进行全面整改，防渗膜被部分撤除、部分保留、部分改造”。至此，圆明园事件在公众、媒体和环保部门的共同努力下基本上有了令大家满意的结果，《新京报》最后发表《圆明园事件的最大价值不在结果》，此事才宣告结束。从这家报社关于圆明园事件的一系列时评稿的标题中，我们就可以看出，时评全程参与了这个问题的暴露、研究、解决、反复、再研究、再解决等一系列过程，它对社会对舆论的介入表现，为人们所称道。为它点赞，还在于时评抢占第一落点，在第一时间评说论理发布正确观点信息，将社会舆论引导与焦点事实处置同步推进。

三是存在一定分歧，在人们的讨论、争论、质疑中，舆论热度不断上升——这样的价值观不一的相互碰撞，就应该引起时评写作者的关注和思考。2017年5月，一篇来自美国马里兰大学的毕业演讲，几乎在一夜之间火遍中国，演讲者是来自中国的姑娘Shuping Yang（音译为杨淑萍）。国内大量的舆论抨击她身处美国，对中国国情大放厥词，对美国跪舔毫无下限。稍微和缓一些的评论，认为即便她说的有可取之处，但这种说话的方式确确实实会伤害到同胞。而且换位思考假设在场的美国人看到她流露出种种对自己祖国的不屑，恐怕对她不会产生任何好感，只会深深鄙视。而跳出事件本身的评论观点，也充斥在社交论坛上。

一位同毕业于马里兰大学的中国校友在社交媒体上发表了自己的时评看法：

长久以来对中国的政府和党抱持批评的态度，但是正是这样的经历，让我知道了在涉及言论自由的限度和政治的伦理时应该多么严肃和负责。必须要让自己的言论第一有所本、第二要使用正确的逻辑方法、第三善尽查证的责任、第四不带恶意、第五不以批评的言论为自己获利，做不到这些就会常常扮演猪队友角色。①

遗憾的是，以上这一系列非常热门的舆论选题，却基本没进入传统主流媒体的视野。甚至在我国外交部新闻发言人都已经明确对外国记者公开表达观点看法的情况下，国内才有一家纸媒对此发表了一篇时评文章。这明显就是丧失了舆论引导的主动权。

四是能引起社会共鸣，与社会心理、社会情绪相契合——这样的事件和议论，就应该引起时评写作者的关注和思考。《人民日报》的“人民时评”2013 年 7 月 8 日发表了《如何纾解“拆迁暴富”之痛》，提醒社会关注城市郊区农民因拆迁暴富后精神世界的变化。时评抓住拆迁补偿一夜暴富后物质的丰盈与精神的贫困一旦联手，就会让人太容易滑向欲望深渊的典型案例指出：

> 此前，媒体比较关注行走在城市边缘的农民工群体的命运，对那些骤失宅基地、责任田，“洗脚上楼”一夜变市民的农民，鲜有人去了解其内心世界和人生剧变。在城乡接合部，大学城、科技园、开发区崭新地次第布局，轨交、高铁、高速公路一条条通向远方，辉煌的灯火背后，隐去了那些曾世代躬耕于斯的身影。

然后提议政府与社会：

> 既需要把目光投射在如何保障他们的拆迁补偿、如何维护他们的合法权益上，也需要更多关注他们的精神状况，帮助他们正确应对骤然的变化。

四

在工作的文山会海里挖掘

荣获 2016 年度中国新闻奖一等奖作品的新华社评论员文章《中国故事，更精彩的

① 呼呼猪爱踢足球．关于马里兰大学毕业演讲事件的看法．(2017－05－25)［2018－09－04］. https://oskarlre.wordpress.com/.

书写还在后头》，真金是这样淘出来的：新华社在2015年抗战胜利70周年系列活动圆满收官之际，根据习近平总书记系列讲话精神，结合“九三”大阅兵等新闻事件，策划写作……这样获得中国新闻最高奖项的时评选题，来自党和国家的领导人的一系列公开讲话，会让许多人感到吃惊。

其实，在党和政府以及各单位的工作性会议、文件之中，蕴藏着大量的重要信息以及具有方向指导性的政策指示等。很多能在面上产生指导意义的时评，其选题就是从这里面淘出金来的。我们只是经常身在宝山不识宝罢了。

“文山高耸，会海汹涌”，这是人们对政府、机关、部队、企事业单位等工作环境工作对象的一个无奈的形容。可是，很少有人会关注文山会海里面蕴藏的金子。时评写作的一个重要选题来源，就是工作性文件和会议。集中起来就是“五找”：

（1）找重大新闻。新闻界最典型的一个文件会议里面挖出金山的案例，是《天安门事件完全是革命行动》。1978年10月到11月，北京市委常委扩大会议召开。会议的主要议题是，加快清查步伐，进行工作重点转移。会后下发的文件和《北京日报》发表的会议报道，洋洋洒洒成千上万字。新华社记者正是从这些密密麻麻的文件和纯会议报道之中，掘出真金，仅用239字的一条消息报道了一桩关乎当代中国历史进程的伟大事件。根据史料记载，当时的中央媒体几位主要领导新华社前后两任社长曾涛和穆青、《人民日报》总编辑胡绩伟、《光明日报》总编辑杨西光等，在这场非凡的“淘金”中做出了巨大贡献和非凡担当。今天我们的时评写作者，应该学习这些新闻界老前辈，在选题寻找中，自觉根据新闻价值判断标准和时评写作要求，捕捉工作文件工作会议中的闪光点。抓住重大新闻由头，就解决了时评选题的一半问题了。

（2）找新颖提法。文件、会议是蕴藏政策性概念等新颖提法的富矿，时评写作者阅读和参会，要把着眼点放在寻找和发现最新提法、最新主张、最新要求、最新目标变化等要件上。“经济发展新常态”，是2014年12月中央经济工作会议的新提法。如何准确把握经济发展新常态？中央有关文件又提出六个政策性主张：模仿型排浪式消费阶段基本结束，个性化、多样化消费渐成主流；基础设施互联互通和一些新技术、新产品、新业态、新商业模式的投资机会大量涌现；我国低成本比较优势发生了转化，高水平引进来、大规模走出去正在同步发生；环境承载能力已达到或接近上限，必须推动形成绿色低碳循环发展新方式；经济风险总体可控，但化解以高杠杆和泡沫化为主要特征的各类风险将持续一段时间；既要全面化解产能过剩，也要通过发挥市场机制作用探索未来产业发展方向。所有这些，在当时都是时评选题很好的目标。

（3）找政策导向。党和国家的最新政策导向，一般是需要通过文件会议一步步落实下去的。《国务院关于当前产业政策要点的决定》，就是一个极其重要的政策导向文件，它的指引性作用，在中国要发挥许多年。《人民日报》迅速捕捉到这一点，随即发表了署名评论《倒逼我国产业转型升级》。2015 年以来，我国陆续出台了一系列产业导向政策，如《国务院关于加大改革创新力度 加快农业现代化建设的若干意见》《国家能源局关于促进煤炭工业科学发展的指导意见》《国务院关于印发中国制造 2025 的通知》《全国农业可持续发展规划（2015—2030）》《国务院关于积极推进“互联网＋”行动的指导意见》《国家智能制造标准体系建设指南（2015 年版）》《关于进一步促进旅游投资和消费的若干意见》《促进大数据发展行动纲要》《关于国有企业发展混合所有制经济的意见》《关于深化制造业和互联网融合发展的指导意见》《国家创新驱动发展战略纲要》……在所有这些导向性政策甫一出台之时，时评就应该紧紧抓住其政策导向的由头，联系当前实际确立所评选题。这当然需要对文件精神的学习，掌握政策精髓、吃透导向要义，方可提笔写来。2017 年 4 月，《人民日报》又转发《洛阳日报》评论员文章《产业升级要善用倒逼》。353 字虽短，却对全国具有工作指导意义。

（4）找惠民主张。民生选题最容易引起广大受众关注，时评写作者要做寻找挖掘这类文件会议资源的有心者。每年都要开各级“两会”，会议一般都会提出许多惠民主张。如 2017 年 3 月李克强总理在全国“两会”上做《政府工作报告》中，就明确列出了 10 条惠民主张：今年再减少农村贫困人口 1 000 万以上，完成易地扶贫搬迁 340 万人。取消或停征中央涉企行政事业性收费 35 项，收费项目再减少一半以上。今年再完成棚户区住房改造 600 万套。进一步放宽非公有制经济市场准入。今年实现进城落户 1 300 万人以上。坚决打好蓝天保卫战。年内全部取消手机国内长途和漫游费。继续扩大重点高校面向贫困地区农村招生规模。扩大内外销产品“同线同标同质”实施范围。实现异地就医住院费用直接结算。这其中的任何一项，都可以作为时评选题，朝深里挖掘。

（5）找问题苗头。一个腐败分子在出事后这样说：“当时要是有传媒的大胆监督，要有纪委的及时诫勉谈话，要有公民的及时举报，要有检察机关的及时介入，要有规章制度的制约，要有亲朋好友的及时提醒……又怎能走上腐败之路?”还有的腐败分子在法庭上说："假如我当年第一次利用职权，将国家的房子无偿送人的时候，报纸把我揭露出来，或者检察机关马上设立特别检察官，对我进行调查，我何至于弄到今天这步田地？大不了二三年徒刑而已，更不要说如果有严厉的监督机制，我压根儿就不可能有腐败的开始。"① 如果解释什么是苗头性问题，这就是最好的现身说法。而且，这两个人都讲到了新闻媒体的监督意义。所以，时评抓问题苗头性选题，意义重大。这既是我们的写作需要，更是时评忠实履行舆论监督的神圣职责之所在。

第三节 选题需要考虑的关键因素

时评的选题过程，实际上是时评写作方向路线的策划过程。在一个媒体编辑部，这是由执笔者和其他同事加领导共同完成的。外国主流媒体为了一个时评选题，经常多人开会反复推敲。而个人写作者在给媒体撰稿投稿的选题策划过程，就是在写作者自己脑海里思考完成的。从前面提到马少华先生的《一篇评论的"选题"过程》可以看出，即使是时评界的"老司机"，也可能会为确定选题而长时间思考。

那么，时评选题需要考虑哪些因素呢？

（1）评论价值，这是第一个要考虑的核心问题。选择和衡量时评立意总有一个客观标准，确定和排除时评立论总有一个基本依据。它要能够最大限度地满足时评受众的思想辨识和事物观察需求，它是蕴含在时评文字中有用、有益、有效等要素的总和。评论价值和新闻价值，有重叠交叉但肯定不能等同。前者比后者的外延要小，尽管从体裁上看时评也是广义新闻的一个具体品种。

考虑时评选题依据评论价值来作抉择，是防止为文而文"做无用功"。时评如果不能对社会产生干预性，就失去了存在的价值。但却总有一些不痛不痒、不温不火、讲正确废话的时评，还占据着媒体的版面或荧屏时段。究其因，就是它们的选题策划没有价值观导向，或者价值标准非常模糊。《南方周末》的《李昌平：下海这一年》

---

① 邵道生．从另一视角看《党内监督条例》．（2004－04－13）［2018－08－06］．中国法院网．

(2001 年 9 月 13 日）讲述了一名基层官员 17 年生涯中屡讲空话的经历。“作为一个兵，我是有功的，作为一个官，我是有过的。”时评要有价值，空谈无益。

(2) 评论类别，这是另一个要考虑的操作问题。不同的选题类别，对时评写作的要求有所区分。时评写作者要到什么山上唱什么歌，看菜吃饭，量体裁衣，而不能就用一个“统货”以不变应万变。这既是时评写作迅速抓取选题的高效率需要，也是时评写作有了选题后思考写作方式方法的需要。类别制约着时评写作的手法和语态，制约着时评作者的切入角度和表述方法。《解放日报》首席评论员凌河先生，曾经参与撰写了引起巨大反响的署名为“皇甫平”的系列评论。他的新闻从业生涯中几千篇时评，可以泾渭分明地分为公论和个论两种，两者在选题和论述风格上迥异。代表报社所写的社论、评论员文章、编者按、短评等，在选题上总体呈较大、较重、较宏观、较政治的特性。而署名司马心、路人等时评，则侧重于事件和现象性事实，从比较小比较具体的切口进入展开。高手的实践，给我们树立了重“类”的成功经验。

为什么汉语中“类”这个字，往往跟“门”并用？比如分门别类。这启示我们，考虑时评选题时，不能走错门。计算机编程中，也有一个“类”的概念，它是一种用户定义的类型，类的实例称为对象。这也启示我们，时评选题不注重类的界定，都用一个套路写文章，就等于是不看对象胡乱写来。就算不是对牛弹琴、鸡同鸭讲，至少是混淆了不同时评选题的不同写作要求。

(3) 评论观感，这是再一个要考虑的受众阅读心理问题。时评属于逻辑思维的一种写作表达形式，靠立论与辩驳抓人，没有一定的选题特性就很难做到。它和小说、诗歌、杂文不一样，没有形象思维给人的感染力。时评由头和事实论据又必须真实准确，不允许写作者根据需要来臆造。鉴于此，时评写作早在选题思考斟酌阶段，就要考虑到它成品之后的观赏性。对受众负责，其实也是对自己的口碑负责。如果时评写作者习惯于写那些俗套、浅薄、漫无目的的东西，是可以想象其作品之结局的。

一

事件性选题的四个要素

时评的事件性选题，是指时评的由头是比较重大、对一般人群能够产生重要影响的事件新闻的选题。这类选题的触发起点，是引人注目的事件，不是社会常见问题，也不是节日或纪念日。

事件性选题的时评，要紧紧抓住四个要素：

（1）重要性，即选择在客观上对受众的影响程度比较重大，受影响受众的数量比较多的评析立论。另外，对社会影响的时间长度有大跨度，立论影响空间也比较宽大。比如中国共产党第19次全国代表大会，习近平主席和特朗普总统在美国海湖山庄的历史性会谈，纪念抗战胜利70周年北京大阅兵，全国多地房地产新政出台等。这些事件之所以重要，就是因为它们构成了对较大范围的受众的影响，且影响力极大，关乎许多人的切身利益。

新华社发表过一篇新闻，报道了中央扶贫工作会议召开，并出台最新政策，确定将农民年人均纯收入2 300元作为新的国家扶贫标准，比2009年提高了92%，增长幅度很大。《人民日报》的"人民时评"说：

> 全面建成小康社会，最艰巨的任务是脱贫攻坚，最突出的短板在于农村还有7 000多万贫困人口……到2020年7 000多万农村贫困人口脱贫，需要每年减贫1 000多万人；脱贫攻坚先易后难，越往后成本越高、难度越大、见效越慢；经济下行压力较大，贫困人口就业和增收难度增大，一些农民因丧失工作重新陷入贫困……"天下之治乱，不在一姓之兴亡，而在万民之忧乐。"
>
> （《人民日报》，2015-11-29）

从这里披露的数据和阐述的论点可以清楚看出，其选题意义确实非常重要。

（2）显著性，即选择社会关注度很高的公共事件进行评论。这种关注，面越广越好，量越大越好。当时突发的汶川地震、"杀人魔王"周克华被警方当场击毙、美国悍然轰炸中国驻南使馆等，相信绝大多数中国人会投入极大的关注。而中国女孩在马里兰大学引发争议的演讲、雷洋事件、最高法再审判决聂树斌无罪，这些看似仅关乎个人的新闻事件，由于其内在因素与国家、民族、法治等有着千丝万缕的联系，因此，时评抓住这个做文章，也具有选题的显著性。此外，一定时间内，社会往往都会有一定的舆论关注热点事件，引起社会各界热议。这些事件未必重大，却是社会关注的热点焦点。

从和颐酒店女子遇袭事件到魏则西事件再到雷洋事件，众多科学研究机构的舆情分析报告都把舆论的强烈关注与介入的缘由指向了显著性。虽然国家大事、民族尊严、江山社稷，人民不得不问不会不投入关注，但有的发生在公民个人身上的遭遇，对受众个体更具有接近性。如此看来，时评选题的显著性，不分由头对象的大小和社会阶层的高低。

（3）争议性，即选择人们认识不一致并引起广泛争议的事件进行评论。如果就公民个体论，对社会的观点看法永远不会完全一致。中国 13 多亿人，认识意见纷繁复杂。但我们所说的争议性，是就公民群体而言的，在大多数问题上，人们总有大体一致的看法。时任全国人大常委会委员长张德江发表谈话说，中央定调香港：绝不允许以高度自治为名对抗中央。对此，全国人民的认识是基本趋同赞成支持的。汶川地震中，出了一个“范跑跑”。社会对他的师德口碑，也基本一致持批评指责态度，尽管也有极少数人说“人性的本真反应”云云，这些都不具备争议性。而美国马里兰大学中国留学生 Shuping Yang 在毕业典礼上演讲引爆的舆论，就导致两种截然不同的观点交锋。还有曾经引发众议的云南监狱“躲猫猫”事件，也在全社会掀起了很大波澜。这类争议，即意味着不确定性的存在，社会需要时评提供意见性信息来消除人们思想中的不确定性。施密特在《美国政府与当前政治》一书中就曾指出，“公众舆论不是只有一种，在一个有 2.8 亿人的国家（指美国）中，关于某个问题可能有无数的不同意见。公众舆论是成年人口中某部分人所认同的各种态度或信念的集合”[①]。时评选题抓住争议性，就是抓住了公众议论的热点焦点，在矛盾斗争中，最有利于时评展示它的介入性、导向性、旗帜性等特质。

（4）普遍性，即选择社会广泛存在、人们经常遇到、与大家的工作生活联系紧密的事件进行评论。在哲学上，普遍性是和特殊性两两对应相存在的。有些事件之所以具有普遍性，关键在于它事关的对象面广量大，完全不是偶然的小众事件。因此，时评选题对此投入关注，就是和社会同呼吸、与人民共命运。如打假维权事件中的青岛大虾宰客事件重创山东旅游业，“北方狼”刘殿林职业打假清理“雾霾车”，恒源祥等一线大牌蚕丝被抽检不合格，夏普与日立等空气净化器被曝不合格，南京中林上演贼

① Scmidt S W，Shelley M C，Bardes B A et al. American Government and Politics Today. Wadsworth，2004：198.

喊捉贼闹剧等。城管粗暴执法引发冲突，如湖南城管致死瓜农邓正加案，北京城管队员李志强被小贩崔英杰用刀刺死案等。医患纠纷，如 2015 年“最轰动医闹”北医三院产妇事件，2016 年“最嚣张医闹”医生被逼下跪事件，2016 年“最伤感医闹”广东省人民医院退休主任被捅事件等。

二

非事件性选题的三个标准

事件容易引人注目，而非事件如欲夺人眼球就有一定难度。不过，新闻的构成是包含着非事件性因素的，因此，时评选题也不得不将此纳入考虑的范畴。

非事件性选题，是指目前的情况、发现的经验或问题等概貌性或阶段性内容。它的呈现方式往往是时态渐进性的。像新闻媒体发表的非事件性新闻，包括典型报道、深度报道、经验性消息、述评性消息等，还有一些社会现象或问题也是如此。时评以这类内容作为由头和立论的对象，就是非事件性选题。

值得注意的是，时评写作者千万不要把非事件性选题看作事件性新闻之外的所有东西“一锅煮”。缺乏社会普遍意义的“一厂一店”、个别现象、局部问题等，如果纳入选题，就很可能时评写得再好也不能服众。因为它所阐述的道理，根本不具备典型性，也就是换个时空场域就不适用，甚至真理变谬误了。

高手写时评，是很擅长从非事件性选题入手的。因为，这类选题写起来较之事件性选题，要难许多。大家都看到、都议论、都切身体会，评论就很不容易写出新意。

李敖一生写了大量的时评，其中有很多非事件性选题。在大陆出版的《千秋评论》中，粗略计算一下，126 篇中有 78 篇，已占多数。如《论两面人》《谈蝉》《古书新见》《中国小姐论》《讲理和讲礼》《雏妓问题》《敌友江湖》《骆驼背上最后一根稻草》等。

报刊上常见的“某某现象扫描”“某某现象透视”的新闻报道，如果把这些拿来做时评的选题，也属于非事件性选题。如“拼爹现象”：

近年来，“农民工二代”“贫二代”“富二代”“官二代”“名二代”“垄二代”

（全家几代人都在国有垄断企业）的概念日渐清晰，人们普遍感到改变命运的渠道越来越窄。以致专家也不由感叹，生活美好真得靠“拼爹”。

“拼爹”盛行有回到等级社会的危险。众所周知，在人类社会变迁过程中，“等级社会”先于“阶级社会”而存在，它们的差异正在于，等级社会中每一成员的地位及身份因世袭而固定，而后者则反之。一位西方社会学家说过，社会的组织，常受两个原则的支配：遗传原则和竞争原则。所谓等级社会正是遗传原则占势力的社会。而竞争原则占势力的社会，个人的地位，为自己的能力所决定。①

姑且不论此案细节，不容否认的是，当下“富二代”“官二代”骄横跋扈、左右通吃的事例确乎层出不穷，这无疑是对社会公平的一种冒犯。无论是“富二代”用钱买通权力，还是“官二代”用权力为自己开路，都是在采取不正当、不合法的手段，挤占或掠夺社会资源。

…………

在现代社会，权力的来源是人民，不可私相授受。在这种情况下，利用老爹的权力满足个人欲求，实际上就是在侵犯公权力的领地。由此可见，“官二代”炫耀权力比“富二代”炫耀财富更糟糕。“富二代”炫耀财富，毕竟还是基于法定继承权的一种延伸——只要不违法，“炫富”不过是个道德问题。当官的儿子“炫权”可就大不一样了，说直接点，那是拿人民赋予他爹的权力当作泡妞钻营的工具。这不仅是在冒犯社会公平，还是对现代法治的公然挑战。②

这种“现象性选题”的背后，其实是有许许多多同类新闻事实的支撑，因此具有典型意义。用这类选题写出的时评会为受众所关注。

非事件性选题，反映事物发展、变化的过程或阶段性，它的内容不是突发性的，非一朝一夕形成的。它的发生、发展和结局都有较长的过程。像校园贷受骗问题，旅游区宰客问题，优质教育资源公平享有问题，首都的“首堵”问题，农民秸秆焚烧问

---

① “拼爹”盛行有回到等级社会的危险.(2010-11-04)[2018-08-06]. http://news.163.com/10/1104/01/6KK0A52E00014AED.html.

② 魏英杰.“拼爹”是对社会公平的一种冒犯.(2010-10-28)[2018-08-06]. http://hsb.hsw.cn/2010-10/28/content_7917353.htm.

题，裸官贪腐一走了之问题，出国留学潮问题，产业“供给侧”后职工安置问题，房价居高不下问题……写作者写这类选题，还需要长期观察、聚合思维、提炼观点等。能把非事件性选题的评论写好了，至少就是步入了时评写作的门槛成了内行者。

非事件性选题，要求的三个标准如下：

（1）大众广泛关注。如果只是时评写作者自己人为提炼出的概念而又与广大群众的生活生产关联不强、影响不大，对国家经济政治发展并非举足轻重的话，那就很难成为合适的选题。

（2）有思想开掘空间。新闻评论的体裁特征决定了只有思想价值含量高的评论选题，才有可能创作出好的评论作品。一些社会发展中带有趋势性的现象和问题，往往为评论者所看重。题材再小，也在时评关注视野之内。

（3）能够提炼出带规律性的认识结论。非事件性选题，特别容易就事论事，写作者沉浸在那些司空见惯的现象或问题之中兜圈子。说来说去的道理，也就是老生常谈，增加一个并不引人关注的谈资而已。因此，好的时评写作者，能够跳出问题或现象，把那些琐碎的东西提炼归纳出某种内在必然联系、受众只知表象未知实质的认识结论。

三

周期性选题的价值判断

周期性选题的概念，最早是谁提出的已经不详。在中国人民大学马少华和《中国青年报》曹林的著作中，都有这样的表述。

那种周而复始、以固定的时间周期出现、人们完全可以预期的时评选题，就是周期性选题。它通常是以重要节日或某事件、活动的纪念日为评论由头的。我们知道，这些节日和纪念日加起来，是一个很大的数目，所以，并非所有的相关内容，都可以入时评选题的法眼。要视其重要性、与现实社会的发展要求关联性而定。比如，过去每年的 12 月 13 日，民众就会纪念侵华日军南京大屠杀中死去的同胞，但全国并无纪念哀悼活动。后来日本修改历史教科书、参拜靖国神社等活动猖獗起来后，中国人民对这段历史的回望就多起来了。在钓鱼岛事件爆发、日本首相安倍晋三持续对华敌对的情况下，2014 年第十二届全国人大常委会第七次会议通过决定，将每年 12 月 13 日设立为南京大屠杀死难者国家公祭日。以后每一年这一天，就成了全国人民的祭奠哀悼日。每一年“12 • 13”，新闻媒体都会发表时评，结合当时的国际时事尤其是对日关系展开评述。而在世界其他国家，也有相类似的纪念日及在纪念日时举办悼念活动。如波兰的奥斯维辛集中营大屠杀纪念馆、美国的珍珠港事件纪念馆、俄罗斯的卫国战争纪念馆、日本的广岛和长崎原爆纪念馆等等，每年都会定期举行国家公祭活动。

元旦要发新年献词，五一要给劳动者献上礼赞，七一要写党建社论，八一要阐述新形势下建军思想，十一要对国家的发展进步表达前瞻。这些都是主流媒体多少年来持续不断的时评选题。《南方周末》自 1999 年新年献词《总有一种力量让我们泪流满面》后，每年的新年献词，甚至已经成了国内新闻界和社会民众必品的一道文化大餐——2000 年《我们从来没有放弃，因为我们爱得深沉》，2001 年《愿新年的阳光照亮你的梦想》，2002 年《走在中国的大地上》，2003 年《“全面小康”与“公正社会”》，2004 年《这梦想，不休不止》，2005 年《站在民意的泥土上》，2006 年《一句真话能比整个世界的分量还重》，2007 年《从今天起，我们更要彼此珍惜》，2008 年《愿自由开放的旗帜高高飘扬》，2009 年《没有一个冬天不可逾越》，2010 年《这是你所拥有的时间，这是你能决定的生活》，2011 年《让每个中国人都金贵起来》，2012 年《像一束光簇拥另一束光》……

还有一类节日或纪念日，属于特定群体、特定行业、特定活动范围的，时评如果拿它来当选题，就要认真考虑发表平台所覆盖的人群对象和地域广度。植树节、记者节、教师节、情人节、艾滋病日、世界湿地日、世界抗癌日、国际警察日、中小学生安全教育日、施光南逝世纪念日、世界无烟日、端午节、国际禁毒日、裁军与发展周等等，并不是每有纪念日就需要发表时评，更不是无视对象和范围，到更广阔的群体覆盖媒体上评说一番。

周期性选题，最重要的是写作者与时俱进的思维。“年年岁岁花相似，岁岁年年人不同。”一定要把“这一年”“这一次”庆祝、纪念、献词的时代意义展现出来。因此，立足点应该是当前。如果缺乏与时俱进的思维，那还叫什么时评呢？只是历史掌故、史海钩沉、幸福回忆、深切怀念、小众欢聚、族群活动而已。《南方周末》每年的新年献词之所以为受众所喜爱，主要原因就是该报编辑部每年都要认真研究分析，这一年中国面临的社会大势是什么？想重点突出强调的思想观点是什么？人民的关注点聚焦于什么？它一定是历史和现实的结合，一定要和今天的社会发展需要相结合。

时评也是广义新闻大家族中的一员，不强调时效性是不可能的。但周期性选题每年都会遇到，其时效性特点一般比较难得到显著体现。所以，有水平的时评写作者在下笔之前，会寻找和自己论述主题相适应的新闻由头。这样的选题考虑，体现了写作者策划运作思维的远近结合、动静搭配，社会效果必然彰显。以下一篇护士节时评，就体现出了这样的高水平：

莫到护士节才想起护士

子在渊

明天是国际护士节，护士短缺再次成为关注话题。据悉，广东的护士人数缺口将近19万人，助产专业人才更是奇缺。根据卫生部要求，医生和护士的比例配置为1∶2，广东目前医护比为1∶0.98，远低于卫生部的要求。

护士为何如此短缺？工作量大、收入偏低，导致护士大量流失，恐怕是主要原因。长期超负荷工作，劳动价值又得不到尊重；而且在医患冲突越来越多的今天，护士又往往成为“替罪羊”，于是护士流失率一直居高不下。来自广州各大三甲医院的统计数据曾显示，在职护士流失率远远高于10%。在这之中，有不少是因为国外护士的高工资、高社会地位而流失到了他国。

医院出于成本考虑，不愿招聘更多护士，也是护士短缺的另一个原因。在“以药养医”的体制下，护士的收入待遇不是与其护理技能挂钩，而是看科室效益。于是很多科室尽可能用更少的护士来做更多的工作，甚至大量引入护工来分担护士的工作。医院床位增加了，就诊的患者增加了，可护士编制却很少增加。卫生部曾经要求，三级医院普通病房床位与护士之比应为1∶0.4，可试问一下，有多少医院能达到这个标准？再加上护理收费入不敷出，很多医院靠压缩护士编制来降低成本。

护士短缺，反过来又加大了在岗护士的工作量，使得他们工作更紧张、负担更重，“一个人干几个人的活”成为医院的常事。“三分治疗，七分护理”，护士短缺带来的护理上不足不但不利于患者的康复，也很容易成为医患关系恶化的推手之一。因而，解决护士短缺问题不可小视。

如何解决护士短缺？其一，必须提高护士的待遇。美国马里兰州“一个护士几乎可以养活全家人”，在我国“当护士不如当保姆收入高”，护士这种低收入低待遇状况必须改变；其二，国际通行的三级医院普通病房床位与护士之比为1∶1，在一些国家如果达不到这个比例，医院必须关掉部分病房，以减轻护士的劳动量，我们对此也应该有个硬性规定；其三，最重要的是改变“以药养医”的体制，让护士靠专业技能和服务水平吃饭，这样才能让护士成为受人尊重的职业。

（《广州日报》，2013-05-11）

四

新颖、深刻、现实针对性

任何时评选题，都不得不考虑新颖、深刻、现实针对性这三个要素成分，它是作品社会效果所决定的，也是时评这种体裁与生俱来的写作要求。和时评价值判断标准相配套，体现一种创优思路。

（1）新颖，是和新鲜、别致、有创新感始终联系在一起的。具体到时评选题，其新颖性就体现在整个立意有独特的视角，其阐述的观点有新鲜的提法，其切入的由头有新近发生的事实，其论据的依托有少见的材料。甚至在表现手法上，也讲究独树一帜别开生面。

《新京报》评论部主任王爱军曾经向中国人民大学新闻学院详细提供过一次评论选题的选择案例。其中讲到当日部门会议列出的七个社论选题，大家展开逐一排他性淘汰。甘肃省委书记强卫说“上网要成为官员的习惯”——这类论述太多，难有新意，放弃。安徽高考方案将进行论证——地域性太强，候补。华为员工跳楼——新闻背景不清，发社论分量不匹配。郑州市花费160万元重奖招商引资的有功之人，广东许霆案——只适合作3版来论发。审计署公布收费公路乱象和民政部承认雪灾救灾不充分——这两个选题入选。前一个是雪灾刚过，时评反思属于新事实、新观点、新写作。“公路乱象”虽然是老话题，但审计署公开的结果还是让人大吃一惊，问题如此严重！王爱军认为，时评的意义，除了先进价值观的“增量传播”外，还有一个就是再推事件的新发展。于是，编辑在约稿时，特别强调对此问题的评论要有“递进”。不一定要过多重复公路乱收费的危害性，这已经谈得太多了……[①]从王爱军讲述中的“大吃一惊”和“再推事件的新发展”可以看出，《新京报》的时评选题完全没有辜负这张报纸名字中唯一的限定词“新”，确实够让学习时评写作的人耳目一新了。

（2）深刻，是和透彻、深入、苛刻、严峻的追求，须臾不能分离的。具体到时评的选题，就是要能透过现象看本质，最好是在常人普遍为表面现象所掩盖欺骗的时候，你能揭开事实背后的道理，拨云见日、一针见血、力透纸背、洞穿表象。有一篇中国新闻奖获奖时评作品《不是所有弯道都是超越好时机》，就是选题上的深刻力作。世纪之交时，美国和欧洲金融危机尚未退潮，中国投入 2 万亿基本建设正在轰轰烈烈干起来。就在这个大家都发烧发热的当口，山东《大众日报》发表这种创意选题的时事评论，确实显示出常人之所不能常见的思想魅力。文章对“超越”的积极功效一笔带过后，着重阐述了其负面政策效应，认为“弯道”之中有机遇也有险情，不是所有弯道都是超越的好时机，提醒决策者把应对危机的过程转化为强筋健骨的过程，以更大精力去推动经济转型升级。早在那个时期，提出扎实进行结构调整，把握后危机时期发展主动权，这需要多么深刻的洞见水平！

时评追求的深刻，不能和深奥混为一谈。文体的性质，决定了选题创意的旗帜鲜明和语言架构的明白晓畅。如果忘记大众传播工具对应的受众对象这一基本层面，你就起劲地玩高深莫测、玩弯弯绕、玩一般人怎么也弄不懂的玄机哲理，玩佶屈聱牙，这就失去了时评的初衷。中国近现代以来的著名评论家笔下的作品，反而是将深刻的思想内涵隐藏在通俗易懂的选题创意和平实语言中的。

时评追求的深刻，还要自觉主动和学术研究意义上的深刻区分开来。一个是主要体现在思想内涵上绝非浅见，一个是在研究领域上不是浅尝辄止。因此，时评选题也要防止误入歧途，为了深刻而“一根筋”、认死理，一条道走到黑，不撞南墙不回头。多角度思维，恰恰是深刻论证所最需要的基本方法。

（3）现实针对性，是有的放矢议论的代名词。具体到时评的选题，它不能对空放枪，泛泛而谈。大话、套话、空话和永远正确的废话，是它的反面注脚。从时评的社

① 马少华，刘洪珍．新闻评论案例教程．北京：中国人民大学出版社，2008：52－53.

会介入性作用论，如果其选题无关具体现实的痛痒，不能触动社会的神经，对时局根本就没有任何影响，这样的“阔议”，新闻媒体是不愿意刊发登载的。

有鉴于此，时评在选题时需要考虑比较具体的论述对象，比较具体的言说主题，比较具体的社会影响力。时评讲究就事论理、就实论虚、小中见大、点上推展。因此，时评写作者为文一定要盯准靶向，准确放箭。《南京日报》2016 年 9 月发表一篇署名“左中甫”的时评《城市建设“慎落子”才能“少悔棋”》，文章以武汉大学一幢获得鲁班奖的高楼遭拆除为切口，联系最近几个月内的同类案例，深入探讨和揭示了这一现象背后的成因，进而联系中央城市工作会议精神，提出慎批新楼、慎拆老楼的建议。

有统计显示，我国新建建筑寿命不超三十年，不及英国四分之一。大批高楼“英年早逝”，有很大一部分是因为在规划、设计环节把关不严，草率过关、仓促上马，从而留下各种先天性缺陷。这种情况，在上世纪八九十年代我国大规模城市化的启动期、加速期尤为普遍。由于观念和技术的局限，再加上在制度层面把关不严、违规审批，一批高楼“带病”拔地而起。今天的爆破拆除，很大程度上是在为以前的粗放发展埋单，只是这种纠错的代价往往太过高昂。在城市化向纵深推进、城市建设向更高水平迈进的今天，这个教训尤其需要认真汲取。

该时评见报当天，就被网易新闻、海峡网、中国文明网、南京市委网、山西新闻网等众多网络媒体转载。在城市拓展改造建设如火如荼之际，它的现实针对性是非常显见的。此文 2017 年 11 月获得了当届中国新闻奖三等奖。文章有用无用，主要还是看它的现实针对性。

第四节

选题转换为主题之间距

时评选题如此重要，足以令所有时评写作者高度重视，并下大功夫琢磨推敲。欧阳修诗云："求得一字稳，耐褥三更寒。"我们为求一个合适精当的选题，恐怕也要那么苦苦斟酌！

不过，确定选题还只是时评写作的第一步，而且这一步通常都是在写作者脑海里的运动意念之物。要能用选题设计制造出时评成品，尚需要一个转化写作的过程。

下笔作文，首先会遇到设定文章主题的问题。已经思考好的时评选题，是不是可以直接拿过来当主题用？内行人的回答是 No。选题和主题不是一回事，它们之间有联系也有区别。而且，两者还有一定的间距。

选题是时评论述方向路线性的指南，是规定着时评就哪一方面展开评析的概括性的导引。它相对于主题，显得有点儿虚。而主题则规定着时评议论的中心思想，属于比较明确具体的操作内容。它相对于选题，显得实在而有落点。

《南方周末》前编委兼评论部总监郭光东，在回忆自己写的时评处女作《国旗为谁而降》时，谈到他最初在华东政法学院读法学研究生快毕业前，给自考生讲宪法学课程国旗国歌章节中有"发生特别重大伤亡的不幸事件或者严重自然灾害造成重大伤亡时，可以下半旗志哀"的内容。联系到这一年"九八洪灾"死了几千人，他的选题灵感忽然迸发。请注意，这个时候，郭光东意识到的只是选题，而不是主题。因此，他为了将这个选题转化为写作主题，跑到图书馆遍查资料，除了中国的，更有外国的。一是当年洪灾权威发布确切的死亡数字 3 656 人；二是当年 9 月，我国为已故国家领导人杨尚昆下半旗志哀；三是当年 6 月，德国为 100 名铁路事故死难者降半旗。三方对照，这才确定了他的写作主题，那就是我们国家应该为洪灾几千名遇难者下半旗志哀。他将已经确定的选题和主题，通过法理阐述和中外案例论据论证，撰写成一篇时评。最后被《中国青年报》"冰点时评"李大同先生慧眼识珠。[①] 这个过程告诉我们，时评写作从选题的思考到主题的实现，确是由虚到实、由方向到落点的转换。

转换是有间距的。学会提炼才是缩短选题到主题之间距离的重要方式。如果提炼主题的水平不行，这两者之间就会"路漫漫其修远兮"。即使时评写作高手，提炼主题有时候也会比较痛苦，为什么？主题不是一蹴而就，而是需要反复推敲，马少华先生在《一篇评论的"选题"过程》中，清楚记述了这一过程。"昨天早上看到这条消息所

① 马少华，刘洪珍．新闻评论案例教程．北京：中国人民大学出版社，2008：32－33.

受到的触动太强烈了，一天都没有消失，一直潜伏到晚上，最终在我‘选题’的时候跳了出来，压倒了其他可能的选题。”有了选题之后，他又“连续看了北京地方三家报纸关于此案的报道——《京华时报》《北京晨报》和《新京报》”，但“这些还不是评论的苗头，还不足以构成评论的基础”。后来，他又下载了《新京报》评论《“强奸保命”争论莫入精神自虐的误区》，在张天蔚《女性如何面对强奸》一文后跟帖。“那名外国女子触动我的，不仅是死亡的惨状，而且是她的反抗行为——她是在遭遇一伙歹徒抢劫的情况下，因反抗而被乱刀追杀砍死在街头的。她的反抗是正确的吗？这样的行为有意义吗？如果评价个体面对不法侵害选择反抗的价值呢？我们能够否定这种价值吗？这样的个体会消失吗？随着这些问题奔涌而出，我产生了思辨的激情，一下子写到零点……”看看吧，时评高手在选题向主题转换之间，竟然也这么绞尽脑汁。

其实，转换还需要大致确定立论，把时评写作者或所代表的新闻媒体的主张，旗帜鲜明地张开来。这就进入了文章的构思过程。时评构思，绕不过去的是论点、论据、论证这三要素。不过，所有这些都还是一个相对模糊的概念，找到—否定—再找—再否定—还找……或许会有许多个反复。

即使有了很好的选题和主题，也还需要写作者对自己选取的评论由头进行一番认真的审视。因为由头出问题，时评建立起的大厦就会轰然倒塌。更严重的是事实不真，时评写作者可能要承担由此引发的侵权法律后果。这是有前车之鉴的，这方面时评写作者不能不小心翼翼。

一

时评主题是选题的具化

时评主题，是时评所要议论的中心思想或中心论点，它是对选题的深化和具体化，属于文章作者主要意图的体现。

时评选题，就是选择所需要评述的事物和论述的论题，它规定着时评的对象和范围，属于立意方面的东西。

一篇时评从选题的获取到主题的确立，两者之间尚有距离，需要“过程抵达”。我们现在来讨论这个过程和怎么抵达。

在已经确立的选题方向内，找“亮点”主题。这个亮点，应该满足鲜有人论过的观点、一般人想不到的切入角度、具有社会的接受度或容忍度这三个条件。

时评能不能“拿人”，主要靠选题和主题的独特，写作手法居其次。既然选题的路线图已经确定，写作者就要考虑观点是不是具有首发性。不说前无古人后无来者，至少在当下是鲜有人论述过的。吃别人嚼过的馍——无味。发现时评观点已被别人说过，那就毫不惋惜地扔掉吧。重换一个或许更好。越是高手，越是在这方面对自己苛刻。

有一篇时评讲领导干部防止腐败，观点是“远离酒场”。这让人自然想起过去看过的“远离老板”“远离美女”“远离牌桌”“远离高尔夫”“远离娱乐场所”等“远离……”主张干部拒这些于千里之外，姑且不说是否太过分了，仅仅靠“远离”就能洁身自好，中纪委抓反腐败也太简单了。况且，如上那些远离的对象，本身也不是洪水猛兽，更不是必然拉领导下水的罪魁祸首。因此，立论站不住脚，还呈现出我们文化中延绵不绝的思维惯性。既然已经“惯”了，你还拾起这种陈腐观点来阐述作甚?

杨恒均先生属于大手笔了。他在2017年5月27日的新浪博客上写了一篇《东西德的对比说明了什么?》。文章很短，角度和观点却让受众出乎预料：

> 去过东西德的人都会注意到，两德统一这么多年了，西德也不遗余力地资助东部德国，可这一国的两个地区还依然判若云泥，东德留下假大空的建筑以及对资源的破坏只是一个方面，更重要的还是人的价值观、信仰与精神面貌。一位德国教育家曾伤感地告诉我：东西德要想真正“统一”，除非等到被社会主义东德教育起来的那几代人都去见了上帝。

接下来他又联系韩国和朝鲜现状和未来，最后的观点归结如下：

> 一个政权能够对国民造成的最大伤害，除了肉体上消灭与精神上折磨之外，最大的就是“洗脑”了。

观点不俗！切入也很别致有力！

说到切入，经验丰富的时评前辈经常教诲我们要争取让人意想不到，这样才能优质地展现主题。但这是一个非常难做到的事情。本书后面还会更具体研究“切入”的学问。

好的主题设计，还需要社会能够接纳、制度能够容忍。在没有找到大致的公约数之前，选题向主题转换的过程就还没有完成。时评是舆论的反映，是革弊的利器。任何一个时代、任何一个制度、任何一个国家、任何一个执政党，都特别强调舆论的导向作用，都对公民言论有一定的接受容忍度。马克思、恩格斯在《德意志的意识形态》中早就指出：

> 统治阶级的思想在每一时代都是占统治地位的思想。这就是说，一个阶级是社会上占统治地位的**物质**力量，同时也是社会上占统治地位的**精神**力量。支配着物质生产资料的阶级，同时也支配着精神生产资料。①

因此，时评主题，一定要尊崇国家宪法和党的路线，要尊崇社会的基本道德规范。如果为了博人眼球而出格，如果为了别具一格而以身试法，就会事与愿违。前面举到杨恒均先生博客的案例，可以看出他的思想成熟和笔法老到，既提炼出新意，也不打破规范的边界。鄢烈山先生的时评，更是经常议论比较尖锐敏感的主题，但他娴熟地站位操作，常显出到位不越位的一流高手水平。这方面，倒是一些初学时评写作的年轻新手，以为热血汹涌鞭挞一切就是勇猛的斗士。其实，那是违反时评写作基本诉求的。

二

时评主题是立论的雏形

时评的立论，是写作者针对评点事物或问题所提出的见解和主张、所阐明的理由和表明的态度。它是运用充分有力的论据，证明自己论点正确性的论证形式。

---

① 马克思恩格斯选集：第1卷．北京：人民出版社，1995：98.

立论和主题并不等同，前者是后者派生出的，后者是前者的雏形。时评写作由选题过渡到主题再形成立论，其实是文章具体构思的开始。

任何一篇时评都有立论，这是人所共知的。立论务必旗帜鲜明，非常清楚地展现出自己的观点，然后具体论证之。对于这一条，不少劣质时评却存有通病。哼哼哈哈、含而糊之、东一榔头西一棒槌、什么都想强调什么都没抓住，是这种通病的常见症状。结果再好的主题，也不会得到充分的表现和展示。

鲁迅先生有一篇精短文章，标题就叫《立论》：

我梦见自己正在小学校的讲堂上预备作文，向老师请教立论的方法。

“难!”老师从眼镜圈外斜射出眼光来，看着我，说。“我告诉你一件事——

“一家人家生了一个男孩，合家高兴透顶了。满月的时候，抱出来给客人看，——大概自然是想得一点好兆头。

“一个说：‘这孩子将来要发财的。’他于是得到一番感谢。

“一个说：‘这孩子将来要做官的。’他于是收回几句恭维。

“一个说：‘这孩子将来是要死的。’他于是得到一顿大家合力的痛打。

“说要死的必然，说富贵的许谎。但说谎的得好报，说必然的遭打。你……”

“我愿意既不谎人，也不遭打。那么，老师，我得怎么说呢?”

“那么，你得说：‘啊呀！这孩子呵！您瞧！那么……。阿唷！哈哈！Hehe! he，hehehehe!’”

一九二五年七月八日①

由于是散文，记叙了一个小故事，论的部分几近于无。但是，鲁迅的立论还是清晰地显现出国民劣根性的“正视而不敢”便用谎言逃避的主题。通过它的具体情节展现的就是说谎得好报，说必然遭打，说真话很难的社会现实。鲁迅在《伪自由书·前记》里曾经解密过这类写作手法，“我的坏处，是在论时事不留面子，贬锢弊常取类型”②。原来，干巴巴的立论以及写作者想表达的主题，是需要用比较具体的事、比较

① 鲁迅全集：第2卷．北京：人民文学出版社，1981：207.

② 鲁迅全集：第5卷．北京：人民文学出版社，1981：4.

具体的人物活动事实，才能真的立住啊！

在时评这样以论为主的体裁中，很难想象去写人写故事。可是，鲁迅身处的那个黑暗如磐的旧中国，从军阀统治到国民党戡乱，言论表达的空间是很有限的。所以，他特别善于用杂文抨击时事。因为，杂文的利器可以是形象思维的曲笔。所以，散文也能成为“曲笔表达”的一种方法。台湾一大批著名时评家，在蒋介石暴政时期，也喜欢曲笔。如李敖写的名作《谈蝉》，通篇没提政治时事，就从蝉的生物特性喜欢唱歌入手选题，却用极短篇幅完成了“宁鸣而死，不默而生”的立论。

有一种时评形式叫“驳论”。做这种文章在选题确定后，一般要将主题和立论建立在“破”的基础之上。驳论时评的主张，大多数是后续表达，即在文章的前半部分，根本就不作有利于自己立论的正面阐述。它采取的方式手法是“先破后立”“边破边立”。先把议论批驳的靶子驳斥得体无完肤，写作者的立论即议论重心，就开掘出来了。驳斥相当于披荆斩棘地开荒垦地，从这儿过渡到主题立论，容易令人心服口服。毛泽东同志在《评战犯求和》《评国民党对战争责任问题的几种答案》《蒋介石李宗仁优劣论》《南京政府向何处去?》等驳论文中，都是这个套路。鲁迅的《论“费厄泼赖”应该缓行》也是。《拿来主义》中，作者在引论部分先抨击，揭露了“送去主义”的实质和危害，然后在本论部分的开头，提出了对待文化遗产要采取“拿来主义”这一主张。

驳论式立论，在大学生辩论赛中一定会遇到。他们辩论的过程，其实就是一个立论或驳论的口语表达过程。有专家研究这种当面锣对面鼓的辩驳规律指出，“辩论赛中的立论都可以归结为定义之争”。辩手们直接面对可能招引来的反驳，立论都要记住其严密、严谨，还有开口要小。不严密不严谨就露出了被对方驳斥的破绽，而立论的开口宽泛了，难免“江防万里”防不胜防。我们写时评的人，要有辩手意识，立论的推敲务必自我假设被驳倒的可能性，仔细自查有没有什么破绽。

时评主题的确立，对立论形成有直接的塑造作用。相对于驳论，正论中的立论，就不是“后发制人”，它往往还在开篇就和盘端出，叫作开门见山式。时评首句就旗帜鲜明表达作者的主张观点。2017 年 4 月 13 日，在全国人民热议《人民的名义》反腐剧之际，《中国青年报》刊登了一篇署名“林旻煜”的时评《达康书记的个人魅力不足以反腐败》。文章第一段非常简短：“在政治强人的雷厉风行中，我们很容易沉浸于他们的个人魅力和光环中，忽略对制度建设的关注。”寥寥 40 字，非常清楚地展现了作者的主题创意和立论所在。他是想就国人普遍存在的强人政治观展开评析，主张用制度建设解决腐败的根本问题。接下来他用一小段电视剧新闻由头做引子，用六大段展开层层阐述论析。一看，就知道属于高手水平，值得一学。

三

构思与寻找时评三要素

选题—主题—立论基本确立之后，时评写作就真的进入构思的实际操作与寻找时评三要素阶段了。不过，这只是研究时评写作著述为了清晰表达，才把前面过程和后面过程拆解道来如此仔细、如此烦琐的。至于落实到具体写作，这个过程或许是一气呵成，或许要经历百思不得其解的痛苦。鞋子合适不合适，只有自己最清楚。每个人的阅历和写作水平不同，这个过程的感受也就不一样。文章千古事，甘苦寸心知。

构思，是孕育文章内容和架构的思维活动过程，也是立意谋篇布局的代名词。南朝刘勰在《文心雕龙》中这样表述构思：

> 古人云：“形在江海之上，心存魏阙之下。”神思之谓也。文之思也，其神远矣。故寂然凝虑，思接千载；悄焉动容，视通万里；吟咏之间，吐纳珠玉之声；眉睫之前，卷舒风云之色：其思理之致乎！故思理为妙，神与物游。

可见，构思是会让写作者既痛苦又激动，既陷入长久思考又可能魂不守舍的过程。

时评是由论点、论据、论证这三要素构成的，因此，时评的构思除了整个文章架构（本书后面章节有专门详细论述），当然要寻找这三个支撑时评的钢筋铁骨。

（1）时评的论点，是作者主张的观点或论断，是全部文章所要阐述证明正确的核心，通常是由一个明确完整的判断陈述句式来显现的。这种确定性的意见和是非臧否，必须旗帜鲜明，不能模棱两可，如“大概”“也许”“可能”都不允许。当然，论点还需要逻辑无误的求证才能成立。

毛泽东同志的《改造我们的学习》中，这一句就是他的论点，“我主张将我们全党的学习方法和学习制度改造一下”。

苏洵的《六国论》中，这一句就是他的论点，“六国破灭，非兵不利，战不善，弊在赂秦”。

柏杨的《丑陋的中国人》全书，“恨铁不成钢”就是他的论点。用鲁迅先生的话来说，就是“哀其不幸，怒其不争”。

《重提贞操观等于驱使女性回归牢笼》是《中国青年报》2017 年 5 月 28 日刊登的一篇时评，作者尼德罗对《欢乐颂 2》播出十余天，人们热议的贞操问题、处女情结剧情表达了自己的论点：女人自立自强才能获得美丽的人生。作者明确反对用贞操换男人和对家庭的强烈依附。

贾谊的《过秦论》，在前文分析阐述的基础上，最后指出“仁义不施而攻守之势异也”，到了结尾卒章显志。

时评的论点设置之处，一般在三个地方：标题、开头、结尾。前两种属于开门见山式，开宗明义之后展开层层逻辑论证。最后一种是就着新闻层层论述，最后才归纳推导出观点结论。当然也有的时评论点，放在中腹的某一个位置，评论由头讲述过后再亮出来。有不少时评的标题是设问句，它的论点一般就是这个问题的答案。要注意的是，论题很容易被当作论点，而混淆了它们之间的区别。一个是议的大致范围，一个是具体的观点、意见、主张。

(2) 时评的论据，是用以证明论点的具体材料，它包括事实论据和道理论据两种。

德国医学教授菲尔，为了证明自己观点的正确无误，竟然当着众人将一瓶含有大量霍乱病菌的水喝下肚里，结果也没得病。原来，他是想证明以科赫为代表的“单病原微生物就能引起疾病”的观点是完全错误的。这个案例就是事实胜于雄辩最好的注脚。

时评《布热津斯基的辞世，是不是一个时代离去的隐喻》，为了证明这个“地缘政治学家”的厉害，作者用了一个事实论据：冷战结束后，当众多美国学者欢呼意识形态的胜利时，他就已预言：“伊斯兰教的政治觉醒不仅会在北面引发同俄罗斯帝国余力的碰撞，而且还会在南面引发与美国的政治抗争。”为了证明这个美国“冷战”专家的思维谬误，作者又用了另外的事实论据：1979 年，他力主抛弃巴列维政权，直接导致了霍梅尼的上台和伊朗的巨大变化，改变了中东政局。1988 年，他曾表示伊斯兰宗教极端主义只不过是少数人在闹哄哄，不具备全球性影响，后来也曾认为小布什夸大了“9·11”和恐怖主义的威胁，这些论断在今日看来都让人有所保留。

列宁说：“在社会现象领域，没有哪种方法比胡乱抽出一些个别事实和玩弄实例更普遍、更站不住脚的了。”① 所以，事实论据要真实、典型、充分。换句话说，论据必须确凿、恰当、典型，力求精练、生动，并富有时代感。

道理论据是用已经被事件检验过的真理、科学结论等，对时评观点进行印证，如名人名言、科学定律。在没有为新的科学结论所替代时，达尔文的进化论永远都是无法否定的重要论据。

（3）时评的论证，是用以证明一种观点判断为对或错的逻辑推理方式。但它和简单推理的区别在于严格要求其前提论据必须是真实的。

论证的常见方式有举例论证、道理论证、比喻论证、对比论证、引用论证等。不管用哪一种论证，都必须使论和被论之间，具有逻辑关系。论证是用论据来证明论点的过程，这就不能不按照一定的逻辑推理形式，把论点和论据组织起来，以证明论点的正确可信。这又涉及逻辑推理形式，它有归纳推理、演绎推理、类比推理等。

四

查核新闻由头来源及其可靠性

时评选题转换为主题的最后一项内容，就是要严格查核评论由头的来源和可靠性，防止出现假新闻，从而导致整个时评成伪命题或站不住脚。

时评的新闻由头，是用来“挑开话题”、转入分析评论的“引子”，大多数情况下它是由事实材料构成的，有时候也会是思想观点性材料。尽管它不是时评要分析判断的对象，但却是写作者评论观点阐发的基石。

时评写作总要有个切入的新闻由头，它是时评作为一种新闻体裁的必备要素。中

① 列宁全集：第 28 卷．北京：人民出版社，1990：364.

学生写议论文，可以不要这个新近发生的事实的由头——唐宋之韵意蕴悠长，挺直生命的脊梁，与其临渊羡鱼不如退而结网，等待是一种借口，生命因奉献而美丽，舍弃才能获得自由，不能承受的文化之轻，坐看流星划空时，出乎其外入乎其内……所有这些命题作文，其实就是培养学生"硬做"。时评则不同，是要结合时事来讲对社会有用的道理的。所以，必须有鲜活的由头。

如果由头是假新闻或者根本就不存在的事体，那就一定会殃及评论。不管阐述的道理如何深刻，无论文章论得怎样周全，它所依据的源头不真，其他所有的一切也就失去了成立的基础。

确定新闻事实真假的标准是什么？最简单的办法，是看新闻的"5 个 W 和 1 个 H"到底有没有问题。它们是：5 个 W 即 when（时间）、where（在哪儿）、who（谁）、what（是什么）、why（为什么），一个 H 即 how（怎么样）。如果其中两条以上不真，那就可以确定是假新闻。如果有一个或两个要素有问题，也有可能是枝节不准，引用时必须小心谨慎。最好想方设法对无把握的内容进行检测验证。

时评写作者有没有责任查核新闻事实？从自己的论点论证严谨性上讲，当然需要每个事实都去核实查证。但人的精力有限，不可能事必躬亲不分大小。因此，时评写作者只要记住以下三条便可。

（1）引用传统媒体报道，无须查核。因为新闻失实的责任在它们，如由此产生新闻纷争，由发稿媒体或采写新闻的作者负责。时评写作者由于引用的来源属于权威消息源，所以错了也无须担责。在我国有全国影响力的梅花奖舞弊案长达五年民事诉讼官司中，原告徐州市文化局局长吴敢要求被告袁成兰，就她所写的杂文性时评中的新闻由头真实性举证。最后在一审二审判决胜诉后又被江苏省高院彻底推翻，认定作者无过错。这几乎成了我国的一个典型判例。

（2）引用新媒体包括自媒体刊载的新闻，即源于网络和手机客户端、户外资讯传播的新闻由头，时评写作者负有对事实的核实责任。如果因失实产生纷争，就需要担负侵权责任。因为，时评既然引用了非权威消息源，就应该事先调查核实。不能因为你的时评的发表，传播放大了假新闻对社会、单位的损害，对公民个人名誉权的侵犯，而不承担相应的责任。上海《现代家庭》杂志曾经发表一文《铆上耻辱柱的一对"明星"》，结果被刑满释放人员杜某告上法庭。经过两审，法院认定媒体夸张和虚构了某些情节，构成了对杜某的侵权，判令向原告公开道歉并支付精神损害抚慰金。

（3）时评写作者自己耳闻目睹和周边人转述的新闻由头，就更要查核事实真相，防止误读了。因为眼见不一定为实，耳听有可能就是虚。在南京“7·28”大火抢救现场，大名鼎鼎的陈光标对媒体说：“死了五十几个人！”此公就是以亲眼所见，引得媒体作出相关报道的。后来国家安监局权威发布，这次事故死亡人数是 22 人。陈光标在接受采访第二天，就公开赔礼道歉。原来，他看到的是五十多副担架抬出去，以为抬出去的都是死者。媒体据此所作的报道和时评，都犯了大错。而网上论坛、博客、微博、微信、QQ 群里，谣传就更多了。从秦火火、立二拆四到周禄宝……被公开的网络造谣者名单现在接起来，至少有一公里。一位不愿透露姓名的网络营销人士表示，和五年前相比，网络水军不仅把造谣的主要阵地从网络论坛转至微博，更牵涉出一条大 V 转发谣言的产业链。武汉警方打掉了一家名为“漫山”的造谣公司，该公司由武汉青山人唐某开办，搭建“水军十万”“神枪手”两个网站，以病毒式推广炒作、网络刷票、删帖等盈利 100 多万元。最要命的，是新媒体（含自媒体）谣言生产，越来越讲究貌似逼真。时评写作者如果道听途说，除了授人以柄，还可能承担其他意想不到的后果。2016 年公布的《刑法修正案（九）》规定，在现行《刑法》第 291 条中增加了一款：

> 编造虚假的险情、疫情、灾情、警情，在信息网络或者其他媒体上传播，或者明知是上述虚假信息，故意在信息网络或者其他媒体上传播，严重扰乱社会秩序的，处三年以下有期徒刑、拘役或者管制；造成严重后果的，处三年以上七年以下有期徒刑。

而此前最高人民检察院和最高人民法院就曾出台《关于办理利用信息网络实施诽谤等刑事案件适用法律若干问题的解释》。《解释》规定，“同一诽谤信息实际被点击、浏览次数达到5 000 次以上，或者被转发次数达到 500 次以上的”，应当认定为诽谤行为“情节严重”，从而为诽谤罪设定了严格的量化入罪标准。时评传播量大、传播范围广，如果消息源不可靠，后果太严重了！

要领

1. 照耀时评选题路线图的唯一明灯，就是评论价值。时评是建立在作为评论由头新闻基础之上的二次开发价值。这种说法既突出了评论价值，还有助于时评抓住新闻本源。不过，这种观点也存在明显缺陷，就是它可能会限制时评独立存在的传播价值。

2. 寻找时评选题的过程，其实是一个沙里淘金的过程。有时候一闪念就有了灵感，有时候需要痛苦的长时间思考。

3. 时评选题策划的基本考虑因素是：公众关注度，论题新颖性，思想展现张力以及个性表达空间。

4. 思想深度之于时评，首先表现在能见微知著，还表现在敢直言不讳，更表现在善剑走偏锋。在惯常思路之外别具一格的选题，是时评写作者的洞察力、表现力、思辨力的综合体现。

5. 时评的论点，是写作者主张的观点或论断，是全部文章所要阐述证明正确的核心，通常是由一个明确完整的判断陈述句式来显现的。这种确定性的意见和是非臧否，必须旗帜鲜明，不能模棱两可。

6. 时评选题转换为主题，要严格查核评论由头的来源和可靠性，防止出现假新闻，从而导致整个时评成伪命题或站不住脚。

第三章

时评架构

“言之有理”“言之有物”“言之有序”——这是中国古已有之的文章作法。这其中的“序”，即指文章架构。南朝刘勰在《文心雕龙》里面还提出“总文理，统首尾，定与夺，合涯际，弥纶一篇，使杂而不越”等，都是古代为文集大成者的写作经验之谈。他认为如此才能“驱万涂于同归，贞百虑于一致；使众理虽繁，而无倒置之乖，群言虽多，而无棼丝之乱”（《文心雕龙·附会》），这是迄今有用的文章架构高等级技法技艺。

文章架构，是文章思路的基本外在表现。确立主题，仅仅解决了文章的思想内容问题。有了材料，也只是解决了文章言之有物的问题。而完成架构设计，才是最后解决文章如何“有序”的问题。

时评写作，对思想的逻辑性要求很高，对文章布局的内在逻辑也很讲究。在架构上太随意不精心，脚踩西瓜皮——滑到哪里是哪里，很容易出现影响主题思想表达的种种问题。例如，思绪错乱、观点混杂、中心不显、横生枝节、层次模糊、分段失当、逻辑对冲、头重脚轻……所以，我们需要研究作者为文的思路、布局和编排，找出时评架构的基本规律，即时评常见的结构方式。而且，对这种方式的概括寻觅，一定要突出时评逻辑思维的要求特点，绝不是“这种结构”拿到其他体裁的文章作法中也都适用，成了“统货”。比如，严谨、自然、完整、统一等是一类。再比如，新颖、巧妙、富于变化等又是一类。对则对矣，但一定会失去对时评这种独特的表达形式独特的指导作用。因此，本章会从逻辑关系、层次关系、受众阅读心理、文章表象四个方面，分别对时评架构进行深入细致的挖掘研究。

说到架构，时评的精彩本论、抓人引论、余味悠悠的结论怎么编排，即开头、结尾、中腹的表达规律，就是一个绕不开的研究课题。写作者特别需要言简意赅、操作性强的常规套路。所以，我们总是力避纯学术理论的探讨，从实际运用的角度，分析招数。而且，典型案例永远是最好、最贴心的老师。

标题是文章架构极其显著的一部分。时评标题在互联网新媒体参与竞争的大势下，重要性愈来愈凸显了。人家的“标题党”，已成惯性地抢夺了受众的眼球。尽管那种做法里面有很多负面的因素，但其实际效果至少启示时评，不但要想方设法解决标题枯燥乏味、居高临下、颐指气使等长期以来的老毛病，还要解决让受众一看就喜、一读就爱、阅完全文之后还能记住更深层次的问题。所以，我们除了研究时评标题的惯常类型和套路外，还会从创优高度，具体探讨一些实用有效的方式方法。

马克思指出，在形式上，叙述方法必须与研究方法不同。因此，我们要申明在先，研究文章架构是具体写作表达形式的艺术，而不是写作者脑海中思考的思维结构图。

第一节

作者为文的思路、布局、编排

叶圣陶先生曾经指出：“作者思有路，遵路识斯真。”[①] 时评写作比一般的文章评析，更加要求理清思路、重视布局。

写作前多思细想，需要进行比较完整的总体架构考虑。思路，其实就是这种指向的思维轨迹。如果还不明白，叶圣陶另有一句更通俗的诠释：“思路，是个比喻的说法，把一番话一篇文章比作思想走的一条路。思想从什么地方出发，怎样一步一步往前走，最后达到这条路的终点。”[②] 思路和构思有点儿相近，但并不等同。后者是指写作者在产生写作动机之后到形成文字之前，从内容到形式两方面孕育文章的一系列定

① 叶圣陶．语文教学二十韵//叶圣陶语文教育论集．北京：教育科学出版社，1980.

② 刘国辉．作者思有路，遵路识斯真：谈谈语文教学的思路教学．语文教学研究，2012（9）.

向的创造性思考。在脑海里构建一篇文章，可能需要不断梳理、反复斟酌、取舍放弃等过程。直到基本清楚明晰后，才能下笔如流水。生手写稿经常会写一半搁笔继续不下去了，原因就在于文章思路没有考虑妥当。于是，有老师就会教导他先列一个提纲，然后按照大致考虑好的路线图往下一步步地写。

列提纲，一般需要囊括条理、层次、逻辑顺序和观点主张。这就不经意间进入了构思、布局、编排的过程。有些人习惯对着提纲去作文，而有些人喜欢只打腹稿。对此，不必硬性统一或者说哪种更科学。但毫无“前思”就下笔，肯定是最不科学、最可能失败，至少是最不讲效率的。鲁迅先生写《阿Q正传》《狂人日记》，就没有提纲。当时编辑索稿、定期连载。阿Q个人的命运结局，鲁迅自己没写完也不知道。但他能写出如此伟大的作品，是和他长期的思考、仔细的观察、老到的写作功夫分不开的。贾平凹谈创作时指出，“这本书写作的时间不长，也就三个月吧，但它酝酿的时间却较长。写过十几个月详细提纲，被折腾得日夜不宁，但落笔时还是全推翻放弃了。一坐到桌边，书里的人物自己就活动起来，故事自动发展，情节、场面、对话联翩而出，像水的自然流止，云的自然起落一样。”[①] 可见，提纲写不写，因人而异、因文而异。当然，时评由于长度有限，一般也就两千字以内，所以不写提纲的作者可能是大多数，尤其是老手。他们对所写时评各个关键性要素了然于胸，通过复杂思维过程就完成了文章构思。而新手上路，为防迷途，还是老实先写一个提纲，按图索骥更保险吧！

不是拍电影、不是做娱乐节目，为什么要编排？其实时评编排是在架构思考阶段，围绕主题立论，组织安排各种评论要素的一个编辑方式。编排的目的除了合理排布材料，使之有利于观点表达之外，最关键的还是将时评最精彩之处凸显出来，造成受众“瞬时注目”的阅读观赏焦点，并由此深入形成视觉穿透力。

时评的开头和结尾、层次和段落、过渡和照应都是作者为文需要考虑的问题。但是，高手的表达诉诸方式，往往显得不露刀斧痕迹。毛泽东同志的《中国社会各阶级的分析》一文，其思路布局先是由总而分，最后又是由分而总的。总分转换时，只用了一个过渡句：“中国社会各阶级的情况是怎样呢？”然后就开始逐层逐次一一分析开来。最后又来个总收一笔，大开大合：“综上所述，可知……”然后自然推导出结论，

---

① 贾平凹，王新民．《废都》创作问答．文学报，1993－08－05．

观点和材料结合水乳交融，承上和启下的照应自然无痕。学习毛泽东同志的政论时评写作手法，自然要在总思路上学会他那种布局编排的艺术。

谋篇布局的目的，是便于写作过程胸有成竹挥洒自如，而不能变成束缚作者思路的框子。因此，我们在学习时评写作的过程中，除了尽可能回避过于理论的条条框框外，还应该明确：自己设定的文章架构，只是构思策划阶段的初级思维，它不是必须一成不变照章制造的设计图纸。在时评写作过程中，写作者会遇到观点的论证强度、材料的适格对应、逻辑的变换关系、语言的表达需要等一系列变数。因此，随之相机行事进行结构调整，是完全符合写作规律的常态。而死搬教条，自造枷锁，才是文章写作的死胡同。

鲁迅先生早就指出，文章无定法。所以，我们的思路、布局、编排，一切都为实际表达着想，也为写作创新提供路径，而绝不能相反。

一

时评架构的基本概念

中国自古写文章，要考虑起承转合。

时评谋篇布局，主要是考虑文章怎样开头，怎样结尾，中腹怎样安排，以及它们之间如何衔接过渡。这其中的先后顺序必须顺应逻辑结构和主题阐发。运用材料、安排观点、推导结论，全程要有一条红线贯穿，并用它统领材料和观点。架构考虑，还要解决如何把提出问题、分析问题和解决问题，化为时评的概念、判断、分析等。总之，要对时评所有材料组织安排，进行骨架方面的基本设计。

时评构思的过程，一般具有潜隐性。前文说过，由于时评长度一般两千字之内，不像长篇小说那样鸿篇巨制，所以，大多数写作者是在脑海内心完成架构的基本设计考虑的。当然，也有人习惯在纸上“留痕”，谋划清楚了才正式作文。

写作灵感对时评架构设计，具有触发性。有些时评的写作动因，并非苦苦思索得来，而是一刹那触发的结果。突发、偶发、短暂、非自觉，是灵感最显著的特点。在它的驱动下，不少时评写作者文思泉涌、浮想联翩，创造力高度发挥……这种写作构思，通常是在比较短的时间内完成的。它的架构考虑，完全为写作激情、写作冲动所驾驭。于是，不会就架构的细节作过多的考虑与推敲，从头到尾一气呵成。最典型的就是《国旗为谁而降》这篇时评，与《实践是检验真理的唯一标准》一起被评为改革开放 30 年的传媒经典作品。作者郭光东当时是给学生授课。当他讲到《国旗法》第十四条第二款规定“发生特别重大伤亡的不幸事件或者严重自然灾害造成重大伤亡时，可以下半旗志哀”时，联想到当年我国发生洪水的河湖之多，时间之长，水位之高，损失之大，为历史罕见，更为《国旗法》颁布以来所仅有，当属“严重自然灾害”。洪灾中，人员死亡达 3 656 人，当属“造成重大伤亡”。尽管《国旗法》对严重自然灾害造成重大伤亡时下半旗规定的只是“可以”，不是“应当”“必须”。但如果一次灾害死亡 3 656 人还不能适用这一法条的话，不知这一规定几时才能派上一回用场。因此，郭光东下课后立即冲向图书馆，寻找填充写作架构的基本素材，就很轻松地写成了一篇时评。

但是也要明白，一个时评写作者靠灵感触发，迅速完成架构设计及其全部写作，机会不多概率不大，若寻求而不得，那就不必强求了。

写作目的对时评架构，具有先导性。许多时评写作，目的性很强。如公论方面的传统媒体社论、评论员文章、献词、编者按、短评、编后等，写之前就有非常明确具体的写作要求和写作目的。有的还要根据党和政府的文件或领导人的讲话，来作诠释性的文章。如果遇到重要节日、纪念日等周期性的时评选题，写作目的也非常清晰。这类时评的架构，一般是按目的导向，思考开头、中腹、结尾和过渡照应的。而个论型时评，也有写之前就目的明确的，只不过要少许多。如果写作者对观点、材料、表达方向及其内在的逻辑线路，都已烂熟于心的话，其时评写作也能够一气呵成。

写作创新对时评架构，具有挑战性。那些高水平写作者，很不愿意“重蹈”自己前面已经用过的文章架构“覆辙”。每次下笔之前，都要为“这一次”表达的出奇出新而冥思苦想。“开门见山”再好，也不能每次都用。“据报载”更是不能容忍的旧式开头、时评“八股”。在逻辑编排路径上，不但要有别于他人，还要有别于自己。所以，在他们眼里，创新构思是对过去模式的排斥和放弃，是对新颖布局的思考和追求。求异思维，绝不是求同思维。诚如《孙子兵法·兵势》中所云：“凡战者，以正合，以奇胜。故善出奇者，无穷如天地，不竭如江河。”此所谓“出奇”，在时评写作中就是“思维超常”和“构思独特”。我们看鲁迅先生的时评和杂文，就凸显了创新挑战性，每篇架构手法各异。细品一下《“友邦惊诧”论》《记念刘和珍君》《论雷峰塔的倒掉》等檄文，就会由衷赞叹！

“为伊消得人憔悴”，是时评写作构思阶段，不少写作者的切身感受。然而，在外行或者貌似内行的教师爷眼里，时评的架构似乎是有一套比较狭窄的固定程式、模式，可以制成“统货”的。时评结构如果真的那样造个模子往里一套，就能万事大吉，那么文章就不是千古事，甘苦也不会寸心知。因此，我们要奉劝想走捷径的时评学写者，还是踏踏实实安下心来，在认真且大量阅读优秀作品原文的同时，学习关于时评结构的基础知识，把真本事学到手。

二 按内容需求组织时评结构

依照内容需求，可以确定时评论点、论证、论据的安排位置，以及它们之间如何配合、衔接与过渡等。换句话说，就是以内容为统领，安排先说什么后说什么，详说什么略说什么，选择相应合适的材料和观点，进行时评架构的总体布局。这里的“内容”，是指时评的主要论点和主要评述对象。

时评结构以内容为纲，也就是围绕论题和文章的中心思想，来组织安排论点、论证、论据。整个推理过程比较顺达，就会给受众水到渠成的感觉。其间的逻辑关系明晰，可以减少表达思维混乱的毛病。这种结构布局法，要根据所要分析的事物或所要论述的问题的具体实际、它们相互之间的内在逻辑联系和发展变化规律，来考虑前后顺序和详略表达。

在这种时评结构中，“内容为王”实质是以内容为导向的。中央电视台《新闻1＋1》节目主持人白岩松，在评论邹恒甫案时，其主要内容摈弃了当时绝大多数媒体和评论者，揪住北大校长、北大教授和邹恒甫不放的“大路货”，而是专注于桃梦源餐厅的68位工作人员。于是，围绕这个，先抛出“北大无小事”的引论，然后提出身为受害者的姑娘们，她们的尊严和名誉受到了损伤，但是少有人安慰。为此，我们是否有必要以牺牲姑娘们的尊严和名誉为代价，来使用法律的武器。在白岩松的这个时评中，他发挥了电视口说通俗化的特长，并不先头摆设绕人的“包袱”，而是明白晓畅地抛出观点主张，然后顺着自己的时评核心内容一层一层展开论述。这种方式，尤其在广播电视这类稍纵即逝、无法让受众立即倒过头来仔细品味的表达中，特别适用。在凤凰卫视的评论性节目《锵锵三人行》中，围绕内容展开的时评结构方式也很普遍。

鲁迅先生在 1932 年 5 月写过一篇时评《我们不再受骗了》，针对“一位有名的记者”的说法即“苏联是无产阶级专政的，智识阶级就要饿死”，展开驳论。文章结构和央视白岩松擅长的方式大不一样，作者发挥纸媒（当时发表在上海《北斗》杂志上）的特点，从“帝国主义是一定要进攻苏联的。苏联愈弄得好，它们愈急于要进攻，因为它们愈要趋于灭亡”谈起，然后突转入“我们被帝国主义及其侍从们真是骗得长久了”，列举一系列谬论，再然后才切入靶向“新近我看见一本小册子，是说……”细读完全文就会明白，鲁迅先生没有开门见山安排结构，但所有“绕”的手法，都不是浪费笔墨赚取稿费。他是因时评内容之需而排兵布阵的。其架构让人读完，有回味悠悠的感觉。如果不是大家，这样“绕”着表达是比较危险的，受众读起来容易走神。

这个案例告诉我们，按内容需求组织时评结构，也不是千篇一律可以模式化解决问题的。有的内容是立论，就要从正面考虑安放骨架设计布局。有的内容是驳论，就要从反面考虑架设好靶向。有的内容是“规定动作”的奉命写作，就要把党和政府或其他上级要求，放在突出位置显示，然后再逐层阐述一步步诠释。有的内容是公民个人观点意见明显的舆论监督性评论，文章结构的手法就要展示灵活多变的特色。

内容导向，使时评结构突出主要的论点（不是分论点），所以开门见山式比较多。同时也有突出评述对象的，所以由头前置型比较多。接下来，才条分缕析地评和论，逻辑关系顺着内容红线延伸下去。初学时评的写作者，比较适合从这两种结构方式下手。当然，“老司机”为迅速成文，减少架构纷扰耽误时效，也会经常使用这些方法。

三

照受众口味安排层次关系

时评除了观点和表述方法，其结构布局，也要考虑受众的实际口味和需要。要根据自己作品发表的受众对象、文化水平、接受能力、认识规律和心理需要来安排全文的逻辑思路和篇章结构。

聪明的时评写作者，总是喜欢揣摩自己作品受众的阅读心理，尽量从接近性上满足他们的阅读习惯和口味需要。甚至在不同的媒体上发表，他也要详细考察一下这家媒体的读者群都有哪些特点。比如，给党报撰文，要构思清晰一针见血，绝不在“曲线表达”上下功夫。因为党报的读者对象，大多数是机关、部队、企事业单位的人，素质普遍较高，但审美传统。如果含沙射影式取舍安排材料，“绕”的弯子过大，就可能造成他们弃读，甚至引发对媒体的批评。而给晚报都市报写时评，如果摆出气贯长虹的正论架势，首先来个直言三段论，然后一层一层“因为”“所以”下去，接受度就会很差。因为这种媒体的主要受众，显然是具有市民化和都市化的特点。虽然，市民的概念也会和党报那些受众有些许交叉，但不同各异是主要的。满足这类特殊群体的口味，就要不拘一格彰显灵活变化的结构特点。从新闻由头写起固然可以，从一个幽默笑话写起也未尝不可。从观点抛出入笔固然可以，从社会顽疾解剖更让人痛快。拿推导出的观点收尾固然可以，拿无结论的诘问收束全文也未尝不可。

不同媒介的受众，其口味也有较大差别。总体来看，广播电视的听众观众，相对于平面纸媒的读者，文化程度是低一些的。因此，时评架构要照顾到不同媒介受众的需要，进行铺排布局。

我们可以通过同一评论对象不同媒介的时评，来看它们各自怎样照顾自己受众口味，安排全文结构的。2017 年 4 月 24 日至 28 日，第三批七个中央环保督察组陆续进驻天津、山西、辽宁、安徽、福建、湖南、贵州等省市，实施为期一个月的督察。“散乱污”企业集群整治是此次“环保大督查”第一阶段的重点，环保部根据各地上报的情况初步统计有 5.6 万家“散乱污”企业。为此，许多媒体在报道的同时，展开了评论。

央视《新闻 1+1》做了专题时评节目《企业治污乏力，环保如何发力?》。它的结构方式，是先用大量记者现场拍摄的污染企业视频，在视觉上形成冲击力，再请国家环保部主管领导或环保专家进行评析。其中，还穿插天津静海区税务局瞒天过海作假的新闻事实，然后又请权威人士进行评论。这样反复多轮后，再把眼光集中到京津冀地区环保治理“散乱污”现状，让现场的受众来展开直率评说。节目主持人董倩，只是到结尾才干净利落地正面评析而收官。请注意，央视的这个时评结构，完全从受众

"看时评"的角度出发，将观点的系统论述，分为逐层渐次的表达，每个推进中间，都用新闻现场的真实画面来穿插，使得整个评析毫不枯燥，观赏性很强。

山东大众网抓住这次中央环保督查的一个评论点即新发现多个未上报的"散乱污"企业集群，有别于央视那种全景式评析，而展开点上突破。前面发了一张新华社的手持放大镜发现问题企业的彩色漫画，下面分别只用一百多字发表了中国新闻网的由头性新闻和本网的精练评论。山东大众网的考虑，是根据媒体的区域性和网民阅读特点口味来编排布局的。

《中国纪检监察报》则以《环保督察威力在于较真》为题，比较正统地从党的十八大以来，环境保护被提到了前所未有的高度，从上到下的环保督察也被誉为"史上最严"入题。话锋一转，再集中评论以下问题，即群众担忧会不会环保督察组一来，有的地方领导和污染企业就"哆嗦"，一走便开始"嘚瑟"，故态复萌？担忧环保督察时间有限，一个月期限内，群众的举报件很难全部办结，正在办理的、还未办理的怎么办？会不会虎头蛇尾，沦为"烂尾楼"，从此再无下文？该报的这种时评结构，一是非常适合各地纪检监察部门读者的阅读，二是将论点"顶天立地"巧妙地融合在构思的讲导向、接地气之中。所以，是对得上受众口味的。

《湖南日报》评论员文章《边督边改，立行立改》，架构是从中央到省委政策文件精神，分层阐述这次环保大督查的重要意义。然后针对本省被查出的大量问题、严重问题，提出坚决整改、迅速整改的要求。最后以号召式文字来结尾。这种布局方式，既符合省委机关报的身份，也符合以湖南各地党政机关干部群众为主流的受众口味。

四

兼顾表达形式和个人风格特点

时评的结构布局要适合表达形式的特点。社论、评论员文章要一本正经地谈事说理，大多数从正面入手，展现出代表一级组织或机构的官方色彩，架构逻辑比较清晰顺畅。而个人署名的时评，则可以根据本人的写作风格，如何机变、如何精巧、如何诙谐幽默、如何大气雄风，怎么顺手怎么来。就像建筑，人民大会堂与国家大剧院各自的外貌和间架结构，一定是不一样的。但给人的感觉，都是那么宏伟！上海世博会的中国馆，海内外惊艳赞叹不已。黄山脚下的徽派建筑群其地方民族风，同样世代永存。时评的表达形式不一样，个人风格特点不一样，文章架构的思路布局也基本不一样。

2017 年 6 月 7 日，北京市网信办依法约谈微博、今日头条、腾讯、一点资讯等网站，责令它们切实履行主体责任，加强用户账号管理，采取有效措施，遏制渲染演艺明星绯闻隐私、炒作明星炫富享乐、低俗媚俗之风等问题。依据相关法律法规，对“全明星探”“中国第一狗仔卓伟”“长春国贸”等娱乐八卦大 V 账号予以关闭。

围绕这个事实，《人民日报》发表评论《娱乐圈不应是八卦圈》。文章结构基本是党报风格：第一段是新闻由头。第二段是简要概括社会呈现的正反两种观点：舆论的反应，照见了娱乐江湖中清流与浊气的交织碰撞。第三段从正面立论：狗仔的曝光已经触及新闻底线和法律底线。第四段是驳论，解析了“网上的谣言总比真相跑得快”为什么错了。第五、第六段，就从法律高度来论证国家网信办出招的必要性和及时性。最后两段讲娱乐的底线、讲明星的自律。这是为了防止评论偏颇，进行必要的逻辑平衡。这样的结构非常稳固，而且都是从正面说理，还不忘照顾两种意见的对立可能出现的话语漏洞，显出党中央机关报的严谨程度。

同样是这个评论主题，同样也是对国家网信办此举持赞成拥护态度，但在网络上“郭德纲吧”当天贴出的一篇微时评《德纲啊，他们始终跟不了你到最后》，却完全是另一个风格。文章从郭德纲的长火来入手：“曾经有人说你火不过 2005 年的夏季，可是你却如同李宇春般的不可思议，就这样火到了狗仔们被定义低俗而后被关闭。”这样的切入就不怎么正统，但更为机巧、更为可读。然后回顾了十二年娱乐圈的风云变幻：“谁比谁更下作，如今已经被下了定义。试问老天放过了谁。”这位署名“老和上校”的作者，大概是郭德纲的“忠粉”，所以整个行文结构，总拿郭德纲和狗仔们进行对比。直到最后，才毫无顾忌地欢呼起来：“热烈庆祝狗仔们的微博被关闭！低俗低俗低俗被关闭。”它的这种表达安排，完全符合新媒体时评的基本特点，完全照顾到了网民嬉笑怒骂的习惯口味。

千变万化的个人风格，更是直接影响到时评的间架结构安排。虽然都是时评大家，但有的人并不喜欢先抛出立论，而是习惯从一个人们意想不到的“旁事”说起，体现出中国传统文章写法“起承转合”中的“起”，要有故事性，然后笔锋一转切入自己的主题，会让人暗自惊叹。如上海《解放日报》的司马心先生即是如此。《从驸马爷的“而斩”想到孟夫子的危言及其他》，他开首一段只讲自己读书少，所以常常闹误会，并具体讲了一桩貌似无关其实紧密相关的案例：

> 我这个人，因为读书少，所以常常闹误会。比如“君子之泽，五世而斩”这句话，我原以为，是写进《通鉴》，以“资”为政者“治”的。然而为什么没人认真去注意呢？仔细一查，搞错了，那是孟夫子说的，印在《离娄》中，类似现在的自费出版物，不过是迂老九的危言耸听而已，所以不足为训。至于同样的意思，《通鉴》里有没有呢？也有的。比如触龙言说赵太后的那段话，“位尊而无功，奉厚而无劳，而挟重器多也”，到了“一旦山陵崩”，又“何以自托”云云。那为什么仍然没人认真去注意呢？据说也极简单，那是说给封建皇上贵胄们听的，因此更不足为训。所以关于“触聋”乎“触龙言”乎的训诂，热了好一阵子。至于言了什么呢？反而忘记了。谁料最近世界之上，咱们近邻那里，却出了一件惊心动魄的“而斩”事件。

300多字后，才在第二段切入了时评真正“而斩”的新闻由头：前苏共中央总书记勃列日涅夫的东床快婿，因为受贿40万卢布，于老泰山尸骨未寒之时，便被继任者安德罗波夫下了大狱。最近又让军事法庭“斩”了15年的班房……到了这时，读者才发现，司马心先生第一段所述有关“触聋”乎“触龙言”乎的训诂，其实完全不是混稿费的废笔。

《南方周末》资深编辑鄢烈山的时评，公民表达的特色明显。他的文章节奏转换一般很快，而不喜欢曲笔慢绕，结构层次非常明晰。他在新浪个人专栏发表过一篇时论《故乡“沦陷”或是值得欢迎的历史进步》。2 000多字，写得深刻，历史纵深感强，但全文的结构层次却清清楚楚。首段就是一句话：“乡愁”是个既古老又时尚的文化“母题”。抛出了论的对象。接下来两段分别夹叙夹议地评述了因年轻人外出打工而出现空巢的中国村庄，“古老”而“时尚”。然后一层一层、一步一步，从多个角度分析我们的“故乡”其实不存在“沦陷”（给谁占领或毁灭了）的问题，真问题是我国传统的农业、农村、农民正在经历现代化和城市化的转型。从自己的家乡湖北省天门邻县沔阳（今仙桃市）“沙岭上”到纪实文学《大国空村》作者程明盛系念的故乡，从难忘的乡亲情谊到《共产党宣言》宣告的“一切封建的、宗法的和田园般的关系都破坏了。它无情地斩断了把人们束缚于天然尊长的形形色色的封建羁绊”，从我国城市化和现代化是不可阻挡的历史潮流到中储粮这个“国家粮仓”满之患，作者多头论证了“乡愁沦陷”其实是不存在的。该文章让受众阅读起来，特别具有亲和力，也会感觉这种大家论述非常入情入理。

相对于上述时评家，叶檀的财经评论结构风格、郭光东的法治评析组织思路、柏杨的杂文式表达构成方式等丰富多彩的其他各家，又显示出各自特色。

更有甚者，发表载体不同，也会展现时评的不同架构特点。如果拿报纸署名个论和网络署名个论相对照，即使同一个评论主题，展现的结构特点也会是不一样的。在业界内被认为画面绝对精美的国产动画电影《大鱼海棠》，2016 年 7 月 8 日在国内上映。但未想到市场反应出乎预料。《光明日报》随即发表时评《〈大鱼海棠〉为何与优秀失之交臂》，新浪动漫也发表了时评《〈大鱼海棠〉票房走红 口碑两极分化》。前者用正统的评论架构：第一段是用 100 多字的精练新闻由头引出话题，第二段就是正面肯定这部动画片的好（整部电影引经据典，精致的美术场景仿佛为观众打开了一扇绮丽大门）。第三段一开始就来一个“然而”转折了，人物与剧情却没有呈现出更深刻丰富的世界，这导致片中众多文化符号都变成了浮光掠影，甚至被批评为“华而不实”。接下来两段篇幅，围绕着“不好”的论点进行逻辑阐述。而新浪的个论时评，为了增加可读性和信息含量，结构上一看就更像一篇述评。因为它论的成分相对较少，而讲事实的比重相对较大。它虽然在事实中穿插了一些观点内容，但集中进行逻辑评价还是局限在最末一段 300 字左右“善待你的期待”下。前面几段内容分别是：“口碑两极分化”“十二年值得等待 PK 神作磨成了尴尬症”“浓郁中国风 PK 国产版《千与千寻》”“中国气象、故事 PK 乱入的现代元素”等。两文各有千秋，各自适应了自己的媒介及受众群体。

不管时评结构的风格怎样千变万化，其间的逻辑顺畅，是一定都要共同遵守的前提。因为时评是以逻辑推理为主要手段的，它的结构布局的逻辑不能出现破绽。这种逻辑既要符合事物发展的客观规律，也要符合人们认识事物的思维规律。

第二节

常见的时评结构方式

我们常说写文章要言之有物、言之有序。有物是指内容丰富，有序是指结构讲究。

时评作为新闻写作的一种体裁，当然可以呈现出一定的结构展现规律。研究这种规律下的常见结构方式，对于初学时评的写作者来说，可以起到少走弯路、尽快入手的显效。至于时评写作的“老司机”，常见结构方式也可以在拓展自己的文章结构表现张力上起到很好的启发作用。不过，学习的目的，无论如何不是画个圈子自我约束，如果掉进程式化套路的泥沼，那就与学习、研究、参照的目的相违背了。

时评的常见结构方式，是研究者经过大量甚至是海量的时评作品分析研究，总结归纳出来的规律性反映。它是已经发表的时评作品，结构符号性客观存在的现象之间，必然、本质、稳定和反复出现的普遍性形式。就像建筑结构万千变化，但总有自己的设计规律。如抗震要求下的相对稳定性架构，其中包含忌讳严重不规则设计，遵守平面布置的规则对称、空间结构的计算模型等要求。建筑结构的常见类型有四大种：砖木结构、砖混结构、钢筋混凝土结构和钢结构。时评的结构，因为观察角度和分析角度、标准角度等不同，则可以有如下几类：依照逻辑关系的三论式结构（即引论、本论、结论），依照层次关系的四构式结构（归纳式、演绎式、并列式、递进式），依照受众阅读心理的四法式结构（书信法、悬念法、对比法、对话法），依照文章表象的四式结构（剥笋式、波浪式、点睛式、打靶式）。既然属常见方式，也就是可以涵盖最多表达结构的集合体。它一方面并非所有结构方式都囊括在内，另一方面同一篇时评文章，有时从这个角度分析属于这个结构方式，换一个角度分析也可能属于那个结构方式。横看成岭侧成峰罢了。

时评结构，还有一个多种方式相互交叉的问题。在一些篇幅较长、论述观点比较复杂的文章中，如果用某种结构方式来分析还不能完全覆盖，它就有可能是几种方式的综合。

在写作中如能熟练运用常见结构方式，时评写手至少算是具备入门水平了。况且，写一篇、写十篇甚至写一百篇，也并非需要所有结构方式都必须尝试、都必须历练。这和书法修习还不一样，不把真草隶篆都练过，是很难成名成家的。况且，时评成家的水平，基本上都已形成自己独特的风格，文章结构相对固定。

掌握了时评结构规律，学会了时评的常见结构方式，至少可以让我们在理解作品、分析作品上，少走弯路。学写时评，需要这个过程的修炼。这就仿佛是对着字帖练字，不懂间架结构完全随手写来，肯定是不得法的。完全靠心体验，那要多费多少心血啊！

当选题确定、主题确立之后，时评的结构考虑，就成为写作者一个无法回避的问题。为了写作表达效率的需要，迅速铺展材料的需要，精准表达文字的需要，选择一种合适的结构方式，可以节省许多劳神推敲的时间。同时，也可以有效把控评论的节奏。

从总体原则上看，任何一种时评结构方式，都要符合四个基本条件：其一，有利于主题立论的展开，结构方式不能成为影响思想内涵展示的束缚。其二，有利于迅速高效地写作表达，结构方式不能成为拖累逻辑思维顺畅的羁绊。其三，有利于受众服膺接受作者的思想观点，结构方式不能让阅读反向引导。其四，有利于更加艺术地呈现写作风格，结构方式不能成为千篇一律的写作俗套。在这些原则前提下，时评结构就可以形式服从内容，而且不断创新，保持长盛不衰的生命力。

在这里，我们要非常明确地告诉大家，任何时评的“最优结构”，都是不存在的。常见的结构方式，对于每一篇时评文章，都有一个合适不合适的问题。就像再怎么漂亮的衣服，穿在不同人身上好不好要看得体不得体。请各位不要相信“最优”，而要度量自己“这一篇”时评合适不合适。

一

依照逻辑关系的三论式结构

时评的逻辑，是从某些已知条件出发，通过合理合规的推导而产生科学结论的规律。而时评的逻辑关系，就是前提与结论之间的属种关系、组成关系、关联关系等总和。逻辑关系体现在具体的时评结构中，就是引论、本论、结论这三者之间有没有必然关联，能不能形成正确的推导关系。如果再具体一下，可能还要对评论由头的新闻事实和论据引用的新闻事实，进行合乎逻辑的真假判断、本质判断。对时评观点引出的必然性而非或然性甚至不可能性，进行合乎逻辑的对错判断。对时评最后得出的结论，进行合乎逻辑的论证判断。

（1）时评的引论，是文章的开篇或起始部分，通常用于挑开话题、交代主旨及引出正文。引论的表现方式有许多，包括用新闻事实做“药引子”，俗称评论由头。有开门见山直接推出作者的观点主张，径直扑向论述核心。有先说一段“拐弯”的问题或事情，用以引出核心话题。也有倒过来先将想剖析或驳斥的对象挂到靶子上，然后进行分析评判。但是，无论哪一种引论，都要能够表现其作为引子的“论”的特点。无“论”而不成引。时评写作者不要把这个忘记或淡化了。

毛泽东同志在1949年1月4日全国解放前夕，挥笔写下名篇《评战犯求和》。其文引论是事实和驳论的结合，“为了保存中国反动势力和美国在华侵略势力，中国第一号战争罪犯国民党匪帮首领蒋介石在今年元旦发表了一篇求和的声明。战犯蒋介石宣称：‘只要……’”[①] 靶向开始就清楚了，以便下面批驳。

鲁迅先生为了纪念“左联”五烈士，于1933年写下了《为了忘却的记念》。

> 我早已想写一点文字，来记念几个青年的作家。这并非为了别的，只因为两年以来，悲愤总时时来袭击我的心，至今没有停止，我很想借此算是竦身一摇，将悲哀摆脱，给自己轻松一下，照直说，就是我倒要将他们忘却了。[②]

这个引论点明题意，交代了写作此文的原因。如此开头，有利于后面抒发悲愤之情，揭露社会黑暗。

龙应台在《南方周末》上发表时评《我不相信》，引论是这样写的：

> 二十岁之前相信的很多东西，后来一件一件变成不相信。曾经相信过“爱国”，后来知道“国”的定义有问题。通常那循循善诱要你爱国的人所定义的

① 毛泽东选集：第4卷．北京：人民出版社，1991：1381.

② 鲁迅全集：第4卷．北京：人民文学出版社，1981：479.

“国”，不一定可爱、不一定值得爱，而且更可能值得推翻。

然后她又来了六段，分别讲自己曾经相信过历史，相信过文明，相信过正义，相信过理想主义，相信过爱情，相信过海枯石烂作为永恒不灭的表征……作者把引论和本书下面要研究讨论的本论，完全糅在一起写了，体现出大手笔不拘一格的创新性。

综上所述，时评引论的方式方法是很多的，而且可以继续创新。但最常见、使用数量最多的手法，还是新闻导入。这种方法，新手写作比较容易掌握，专业写手也还在不断应用。而像龙应台这种融合类引论写法的，则需要相当水平才能写好。

时评的引论写作，需要抓住几个关键：

一是力争出奇制胜，开始就能抓住受众眼球，使其有兴趣往下追着看。这种“奇”，可以是手法，也可以是材料，更可以是观点。

二是尽量精练不烦，减少可有可无的枝节交代，把要素之外的内容安排在后面一一道来。这种“精”，不仅是指语言文字，还包括内含的由头情节、主张要求等等。

三是确保逻辑关联，前面讲的内容一定要和后面分析的思想材料，存在比较紧密的内在联系，逻辑线上保证是贯通的、可追溯的。千万不要弄成“两张皮”，前后不贴。

（2）时评的本论，是文章的中心或主体部分，是评论主要内容和观点的具体呈现，是支撑全文的主干。本论水平高低，是时评成功与否的决定性要素。

本论的涵盖量最大，所以很难像引论那样仔细列举。我们就讲它的组成部分和行文要求。

本论最重要的任务，是详细论证作者的观点意见主张。要站得住脚让受众乐于接受，不能不涉猎如下几种说理结构：

其一，单论点展开。时评只有一个观点时，核心的外延明确清楚，比较便于集中分析论证，而且便于受众了解把握。中国近代时评大家邵飘萍在 1915 年 12 月袁世凯称帝之际，“为《申报》《时事新报》《时报》执笔”发表了著名的时评《预吊登极》：

京电传来，所谓皇帝者，不久又将登极。呜呼！皇帝而果登极，则国家命运之遭劫，殆亦至是而极矣！但二月云云，尚需多少时日，各处反对之声势，再接再厉。所谓登极者，安知非置诸极刑之谶语乎？记者是以预吊！

这篇载入青史的评论，全文不过八十余字，是很难多论点结构成文的。因此，他的本论用了五个“极”字，把“登极”和“极刑”挂钩相连并以反诘呈现观点，即“登极”之日也是“置诸极刑”之时。可以想象，这样是非常容易让当时的普罗大众一把就抓住该时评中心思想的。

其二，分论点阐述。时评写作者在一个主干论点的逻辑框架之下，分设了其他几个支论点，目的在于多方位求证自己主张的正确性。它通常显示这样几种结构：

第一，是什么——为什么——怎么做？

第二，是什么——为什么 1——为什么 2？

第三，为什么 1——为什么 2——怎么做？

中国新闻奖 2008—2014 年时评类获奖作品中《限制“公款消费”本质是制约权力寻租》（中国经济网，作者子房先生），其本论结构就是第一种。《中国改革“再出发”的总宣言》（人民网评，作者石铭），其本论结构就是第二种。《把校舍真正建设成第一避难所》（《中国教育报》，作者张树伟），其本论结构就是第三种。

但时评本论的构成方式非常复杂，绝不是简单几个模式可以涵盖。

本论的论证，需要将论点与论据串联或并联在一根思想主线上。它是一个概念、判断、推理的辩证过程。作者要么证实，要么证伪，两者必居其一。

（3）时评的结论，当然是指文章收尾或结束部分，很多写作者习惯概括全文、提炼主题、升华文意。但也有高手别具一格，如留下诘问，让受众自己思考揣摩，从而产生掩卷深思的效果。而过去许多年，在突出政治的舆论环境下，时评的结论往往喜欢登高一呼地号召或是留下“光明的尾巴”。这种遗风至今仍然还能不时见到。

毛泽东同志的经典时评《别了，司徒雷登》，最后的结论竟是这样出人意料：

司徒雷登走了，白皮书来了，很好，很好。这两件事都是值得庆祝的。

请注意该段的最后一句话，看似波澜不起，却意蕴深刻。毛泽东同志以如此生动的文字，既直白而形象地描绘出了司徒雷登离华时的尴尬与无奈，也影射和讽刺了美国对华政策的失败，同时还明确地表达出了中国共产党对司徒雷登个人的看法，达到了“一石三鸟”的目的。

所以，时评结论的构成方法，最需要突破创新。它和引论、本论相比，由于变化的余地不大，特别容易落入俗套。希望有心的时评写作者，每写至此，至少能多多考虑如何不“重蹈”他人或自己的“覆辙”。

最后要提醒大家，警惕三论式结构法，特别容易陷入程式化枯燥乏味的陷阱。如果照葫芦画瓢、按模式写作、习惯于自己烂熟于心的套路，那么无论评论思想如何了得，框架结构上落入俗套，一定会给自己的作品带来失分的效果。

二 依照层次关系的四构式结构

时评的常用结构方法还有一种，就是以文章内在层次关系来进行架构设计。它特别强调各个部分之间的有机联系，通过写作者对每一层之间的相互勾连设计，安排文章的架构。

这里特别要强调一点，就是千万不要把层次和段落混为一谈。

段落是显现在文章表面，可以一眼看出的基本构成单位，它是作者对各部分内容的表达顺序。段落有“换行错路”的标志效果。

而层次则是潜藏在文章内核中，需要受众阅读理解后才能感受到的作者思路。它是文章中心思想一层一层表达的基本次序，一般一个层次可能涵盖一个或几个段落。但一个段落通常不能包含一个以上的层次。

文章学上对层次的设计安排，有“近接”和“遥接”之说，而其中每一种使用手法还有多种变化。总体起源于《文心雕龙》之起承转合说。时评写作篇幅短小，所以，不需要过于复杂的层次关系。否则，非常容易烦琐牵绕，冲淡主题思想和阻碍受众理解。

时评常见的层次关系有四种：归纳式结构、演绎式结构、并列式结构、递进式结构。

（1）归纳式结构：先布材料后出观点，先分论后总论的时评表述方式。它紧紧围绕评论的问题，逐层运用材料说明观点。在每一个分论点集合的最后再归纳成总论点。它的优点在于，比较符合人们认识事物的一般规律和思维活动的逻辑顺序，易于受众理解与接受。

公众号“侠客岛”刊登署名“司徒格子”的一篇时评《女德的裹脚布》，思想内涵不是一般深度。全文 12 个自然段，明确标示一二三四小节。第一节从“记忆最深重”的奶奶的裹脚布展开论点，说到中国文人以“三寸金莲”表达出的猥琐才气……第二节从丁璇老太太的演讲，生出简言判断：“此刻是 2017 年，但有些人思维已经到了 2117 年，比如哭泣的柯洁和退役的 Alpha Go，都很可能让未来的人类受益；很遗憾有些人似乎永远留在了 1917 年，他们脑子里的残渣可不光女德这点东西，扒开一看会发现有辱现代文明。”然后作者进一步发出诘问：“为什么过一阵媒体就能曝出几万甚至几十万的淑女班、女德班。我翻看了其中一家的课程安排，深感想象力之有限。”“看不惯父亲、公公，会头晕、头疼、脑血栓；爱管老公，易得心梗、脑梗；恨姐妹兄弟，会肩膀疼……”第三节转过身去，由一位当过记者的大学女老师，谈起“女权”，“我不赞同许多女权主义者，尤其在当下中产语境中，常有矫枉过正之嫌。政治正确横行的时代，真想讨论点问题，得先剥去这层话语的外衣。从许多维度来讲，我都认为矫枉过正伤及的是权益远未得到保障之人，挡住了该被关注的群体。”第四节很短，直接就是结论：“进步并非必然，退步有着永恒的诱惑。丁璇看似可笑，不把她的生存空间挤干榨净，迟早有一天我们会觉得，女人既然这么傻，似乎也没必要出远门啊，不如把她们的脚裹起来吧。”作者的层次安排，是将个体的感知、社会的见识、海外的背反，逐次进行认识深化，最终用讽刺的反话，说出国民劣根性仍未根除。

（2）演绎式结构：先亮观点再布材料，先总论后分论的时评表述方式。和归纳式结构似乎正好相反，它是判断前置的。一般这样的时评开门见山，以鲜明的观点开宗明义，然后一步一步使用可以证实观点的相关材料，进行有说服力的佐证。它的优点是突出强调了时评的立论，鲜明体现了作者的思想观点。我们看到党报党刊比较正统的社论、评论员文章、署名编辑部的新闻评论，经常使用这种结构手法。

2016 年 1 月《人民日报》发表“开创治国理政新境界”系列评论：《以“使命意识”拓展中国道路》《以“改革意识”完善国家治理》《以“历史意识”激荡复兴伟业》

《以“忧患意识”锻造领导核心》《以“为民意识”凝聚磅礴力量》《以“世界意识”成就共同梦想》。六篇的开头几乎都是旗帜鲜明地亮出观点，然后才是逐层深入地展开材料进行论证。

其实，时评的演绎式结构，早已有之。中国近代报刊著名时评家王韬，在他的《旺贸易不在增埠》一文开首，就这么坦陈自己的价值判断：“呜呼，吾窃谓英人增埠之计左也!”

在新闻评论前辈范荣康看来，演绎式结构近似于开门见山法。他列出了六个具体范式，其中“把结论放在最前头”就是总分式架构手法。[①] 这是比较通俗易懂的解释。

(3) 并列式结构：是总论点下的两个或两个以上分论点，平行架构轻重相当安排，然后进行分别论证的时评表述方式。这种结构的显著特点，是横向铺展，而不像前面两种结构，基本上是纵线铺陈的。它的优点在于，方便对那些比较复杂的事件由头和问题，进行分别评析。而所有的分论点，又都是支撑总论点的骨架，特别有助于作者立论的全面和周密。

前面讲到《人民日报》系列评论六篇，看了标题就知道它们之间的关系是并列式的。统统围绕“治国理政新境界”这个总论点，以各篇不同的分论点平行推进。如果把这种方式用到具体的单篇时评中，就是最典型的并列式结构。《南京日报》评论员刘根生 2016 年 7 月在人民论坛上写过一篇《匠心之道“守破离”》，全文总论“匠心之道”后，对“守”“破”“离”逐一分述，最后再简练推出结论，也是一个典型的并列式时评结构。

(4) 递进式结构：建立在观点与事实逐层深化基础之上，所有评析由此及彼由表及里由浅入深，而后面的内容既依托前面的内容，又是前面内容的深化和补充的时评表述方式。它的优点是，对于评析深刻问题深刻思想，切入手法浅显，引领受众接受起来思维比较顺畅。

2017 年 6 月，《北京青年报》发表《中国养老如何避免“世界性尴尬”》，讲养老已成公认的世界性难题，讲中国仅空巢老人就已突破 1.1 亿人，讲在世界上大多数国家中机构养老和居家养老仍是两大类主要养老模式，讲中国养老领域存在的一些问题和

---

① 于宁，李德民．怎样写新闻评论．北京：中国新闻出版社，1988：187.

矛盾在经济快速发展过程中已有所显现，讲逐步将养老事业转为养老产业，实行政府与市场两条腿走路并以市场为主，坚持养老服务业发展的这个基本方向……完全是一种循循善诱、逐层深入的方式方法。这使针对性受众非常容易理解接受。

使用递进式结构要注意，两个或两个以上完整的论证，一般前后应有内在的关联关系，防止相互不搭，国外称之为“论证链”。链是不能断的，且相互关联关系不紧张。如果做不到这样，至少各自观点前后相继，串之于一条主观点的红线上。这属于宽泛的递进式结构。

三

依照受众阅读心理的四法式结构

时评作为议论性文体，其观点主张要想得到别人赞同或接受，不能不把受众放在第一重要的地位。如果孤芳自赏，就必然失去时评影响社会、干预生活、塑造思想的强大功能。

受众指的是信息传播的接收者，包括报刊和书籍的读者、广播的听众、电影电视的观众、使用网络的网民。受众从宏观上来看是一个巨大的集合体，从微观上来看又体现为具有丰富的社会多样性的人。任何一篇时评，既不可能让所有受众满意喜欢，也不可能让“这一部分”受众替代“那一部分”受众的阅评习惯。因此，研究受众心理，并依照受众心理架构时评，不能不在宏观群体和微观个性两方面，寻找最大的公约数。即大多数受众的喜闻乐见，就是时评架构的追求。

根据受众心理学研究，受众心理的基本构成包括：接近心理、认知心理、好奇心理、从众心理、表现心理、移情心理、攻击心理等。基于这些心理而生出的时评结构主要如下。

（1）书信法结构：借用写信那样的基本格式，展开思想观点论述的时评结构方式。但这毕竟是时事评论而不是家长里短，所以，惯常的时评书信法结构，特别适用“亲切型”和“愤怒型”两种截然不同的思辨表达。

在毛泽东同志时评经典作品中，有两篇影响力很大的书信法结构文章：《敦促杜聿明等投降书》《中华人民共和国国防部告台湾同胞书》。前者是毛泽东 1948 年 12 月 17 日为中原、华东两个人民解放军司令部写的一个广播稿。后者是毛泽东 1958 年 10 月 6 日以国防部长彭德怀的名义所写的一篇对台政策文书。这两篇时评，虽然是书信体结构，但大气磅礴正气凛然。前一篇的开头：

> 杜聿明将军、邱清泉将军、李弥将军和邱李两兵团诸位军长师长团长：
>
> 你们现在已经到了山穷水尽的地步。黄维兵团已在十五日晚全军覆没，李延年兵团已掉头南逃，你们想和他们靠拢是没有希望了。你们想突围吗？四面八方都是解放军……

结尾是这样写的：

> 立即下令全军放下武器，停止抵抗，本军可以保证你们高级将领和全体官兵的生命安全。只有这样，才是你们的唯一生路。你们想一想吧！如果你们觉得这样好，就这样办。如果你们还想打一下，那就再打一下，总归你们是要被解决的。
>
> 中原人民解放军司令部
>
> 华东人民解放军司令部

《中华人民共和国国防部告台湾同胞书》的开头、结尾是这样写的：

> 台湾、澎湖、金门、马祖军民同胞们：
>
> 我们都是中国人。三十六计，和为上计。金门战斗，属于惩罚性质。你们的领导者们过去长时期间太猖狂了，命令飞机向大陆乱钻……台湾的朋友们，我们之间是有战火的，应当停止，并予熄灭。这就需要谈判。当然，再打三十年，也不是什么了不起的大事，但是究竟以早日和平解决较为妥善。何去何从，请你们酌定。
>
> 中华人民共和国国防部部长　彭德怀
>
> 一九五八年十月六日上午一时

书信结构，已被运用到如此出神入化的程度，多少年后读来，都不能不令人拍案叫绝！

此外，还有廖承志 1982 年 7 月 24 日《致蒋经国先生信》，也是一篇书信体结构的经典之作。它的开头、结尾凸显出人情化特色，使书信体外在结构和时事评论的内容更加水乳交融：

经国吾弟：

咫尺之隔，竟成海天之遥。南京匆匆一晤，瞬逾三十六载。幼时同袍，苏京把晤，往事历历在目。惟长年未通音问，此诚憾事。近闻政躬违和，深为悬念。人过七旬，多有病痛，至盼善自珍摄。

…………

人到高年，愈加怀旧，如弟方便，余当束装就道，前往台北探望，并面聆诸长辈教益。“度尽劫波兄弟在，相逢一笑泯恩仇。”遥望南天，不禁神驰，书不尽言，诸希珍重，伫候复音。

老夫人前请代为问安。方良、纬国及诸侄不一。

顺祝

近祺！

廖承志

一九八二年七月二十四日

在这回首当年、嘘寒问暖之间，穿插着大量政治时事话题，融合着深刻思想观点。但让所有人读来，毫不生硬。

（2）悬念法结构：宛如说书，开头埋下“钩子”设置悬念和疑团，而后再一步一步推展交代答疑解惑的时评结构方式。它会在一开始就抓住受众，使人急切欲知其悬念后面的结论答案，不失为一种高明的构成手法。

有一篇佚名时评《鲁迅为什么说“汉字不灭 中国必亡”》提出：一个人的言论必须被放置于当时的时代背景之下，如果没有这个历史角度，很多问题就会变得极其费解。开场白就抛出蔡元培、瞿秋白、吕叔湘、鲁迅、毛泽东，以及中国文学界的宗师们，在封建社会的中国振臂高呼痛恨或呼吁改革中国汉字的声音——这么多大人物诅咒汉字，给汉字判了刑甚至是死刑，而我们每天还要看、写这些“丑陋”的汉字，这着实让人很是无奈。受众见此不能不问：汉字为什么会如此罪大恶极？文章其后就一层一层一步一步分析回答这个开篇设下的在特殊历史条件下的悬念。

文艺作品的悬念，如戏剧、小说、电影等，是通过故事情节来设下的。而时评作为非形象思维的写作方式，是通过直接设问，矛盾并置（如有的人活着，他已经死了，有的人死了，他还活着），反常现象或反常思考，抑扬倒错等手段，来让常规思路的受众自生疑窦，迫不及待地继续追寻答案。

(3) 对比法结构：大都采用逆向思维的方式，把两个性质相反或者差异较大的事物、观点放在一起进行比对，以此彰显作者观点意见主张、突出论述主题的时评结构方式。

人民网发表过一篇时评《公务员和矿工究竟哪个“压力”大》（2010 年 12 月 15 日，作者王兰），作者对网上走红的“职业压力排行榜”持有不同意见。她使用的方法，就是将榜上最后一名的矿工和名列前茅的公务员，进行鲜明细致的对比，最后得出结论。但她的落脚点还不是这个排名，而是剑指排行榜的问题。

(4) 对话法结构：用对谈聊天的行文方式，将受众和作者放在一起进行平等讨论。有的对话对象还是被抨击的对象，双方展开辩论。当然，作者除了要展现好自己的观点外，还要回答好对谈对象可能的问题或质疑。这种现场感强烈、亲近性明显的时评结构方式，可以减少和降低政论文板着面孔说理的生硬。

凤凰卫视名嘴窦文涛主持的时评性节目《锵锵三人行》，就是典型的对话式结构。主持人和特邀嘉宾坐在一起，相互之间可以不同意对方的意见观点，但大家都绝对维护对方表达的权利，通过争论廓清是非对错。广播和电视的时评类节目，非常适用这种结构，而且实际效果一般都比平面媒体由作者自问自答要好许多。

时评的对话法结构，容易和书信法结构混淆，都是两个或两个以上的评述主体，都需要向虚拟的对象讲述道理。但是，我们要注意，书信使用的毕竟是书面语言，而对话则应该尽量使用口语化表达。叶圣陶先生曾经循循善诱地教导人：“‘作文’‘写文章’到底是怎么一回事儿呢？回答也简单，就是用笔说又老实又明确的话。”“嘴里该怎么说的，笔下就该怎么写。”①

① 叶圣陶．说话训练//刘国正．叶圣陶教育文集．北京：人民教育出版社，1994．

四

依照文章表象的四式结构

时评中很多是通过内在联系如逻辑关系等来组织安排材料和主题观点的。相对而言，依照文章表象的四种方式，则对初学写时评者而言，更好入手一些。

这里的表象不能望文生义，理解为表面现象。从信息加工的角度来讲，表象是指当前不存在的物体或事件的一种知识表征，这种表征具有鲜明的形象性。在心理学中，表象是指过去感知过的事物形象在头脑中再现的过程。因此，从文章结构学上看，表象意味着写作者某种思维形象具体化为类似于文章结构的一种表现。

过于专业的理论，总是不容易理解的，那么，请想一想剥笋，是不是要由外而内一层一层展开直到核心？如果模仿这样的方式和节奏，架构一篇时评文章，就是剥笋式结构。再想一想大海观潮，一浪一浪翻滚过来，此起彼伏高潮迭起。如果模仿这样的形状架构一篇时评文章，就是波浪式结构。再想一想民间二月二“龙抬头”，会有耍龙舞狮。那条神气活现的长龙，一般是要到开耍之前那一刻，由族长或德高望重之人给龙点上一双眼睛的。那么，写时评于关键之处点明要义就差不多是点睛式结构了。打靶还用诠释吗？谁没看过射击打枪？

（1）剥笋式结构：对那些是非臧否比较复杂的事实评论，采用一层层展开剥去重重表象，拨开疑云迷雾，逐渐显露出事情的原因、真相和本质的时评写作结构。它一般由表及里、由果及因，步步深入，直达主题。

山东《齐鲁晚报》刊登过一篇时评《与民争利的拆迁就不可能公正》（2010 年 11 月 10 日，作者邵晓），作者采用的就是剥笋式结构。文章列举了“在拆迁的背后，是各方利益的较量”后，展开逐层深入直至核心问题的分析——在社会各方的利益诉求面前，应当用哪些公认的原则来评判谁的行为合理呢？首先，社会的公平正义是最应该维护的，它超越了一切利益的诉求。其次，个人财产权利应该坚决保护，这是市场经济的基础。经过这两大段的阐述剖析，最后的核心主张呈现出来了：

这样看来，站在国家长治久安和社会主义市场经济良性发展的角度看，地方政府追求 GDP 增长率不宜过急，地产开发也应当依法进行。急需解决的问题是设计一套机制，使房地产开发商给出的补偿合理公平，还要限制个别“钉子户”坐地起价、提出过分要求。城市化和房地产开发有着巨大的收益，而这个收益应当让更多的人分享。比 GDP 增长更重要的是 GDP 增长里是否包容了公平正义和社会和谐。

这种文章架构法，步步为营、环环相扣，一般各层之间呈现递进关系，有向高潮推进的感觉。但只要其中有一个链条环节出现谬误，就有可能推翻整个结论。

（2）波浪式结构：将作者思考的立论顺序逐一排列，每一层次之间相互呈并列关系的时评写作结构。但整体架构一点多射，即围绕中心论点多侧面展开的时评结构法。这种方式，可以“一浪一浪”地推送思想观点及其论证过程，所以展现的论述范围比较宽广，产生的阅读效果不会孤立，但如果作者把控不得当，特别容易影响作品深度。《匠心之道“守破离”》（2016 年 7 月 26 日《人民日报》，作者刘根生）就是围绕“匠心之道”这个核心，分别从“守”“破”“离”三个方面平行推展，此浪刚平彼浪又起，最后才自然得出合乎逻辑也对应现实的结论：

“技可进乎道，艺可通乎神。”匠心是精雕细刻和精益求精之心，是追求卓越不断超越之心，是破除成见不断创新之心。匠心之道贵在“守破离”。

这种文章架构法，属于横向思维的一种表现。它要把作者的立意，大致均匀地分成若干个等分，相互之间不能是从属关系。然后，逐个分次进行阐述。要提醒大家注意的是，设置“浪”的时候，要注意其独立性和精彩程度，千万不要为了文章结构设置方便，而人为“造浪”。

（3）点睛式结构：这种结构方法，比较适用于述评性文章。因为，它是在大量文字叙述典型新闻事实后，忽然点上思想观点要津的一笔，用以归纳提高蕴含在叙事过程中的规律性认识。一般水平的作者，如果大量讲述评论由头，非常容易喧宾夺主，观点表达的效率性显得很差。所以，此法慎用！

《别让“三清山虎照”再成“门”》（2010 年 11 月 2 日《人民日报》，作者王庆峰）

是在“周老虎”事件后发表的一篇点睛式结构时评。它一开始讲述“最近有游客在江西三清山发现疑似华南虎的动物”，然后对这桩“鲍老虎”传闻，从多侧面进行分析。最后一击是两个有力的诘问：

> 华南虎，总是被 n 次用来服务地方 GDP，对于江西三清山，这也是一次爆红的良机。抓住机会炒作一番，立即赚个盆满钵满；保持围观噤声不语，则有可能两手空空。面对金钱和学术，三清山何去何从呢？
>
> 显然，在现实语境下，前者的冲击力自然无人可挡。只是，我们一直在期待突破，这种期待，也是对网络时代造假横行的一种不满。当三清山也载负不了“鲍老虎”的真相，我们又该何去何从呢？

文章表面上是让受众思考回答，实际上作者已经通过阐述作出了回答。只不过，这个答案非常重要非常具有穿透力，所以它是画龙点睛的一笔。

这种文章架构法，实际上是个“蓄力”的设计。作者要把最重要、最有价值、最引人注目的思想观点，留在最显耀的地方亮出，而且一般比较偏后，甚至安排在文章结尾之处。

(4) 打靶式结构：将要批驳的观点挂在文首，然后逐条批驳的时评写作结构。这种结构方法比较适用对敌或对严重错误观点倾向等尖锐矛盾对象的严厉驳斥。

鲁迅先生的名篇《论“费厄泼赖”应该缓行》，是打靶式结构驳论的范式。文章第一段就清楚列出“《语丝》五七期上语堂先生曾经讲起‘费厄泼赖’(fair play)，以为此种精神在中国最不易得，我们只好努力鼓励；又谓不‘打落水狗’，即足以补充‘费厄泼赖’的意义”。然后用六个小标题段落，对此猛烈抨击：“论‘落水狗’有三种，大都在可打之列”“论叭儿狗尤非打落水里，又从而打之不可”“论不‘打落水狗’是误人子弟的”“论塌台人物不当与‘落水狗’相提并论”“论现在还不能一味‘费厄’”“论‘即以其人之道还治其人之身’”。

“九评——致苏共中央公开信”，也是非常典型的驳论式架构。1963 年 9 月至 1964 年 7 月，中共中央以《人民日报》和《红旗》编辑部的名义，相继发表了九篇时评文章，批判“赫鲁晓夫修正主义”。就其文章架构来分析可以看出，每一篇都是抓住论敌的一个“靶子”，然后集中火力展开抨击性剖析，直至对方体无完肤为止。

这种文章架构法，旗帜鲜明锋芒毕露，一般“火药味”浓厚，充满了战斗力。所以，在选择此法前，一定要斟酌所评对象。

第三节

开头、结尾、中腹的表达规律

研究时评架构，不讨论它的开头、结尾和中腹的表达规律，那就基本没有落实到非常具体的可操作层面。因为，所有的结构方法，无论经度如何安排，维度如何编制，都必须通过恰当对路的开头、结尾和中腹的具体形式得以展现。我国文章作法自《文心雕龙》起，曾经有过海量研究成果。元代文人乔梦符谈到写“乐府”的章法时，提出“凤头”“猪肚”“豹尾”之喻，说明历代文章家们也是极端重视这些结构要素的。把它们学会弄懂，是完成时评结构设计的最终一环。

时事评论虽然属于议论文大家族，但是它和一般议论文有着明显的区别。最突出显要处在一个“时”字，如时事、时势、时世、时政、时局、时弊，时效等，这些时评得以独立存在的基石，都和新闻性紧紧相连。所以，时评一直是被划归在广义新闻范畴之中的。既然如此，时评就不能不遵守新闻写作的基本规律，如快、鲜、活、明确、效率、重要性前置等。弄清了这一系列制约，时评写作者在设计自己作品开头、结尾、中腹的时候就有了一个明确方向，而不是违反规律任性胡来，或者把别的文体常用的结构排布法错用到时评中来。

那么，什么是时评开头、结尾、中腹的表达规律呢？

第一，新颖，含结构形式、由头创建、思想表达诸方面。我们研究文章架构，不能滑进“八股”泥沼。对时评写作的新手来说，或许要经历一个模仿学步、按图架构的过程。但即使处于这一时期，也一定要力争此篇和上一篇不重样。而对于已有一些经验的写手来讲，创新几乎就成了自己步入高手区域的敲门砖。今天重复着昨天的故事，就永远不会进步。对于写作时评的高手，新鲜、别致、创新三位一体的追求是自已始终努力的目标。重复形成的不是风格，而是僵化。更何况，时评由头与立意，完全容不得陈旧与过时。

第二，高效，在时评核心价值观表达和排列布局上，既讲效率更讲效能。不讲效率就会造成文本混乱、篇目无章、要素滞后、受众弃读的结局。但我们还要提醒大家，单纯追求效率，不一定能实现写作目的和良好的阅读效果。我们还应该加进以效果目标为导向的效能因素，效能＝效率×目标。如果把它运用到时评结构规律中，也是科学的。

第三，出彩，具有精当、出乎预料、风采神韵等内涵。时评架构如果生硬僵化、死气沉沉、落套“八股”，只能令受众生厌倒胃口。突破常见程式，对已经上道的写作者来讲，并不是一件难事。但真正能够做到出彩，非一般写手所能及。那些看似挥洒自如的大手笔时评，其实背后经历了反复琢磨、几度推敲的架构打磨。先写什么后写什么、主张什么论证什么，统统经过仔细揣摩。所谓“语不惊人死不休”，就是出彩的生动写照。这一条虽为高标准严要求，但一定要纳入时评写作架构规律的核心要素，让人追求、让人跳跃。

第四，勾人，能够一下紧紧抓住受众，夺人眼球还要争取摄人心魄。这是时评达到良好社会效果的康庄大道和桥梁纽带。优秀时评不仅仅是开头引人入胜，中腹的论点、论据和论证过程，也都要产生抓人的力量。不然，开始还让人喜欢，接下去看逻辑混乱、漏洞百出、观点主张站不住脚等，只要一个方面出了问题，受众就可能嗤之以鼻，勾人的目的就会完全落空。当然，如果中腹也很不错，结尾却来个狗尾续貂，也同样会前功尽弃。所以，每一环都要力争完美，至少不能出错招或露出明显破绽。

一

靠什么开头就引人入胜

一个好的开头，追求引人入胜。如果没有突破常规的技巧，如果没有非同一般的文采，至少必须迅速明确中心论点，靠论点的不凡取胜。特别要防止叙事弯弯绕，花很多的笔墨在新闻由头上，如此则喧宾夺主，把评论变成了故事会。

万事开头难。时评选择什么方法开头的主要目的，不是写作者自己表述的方便，而是立即获得受众的关注和青睐。这个阶段，是受众本位的。不像中腹，是写作者本位的，要以时评独到的见解和严谨的论证，支撑中心论点。如果立足点错了，这两个部分都会出问题。因此，时评起笔的时候，应该很费周折。原因就在于需要写作者琢磨受众对自己评述的问题究竟有什么口味。没有新招、缺乏奇招，是无论如何抓不住他们的眼球的。开场白不吸引人，后面再怎么精彩的演出，都是白搭。所以，行家里手在确定时评选题后，会花大功夫在开头上，甚至几易其稿。

比较常见的时评开头，有以下这几种。

（1）开门见山，不绕弯子单刀直入——这是时评最常用的一种开头方式。它开宗明义直奔主题，不绕弯子舍去关节，是一种特别适用于议论文思想表达的实用方法。

开门怎么见山呢？一种是起笔就旗帜鲜明地亮出观点主张，这种手法也叫作立论前置，然后再一步一步展开论证。这种手法，必须考虑观点主张的非同一般性，也就是出新、出奇等。"语不惊人死不休"，放在这里是非常恰当的。如果时评的思想见解只是一般、不太可能一下就吸引受众关注，那么就要再三琢磨一个好的开头了。

《法制日报》2017 年 6 月 16 日发表时评《整治医药回扣有必要刮骨疗伤》。文章起始就毫不含糊地扯起一面大旗：只有刮骨疗伤，加大相关违法行为的查处力度，对业已查处的吃回扣行为严惩不贷，才能对医疗行业起到震慑作用，还行业以清明。作者主张下狠手，狠到"刮骨疗伤"的程度，起笔就让人一惊。如果他提出惯常的整顿、自律等呼吁，恐怕就会让许多读者觉得老生常谈而弃读。

还有一种开门见山的方式，就是一开始就把切入主题的问题抛出。当然，它不是一般我们常见的新闻由头，而是非常尖锐敏感、能够清楚呈现作者思想观点的核心问题。可以点事（注意不是叙事），可以诘问，可以假设等。它其实就是作者价值观的另一种表达。如《闻刘杰枪击案有感》（1992 年 6 月《解放日报》，作者凌河）的开头：大盖帽能不能经商？包公爷应不应下海？《关于，菊豆》（1992 年 9 月《金陵晚报》，作者路人）的开头：菊豆有什么问题？多数人不知道。但是幽闭三年，静锁深宫，想来总有什么"不地道"吧？《"封杀"辨》（1995 年 5 月 17 日《金陵晚报》，作者丁邦杰）的开头："封杀当红明星"——大帽子一顶还很吓人！谁敢冒天下之大不韪，必欲江珊、史可"香消玉殒"而后快呢？

（2）新闻导入，文章起始先叙述一个新闻，然后由此生发出议论。这种开头方式就事说理，针对性强，使文章富有说服力。但要注意所述新闻必须真实、典型，笔墨务必俭省。

既为导入，便是主体论述的桥接。外行或初学者特别容易犯的错误，就是唠唠叨叨叙述过繁，从篇幅安排上就能看出喧宾夺主。行家里手用导入法写时评，就像消息导语一样，特别讲究精练准确。文字不多，却把时评针对的焦点事实非常精练地提出来。这种开头，在时评写作案例中，几乎占大多数。

另外，作为时评由头的新闻事实，一定要真实准确，绝不掺水、绝不打折扣。时评写作者除了要考察它的可靠不可靠之外，还要注意在用自己习惯的语言摘引时千万不要加入任何主观的内容。也就是原事实没有，绝不人为“加料”。否则，可能承担由此造成的评论根据失实的侵权后果。

（3）释题入篇，一开始就对时评标题或相关概念的含义展开解释和阐发，表明时评写作者自己的观点。这种开头方式，对那些比较隐晦的、技术性强的、一反众人思维的、有强大冲击力的、可能让受众产生歧义的标题，有相当的必要性和重要性。而且可以引导受众一路自然地往下看。

《端午节可别把粽子“玩坏了”》（2017 年 5 月 30 日新浪，作者卢大伟）这个标题就有点让人费解，但又有吸引力。人们想知道“玩坏了”是什么意思。时评开始这样诠释：如果只是把目光盯在“粽子”本身，满足于“新鲜”“好玩”，却把传统丢在一边，未免让人觉得可惜。

> 昨天，嘉兴五芳斋产业园旁边的门店里人头攒动，几款与迪士尼跨界合作的粽子礼盒已经售罄，正在加紧补货。这种结合时下流行的“IP 营销”吸引了不少顾客驻足询价，其他速冻粽、礼盒粽、团购粽的销量也在这几天节节创新高。

行文至此，我们会发出：“哦，原来如此！”

（4）巧用修辞，以修辞手法开场，然后一步步向时评的议论核心过渡。它的优点在于，在严肃的逻辑思维论场注入了令人耳目一新的形象思维血液，使容易枯燥乏味的评论形式有全新的视觉冲击效果。

《为什么你的眼里常含泪水？因为你脑子里有太多水》（2016 年 8 月微信公众号

"思想读本"，作者王朔）。文章起笔：

> 以前我以为朋友圈只是用来晒自拍、秀美食的，昨天才知道我错了。它不仅能装下喷C罗和杜兰特的成吨口水，这两天又承办了自鸦片战争以来中国最大的一场军演，这种多功能App才应该是我们开发者的方向。

时评说微信朋友圈能装下成吨口水、中国最大一场军演云云，显然都是一种故意放大了的比喻，但讽刺幽默的效果很好，诱人接着往下看。

《上任两周签出8条行政命令，特朗普真是勤政》（2017年2月9日新浪，作者政见），作者一开始像个卖报童又像一个路边小贩：

> 号外号外，特朗普又出行政命令啦！行政命令有多强，买不了吃亏，买不了上当，是××你就坚持60秒！

这是一个"呼告"式的修辞手法。在时评写作中非常新鲜！

修辞手法，据专家分析一共有63大类78小类。主要有比喻、夸张、排比、反复、对偶、设问、反问、借代、反语、联想、通感、双关、顶真、互文、回环、移情、拈连、比拟、并提、错综、移用、呼告、示现、复迭、跳脱、对比、映衬、层递……写作者可以根据题材需要，选择适合的修饰手法。

时评开头运用修辞，主要是想通过修饰、调整语句，运用特定的表达形式，来提高思想魅力和语言亲和力。这是跳出逻辑思维的窠臼，借鉴其他文体写作手法的一种表达创新。但要注意，一篇时评中不可高频次使用、不恰当滥用修辞手法。

二

精彩本论的决定性因素

本论是时评的核心或主体部分，它除了涵盖写作者的主要价值判断和评点内容外，还将整个论据与论证的过程纳入其中，是支撑全文的主干。

决定本论精彩的最关键条件如下：一是观点的新颖和重要。二是论述的别致和非常人所能意料，合情合理只是一般要求。三是论点、论据、论证三者环环相扣、毫无破绽。构成本论中各个环节的传递过渡，应该自然平滑，因果相连，有内在逻辑关系。不牵强、不突兀，张弛有度。

我们来就精彩本论三条件，集中分析一篇短时评《国旗为谁而降》，它是《南方周末》前评论部主任郭光东的时评处女作也是他的成名作：

国旗为谁而降

东北的灾民早已在雪前住进了温暖的地窨子；九江大堤决口封堵处也于近日开始拆除重筑。洪灾过后，诸多善后事宜有条不紊地进行，但现在回想起来，有件事被忽略了：按照《国旗法》第十四条的规定，为九八特大洪灾的死难者下半旗志哀。**（这第一段，通过简练的新闻由头，提出了作者的明确主张。）**

1990 年颁布的《中华人民共和国国旗法》第十四条第二款规定："发生特别重大伤亡的不幸事件或者严重自然灾害造成重大伤亡时，可以下半旗志哀。"今年我国发生洪水的河湖之多，时间之长，水位之高，损失之大，为历史罕见，更为《国旗法》颁布以来所仅有，当属"严重自然灾害"；洪灾中，人员死亡达 3 656 人，当属"造成重大伤亡"。尽管《国旗法》对严重自然灾害造成重大伤亡时下半旗规定的只是"可以"，不是"应当""必须"。但如果一次灾害死亡 3 656 人还不能适用这一法条的话，不知这一规定几时才能派上一回用场。**（第二段，抬出《国旗法》具体条款，作为作者主张强有力的法理论据。）**

事实上，国旗不仅是国家主权和民族尊严的象征，也是民族精神和民族凝聚力的体现。而下半旗正是一种由中央政府以全体国民的名义举行的哀悼仪式。它不但能给予死难者的亲人以莫大的精神慰藉，再次体现抗洪斗争中全民族的强大凝聚力，而且更有助于增强每个公民的国家观念和爱国情感，使人真切地感受到自己是祖国大家庭的一员，从而激发为国奋斗的热情。**（第三段，集中笔力深入阐发为受灾死难国民降半旗志哀的必要性和重要意义，是为道理论据。）**

遗憾的是，我国还从未有过为一般民众下半旗的先例。古代的礼制，其实质是正名分，巩固等级制度。《礼记·曲礼》曰“礼不下庶人”，一直是西周以来的一条重要原则。及至现代民主政体确立，“礼”理所应当下及“庶人”，因此我国现行《国旗法》规定，除了国家重要领导人逝世应下半旗外，对国家作出杰出贡献的人、对世界和平或者人类进步事业作出杰出贡献的人逝世，以及因不幸事件、严重自然灾害造成重大伤亡时，也应或也可下半旗志哀。这项立法反映了社会进步，无疑使我国的降半旗制度走上了民主化、规范化的轨道。**（第四段，再从上下五千年历史角度，深入评析为严重自然灾害造成重大伤亡降半旗志哀体现的政治进步和社会进步。这是一种纵向论证，可以体现时评深度。）**

但从目前实践和人们的观念看，下半旗的对象还仅限于逝世的国家重要领导人，其他几类对象尚未予以充分重视。比如，在洪灾刚过的9月21日，我国依法为不幸因病逝世的杨尚昆同志下半旗志哀；而3 656名普通民众在洪灾中死难则几乎与此同时。**（第五段，语气转折，竟然敢指名道姓地将党和国家领导人因病逝世受到的下半旗志哀待遇，与同时去了天国的洪灾死难者境遇对照，这是风险很大但完全符合正常逻辑的类比推理。既有视觉冲击力，也有思想说服力。）**

值得一提的是，就在我国洪灾前的1998年6月3日，德国一列高速列车出轨，酿成德国近50年中最惨重的铁路交通事故，100人死亡。事故次日，德全国降半旗志哀。**（第六段，再拿外国人的典型案例论证，属于一种反复论证手法。它拓展了论据的边界。）**

两相对照，没能为36倍于德铁路事故死亡人数的我国洪灾死难者降半旗，我宁愿看成是有关部门的一时疏忽。倘若今后再有我们不愿其发生的重大伤亡，请切记关注《国旗法》的相关法条，以下半旗的仪式寄托全国人民的哀思，体现国家对普通公民生命的珍重。**（最后一段收尾，作者并没有怒气冲冲批评责备，而是作了一种善良的假设。这种委婉与平和，既是有涵养的作者收放自如的表现，更是时评事涉重大国家政治话题需要保持的必要内敛。文末呼应标题，用的是公民善良建言方式，软中带情、软中含理，是中腹纵横议论的自然结果。）**

（《中国青年报》，2012-07-27）

顾名思义，本论是时评开头和结尾中间夹着的最大的那个核心部分。通常我们会用“橄榄形”“腰鼓形”来形容本论之大。不但郭光东这篇时评清楚显示出这种本论的主体形状，其他绝大多数时评也会这样。本论要服人，时评的观点主张才能产生良好的社会效果。本论有破绽，时评一定就站不住脚。这一条，则是优秀时评才能达到的水平基线。郭光东的提议主张，虽然在偌大国度里属于首发，选题和观点都在人未云之前、人未洞见之前，算是具备了最精彩的时评亮点。但如果没有中腹强有力的论据和逻辑缜密的论证，再好的创意也会化为乌有，更不要讲受到党和国家的重视或采纳。郭光东用自己的时评实践，让我们清楚看出，中腹所用力道，一定是全文最大的，也是最关键的。单线论证即“孤证”，一般说服力有限，还有可能出现偏颇、偏激。郭光东此文是从多角度、国内外、上下五千年论证的，所以显得中腹厚实。还有论据，一般也是中腹支撑作者价值观判断的主干之一。论据必须真实准确，还必须与观点主张严丝合缝。否则，就会发生“失据”“无据”“乱据”“扭据”“谬据”之类的错误来。

总之，时评中腹事关重大，成败得失，在此一举。

三

引发思索余味悠悠的笔法

时评结尾，就是理讲完了、话说得差不多了之后进行的收束。按照中国古已有之的文章作法“起承转合”，最后还要“合”一下。这完全不是“八股”，而是具有科学道理、合乎受众心理的表达手法。

时评结尾，犹如围棋之收官，需要完美结束，而不能有头无尾草率收场、平淡如水拖泥带水、画蛇添足狗尾续貂。比较理想的时评结尾，应该强化主题思想，抑或引发受众思索，留下余味悠悠。

时评结尾，有时受到开头的制约，比如，我们常讲的文章首尾呼应。有时受到文章主题类别的牵制，比如，贯彻党和国家重大路线方针的内容，往往使用号召方式结尾。有时受到作者写作习惯的影响，比如，文化思想内涵深厚的人，喜欢在最后显露深沉，让你掩卷深思。有时受到文章篇幅长短的影响，比如，《人民日报》第一版的“今日谈”一般 500 字左右，它就很难最后具体点化观点，而要在中腹位置把相关内容说尽。

时评引发思索余味悠悠的常用笔法，大致有以下四种：

(1) 含蓄式结尾。评析那种是非臧否一时难以做出最终权威结论的、有争议的问题，在充分论述后，并不武断下结论，含蓄留有空间。

《阶级宣言变爱情闹剧，〈欢乐颂 2〉向谁缴投名状?》(2017 年 5 月 13 日微信公众号“冰川思享库”，作者连清川)，对一部电视连续剧说不，但这属于众多受众正反评价的一部分，肯定不能一锤定音统一所有人的观点看法。因此，作者最后是这样一句话结尾的：“什么时候，我们才能重新看见《红楼梦》和《镜花缘》的稍许亮光呢?”作者用转移法，含蓄表达了对这部剧“无聊无良无耻的娱乐价值观”的绝不认同。

《女德的裹脚布》(2017 年 5 月 29 日微信公众号“侠客岛”，作者司徒格子)，对中国妇女联合基金会传统文化公益讲师丁璇，火遍全国的“女德演讲”进行评析。作者的分析纵深度大，亦有切身感触，所以说服力很强。但作者深知这种女德宣讲有那么多信服的普罗大众，一篇时评不可能扭转中国几千年根深蒂固的思想。因此，时评的最后一段，就自己的观点主张作了一种反向假设。究竟何去何从，请君选择好了：

> 进步并非必然，退步有着永恒的诱惑。丁璇看似可笑，不把她的生存空间挤干榨净，迟早有一天我们会觉得，女人既然这么傻，似乎也没必要出远门啊，不如把她们的脚裹起来吧。

多有嚼头的结尾!

(2) 设问式结尾。留一个问号让受众自己思考，是大手笔写时评的方式方法。这种结尾方式包括自问、反问、叩问、诘问、询问、推问等。

毛泽东同志 1949 年 8 月为新华社写的时评《“友谊”，还是侵略?》，结尾段中质问美国国务卿艾奇逊：“不干涉中国内政，是否也算一条原则呢，艾奇逊没有说，大概不能算吧。”[①] 注意，作者在这两个疑问后，用的是逗号和句号，并没有用问号，是别有用意的。这就是无疑而问，答案前面分析已清楚。

《让人质疑天不会塌下来——叶诗文金牌后的兴奋剂之问》(1994 年 10 月 29 日

① 毛泽东选集：第 4 卷．北京：人民出版社，1991：1507.

《金陵晚报》，作者马辣），其文对我们身边的奥运观战人群几度出现因狭隘的爱国情结而愤怒，进行鞭辟入里的深刻分析后，结尾设问：

> 中国什么时候能把竞技体育与不合时宜的空洞政治理念，不紧紧贴在一起呢？真到那一天或许我们民族的体能和思想，就能长足地提升起来了。

这种面对自己人的设问，与毛泽东的那种幽默带刺的愤怒诘问大有不同，但也让人读后留下较大的思考空间。

(3) 点睛式结尾。对全文论述的核心论点或者主要结论，进行总括精点。它实际上是一种高度凝练的概括，对前面所有论点、论据、论证作一个浓缩性概括，犹如画龙点睛。这除了要求准确外，还必须十分精练，不可拖沓。

《在敬畏中守护古城的未来》（2014 年 2 月 1 日《人民日报》，作者詹勇），就国内多地发生的古城失火事故究其原因。文中甚至引用唐人杜牧反思阿房宫写下的“后人哀之而不鉴之，亦使后人而复哀后人也”的千古警语。文末进行精练总括：

> “江山留胜迹，我辈复登临”，正如故宫的铜缸，其功能已被现代消防设备所取代，里面虽不再盛水，但更需注满保护意识、文化敬畏。如此，我们才能让文脉源远流长，为古城守望新一天、新一年的灿烂阳光。

用故宫的铜缸勾连消防保护意识与文化敬畏，确实起到了精致的点睛作用。

(4) 呼应式结尾。文末与标题呼应、结尾与开头呼应，相互之间形成时事评点逻辑线路上封闭的环。这样可以凸显核心论点，产生浑然一体的磁场引力。

《中科院院士朱清时被批用科学给巫术化妆》（2017 年 6 月 12 日微信公众号“知识分子”，作者孙正凡），点名批评中科院院士朱清时关于“量子意识”“量子佛学”的文章，是把科学看作了巫术。时评的开头旗帜鲜明地亮出观点：

> 把“证伪体系”获得的成果，用于论证古代“崇拜体系”的正确性，如此偷换概念产生的只是“思想巫术”，有悖于科学精神。

中间经过非常广泛深入的论证，最末一段这样收尾：

> 科学是一种新的文化，传统文化在我们的社会里也消失很久了。朱清时院士这种把最前沿的量子理论跟古老的佛教思想捆绑在一起的做法，实际上是利用多数人（也许包括朱清时院士本人）对于科学和宗教的误解，发明了一种“量子巫术”，这对于科学和宗教都是伤害。

结尾完全呼应了标题和文首的价值观判断，逻辑上实现了论的闭环。

四

结构最要防止程式化毛病

时评的结构规律，可探索、认识但不可走向“八股”程式化。人们经过许多年的写作和阅读实践，总结出了一系列合乎时评内在规律的结构方法。反过来，还要用这些方法去指导写作，并用新的写作实践去丰富与检验它们。文章结构，最要防止程式化毛病。文如看山不喜平，时评求新除了观点要新、论述方法要新、语言要新，结构的新颖也是非常重要的一环。如果落入程式化俗套，效果一定不会很好。我国政治运动留下的后遗症，在时评中出现的比较常见的结构问题，叫作“五子登科”：一摆靶子，二扣帽子，三打棍子，四定调子，五指路子。还有三段论：一事实，二议论，三号召。这些作文思路在过去非常普遍，而今也会不时在一些媒体上露头。还有一种表现，就是“好、但、训、的”：好字开头（形势大好），但字过渡（但还有些问题），训字为主（指出好坏教训原因，提几点教训），的字结尾（只有目标如何，目标会实现的）。这是初学写时评者常会犯的结构错误。但也有一些媒体发表的作品，会在总体大框架上呈现这种模式。因此，我们提倡学习一些基本的结构方法，但无论如何不可固化。文章无定法，出彩有规律。时评特别提倡创新创造，或者在各种方法之间进行融合渗透。

第四节

标题抓人夺睛的要诀

标题之于时事评论的重要性，远超其他新闻体裁。一般标题概括文章的主要内容，时评标题却要揭示全文的“文眼”。一般标题以客观事实为中心，时评标题还要在这基础上展现观点倾向。一般标题在意朴实无华，时评标题常带修辞手法。一般标题只说吸引读者兴趣，时评标题追求抓人夺睛效果。

“标题党”，是在新媒体畅行夺隘的舆论新格局下，网络写作的一个很火的“绝技”。擅长这一套的写手和编辑们，快要把标题“玩坏了”。网络之上，人们惊讶地看到各种神气活现的标题教学帖——《我有7招写标题的秘籍，价值300万，但今天免费》《阅读量100和10万＋的标题，区别究竟在哪儿（内附14个具体方法）》《腾讯资深产品运营教你怎么写标题》《盘点朋友圈垃圾文章的12种标题》《写一个好标题，我们要什么样的“标题观”》……时评绝不接受“标题党”的负能量，但必须学习它们对标题的重视程度，并且也像它们那样认真总结自己这种体裁制作标题的经验教训，科学归纳出一些适用可行的标题套路，这对时评发挥良好的社会效果善莫大焉。

常言道，看书先看皮，看报先看题。媒体之上的时事评论，如欲影响受众，必得以吸引力强的标题先声夺人。新闻单位的资深编辑，最深刻的功夫，往往就是在标题制作上胜人一筹的。题好一半文，懂得这些浅显的道理，就不会轻视时评标题的制作，就会在“精心”二字上下功夫了。

那些时评大家，文章写得令人拍案叫绝，标题往往首先抓住了你的眼球。如《南方都市报》记者韩福东有如下好标题：《韩寒算什么，民国胡瑛才是大写的直男癌晚期》。作者为了把“直男癌”这个问题讲透，从民国前后的历史中，挖出了黄兴弟子、武昌临时政府外交部长胡瑛。用他的极致表现，批斥了中国大男子主义的劣根性。青年评论网评论员陆慧写的文章《利欲是一粒沙，孝道是一片海》，这么对仗工整的标题，在观点表达中显出了语言的美感。

写文章有规律可循，优秀时评标题当然也有其内在的规律性。根据各人的写作习惯，有喜欢先拟标题后写文章内容的，也有习惯先把全文写出来然后仔细推敲起标题的。还有人写到一半忽发灵感，赶紧制作标题的。这些过程环节都没有问题，我们要探寻的是，制作时评标题时究竟需要遵循哪些基本规律。然后，在这基础上不断创新、与时俱进。

第一，时评标题必须呈现观点或价值观倾向，这是由时评文章体裁的属性决定的。我们知道时评要对当下的时事发声，它是传播者借助大众传播工具或载体，对刚刚发生、发现的新闻事实、现象、问题，在第一时间表达自己意愿的有理性、有思想、有知识的论说形式。因此，时评标题即使不标出内容，也一定要标出观点，即使不标出观点，也必须标出价值观倾向。《浅谈×××现象》《××××问题之我见》《读×××××有感》，都犯了此忌。另外，写作者不能在这里空泛抒情，不能在这里用虚词打哈哈，也不能滥用形容词人为加重、减轻作不当渲染。

第二，时评标题必须讲究效率效能，这是由时评的篇幅精短和作用力决定的。我们知道时评属于广义新闻大家族中的一员，所以它应该具有新闻传播的基本功能。不像硕士论文、博士论文，那种标题深且深矣、重且重矣，但一点都没有“轻骑兵”的特色。如：《〈中观心论〉及其古注〈思择炎〉对外道思想批判的研究》《当代小说对“文革”的叙事流变》《中国历史上的“高考移民”：清代科举冒籍研究》《民主学步：农民的民主能力建设——以“南农实验”为例》……时评标题如果染上了这种“厚重”，就难以迅速直接地让受众想读、爱读，更不要讲必读了。更为可怕的是，作者的思想价值观，都淹没在其“厚重”之中了。

效率效能还要求时评标题必须结构形式基本单一，用字精简。有人希望把很多要素在标题中呈现，就会造成冗长，甚至一行题写不下，干脆另起一行来个副题。这不是时评的基本规范，也确实影响时评的明白晓畅表达。

掌握以上两个重要规律，我们再来研究时评标题制作怎么才能抓人夺睛，就会在正确轨道内探索，不会犯方向路线性错误了。当然，还有必要说明，这两条基本适用于优秀时评标题，但并非千篇一律要求所有时评的标题同时具备这两条。如果能够两者居其一，也算是合格的。

一 时评标题不同于新闻标题

这里说的新闻，是指狭义的新闻，也就是消息。

时评标题，是用以概括和提炼评论的议论范围、中心论点和基本倾向的简短文字，是评论内容的高度概括和集中体现。

在标题制作上，最容易混淆的就是时评和消息两者。一个是以传播事实为主要诉求的，一个是以传播思想观点为目的的。所以，在标题上，需要不同的表现方法。

以下用列表的方式，通过直观对比可以看出时评标题和消息标题究竟有哪些具体的不同（见表 3－1）。

表3–1

新闻标题与时评标题的区别

区别	新闻标题	时评标题
制作目的不同	提示新闻中最主要、最值得注意的事实。	标明论题范围或传达作者态度、见解，引起受众的关注或思考。
表现手法不同	多采用客观叙述或描写的手法，观点态度蕴含于事实的概括、叙述中，较含蓄。	直接表达作者的立场、观点、态度，具有较为强烈的感情色彩。
结构方式不同	结构较复杂，常为复合型结构，一般由主题和辅题或肩题与主题组成。	结构较简单，通常是一行题。
写作要求不同	具体、确定，句式较完整，常用实题。	较为抽象，重在对论题、论点的准确提炼。虚题较多，句式上较为灵活，在“炼字炼意”上要求更为严格。句式较灵活，常用虚词。

我们现在用几个典型案例，来分析它们之间的联系和区别。

2017 年 1 月 24 日，美国总统特朗普宣布：正式废除奥巴马当政时签署的《跨太平洋伙伴关系协定》，简称 TPP 协定（Trans-Pacific Partnership Agreement）。次日《环球日报》就此作了新闻报道和时事评论。围绕着同一桩新闻事件，新闻的标题是《特朗普撕毁前任重要遗产 美舆论担忧中国填补真空（肩题）美国正式宣布退出TPP（主题）》，社评标题是《特朗普废除 TPP 中国该不该高兴》。从新闻标题看，肩题交代和说明了相关背景、意义、气氛、性状，以引出主题。主题是这篇报道想传播给读者的主要新闻内容。上下两行，都是具体事实的陈述，没有记者的观点好恶。

事实上，消息标题是忌讳记者站出来表达是非臧否的。因为，报道的功能只传递真实准确的事实。记者的所有思想倾向和对这些事实的判断，都只能暗含在事实的选择和客观表述之中。这就是中央电视台《焦点访谈》创办几十年、改版无数次、领导更换很多人，但“用事实说话”这个根本宗旨一字都没有变。这就是新闻界“把舌头含在嘴里说话”的报道表达技巧。

再看《环球时报》的社评标题，充满了主观分析的意味。它是站在中国的立场上，要对特朗普此举进行到底是有利于我，还是有害于我这样的价值判断。尽管时评的论点、论据、论证都必须建立在由头事实的基础上，但此时，社评已经站在事实以外更高的起点，进行思想内容的阐述了。因此，标题是无论如何也不能重复报道事实，更不能换个说法但仍然插上事实的标签。

从外观上，我们可以看到这两者的不同，新闻标题多复题，时评标题必单题。现在，消息标题提倡一行题干净利落的表达方式，尤其在网络和移动客户端上，单行题已经占绝大多数。但细观就能发现，那些单行题实际上是把传统的新闻复题硬做到一起了。如这个 10 万＋阅读量的网文的标题《柴静：为出生就患肿瘤的女儿，我必须告诉大家雾霾的恐怖……》。但是，时评学它就会坏事。尽管网络上标题制作手法多变，在新媒体时评标题单一简练性要求上，至今却没有变化。

从文字使用上，新闻报道的标题通常都是实词主干，极少使用虚词，如副词、感叹词等。因为记者投入主观情感，很有可能影响事实本身的客观公正表达。而时评恰恰相反，就是要求作者站出来旗帜鲜明地亮明观点，就是要求你的观点去除模糊边界、绝不局限于事实本身。所以，我们常见时评标题中主观倾向很强烈的虚词独立表达。当然，时评标题更多用主、谓、宾语齐全的全称判断句进行直接论断。单纯用虚词做标题虽然可以成立，但并不多见。

二 时评标题成立的基本要求

前面我们讨论过时评标题制作的基本规律，在这个大框架下，我们现在来研究一下时评标题成立的具体要求。

（1）贴切——题文一致，用词恰当，题意准确，不会造成歧义。这是一个起步要求。设想一下，如果时评标题和内容成了互不相干的“两张皮”，那不成了误导或累赘了吗？如果标题的意思费猜详，可以这样解释也可以那样解释，那不是让人不知所措吗？因此，一定要保证题文贴切。

有一家国家级网站，发表一篇标题为《“匿名诬告妄议中央”者戒!》的尖锐时评。看完之后方知，作者批评的是一名地方副局长和“一把手”闹内耗，于是写匿名信向中央举报。副局长无中生有妄议的是他的顶头上司，而不是中央，只不过给中央写信罢了。典型的题文不符。

发生以上这类标题错误，一般原因有二：一是无中生有，二是以偏概全。

造成歧义的时评标题，时常能见，总体上比题文不符要多不少。

《环球时报》2009 年 11 月 27 日有篇文章的标题是《美国拉着盟国防中国得不偿失》。这个题目有歧义，可以理解为美国为中国着想，怕中国得不偿失（即读成“美国拉着盟国，防中国得不偿失”）。再一种是美国防中国，这样做让美国得不偿失（即读成“美国拉着盟国防中国，得不偿失”）。

细考时评标题发生歧义的原因，大致有五种：中间没有断句，主宾语指代不明，感情色彩不当，必要成分缺失，缺少必要的虚词。

（2）具体——不空泛难琢磨，评析角度不宜过大。时评一般都是一事一议，那就要根据所议对象拟出具体的标题。也有站在宏观角度、战略高度，统筹多方面的材料生产出观点的。不过，取材可以复杂，主题思想只能一个。在一两千字篇幅的时评中，不可能多主题议论。只有外行、初学者，其标题才易犯大而不当不具体的毛病。殊不知越大越不好把握。

围绕着中国梦，已经生产出海量的时评作品。除了国家通讯社新华社、党中央机关报《人民日报》，站在全党全国全军的高度，以社论的名义，论述及诠释了中国梦的伟大意义，还有中国青年网的《让家成为中国梦启航的地方》（2017 年 2 月 25 日，作者蔡恩泽）站在微观角度，小中见大写宏观选题的典范。中央电视台更派出大量记者，在全国多地公共场合现场采访，以可触可感的“中国梦，我的梦”为题……但有一些地方传媒，也一哄而上大写相关选题的时评。云南网 2013 年 8 月发表《用生命托举“中国梦”“强军梦”》，标题太空泛了。广东卫视也是这一年发表了时评《开启实现中国梦的新征程》，标题太不具体了。还有一家网站，竟然写了 40 篇“中国梦系列评论”，具体标题有《中国梦是时代的召唤》《“中国梦”：13 亿人的梦》《用中国梦来凝聚我们的智慧和力量》《中国梦昭示着中华民族赢得更好的发展机遇》……从标题中，看不出作者论述的具体核心主张。

（3）鲜明——主题明确，主张观点突出，立场态度明确。时评希望表达的思想必须爱憎分明，来不得半点含糊。主张什么反对什么，是非臧否一定要做到旗帜鲜明。《“台独”即意味战争》（2000 年 3 月 6 日《解放军报》社论），非常清楚地端出一个选项给海峡对岸，如想生灵涂炭你就一条道走到黑好了！《建雅万高铁不需“中国速度”，慢就慢点》（2016 年 1 月 30 日《环球时报》，作者不详），这个标题有点新意，很少看到这种从字面上看负面的主张。但是，看完全文恍然大悟，原来“中国企业承建的印尼雅加达至万隆高铁项目，在奠基仪式一周后出了新的波折”，“总统参加奠基仪式，也不意味繁多的手续画上句号”。“那就再接着办那些手续好了，中铁有必要调整对建设工期的预期。中铁只需输出中国技术就够了，没必要输出‘中国速度’。同样的高铁假如在中国需要建设 3 年，在国外就需多加上几年。对境外高铁工期的测算需要经验的积累，也是今后高铁输出价格的重要因素之一。”这是非常合乎实际且非常明确的观点主张。

意思含糊、边界模糊的时评标题有不少。比如《环球时报》刊发的一篇作品《期待干部抖擞精神让改革遍地开花》，大且大矣，还不知具体针对什么主张什么。《清华、北大，你为何沉默?》（2006 年 7 月 7 日人民网强国论坛），说的是香港两所大学在高考招生中，抢了清华、北大这两所大学的风头。但从标题看，作者用的“为何”二字，不知道是想表达强烈质疑、不解和批评意味，还是善意询问。细看全文方知，全不是！作者称赞：“清华、北大的沉默，正让我看到了‘立志不随流俗转’的沉着和坚韧，这种气定神闲，是醉心于学术的大师所独有，更是与众不同的名校所必需!”读者非常容易被不恰当的标题误导。

(4)简练——句式不长，用语短促，表达不拖泥带水。这是时评有别于其他文章标题的一个显著特征。粗粗浏览一下2017年6月26日的主流媒体时评标题，可以看到这种普遍性，如《“桃姐式保姆”不会成普遍现实》(《北京青年报》，作者乔杉)、《冯小刚的“垃圾观众”论咋就引起众怒了》(千龙网、中国首都网，作者池清)、《特蕾莎·梅是怎样“自取其辱”的?》(微信公众号“钱克锦外媒笔记”，作者钱克锦)、《炒房者“踩雷”未必是坏事》(《北京青年报》，作者谭浩俊)。

应该引起注意的是，现在时评标题有向长而冗发展的趋势。可能是受了网络“标题党”的影响，一些作者或媒体要“博眼球”，喜欢把时评要素多点整合到标题上，或者变换花样硬造奇葩。一句话不说完，标题中间加入一个乃至几个标点符号。这种方法，我们并不提倡。

(5)生动——在句式、语气、成语活用、修辞手法等方面有新意。再好的表达思想观点的标题，如果配上枯燥乏味的白开水语言，一切都等于零。而时评这样的逻辑思维作品的标题，是非常容易“等于零”的。因此，适当使用修辞手法，润色我们的语言，可以使时评标题产生“飞起来”的令人关注的效果。

《城市高架的下半身暴露了城市的品位》(2017年5月12日微信公众号“冯仑风马牛”，作者冯仑)，这个时评标题，把我国城市普遍存在的高架桥下乱停车等问题，用“下半身”来拟人，给受众强烈的视觉冲击力，就想一睹为快!

《德黑兰：走向“核”方?》(2005年11月18日凤凰卫视，主持人曾子墨)，这篇时评用谐音的修辞手段，把伊朗下一步的发展趋向，非常清楚地展现出来。连新华社高级记者看了，也拍案叫绝。

《有感于“一个学生让你家徒四壁”》(2006年2月16日《工人日报》，作者王石川)，使用了引用修辞格。

《我最看不起“看不起农民的人”》(2006年6月25日《农民日报》，作者夏树、汪洋)，使用了叠加修辞格。

《成功无学，幸福有道》(2010年10月20日《人民日报》，作者林峰)，使用了对偶修辞格。

陈望道先生在《修辞学发凡》中指出，消极修辞以明白为目标，追求意义明确、通顺，语句均匀、稳密。积极修辞则以“理会”为目标，使人“感受”，可应用辞格和辞趣，以适应情境为主要条件。遵照专家的教导，我们的时评标题，还是要积极向上！

三

时评标题的惯常类型

鲁迅先生在《伪自由书·前记》中，曾经解读过自己写的杂感和时评特点，“论时事不留面子，砭锢弊常取类型”。让我们学习前辈，再来从更具体的类型上研究把握时评标题制作的规律和要求吧。

欲从海量时评标题中，归纳总结出它们常见的共同点，岂非难事？这里只能对运用最为普遍、最基础的几种类型做个简要介绍。

（1）提出问题型：将时评中所要集中阐述点评的核心问题，直接用精练的语句写在标题上。但这一定不能是司空见惯的问题，而应该是社会议论的热点、焦点或盲点问题。新鲜度、警示感、严重性、普遍程度，应该成为使用这类标题的前提要件。

《“辱华演讲”背后的社交媒体民族主义生意》（2017 年 5 月 23 日微信公众号“新闻实验室”，作者方可成），在马里兰大学中国留学生的演讲导致国内“爱国主义”怒潮抨击中，进行非常冷静的分析评点。这个标题，抓住了所有时评都没有发现的“社交媒体民族主义生意”问题。确实是见人所未见，思想深度非同一般。

《“萤火虫文化节”可恨又可笑》（2017 年 5 月 19 日新华网，作者王钟的），集中剖析海口一种生意场上的作为，并把它上升到一种现象级问题在标题中体现，不但对受众有吸引力，而且也增强了它的普遍性。

《民办名校招生“讲出身”，乃“恃名而骄”》（2017 年 5 月 8 日《新京报》社论），看标题就知道时评批评的是什么。但《新京报》绝不停止在具体“这一所”学校的问题上，而是把它和社会办学普遍存在的这种“恃名而骄”现象紧密联系起来。这就突破了就问题谈问题的窠臼。

（2）标示论点型：把作者的主要观点标示在标题中，让受众一下抓住重点明确题意。这类时评如果没有出新、让人眼睛一亮的论点恐怕不行。

《禁绝批评，就是熄灭最后良知的明灯》（2017 年 6 月 27 日微信公众号“垦春泥”，作者刘德注），作者的观点主张是很明确的，而且他从负面入题，并且用了负面的后果做衬托，充满魅力。

《朝鲜“两弹”只会让自己的危险更迫近》（2016 年 1 月 30 日《环球时报》社论），这家报社的观点，已经通过时评标题展现得再明确不过了。也像上面那个标题一样，没有正面规劝，而是反其道而行之，但论点仍很明确。

《反腐没有“纸牌屋”，也无需“敏感化”》（2016 年 1 月 16 日《新京报》社论），时评标题不但明确否认了高层权力斗争倾轧的猜想，还对社会存在的某种思维惯性进行了规劝。

中央新闻媒体特别善于用这种手法作时评标题。如《全党要向中央看齐》（2015 年 12 月 30 日《人民日报》评论员）、《带兵就要有血性》（2013 年 3 月 19 日《解放军报》评论员）、《党员干部在大是大非面前必须保持政治定力》（2017 年 1 月 24 日《红旗文稿》，作者仰义方）、《“零首付”当“王炸”可能把房地产推向死胡同!》（2016 年 3 月 2 日中央电视台，作者徐洪才）、《巡视工作应明确“自身定位”》（2013 年 5 月 29 日《光明日报》，作者完颜平）、《不“拼爹”才能青春飞扬》（2013 年 5 月 29 日《中国青年报》，作者陈季冰）。

（3）表态站队型：在大是大非面前，旗帜鲜明地表达自己的方向路线选择。标题不含糊、不犹疑、不动摇，是非臧否明确，爱憎之间分明。一般问题不适合，存有灰色地带（即不是非白即黑选项的论题）不适合，非政治非社会非全民思想选题的时评慎用!

2012 年突发薄熙来事件，《人民日报》连续发表本报社论和评论员文章，站稳了党中央耳目喉舌的立场——《坚决拥护党中央的正确决定》《自觉维护改革发展稳定的良好局面》《自觉遵守党纪国法》。它为全国人民统一思想，做出了重要贡献。同样这个选题、同样这个时间段，全国各地的党报党刊党台，也都相继发表了表态站队型时评。

（4）恳谈讨论型：以非常诚恳的态度命题为文，表达出时评的与人为善，文风平和。这种标题一般适合讨论性话题的评说，适合针对人民内部矛盾的思想认识问题的评说。

《假肢女孩谢仁慈：尊重她不想成励志偶像的希望》（2017 年 5 月 27 日微信公众号

“吐槽青年：曹林的时政观察”，作者曹林），这篇时评从头到尾都是平心静气地论述，就像面对一群受众阐述自己的观点，但绝无强加于人的气势。看看文末最后一句，就知道他是多么诚恳了：“尊重她这个小小的希望吧，不要总自私地想从别人身上汲取力量，却忽略了别人的感受。”

《请不要再用“布盘”来伤害金丝楠木了好吗》（2012 年 2 月 28 日文玩部落网，作者佚名），针对市面上流行对金丝楠木暴殄天物的现象，用面对面商谈的口吻讨论。这样的标题一点也不扎眼。

窦文涛主持的《锵锵三人行》，是凤凰卫视出品的著名谈话类时评节目。它开创针对热门新闻事件或社会热点话题进行平等对聊讨论的时评先河。它的许多标题，都体现一派“多少天下事，尽付笑谈中”的情致，如《每个城市是不是都应该有个放浪形骸的地方》《考试：高考压力怎么解》《老妈，母亲节快乐！谢您不管之恩！》。

（5）反讽幽默型：融合了杂文的嬉笑怒骂内核，标题上就对所评对象竭尽嘲讽针砭之能事。文中一般有相配的语言风格和谈事论理诙谐幽默的思维方式。

《女儿接班，赌王家族长盛不衰》（2017 年 6 月 27 日微信公众号“艾问人物”，作者李峥），把“长盛不衰”这个褒义词用在这个不太正面的家族身上，显出几许嘲讽意味。

《从青丝到白头，奥巴马最大的成就是“什么也没做”》（2017 年 1 月 12 日微信公众号“冰川思想库”，作者叶克飞），一个世界第一大国的总统，任期八年竟然“什么也没做”，不是最大的政治讽刺是什么？

《一马能平川，马云不去当驻美大使太可惜了》（2017 年 1 月 11 日微信公众号“牛弹琴”，作者牛弹琴），文章评点马云去白宫见特朗普，说他具有外交部长的特质，至少可以做中国驻美大使，事实上是基本做不到的。但从标题到内容，又说得那么有理有节活灵活现，幽默之使然。

四

时评标题的创优套路

文章没有最好只有更好，同样时评标题创优的努力是无止境的。因为那个“一行”

是脸面的东西，实在太重要了。那么，时评写作者在创优没有尽头的道路上一直奔跑，到底有没有个标志性驿站呢？我们这就从方法论角度来认真研究讨论一下时评制作出比较优秀的标题的大致几个套路。

（1）追求震撼：那些在重大政治风波、重大社会事件等要闻发生的当口，猛击一掌的旗帜鲜明的时评标题，能够产生震撼效果。

《解放军报》在海峡那边“台独”猖狂的当口，发表一篇力透纸背的社论《“台独”即意味战争》（2000 年 3 月 6 日），给妄图分裂祖国的家伙当头棒喝！

《朝韩中美，半岛出大乱的倒霉顺序榜》（2016 年 1 月 13 日《环球时报》社论），灾难的路线图都给你清楚指出来了，还不醍醐灌顶？

《勒索病毒，让全球看到下一场世界大战的武器有多厉害》（2017 年 5 月 16 日微信公众号“冰川思享库”，作者龙树），新的世界大战到底什么样？令人看了惊出一身冷汗。

《10 万元买纪检干部一条腿，疯狂如何炼成》（2017 年 5 月 3 日《中国青年报》，作者胡印斌），这也是个让人不寒而栗的时评标题。它凸显出乡村涉黑势力的猖獗，而且还有其成长的路线图。

（2）追求深刻：对比较复杂的时事分析，首先在标题中不畏浮云遮望眼，一把就抓住问题的要害或常人所难以看清的实质。

时评最忌讳肤浅一般，这也是作者思想内涵和文字表达水平之大忌。而标题作为文章的眼睛或脸面，讲究深刻往往成了高手展示内功力道的一个窗口。所以，会下很多功夫，百炼才成钢。

《案件宣判过程中舆论的献祭》（2013 年 9 月 26 日新浪，作者刘远举），时评从李天一审判案入手，推展分析了各种案件的宣判接踵而至的背面，“围观众人的喧闹之下，却是浩荡民意不可抑制的沉静力量”。不是一般的深度。

《每场运动都终将失败，却找不到胜利者》（2016 年 4 月 6 日微信公众号“海涛评论”，作者王海涛），作者从老家的“平坟运动”分析起，讲到“权力的即兴表演，从来不需要与人民商量”，思想蕴含很深。

《熟人之间的潜规则造成巨大制度成本》（2016 年 4 月 7 日新浪，作者冯仑），能把深藏于人情面子等社会交往的无形桎梏和制度成本联系起来，这需要多么深刻的思想洞察力啊！因此，让读者不能不看。

(3) 追求生动：使用修辞手段或民间俚语俗语或巧用改造后的成语，在标题上对沉甸甸的议论话题举重若轻，从而产生让读者必看的魅力。时评写作者应该逐步学会，对那些死板的书面语言进行恰当的改造。比如：

《播下的是龙种，收获的却是跳蚤》(2016 年 3 月 28 日新浪，作者牛弹琴)，该时评一脚天谈世界局部战争和金融危机，一脚地讲中国盖房子和房价。论的中心却是为什么愿望和效果总相反。可以揣度作者开始酝酿写作时，或许初拟的标题是《动机背道原因何在?》，但他最后推出的却是这句马克思脍炙人口的箴言。生动！

《农民工新年献词：拧巴的日子何时是一个头?》(2017 年 1 月 3 日新浪，作者甘肃秦安农民工)，标题让人眼睛一亮。把新年献词和农民工对接起来，本身就很不平凡了，再加上后面一句忧虑，就更加生动凸显出这个阶层的人的普遍状态。设想一下，如果作者染上了时评标题常犯的毛病，也端着架子写来，大概会出这样的标题《农民新年献词：奔向小康的道路多宽广》。

(4) 追求传咏：善用哲理性箴言、时代感强的流行语、群众喜闻乐见的道理做标题，一语风靡传咏开来，能够产生一篇文章难以企及的社会效果。这种时评标题可遇而难求，除了文字水平，还得思想水平与时俱进。

王朔京片儿特色彰显的时评《开通你妈×的国际漫游啊》，是在国务院总理李克强《政府工作报告》明令必须在 2017 年内取消国际漫游费之前两年发表在网络上的。无论其主张还是论理，王朔的观点都合情合理。只不过言语中忍不住骂娘，但话糙理不糙。他的这篇时评到了 2017 年李总理放话之后，再一次在全国大小自媒体上被广泛传播。标题前卫并反映人民心声啊！

还有许多网络流行语入题使时评跟着沾光而广泛传咏的，如《……小船说翻就翻》《……洪荒之力》《……蓝瘦香菇》《……吃瓜群众》《一言不合就……》《……吓死宝宝了》等等。

要 领

1. 时评谋篇布局，主要是考虑文章怎样开头，怎样结尾，中腹怎样安排，以及它们之间如何衔接过渡。

2. 时评的常见结构方式有如下几类：依照逻辑关系的三论式结构（即引论、本论、结论），依照层次关系的四构式结构（归纳式、演绎式、并列式、递进式），依照受众阅读心理的四法式结构（书信法、悬念法、对比法、对话法），依照文章表象的四式结构（剥笋式、波浪式、点睛式、打靶式）。在一篇时评中，可以多种结构相互交叉，但对于时评写作者来说，并没有“最优结构”，只有最适合自己的结构。

3. 时评的开头、中腹和结尾的表达规律，是要做到新颖、高效、出彩、勾人。

4. 标题之于时事评论的重要性，远超其他新闻体裁。时评标题要在客观事实的基础上展现观点倾向并且常带修辞手法，时评标题要追求抓人夺睛的效果。

第四章

时评论法

建立在逻辑思维基础上的时事评论，说到底身体内还流淌着议论文的血脉。所以，论，是时评最核心的要素，也是时评最需要把握的关键。时评成为舆论，则是千千万万文字的论、口头的论、音频与视频的论的总集合，也就是所有论汇流的表现。

论的要义，在于分析判断事物的道理，如论断、论点、论辩、辩论、议论、讨论。论的社会影响，在于它的所有分析判断，是建立在符合逻辑推理常规基石上的，也是建立在人们对国家、社会、人与人之间问题认识规律把握基础之上的。所以，论之有法，论之有道，论之有度。

本书最显著的特点，就是想方设法绕过那些高深莫测的理论，集中笔力讨论研究时评写作的方法论。因此，时评论法，也就成了非常重要的一个探索重点。

时事评论有“三大件”：论点、论据、论证。围绕这些，写作者需要知道它们的确立、获取、运用具体需要采取的途径、步骤、手段等。这一章，就要把这些说清楚讲明白，确保时评的论点站得住脚，论据能靠谱，论证不违反形式逻辑规范。

还有一个不能忽视的是，时评之论，不能睁眼说瞎话，也就是所有观点判断首先要有靠得住的事实支撑。作者既不能凭空乱发感慨或幽古之思，也不能没有事实依据而说三道四。因此，时评论法，首先要解决这个最基本的问题。

弄懂论的方法，就掌握了时评写作入道的敲门砖。我们在新闻媒体编辑岗位和大学新闻传播学院，经常看到一些时评写作爱好者，长期在“门外”转悠——他的稿件很难被媒体刊发，问题就在于论的方法还没领悟。

比如，时评的论点，无论中心论点还是分论点，都必须是完整的判断句，大多数情况下是主谓宾齐全的。可是外行人却把自己铿锵有力的质问诘问疑问，当作了论点。也有人用修辞手段中的比喻句来替代论点。这些在时评论的方法里面，都是不成立的。

论的方法要求整个推论的过程都必须符合逻辑规范。但大多数时评的写作者，恐怕并没有学过形式逻辑，缺乏逻辑规范的训练。本书要在论的方法里面，讲很多涉及逻辑的严格要求。那么，是不是没有学过形式逻辑的人就一定无法通过这一道难关呢？不用担心，我们会把复杂的逻辑关系化解为合情合理的“自圆其说”。你只要让自己的论和理实现闭环的自圆其说，就一定没有违反逻辑规范。所以，在这一章，有逻辑学习功底最好，没有也不要失去信心。

论的方式方法，用最通俗的语言表述，就是时评写作者需要解决三个关键问题：证明什么？用什么来证明？如何证明？这三个问号化解了论点、论据、论证的理论性和神秘性。我们从中可以看出，时评论法，说穿了就是一个求证过程。在这个过程中，写作者非常容易犯的一个通病，就是“以述代评”。叙述、陈述、转述、描述、综述等等，都不是论的核心。时评中可以用述，但比重千万不要失调。《论语》中有个“述而不作，信而好古”，是指陈述古人的智慧心得却没有加入自己的思想，也指只叙述和阐明前人的学说，自己不创作。毛宗岗评点《三国》，金圣叹评点《水浒》，李卓吾评点《西游记》，脂砚斋评点《石头记》，每一位大家的笔下，都不是对评点对象的重复叙述，每一篇都有自己的思想。如果时评“述而不评”，那就只能停留在对由头事实或作为论据的事实的原点上。无论如何还没有进入“三个证明”的状态，或一只脚刚伸进门。所以，我们要认认真真学习时评论法，从习惯于讲述转变到习惯于评点上来。用自己的立场、自己观察问题的角度、自己思维的建设性和批判性，来对时评由头展开理性的分析，来对作为论据的事实进行合乎逻辑的定位与阐述。

论之有道、论之有格。自时评这个体裁品种诞生的漫长历史以来，评家对它的论法进行过大量的实践探索和理论升华。论点、论据、论证这三个时评要素，虽然已经成为当今方家的基本共识，但也有一些媒体写手或研究专家，提出了革新的学术观点。如《论新闻评论学的“新三要素”》（《学术交流》2012 年第 1 期），就是洛阳理工学院中文系霍华民先生的新见。他认为，“事实、事态、事理”，构成了时评新的要素。还有人认为时评写法可以不受“三要素”的束缚等，各种观点不一而足。本书的观点，还是建议从主流认识上入手，来学论的方法。

第一节

确立论点的四大层面判断

论点，是一篇时评中表达赞成或反对的核心观点、见解、主张、意见。在语言形式上，往往是用一个比较明确的判断陈述句来表达。所以，论点也叫论断。但是，时评的论点论断，必须经过详细严密的证实过程，才能得以确立。任何作者，不管他的身份如何，地位多高，名气多大，学养多深，其时评中的论点都不能不经论证，说什么就是什么。

毛泽东同志一生写过大量脍炙人口的时评。从他最早的评论文章《商鞅徙木立信论》（1912 年）到《中华人民共和国国防部再告台湾同胞书》（1958 年 10 月 25 日），细读之后就会佩服，每一篇中的论点判断，都配之以缜密严格的论证过程，丝毫没有以势压人、强加于人的色彩。

胡适先生的学问水平，在历史上是有公论和极高地位的。他很早就主办过多种报刊，如《竞业旬报》《新青年》《每周评论》《努力周报》《独立评论》和《自由中国》等。[①] 在自己写作和编辑处理过的大量时事评论中，胡适特别主张“有一分证据，说一分话”。他对《星期评论》戴季陶等人严谨务实的研究态度大为赞赏，并希望他们“给中国的舆论界做个好榜样”。因此，时评论法，也是胡适践行自己“大胆设想、小心求证”思想的一个重要表现。

时评最重要的价值，就在于有效的论点判断。这种有效，既需要可靠事实的支撑，也需要论证缜密的加固，还需要“这个判断”有普遍性适用的市场。离开其中任何一个环节，都可能使时评判断失色甚至失效。例如，在大力提倡创新革新的当今，有一种畅行的观点提出允许和鼓励“试错”。2015 年 12 月 12 日中央编译局比较政治与经济

---

① 罗瑜．胡适的新闻思想．青年记者，2010（32）．

研究中心主任何增科对澎湃新闻谈到，希望中央继续宽容鼓励地方改革创新，容许地方政府犯错，减少政治风险和法律风险，对有创新意识的领导给予重视。猛一看并没有发现什么问题，稍有思维高度的人都会明白，创新是对未知的一种探索，成功或失败都不在可控的范围，犯错是难免的。但仔细读完全文，就发现其观点判断，存在漏洞。即用以支撑的事实，是精选的个例而非具有普遍性，用以加固的论证用形式逻辑的专业术语形容就是“全称命题主项不周延”。用通俗的话解释，就是“试错”不可在任何领域推展。因为如果用“允许犯错”来鼓励地方政府创新，并让“犯错”涉及“政治风险和法律风险”，则恐怕过犹不及。这种政策上的宽松，如果运用于反腐实践，则明显存在现实悖论。它忽视了一个准确目标（动机）的前提，因为，“试错”也可被乱作为者当作借口。不同目的或心态下的相同错误结果，或可让胡作非为者以“试错”逃避责任。尽管在科技领域，“试错”有着科学依据，也是创新不可或缺的精神。但用作政府行为，至少还缺乏现实基础。特别是在本来就对“好心办了坏事”不究责，甚至只要个人不贪，劳民伤财也不加深究的实际情况下，再明确“容许地方政府犯错，减少政治风险和法律风险”，恐怕事与愿违。①

由此可见，时评的论点判断，没有几个关节的复式叠加验证，就可能站不住脚。我们正是为了解决这个方法手段的不会或使用不熟练而写作本章内容的。

另外，还有必要阐明一下论点和观点之间的区别。在时评中，写作者主张的观点，就是论点。在时评之外，观点则不属于论点。说清这个是防止时评写作者误把任何时候任何场合看到听到的观点都当作论点，然后在时评写作时不加分别地“拿来”乱用。时评写作者的观点主张，是经过严格论证才确立的。而此外的观点，是任何场合任何人所表达的看法或立场。这并非需要也基本省略了论证的过程。区别开这个，时评写作者就会在确立自己文章论点的时候，不因其观点曾有何方神圣讲过，而减少或弱化论证的过程。

我们从四个层面的判断来确立论点，有助于时评站得住脚。新闻事实真伪和走势的判断，规定着时评建立在什么基础之上——牢固还是不牢固？靠谱还是不靠谱？新闻价值大小和典型的判断，标志着时评的社会效果究竟几何——彰显还是平平？对当

① 知风．用“试错”鼓励创新的现实悖论．(2015-12-13)［2018-09-03］．http://opinion.people.com.cn/nl/2015/1213/c159301-27920777.html.

下的影响很大还是很小？具体事实成因的性质判断，牵涉着时评的因果关系到底能不能确立——是合情合理完全吻合的，还是强拉硬扯缺乏内在联系的？论点普遍性适用的判断，检验着时评是否突破“一厂一店”“就事论事”的孤立与浅薄——只是针对局部个例呢，还是适用于所有“这一类”？这个学习过程需要大家不断积累总结。

二 新闻事实真伪和走势的判断

时评所依据的新闻事实，是作者写作的起点依据。建立在无根事实浮萍之上的述评思想，是肯定站不住脚的，落后于事实变动发展的论点也如是。所以，我们强调：用以引发论点和支持论点的新闻事实，来不得一丝一毫的虚假。稍有漏洞，时评辛辛苦苦通过论证建构的大厦，就可能顷刻垮塌。还有所有这些变动中的事实，正在朝什么方向走去？趋势决定未来。因此，时评写作者在选择事实的过程中，不得不对它的真伪和走势，进行必要的审视和判断。

时评选用的新闻事实，如何来鉴别真伪呢？笔者在新闻媒体从业 35 年，通过正反两方面的案例和实践经验教训，总结出“五看”之法。即看消息源是否权威，看是否利益相关方发布，看合不合社会常识，看陈述还是解释事实，看有没有以辞害意的可能。

（1）看消息源是否权威。引发时评写作冲动的，往往缘起于一桩或一类新闻事实。为了防止新闻失实，我们千万不要“捡到篮里就是菜”。这个新闻，如果出自中央新闻媒体，当然不成问题了，因为属于权威消息源。如果出自区域化、专业化新闻媒体，也可以放心大胆使用。新华社、《人民日报》、央视等国家级媒体，罕见故意造假。敏感问题，内有玄机，它们更倾向于字斟句酌。财新、澎湃、《财经》、《新京报》、《南方都市报》、《南方周末》等全国一线媒体，发生重大新闻时，它们的记者往往冲在一线能够第一时间获取新闻。地方一线媒体如各地的党报、都市报、电视台，在报道地方新闻时有优势，主动造假的可能性也不大。国外一线媒体，《纽约时报》、CNN、路透社、BBC 等，撇除政治偏见来说，它们的新闻操守基本可以让人放心。不过，它们涉及我国的报道内容，时评引用时却要当心！

记住一条，时评由头，只要是传统媒体报道的，如报纸、广播、电视、新闻性杂志等，都可以视为权威消息源。

网络新媒体，一般不能列入权威消息源范围（传统媒体主办主管的官网以及“两微一端”除外。但是，其权威性要打折扣）。包括自媒体在内的新媒体，之所以缺乏权威性，是因为它对新闻发布缺乏有效的把关审核机制。

另外，从新闻官司胜败判决案例上看，也都为时评类文章的事实引用提供了法律保障范围。简言之，就是时评写作者引用传统媒体报道由头，万一发生失实而产生的官司，时评写作者不担责。因为，时评写作者无须为权威消息源的事实出错承担失察的责任。自 1997 年梅花奖舞弊案的被告袁成兰最终胜诉后，这已成为铁律。

（2）看是否利益相关方发布。如果发现消息源和事实主配角有千丝万缕的联系，我们就要怀疑其真实性了。因为，无论记者报道还是媒体发布，都必须客观公正。利益，则是使报道天平倾斜的砝码。《京华时报》曾经动用几十个版面，炮轰农夫山泉。当时评写作者并不清楚其报道是否真实的时候，只看该报一条广告，就应该知道其用意很值得怀疑：

> 《京华时报》特供水，中共北京市委宣传部主管单位。只做良心水。1. 得溢源：22 元/每桶。2. 八益泉：16 元/每桶。3. 八贝水：12 元/每桶。4. 注：10 桶水起订。配送网络：《京华时报》在北京是唯一能全市配送的桶装水企业，在北京有 100 多家服务站……

看到这儿就知道，它对农夫山泉的报道的真实性大打折扣了。为什么？市场商业利益争夺相关方呗！时评如果仍用该报的相关新闻做论的由头或事实证据，就有可能前功尽弃。

（3）看合不合社会常识。假新闻的一个种类，就是违反被人们大量实践已经证明了的基本常识。2010 年十大假新闻其中一条，就是“中国每年有 220 万青少年死于室内污染”，而且还是中新社这样的权威媒体刊发的。类似于这样匪夷所思的报道，还有“新闻从业人员平均寿命 45.7 岁”（2004 年 9 月 26 日《江南时报》）、“18 岁少女两年内人流 13 次”（2007 年 7 月 11 日《新闻晨报》）等。超出了常识的新闻，如果没有权威专家或专业机构支持，时评绝不能使用。

(4) 看陈述还是解释事实。新闻事实的报道，一般都是客观陈述，记者和所发媒体不可掺杂主观意味。尽管所有的新闻背后，都掩藏着媒体价值观判断的影子，但统统都只能站在事实背后并只用事实说话。如果时评引用的事实，有任何主观解释的成分，一般就要坚决弃用。因为，主观成分可能影响报道的客观公正，新闻的价值判断权，只能交给受众自己。这也是消息和时评这两个新闻体裁，最为重要、最为显著的性质区别所在。

(5) 看有没有以辞害意的可能。现在一些新闻报道，为了煽情或炒作，喜欢在字里行间夹杂突出强调或绘声绘色描述的词语。写公务员接待态度很差，就用“暴跳如雷”。说教师工作马马虎虎，就形容他是“一马大哈”。形容大学餐厅“光盘行动”好，就拔高为“解决了暴殄天物”的问题。曝光公众人物隐私，就弄成“扒开她的最隐秘处”。凡此种种不一而足。我们可以看出其间的规律性，那就是形容词特别容易造成事实的扭曲变形。时评写作者看到这种新闻时，得小心了。即使要援引，也必须挤干它的水分，不要被它牵着鼻子走。

除此之外，还需要注意：越快的新闻越危险！现在时评抢时效已经不是按天甚至小时来计算度量的了，“抢鲜”特别容易引来对事实真假的误判。因为，匆匆忙忙报道的记者，很难有反复核实的时间和空间。对一些重大的社会突发事件，时评写作者下笔前一定要反复核实，无把握就要交叉论证。也就是要从多家媒体、多个新闻发布方，对相关事实进行比对。不确信、不放心时，不要匆忙下笔。

最后一个是处于变动中的事实，时评引用时，要关注它的最新状态。不要自己的时评发表了，但所依据的事实已经发生了质的变化。如此一来，你就会陷入难堪。当然，因为无法抓住“最后一棒”，所以时评写作者还要学习新闻事实的走势判断。

二

时评价值大小和典型的判断

新闻价值是时评价值的产床，写作者下笔之前需要经过推敲斟酌，先作出大致判断，然后才能确定写什么，怎么写，写多大，发表在哪儿。当然，判断的时候还要注意，新闻事实在多大范围、什么样的人群中具有典型性，它事关时评的普遍意义。

时事评论作为广义新闻大家族的一员，它的评析价值当然受到其新闻价值的影响和制约。如果跟前者大相径庭甚至毫不相干，只有等后者脱开单干、自立门户的那一天。在可以预见的有限时间内，或许它还做不到。因此，我们在对时评的社会效果作预期判断的时候，还得借鉴新闻价值的判断标准。不过，时评和新闻确有差异。它是对援引事实进行二次价值挖掘再造，然后才形成自己的价值的。所以其判断标准，也一定和报道的新闻价值判断标准有着许多不同。

（1）重要性——时评论的观点，对社会和受众的影响程度、影响深度、影响数量、影响的时间长短和空间大小，决定了它的重要程度。1978 年 5 月 11 日，《光明日报》发表本报特约评论员文章《实践是检验真理的唯一标准》，由此引发了一场关于真理标准问题的大讨论。这篇作品的重要性，之所以为后世的时评很难望其项背，是因为其观点不但影响了当时中国的重大历史转折，而且，它的论断还将影响中国往后许多年的发展进程。这一论点被党和政府当作了行动指南，无数受众因而彻底改变了自己的命运。这包括了拨乱反正过程中成千上万的受益者，也包括国家工作重心转移后步入小康社会的人民群众。这个典型案例说明，时评的重要性，要从影响力范围广度和历史深度等多维来考量。

（2）关联性——时评论的观点，和多少人相关？和什么领域范围内的人相关？事实本身要素的社会辐射面大小？与“我”无关往往拉开了时评与受众的距离。所以，追求价值水平的写作者，总是想方设法将论的观点、引述的新闻事实，甚至思维路线和论述方法，和尽可能多尽可能广泛的受众相关联。当然，也有的时评，直接针对特定的人群、特定的阶层、特定的职业、特定的年龄、特定的文化程度等，因其深刻、尖锐、震撼，以这种关联紧密程度取胜，也是一个奇招。鲁迅先生的许多时评，就是专为反击庸俗文人而作的，价值含金量也非同一般。如 1933 年 3 月 20 日《申报·自由谈》上，鲁迅写的《文摊秘诀十条》就是。关联，其实也是“接近”的别一种说法。所以，这一条和新闻价值判断标准也有相似之处。

（3）批判性——时评论的观点，是否具有对现实生活的明确介入干预作用？是否对人们的思想行为具有规劝、警示、遏制、纠正、约束或其他潜移默化的作用力？这是检验其价值大小的另一个重要标准。任何时评，都不可能以风花雪月、写景叙事、抒情人生为写作目的。它一定要针对现实生活中刚刚发生的新闻，进行是非臧否的评点、探究性质疑。洞察力、辨别力、判断力，还有敏锐智慧的回顾性反思，常常是时评难以或缺的基本要素。时评写作的思维，可以说就是批判性思维。它对形形色色千变万化的客观事实的认识，不喜欢落入俗套地观察和说教，而是擅长不拘旧格，用突破教条边界的眼光，审视社会的病灶，并开出医治的良方。所以，有人形容时评是国家和社会的良医。唱赞歌、颂圣明、讲顺耳的话，不是时评的固有风格。

（4）争议性——时评论的观点，对社会议论的热点、焦点，对人们思想认识不一致的问题、对那些事关重大的不确定的存在和互争互议，能不能起到止纷定争的作用？至少能否提供大多数人心悦诚服的参考意见？这是衡量时评价值的一项重要标准。在时事新闻发生以后，经常会遇到仁者见仁、智者见智的不同观点看法的争议。国家社会无法用行政手段或是法令法规，强行统一大家的意见。媒体时评因势利导进行分析评论，是最好、最有效的一种舆论平衡手段。而且，时评向来都是主动以争议面前显身手为己任的。中国留学生马里兰大学的演讲引爆爱国还是辱国的争议。紧接着又发生了《欢乐颂 2》宣扬处女情结的社会争议。还有大量的争议性话题，每日每时都在相关人群中产生。时评正是针对于此分析阐述，而有了用武之地。

（5）稀缺性——时评论的观点，在思想资源汪洋大海中，是司空见惯的一滴水，还是一颗稀少难见的珍珠？是人云亦云还是我言我声？是顺着领导意思注释解读，还是创造性地独立思考？是对着媒体“口型”说官话套话，还是以人民群众喜闻乐见的语言阐述真知灼见？这种状态与需求，也决定着时评价值的大小。物以稀为贵，时评以见解独到为高。当海内外同声高唱爱国歌时，台湾的柏杨写作了《丑陋的中国人》。他以恨铁不成钢的视角，将传统中国中的“酱缸文化”种种弊端，统统深挖剖析之，使国民劣根性暴露在光天化日之下。这种爱国情怀观，当今之世，确实罕见。所以，他的作品难能可贵！

优秀时评，常会同时具备这些条中的好几条。而如果只具备其中一两条，也是值得下手去写的时评选题。但是，如果完全不具备，那就赶紧放手另起炉灶吧！由于论点不具备基本价值，作品也就失去了评析的现实意义和典型意义。

三 具体事实成因的性质判断

时评的论点，无论如何都是建立在对所评事实进行准确的成因性质判断之基础上，才得以产生的。离开了事实的这些要素，论点就是无源之水，无本之木。勉强弄出来也没有根据、缺乏说服力，一点根基也没有。

这里所说的事实，是非常具体的“这一个”，而不是广义角度的绝大多数。时评论的起源，来自一桩或一类新闻事实。任何时评都要对所引新闻事实进行或详或略的分析。在下笔之前，写作者不能不先进行“内检”判断。不但需要斟酌它的真实性，还要考察它产生发展的根本原因以及属于什么性质的问题。通常，这个过程是这样的：新闻事实—分析因果关系—作出是非臧否判断—延展事实内外的道理—把握需要评说的话语烈度。

（1）分析事实的需要。时评不能脱开所引事实去说理去论辩，判断这桩事实的成因的性质，是分析事实必做的功课。《中科院院士朱清时被批用科学给巫术化妆》中，支持作者敢于向这位中科院院士叫板的，正是他对相关事实的分析：朱清时关于“量子意识”“量子佛学”的文章，关于“当科学家辛辛苦苦爬上山顶时，才发现佛学大师早就在山顶上等着了”的说法，得到大量转发，成为一时流行。每当讨论科学问题的时候，有不少朋友会提到朱院士的这些表述。其实这些说法是把科学看作古代巫术了。这句话里，有事实成因的性质判断。在此基础上，进一步分析事实、解剖事实、引申道理，就有了基准线。不会出格、不会走偏、不会无的放矢。

（2）举一反三的需要。时评不可能局限在所举新闻范围内，它需要拓展、需要深化思想内涵、需要讲清“这一件”和“许多件”之间的关系意义。举一反三的前提也是先自检事实成因的性质判断，能否站得住脚。时评抓住了新闻由头，只是形成论的一个起点。能不能把单个的新闻事实和背后蕴藏的道理，推及其他，在更广大层面上有启智作用、警示作用、拨乱反正作用、舆论引导作用等，才是时评确立论点的基石。所以，对“举一”事实成因的性质判断准确，才能“反三”。如果暂时得不出相关判断，下一步就不能再走。还是上面提到的那篇批评朱清时院士的时评，在牢固把握朱以院士头衔给巫术宣传站台这个基本事实后，作者很快将论的触角延伸到哲学、宗教、科学等诸领域。写得既有专业水准，也有逻辑艺术。

（3）由事论理的需要。新闻是用来论理的由头，如果写作者一直陷在新闻事实之中，它就枉戴了一顶时评的帽子。评论和新闻的区别，就在于要表达写作者的主观意见和价值判断。但是，时评一般都是缘事论理的。它把问题的性质成因搞清楚了，才可以转入更广阔的说理疆域。前文所引批评朱清时院士的时评，紧接着因势利导展开如下精彩分析：科学规律不可以到处滥用；科学与宗教的思考范式无法通用；用科学“证明”宗教存在致命危险……这样看来，受众一点都不会觉得作者强词夺理、无限上纲上线、乱打棍子乱扣帽子。因为理由是好理，事实分析也很得当。

（4）规范话风的需要。当写作者对新闻由头成因的性质判断清楚后，所写时评就能够恰如其分地把握自己的评论话风。火不火、柔不柔、猛药下多少等等，都是建立在此之上的。时评的战斗力和批判性很强，针对不同的新闻事实和不同的关注受众，写作者需要把握自己文章的批评烈度。这时候，话风就展示着文章的文风印象。还说前面提到的批评朱清时院士的文章，它丝毫不能像当年鲁迅先生在上海滩、在皇城根、在羊城写书作文时，对敌对无聊腐朽文人那样锋利。整个语气话风，充满了商榷、讨论、平心静气讲理的味道。

> 我们认为朱先生作为科学家这样做是错误的，但公开宣扬自己的观点又属于朱先生个人的自由，未必违法违规（不知道中国科学院学部是否有相关规定），所以我们努力发声，希望抵消这种行为对科学声誉的影响，对公众认识科学可能发生的糟糕影响。这样的事情频频出现也一再提醒我们，科学在中国的基础是何等之薄弱，认真而深入地理解和梳理科学与玄学的关系，不让科学蒙羞，不再让公众上当受骗，是当前科学传播领域面临的一个严峻挑战。

看看，既清晰明了地表明立场，又同时尊重批评对象。如果换个新闻事实或其他批评对象，或许时评话风就不是这样的了。

四

论点普遍性适用的判断

据说时评可分三六九等。一等，是它的论点不但适用于自己所评的这件事，而且还适用于相关所有的其他事。换句话说，也就是具有最广泛的普遍性。二等，是它的论点除了适用于自己所评的这件事，还适用于和这件事同类别的其他事。换句话理解，就是物以类聚，人以群分。三等，是它的论点只适合自己所评的这件事，除此之外，皆行不通。换句话说，也就是其论点只能就事论事，可拓展的疆域受限。

一等的时评显示的特点是评论观点正确无误，作者的主张能够通行，至少在广泛层面上经得起检验。二等的那种，只要和时评针对的事物同一个类别，就可以以此为思想导向，它突出显示论点也能基本适用，但逻辑线条并非可逆。最后一种具有特定的针对对象，因此，其论点不能放到其他场合使用。脱离这个事实对象，就没有思想价值了。

好，让我们来用典型案例说话。

司马心先生的《天堂义痰》从杭州西湖苏堤的一口痰讲起，然后跳跃到岳爷坟前，木栅栏里，秦桧囚处，千夫怒指，万痰竞发。能够从这么微小这么常见的非新鲜事实面前道出发人深省之思想，不能不说是水平极高。

> 目睹该种以污染环境而"净化心灵"的"文明"，却不免产生"靖康耻，犹未雪"之叹。中华堪称古国，人民疾恶如仇，只是表达该种文明的方式，历来颇多"国粹"。例如反对奢侈，便要火烧阿房宫。例如废除剥削，便要戴帽游街。例如讨伐邪恶，便要宣以"国骂"。更称"粹"者，几乎人人接受关于"大方向"的理论，认为只要反对秦桧，事属义举，便不必苛责其余。二期似乎唯有恶痰出击，方显得义愤填膺，方能与"温良恭俭让"划清界限而免立场未站稳之嫌。

如此论点，不但放在这里算是精辟，拿到其他语境中也还是适用与精彩！因此，我们姑且先把它放在第一等。

《重提贞操观等于驱使女性回归牢笼》（2017 年 5 月 28 日《中国青年报》，作者尼德罗）是由“‘女德’讲座门”而引发的一篇时评力作。它和本书前面提到过的另一篇深刻见解之作《女德的裹脚布》（2017 年 5 月 29 日微信公众号“侠客岛”，作者司徒格子），同论一个话题。但这位写作者在开头切入了新的事实要素，那就是《欢乐颂 2》。它把前者对传统女性“三从四德”回归的呼唤，与新女性非处女贞操问题联系起来讨论，增加了普遍性适用的宽度和厚度。写作者谈古论今后得出论点：传统社会中需要依靠男性、家庭生存的女性，已经成功走出了自己的牢笼，在很大程度上已经可以自主生活。在这种情形下，再要求女性“三从四德”，再要求女性回归牢笼，实际上是拿女性人生的丰富性、多样性和自主性去换所谓的稳定性。这个观点指向，显然已经突破了时评所抓住的新闻事实本身。而它对于同类型的女性话题及现象，也是基本适用的。因此，我们姑且把它列入第二等。

《中印边境，一场凶险的对峙正在发生》（2017 年 6 月 30 日微信公众号“牛弹琴”，作者牛弹琴），起笔是外交部和国防部记者会，一个最集中的问题就是中印边境对峙事件。印度边防军队非法越过了中印边界锡金段进入了中国境内，而且还赖着不走了……然后分析了原因一二三，得出结论：冰冻三尺非一日之寒，中印关系近来屡生龃龉，与印度国内小气候和国际大气候有关。这样的论点一是明眼人都能看出来，二是全文以叙事为主，由于不是记者述评，所述也只能是媒体报道的拷贝粘贴版。因此那论点，也就只能狭窄地针对中印目前的这个冲突事件。离开此事，其论就不存在生存活力了。因此，我们姑且把它列入第三等。

时评观点应该受到实践的检验，写作者为文时需要思考自己的评析，能够在多大层面站得住脚，普遍性适用是最高标准。一时做不到，也可以退而求其次，但狭隘的“一对一”论点，太容易失效，也太难经得起其他事实和场合的检验。因此我们倡导时评写作者，每有下笔，尽可能登高一层，站在新闻事实的更高层次，去分析、去思考、去提炼论点。别人说事实评论是“速朽”的，但我们不能自己心甘情愿甚至热衷于做“速朽”的时评。

第二节

论证的逻辑方法与常见谬误

论证，是论据到论点之间的一种推理过程和方式，是作者运用站得住脚的论据去证明自己论点正确的一种逻辑演进，是用一个或一些真实的命题确定另一命题真实性的思维形式。时评写作者需要用某些理由去支持或反驳某个观点，通常由论题、论点、论据和论证方式去构成。论证最早是一个哲学名词，后来形式逻辑研究也拿来论证，那是当作证明的同义词。逻辑中的论证，叫论证形式。

从以上的定义介绍就能看出，论证与逻辑是须臾不可分离的。论的过程和观点成立，千万不要发生逻辑推演错误。倘若出现错误，立论的大厦就会顷刻垮塌。

逻辑学既不是理论知识，也不是实际知识，更不是认识知识的工具——这是亚里士多德在《工具论》中的观点。他认为，逻辑学是作为一种论证方法而存在的。“逻辑”一词引进中国，只有一百多年的历史。毛泽东同志不但自己的时评娴熟运用逻辑论证，而且早在延安时期就号召要求干部群众学一点逻辑。我们作为时评写作者，更应该自觉主动学习掌握逻辑思维和逻辑分析说理论证的基本知识，确保自己的作品不犯逻辑性错误，使论辩立于不败之地。

论证的逻辑方法，是运用合乎逻辑的若干种推理，推论一个观点或证明一个观点。在中国古代韩非子、贾谊、韩愈等大家学者写论辩型文章的时候，他们不懂逻辑也没有机会学。于是，就靠思维的缜密控制笔走龙蛇，也能自圆其说、不出纰漏。但是我们今天已经有了逻辑这门科学，就不应该绕道走了。如果指望凭自己脑袋瓜子灵光就能写时评，无论如何是会露出破绽来的。

向各位推荐一本安东尼·韦斯顿的《论证是一门学问》，该书最大的特点，是通过大量实践和案例解析，总结出 45 条逻辑规则。穿行在这些内容中的批判性思维和怀疑精神，对时评写作益处极大。因为它通俗易懂，把那么专业复杂的逻辑关系简化成不可违反的条条规则。写时评只要不超越它的边界、不违反它的规则，逻辑上就是无错甚至是无瑕的。

从正面学习掌握合乎逻辑的论证方法是第一位的，而从负面了解掌握时评常见的论证逻辑谬误类型，对时评写作者同样是必要的。罗辑思维的罗振宇曾经推荐过《24种常见的逻辑错误》（2015 年 11 月 7 日，作者谢至理）。这 24 种错误，每个都有定义和例证，通俗易懂。希望有兴趣的时评写作者找来仔细学一学。

而本书这一章，则从时评写作更专业的角度，先讲授时评观点的七大逻辑证明，这是正面引导。然后，又从预防的角度，讲授论证过程中可能发生的八种谬误。这些内容的针对性更强。可以说，把这些正反两方面的道理弄清楚看明白，时评中基本上就不容易再出现同类型的错误。

还要指出，时评写作中论证的逻辑错误之许多表现，并非教科书和讲座中说的那样明白突出。我们切不可书生气十足，只会机械地用逻辑的三大基本定律去套丰富多彩的语言文字。那样可能得到的结果就是，看不出，辨不清，抓不住破绽。比如，时评中的诉诸群众，也叫从众效应，这是一种未入列的逻辑谬误。拿多数人的理念作为真理的检验标准，其实有可能是错的。而“宣传法”则是从众效应派生出的一个逻辑子谬，也没有书籍讲座专门把它列入逻辑谬误。它是用大多数来“绑架”受众，宣传者营造出一种“加入我们，否则就是与大家作对”的气氛。它的推论，都是建立在“推不出”的基础之上的。此外，还有“信念偏执”“先入为主”“偏见搜索”“滑坡谬误”“人生攻击”等等，每一个用逻辑的方法来分析，都会看出其破绽。我们写时评要防止这些问题出现在自己的文章中，先从基础的问题入手解决吧。

一

时评观点的七大逻辑证明

证明，是时评为了推出令受众心悦诚服的结论所采用的一种推理手段。证明的方式有很多种，包括实践证明、历史证明、实验证明、举例证明等等。而逻辑证明，是时评写作中最为常见、使用量最大、使用效果最为明显的一种方法。时评写作者要证明自己的论点，可能需要使用的逻辑方法主要有七种：演绎证明、归纳证明、直接证明、类比证明、间接证明、反证法、选言证法。不懂形式逻辑，很难进行充分有力的论证，而且容易陷于自相矛盾、难以自圆其说的窘境。

（1）演绎证明，是从已知的概念和条件出发，依据已被确认的事实和公认的逻辑规则，推导出某种结论的过程。它实际上属于一种“数学证明”，有着非常严格的表现形式。这就是“三段论”：条件—结论—为什么（依据）。

例如：中国的主权神圣不可侵犯，钓鱼岛是中国领土主权的一部分，所以日本妄想吞并钓鱼岛，构成了对中国主权的侵犯。这种证明推导方式，大前提条件是无可否认的一般规律，小前提是从一般到个别的推理，然后通过这两道程序得出结论。如果前提条件不成立，则后面的结论肯定站不住脚。

（2）归纳证明，正好和演绎证明相对，演绎是发散的，归纳是聚合的——从个别性知识推出一般性结论的推理。归纳的论题是一般性知识，论据是一般性知识范围之内的知识或事实。它呈现的外在方式是：个例—原因（依据）—结论。

例如：这个警察吃拿卡要，吃拿卡要属于司法部门的不正之风，所以，这个警察应该受到司法纪律的严肃处理。这种证明，其推理依据一般是普适真理或公认法条，不容否认和推翻。所以，最后的结论才具有必然性和说服力。形式逻辑还规定，只有完全归纳推理和科学归纳推理可以用于证明，简单枚举归纳推理不能用于证明。

（3）直接证明，引用一些真实命题，来确定某一命题真实性的推理或思维。它是直接从原命题的条件，推得命题结论成立的证明方法。直接证明呈现的外在方式是：本题条件、已知定义或公理—结论。

例如：河南南阳瓦店镇村民投诉公务员被视作“抹黑政府”，《宪法》规定我国各级政府都必须置于人民舆论监督之下，所以“抹黑政府”之说是完全错误的。直接证明还分两种：综合法，它是由因导果，推证由已知条件到结论。分析法，它是执果推因，从结论倒推已知条件。其间关系搞错了，文章就会露出破绽。它们中的条件、公理、定义，更不能随意更改。

（4）类比证明，根据两个或两类对象在某些属性上的相同，推断出它们在另外属性上也相同的一种证明推理。它有三个要素：相同特点、相互比较、已知事物。类比证明呈现的外在方式是：特殊—特殊。

比如：《邹忌讽齐王纳谏》中，作者把邹忌受到不切实际的赞美即受蒙蔽的这一性质问题类推到了齐王的身上，生动地证明了“王之蔽甚矣”这一论点。鲁迅先生的

《拿来主义》一文中，以尼采不是太阳，也没有无尽的光和热，类推到中国也不是太阳，也没有无尽的光和热，不可能一味地给予，除非中国像尼采那样疯掉。《吕氏春秋·察今》里的“荆人涉澭”“刻舟求剑”“投婴于江”也都是。由此可见，客体事物在论证中起着印证主体事物所具有的某些性质进而证明论点的作用。所以，实质上是一些特殊的论据。类比是一种主观的不充分的似真推理。因此，要确认其论点的正确性，还须经过严格的逻辑论证。

（5）间接证明，它与直接证明是相反相成的一对逻辑证明方法，前者主要通过断定相关判断之假，来断定论题之真。

例如：沈阳市民袁女士想将离世父母房产过户到自己名下遇难题，因为无法提供已过世半个世纪的爷爷的已故证明。于是，司法公证管理处帮她组织了五种间接证明：村委会的证明；火化证明、殡葬证明、骨灰存放证明；单位的抚恤金证明；证人证言；墓碑照片。这个老大难问题，通过间接证明迎刃而解。

（6）反证法，是间接证明常用的方法，它是假设原命题不成立，经过正确的推理，最后得出矛盾，因此说明假设错误，从而证明原命题成立的证明方法。

比如：秦淮河被污染了。假如没被污染，河里就不会有那么多的工业污水。而事实上这周边有三家企业向河里非法排放污水。所以，假设不成立，秦淮河确实是被污染了。

（7）选言证法，先确定一个选言命题，再假设包括论题在内的各种可能情况，通过排除假的选项，确定其论题真实性的一种论证方法。

例如：《中国革命战争的战略问题》一文，毛泽东同志要证明必须由中国共产党领导这个命题，他通过选言分析，排除了无产阶级之外的其他各阶级领导中国革命战争的可能性之后，得出结论：在无产阶级已经走向政治舞台的时代，中国革命战争的领导责任，就不得不落到无产阶级的肩上。请大家记住，选言判断的大前提，必须穷尽一切可能，然后得出的结论才无可辩驳。

使用逻辑证明要注意，除了演绎方法之外，归纳和类比两种论证方法得出的结论，都只具有或然性，所以并不一定可靠。

二

时评说明观点的简单方法

为了阐述作者的观点，时评经常采取直接表述之外的迂回论证方法，即跳出观点从别一种角度来说明。这些方法的内核，基本都是形式逻辑在实践中的运用。但是，相对于那些没有系统学过形式逻辑的人来说，又是通俗易懂的良方，可以很快理解并运用自如。

（1）引用——时评通过引用名人名言、成语、典故、俚语俗语、互联网流行语等，来说明自己对一种问题一个道理的见解。引用包括直接引用和间接引用。以上这两种，也叫明引和暗引。此外，按照所引文字与原文有无差异，又分为直引与意引。而依据所引出处或主旨正确与否，再分为确引与讹引。

例如，韩愈《师说》中云：孔子曰："三人行，必有我师。"是故弟子不必如师，师不必贤于弟子。就是通过对孔子语录的引用，来证明自己弟子可以青出于蓝的观点。再如，古人云，"仓廪实然后知礼节，衣食足然后知荣辱"，在一个极度贫困的环境下是难以谈谦让的。①

（2）举例子——通过列举有代表性的、恰当的、有说服力的事例，来证实事物特征和作者论点的求证方法。但它要求：一是所举例子要与所说明的问题内容一致，不能似是而非，更不能张冠李戴，否则就起不到说明事物特征的作用。二是所举例子要尽量典型、有影响力和代表性，以增强说服的效果。三是所举例子要通俗易懂，深入浅出，让人感觉到有可信度，语言表述恰到好处。

例如：

> 在国际上，这方面比较具有代表性的例子是，哈佛大学曾拒绝授予时任总统里根博士学位，哥伦比亚大学也拒绝向英国女王颁发博士学位。虽说学位授予和

① 常青村．女性车厢缘何遭遇尴尬．北京青年报，2017－06－30．

聘请兼职教授是两回事，但性质是一致的。①

(3) 列数字——通过列举数字的办法，来证明一种观点主张如何正确、如何有根有据。由于具体准确到数字可以说明，因而令人信服。所列数字力求准确，条件允许能准确测算的必须用确数，条件所限不能准确测算的才可以用概数。

例如：

交通部公布去年全国收费公路账单，这无疑是一串触目惊心的数字：2016 年度，全国收费公路收费收支缺口达 4 000 多亿元。通常亏空都是价格调整、收费方式调整的前奏，交通部发布巨亏账单已经有些年头了，该如何填补空白，这层窗户纸迟早要被捅破，不管用什么方式。②

(4) 做比较——把两种类别相同或不同的事物、现象等放在一起比较，用以强调作者观点或事物某种特征的说明方法。它是为了说明某些抽象的或者是人们比较陌生的事物，用人们熟悉的事物与不熟悉的事物相比较，能给人留下深刻的印象。

例如：

医生以治病救人为天职，成为一个好医生的前提是医术过硬，但在现实中，医生晋升更重要的任务或许是埋头写论文。日前，在吉林长春举行的中国科协年会上，中国工程院院士、中国中医科学院首席研究员李连达呼吁，医生的首要职责是治病救人，要警惕做 1 000 台手术和救 100 个病人不如发 1 篇论文的现象。③

时评为了强调自己的观点主张正确性，把做 1 000 台手术和救 100 个病人与发 1 篇论文放在一起比较，答案选择已经赫然在目了。

---

① 随意聘请兼职教授折射浮躁的大学教育．中国青年报，2017－06－27.

② 高路．除了收费，高速公路还能怎么走．(2017－07－01)［2018－08－06］．http：//www.xinhuanet.com/comments/2017－06/30/c＿1121237762. htm.

③ 王强．临床与科研 医生当有区分．光明日报，2017－06－28.

(5) 下定义——通过精练明确的语言，对事物的本质特征作集中概括的说明方法。它要求在内容上，抓住被定义事物的基本属性和本质特征，例如，多采用判断单句的形式。其格式多为“×××（种概念）是×××的×××（属概念)”。在形式上，要把被定义的概念放在一个大的概念中，再加上对其本质特征进行描述的限制。

例如：

> 在我看来，“大胆”和“求实”，是邓小平政治品格中最鲜明的两个特点。反映到他的施政上，邓小平生前说得最多的两个词——“解放思想、实事求是”——便是他的政治遗产之立足点。用官方话语来说，“解放思想、实事求是”是“邓小平理论”的精髓。①

这篇时评无法回避的一个重要概念，就是标题所说的“遗产”。于是，作者就在文中给“遗产”下了一个自己的定义。

(6) 打比方——借用修辞方法中的比喻，来说明事物特征，利用两种不同事物之间的相似之处作比较，以突出事物的性质特点。这大大增强了时评议论中的形象性和生动性。对外行或不熟悉的人迅速理解作者的意图，有良好的效果。

例如，《家长群里的“戏精们”，别带坏了孩子》(2017 年 9 月 10 日澎湃新闻，作者周云龙)：

> 老师任何时候发送图片、通知，或者布置家庭作业，都有一群人立即跟进：老师辛苦了……那感觉，像是走进饭店的门厅，遭遇一排迎宾小姐的问候：欢迎光临！欢迎光临！又像是稻花香时节，听取蛙声一片。甲家长围观数日之后的真实感受是，父母们太卖力了，有时给绑架了似的，不回复不像话，回复也只能沿用那句套话：辛苦啦。乙家长更有感触，一些父母也是醉了，搞得老师好像生活不能自理一样，客套背后，全是心机，都有套路。
>
> 赞美一旦成群结队，献媚就会粉墨登场。“戏精”是怎样炼成的？自学成才？

① 陈季冰．邓小平的政治遗产．中国青年报，2014－08－22.

耳濡目染？社群压力？不同人应该有不同的答案。人在家长群里，心态、语态是最为复杂的。朋友“群居”多年，有着强烈的感受，家长群里永远的“同一首歌”是：家长比着炫富炫技，挖空心思送礼，想方设法拍马……

作者非常奇特地用“戏精”来比喻那些对老师百般逢迎、阿谀奉承、溜须拍马的学生家长。他用两个字就勾勒出了这些家长逢场作戏，其实并非发自内心，只不过是适时路演罢了。这个比方，内含的批评指向非常复杂，绝非仅仅针对家长和老师。

(7) 作诠释——对事物的性质和特征进行具体形象的解释说明，以便于受众理解接受的一种方法。作诠释常采用“某某是什么”的语言形式。

例如：

美籍华人时评家徐贲在接受《新京报》记者采访时，对文化批评家威廉姆斯的文化观分三个层面解释：第一是作为个人的教养或素质和能力的培养，以此评断一个人是否“有文化”。第二是作为一个群体的“特定生活方式”，如我们常说的中国文化、美国文化、江南文化、湘西文化、多元文化等等。第三是作为一种活动，通过去戏院、听歌剧、看芭蕾舞、上博物馆、阅读书籍、看电影、写博客等来进行的“文化活动”。①

作诠释和下定义非常容易混淆，简单区别的办法是：一般来说，“是”字两边的话能够互换，就是下定义；如果不能互换，就是作诠释。下定义要求完整，即定义的对象与定义的外延要相衬，并且要从一个方面完整地揭示概念的全部内涵。

(8) 分类别——在一群一组事物中，要区分它们的特征，只有根据形状、性质、成因、功用等属性的异同，把它们分成若干类，然后依照类别逐一加以说明。分类别是将复杂的事物说清楚的重要方法，有时事物的特征、本质需要分成几点或几个方面来说明。例如，时评说明观点的方法很多，它们分为引用、举例子、列数字、做比较、下定义、打比方、作诠释、分类别等。

① 对话徐贲：什么才是真正有意义的“公共文化”？新京报，2016-04-09.

三

把论证和解释的界限划清楚

时评的论证和解释有联系也有区别，比较容易混在一起被时评写作者错用。而且，这样做的结果，就造成了论的误证，并非时评写作者想得到的推论。

在“知乎”上，有个网友问道：《批判性思维》一书中的例子，“我认为上帝存在，因为我是基督徒”，这到底是解释还是论证？正确的答案应该是解释。为什么？因为论证是用一个或一些真实的命题，确定另一命题真实性的思维形式。以上书中的那句话，命题无关真实性，后面一句也不是独立存在的新命题，而只是对前面那个命题的一种解释。据此我们否定它是论证。

任何一个论证都是由论点、论据和论证三个要素构成的，而解释没有这么多的内容含量。

徐贲写过一篇时评《沉默和失忆的国民是怎样教育成的》（2016 年 6 月 11 日新浪），其中分析纳粹政权跨台原因时说道：

> 所有的政府都希望能摆出一种思想统一、团结一致的阵势，但只有极权才能做到这一点，而且也非得做到这一点不可，因为极权统治自称掌握了绝对的真理，对绝对的真理当然不允许有不同意见和看法。

这就是一个完整论证。它的论题是：极权政府能做到思想统一、团结一致。论据是极权统治自称掌握了绝对真理（事实论据），对绝对真理当然不允许有不同意见和看法（道理论据）。

而解释呢？只是在观察的基础上进行思考，合理地说明事物变化的原因、事物之间的联系，或者是事物发展的规律。

还是徐贲的那篇文章，针对国外历史上的极权统治又有一段写道：

> 为了确保群众能够全体一致地与党发出同一个声音，极权统治使用的是贿赂

与恫吓并用的手段，其效果，至少从表面上看，是颇为成功的。贿赂是让人们看到，顺从权力有好处，恫吓是让他们知道，不顺从权力就要遭殃。

显然，作者对极权统治的贿赂和恫吓，作了解释而不是论证。

区分解释和论证最好的方法，就是看结论部分是不是有争议。解释不一定就是事实，它可能正确，也可能不正确。为了做出正确的解释，需要在获得充分证据的基础上，利用已有的知识，进行合理的思考。例如：

对别人进行道德绑架，要求别人对“社会进步”承担更多责任，这显然是不合适的。每个人有选择自己生活方式的自由，只要这种“生活方式”无害，那就是正当的，就是值得尊重的。我们生活在社会之中，底线应该是“不作恶”，而不是必须“有作为”。一个作家，在自己的文章里写“家长里短”“感怀往事”，还是“为民请命”，这与个人兴趣有关，并无高下之分。①

在这个推理论证中，作者的大结论和小结论，都是无可争议的，所以能够成立。

四

谨防论证中的八种谬误

论证不当可能导致时评中的观点根基坍塌。其原因在于：论证的前提是“引用已知为真的判断”，“用一个或一些真实的命题”。时评写作者用于论证的判断和命题，都露出了破绽、站不住脚，怎么能够进入论证的下一步——确定某一判断的真实性或虚假性？怎么能够确定另一个命题的可靠不可靠？

（1）以偏概全：这种论证只不过是简单枚举，只顾一点不及其余。企图用非常单薄的论证条件对论证对象复杂的概念进行武断界定，结果造成不清楚、不准确，甚至

① 王海涛．杨绛对这个时代无话可说是可以理解的．（2016－05－27）［2018－09－04］．https：//news.china.com/zhsd/gd/11157580/20160527/22753840.html.

完全不对号。

例如，雷洋事件发生以后，网络之上铺天盖地的抨击声音。其中不少人怒骂：现在的警察就是无法无天的人渣！这不是打杀一大片吗？你可以批北京昌平公安分局东小口派出所副所长邢某某、辅警周某，但你作出了所有警察都是人渣的判断，这是无论如何都无法论证为真的。

再如，某研究机构对某市法院审理的所有离婚案件作了调查。结果显示，到该市民政部门办理的协议离婚案件占该市离婚案件总量的 70%。由此，该研究机构认为：闪婚是目前夫妻离婚的一个重要原因。这个论证，仅以市民政部门的数据为依托涵盖全市，那么区一级、街道乡镇一级呢？显然犯了以偏概全的错误。

（2）类比不当：抓住两个或两类事物某些相似之处，生硬推出它们在另外的场合也相似的结论，将或然类比为必然。

例如，2017 年高考成绩揭晓之后，江苏省文理科状元的学习方法被媒体广泛报道。有些媒体郑重地向家长们推荐，请无论如何向他们俩学习，不要请家教、不要做课外试卷和参加奥数那一类社会竞赛……这个类比，把两位高考状元和所有考生进行简单类比，用以说明不照他们的学习方法去做，就会如何如何。这是完全不具说服力的。应该针对不同的情况不同的学生，制定不同的应考方略，甚至一人一策。

再如：

> 七年前，附近的 Brookville 社区的业主实施了一系列关于该社区的庭院应如何布置以及房屋应涂何种颜色的规定。从那以后，Brookville 的地产平均价格翻了三番。为使 Deer Haven Acres 的地产升值，我们也应该对景观和房屋涂色实施自己的规定。①

这个判断过于简单武断，以为只要对景观和房屋涂色实施自己的规定，自己社区的房价也能大涨，是犯了类比不当的错误。

（3）因果倒置：世界上所有因果关系，都有内在的必然联系。但它们之间并非像 1

① 解读 GRE 作文中的类比类逻辑错误．（2010－11－04）［2018－09－04］．http：//exam. tigtag. com/gre/writing/63976. shtml.

加 1 等于 2 这样，可以在等号两边互换。时评论证如果倒因为果，或倒果为因，一定会导致错误。

例如，有个同学在网上问为什么“发达国家都拥有大量的私人轿车，为了缩短与发达国家的差距，我国也应该大量发展私人轿车”这一论述犯了逻辑错误。正确的回答应该是它把原因和结果互换。因为国家发达，才拥有大量私人轿车。如果反过来，拥有大量私人轿车，就一定会成为国家发达吗？显然是不成立的判断。

再如，日本侵略中国，引起中国人民的反抗。而日本右翼是这样说的：由于中国发生反日，所以日本要出兵。法西斯的侵略借口，荒谬之处就在于把前后相继的因果，颠倒过来进行狡辩。

（4）无关因果：论证的逻辑关系很多很复杂，因果只是其中的一个。所以，论的关系有大量并不存在因果关系的论据与结论。如果时评把它们生拉硬拽在一起，用以求证自己观点的正确无误，必然生错。

例如，杭州“保姆纵火案”发生之后，该小区所属的绿城物业就不断受到质疑。许多人指责，这个小区的物业经理如果换一个人，就绝对不会发生这样的惨案。物业经理是谁和业主被烧死，两者之间并没有必然的联系，不能成为直接的因果关系。这种论证是错误的。

再如，深圳地铁 1、3、4、5 号线正式启用女士优先车厢。有时评写作者写道：“这是国内地铁对女士优先车厢的首次尝试。怪不得深圳的经济发展如此迅猛呢！”后面这个结论，是女性优先车厢产生的结果吗？这种因果关系完全不能成立。

（5）单一因果：时评的主观判断，还会表现为在没有办法将其他因素全排除的情况下，武断指定某一个或两个因素导致了结果。

例如，有人认为“章莹颖案”说明美国警察的侦破水平不高。如果确实高的话，她就不可能被害。在案情尚没有完全大白的情况下，造成章莹颖死亡的原因可能有很多种，和警察的侦破水平有没有关系，更是一串问号。因此，以上看法那么确定地由果指因，是把或然当作必然了。

再如，有人认为湖南湘乡政协副主席抗洪中被山洪卷走，一定是他不会游泳。试问：“会游泳就肯定不会被山洪卷走吗？”这个推论也是犯了单一因果的毛病。不会游泳可能只是其中一个因素。

（6）偷换概念：在缤纷的世界中，许多概念貌似相同，但互换以后就会改变具体内涵，甚至出现曲解、断章取义等问题。

例如，有人说依据中国网络视听节目服务协会发布的通则，“同性恋”就成了“乱伦”“性变态”。所以，我们决不能容忍！事实上，这个协会的通则，只是提出禁止播出“同性恋”等“非正常性关系”节目。作者把它等同于极度负面的词汇，是偷换概念。

（7）自相矛盾：在逻辑上违反了排中律，同时否认一个命题及其否定，缺乏其中一个必需的肯定，犯“两不可”的错误。“楚人有鬻盾与矛者”的故事，是再好不过的典型案例。

（8）主客替代：时评虽说是须以观点取胜，但也不能用作者主观的看法来代替客观的内容。如果论据不支持结论，结论就无法成立。

例如，香港回归20年，经济发展水平到底是上去了还是掉下来了？当大家争论不休的时候，有一派观点提出投票决定。

该论证的论据条件是主观的，而经济状况是客观的。主观看法见解不能左右客观经济状况，这是一个基本常识。这一观点犯了逻辑上的主客替代、哲学上的唯心主义错误。

第三节　论据可靠所取决的因素

用来证明论点的事实和道理叫作论据。时评无论点不立，提出论点，确立论点还必须有根有据，即必须举出足够的事实或正确的道理，来证明论点的正确性和可靠性。

言而无据，当然根本就谈不上可靠了。德国著名哲学家黑格尔说过，世界上的任何论点都可以找到最好的论据。但如果言而据不真实，据不典型，据不充分，据不新鲜等，也会带来论点可能被推翻，至少是打折的结果。无论多么绝妙的论点，无论多么灵动的妙笔，“据不成立”，一切也是枉然。所以，写时评的人，不能不学习研究论据可靠所取决的因素，以保证自己的观点主张能站得住脚，进而服人服众。

保证论据可靠，有一些具体的要求。我们先从广义上来探究一下它成立的共性：权威性、代表性、准确性。

论据需要具有使人信服的力量和威望，让人对你所证明的论点结果不产生怀疑。如果论据缺乏一定高度，属于个人管见、记忆、传言等，则是不够可靠的，拿来作为论据，肯定负面作用大于正面作用。在香港回归祖国 20 周年之际，有人对新闻记者说："《中英联合声明》作为一个历史文件，不再具有任何现实意义，对中国中央政府，对香港特区政府，也不具任何约束力。"顿时引起公众热议：联合声明是一项有法律约束力的主权国家之间正式签署的条约，已在联合国登记，怎么能随便把它扔进历史故纸堆里呢？照这种逻辑类推，中美三个联合公报往哪儿搁呢？更有网民依照这个逻辑发挥调侃：什么借款合同、结婚证都是历史文件，不再具有任何现实意义。欠款可以不还，老婆可以再找……从这个典型案例可以看到，支撑观点的论据权威不权威，最终不是靠说者或写者的身份，而是论据本身是否具有法理支撑和令人信服的力量。

论据还不能是那些缺乏普遍性的个例，1908 年 6 月 30 日 7 时 17 分，在俄罗斯西伯利亚发生的通古斯大爆炸，科学界就给出了陨石撞击、彗星撞击、反物质等许多分析意见。但你不能用这场爆炸，来证明凡陨石掉落地球，就一定会发生几百公里方圆地毁人亡的结论。因为那是极其偶发的个例，不具备代表性。就像蛤蟆泛滥成群搬家可能是生物界发出的地震警报，但国家地震局不能只根据这个先兆，而向社会进行地震预报。所以，代表性支撑了论据的腰，个例只能让论据闪了腰。

论据最不允许出现偏差、约略、错误等。它一定要严格符合事实、标准或真实情况。时评中的观点，在论证过程中，肯定会遇到论据的具体落实问题。它可能涉及的方面包括出处、时间、地点、数量、质量、等级、类别、职务、名称、价格、大小、形状、性状、颜色、历史、文化、人物、科技等。这些方面不但不能无中生有，也不能添枝加叶。要有一说一，有二说二。要尽量不用模糊不清、伸缩性大等容易引起误解的词语来描述论据中的具体事实。推理也好，求证也好，说理也好，只要用到论据，就必须把它弄得清清楚楚明明白白。你使用论据的时候，可以根据文章长短结构和语言气场，来选择详略。但绝不可在含糊不清的情况下，随意使用。因为论据不准确，带来了观点动摇。受众可能从怀疑论据，延伸到怀疑观点。这样，我们就得不偿失了。

美国著名新闻学者杰克·海敦在《怎样当好新闻记者》一书中指出，新闻准确性高于一切。时评作为广义新闻的一部分，是不是也应该把论据的准确性，看作一件大事呢？

抓住这三点，就基本消除了论据可能发生的漏洞破绽问题。例如，2015 年 5 月，北大教授孔庆东状告南京电视台脱口秀评论节目主持人吴晓平一案，两审败诉。原告起诉的理由，是被告在节目中针对孔庆东的两个观点：一是“靠骂人出名”，二是“到底是教授还是野兽”。法庭辩论的焦点，在于被告的评论观点能不能拿出确凿的论据。结果，吴的律师当庭拿出孔庆东在许多公共场合以及个人微博上的骂人证据，原告无可辩驳。“野兽”一词，法院认为，在内容和手段均不具有恶意的情形下，孔庆东虽然感觉“受侵犯”，但应予以容忍。如果被告的评论论据不可靠，后果可想而知。在时评遭遇新闻官司时，作者只要能够证明论据确凿，评析并无恶意，基本上就不会败诉。你看，论据的可靠性多么重要！

一

时评论据的主要种类

时评论据主要有事实论据和理论论据（也叫道理论据）两种。

（1）事实论据是对已经发生、客观存在的事物的真实概括和描述，它所包括的事物、事件、事态，即客观存在的一切物体与现象、社会上发生的不平常的事情和局势及情况的变异态势，必须全部为真。鲁迅先生在《热风·题记》一文中说：“现在拟态的制服早已破碎，显出自身的本相来了，真所谓‘事实胜于雄辩’”。他的杂文和时评之所以战斗力强，善于并精于使用事实论据，是其中一个秘诀。

事实论据包括具体事例、概括事实、统计数字、亲身经历等等。

时评在证明自己观点的过程中，很多情况下无须多费唇舌，只要能够找到对应适格的具体而典型的案例，马上就能使论证的基石坚固起来。

《沉默和失忆的国民是怎样教育成的》一文中，为了论证“里里外外的‘一致’营造沉默的假面”这个观点，举了一个发生在苏联的具体案例：

> 1980年，契尔年科在苏共政治局会议上发言说：“去年（1979年）中央全会是在完全一致的情况下召开的。”佩尔则（Arvids Pelše）补充道：“决议也是完全一致通过的。”当契尔年科说中央秘书处51次会议召开，通过1 327项规定时，苏斯洛夫和安德罗波夫一起说：“就像政治局会议一样，秘书处也是完全一致通过的”。“一致通过”也是东德政治局开会的常态，至少是对外的一致口径，1989年10月政治局罢免总书记昂立克，昂立克自己投的也是赞成票。

这个论据，有名有姓有地址有时间有情节，其真实的力量，足以撼动读者。

时评论据概括的事实，就不会像徐贲的上述时评这样具体，它在确保事实不走形的前提下，用精练的语言“拎”出事实要素，凸显张力。这种手法，特别适合比较短小的时评使用。

《“杀狗令”惹风波，问题在“人”》（2015年8月27日《京华时报》，作者马九器），作者为了论证文中所讲的“狗的社会地位明显坐上了高速电梯”的哄抬现象，他一连举了几个事实论据：

> 从电影《忠犬八公》到法律领域的“动物福利”，从“狗是人类最忠实的朋友”观念传播到“单身狗”的自嘲，可以说，“狗的江湖”早已今非昔比了，一个最明显的例子就是都市里宠物店的扩张速度比楼盘还快，“卖房子”似乎都不如“卖狗狗”。别以为“爱狗人士”只是一小撮，他们占据着“动物福利”的思想，依靠着各种动物组织的网络，还有“忠犬八公”“警犬赛虎”“励志犬”等一大批颇有影响力的“明星名犬”站台，所以，广西桂林的“狗肉节”才会成为一年一度的“动物权利PK美食文化嘉年华”。

有这些很具体的事例作为佐证，作者的论述是靠得住的。

统计数字，作为事实的一种，具有难以辩驳的力量。时评使用它做论据，只需要注意不能使用太多太复杂的数字。

《GDP增长6.9%：经济结构转型积极信号》（2016年1月20日《新京报》社论）为了证实上一年中国的第三产业崛起，文章用了国家统计局的权威数字：2015年中国第三产业增加值占国内生产总值的比重为 50.5%，比上年提高 2.4 个百分点，高于第二产业 10 个百分点。和一二产业相比，第三产业增速也相当明显。报社要写这样命题的社论，还有什么比这一串来自权威部门的统计数字更有说服力呢?

亲身经历作为时评论据，也是很有说服力的。《锵锵三人行》，最擅长这一手。主持人和嘉宾在评论社会事件时，总忘不了用自己的亲身经历来论证观点。2017 年 5 月 29 日《北京“脏街”被拆》一文中，就是通过冯唐讲述三里屯“前世”来论证其中学时代人生观世界观所受影响的。

(2) 理论论据是一种理性观点，但必须是经过长期或大量实践检验，证明属于正确、权威、经典的论断。它包括来自先哲著作和公众人物的言论（名人名言等），以及自然科学的原理、定律、公式等。

以观点为论据证明观点，这对前者的要求很高。不能是毫无影响力的人说过的一句话，就随便拿过来做论据，那样说服力完全不行。比如，毛泽东同志在 1949 年 10 月 1 日开国大典站在天安门城楼上高呼：“同志们万岁!”这五个字出自一位人民领袖之口，和一般人喊这句口号，分量天壤之别。所以，时评引用观点作为论据的时候，一定要考察言者的身份地位和社会知名度。

《与台湾“断交”，巴拿马绝不是最后一个》(2017 年 6 月 14 日微信公众号“侠客岛”，作者切格瓦斯、东鲁虬髯客)，为了证实台湾内外交困和当权者心理，用了前“总统府”副秘书长罗智强的话，文章写道：

> 罗智强说，如果是国民党执政，保证被丧权辱“国”的狼牙棒打得满地找牙。如今“邦交国”一个接着一个掉，忽然发现，民进党主张“台独”的终极奥义，就是要让台湾“遗世独立”，变成亚细亚的独立孤儿吧。

罗智强在海峡那边号称“小诸葛”，当然很有名气。

科学原理、定律、公式等，之所以会让人深信不疑，是因为它们已经被无数理论和实践检验过了。在没有相关新的权威定论问世之前，它们具有无可辩驳的说服力量。时评论据善用这些，就会大大提高自己观点的确定性。优秀的时评还会把这些原理、定律、公式等，与权威大家结合起来一道使用，使论据更加牢固坚实。

《中科院院士朱清时被批用科学给巫术化妆》锋芒所向，是批评一位知名院士。其文的观点，如果没有比院士更权威的论据，恐怕很难服众。仔细一读，发现文章所举的是：量子力学的奠基人薛定谔和他的名著《生命是什么》，丹麦皇家科学院院士、诺贝尔物理学奖获得者尼尔斯·玻尔以及他的“对应原理”，英国皇家科学院院士波普尔和他的科学哲学“可证伪性”理论，基督教《圣经》，哥白尼的“地心说”等。如此坚实的论据，确实让受众感到其据无可辩驳，其论完全站得住脚。朱院士的观点和做法，被彻底撼动了。

二

时评论据的基本要求

前面我们已经从广义上探究过时评论据成立的共性，即权威性、代表性和准确性。现在从具体要求上来讨论时评论据使用中的几个要点。

（1）论据要真实。论据事实必须完全真实准确来不得半点虚假编造。因为论据假，可以导致整个论点被推翻。这样的情况，时有发生。

时评写作者一定要明白，论据如果虚假，是有可能吃官司并承担侵权责任的。严重者或有主观侵权的故意，甚至可能构成诽谤而遭到刑事追究。

论据来不得半点虚假！有一篇时评《就把垃圾焚烧厂建在市政府旁，可好?》（2016 年 4 月 25 日新浪，作者牛弹琴），为了论证社会就该坚持认真、较真的精神，作者用了一个无把握、不靠谱的论据：

> 想起了当年流传的一个巴顿的故事（真实性待查）：第二次世界大战期间，美国降落伞制造商告诉军方，生产出的降落伞只有99%的合格率，主管该项目的巴顿将军一听发话说：每一批降落伞出厂前，必须让经理们试跳，从此以后，降落伞的合格率就100%了。

请注意文中有个括号，括号里写着“真实性待查”五个字。这个故事就是这篇文章的硬伤，是完全不应该纳入时评论据的。这不但损害了作者的论证，也以自己为文的不严谨，削弱了要求认真、较真的时评观点。

（2）论据要充分。单薄的事实、孤立的证据，都很难证明观点。作为论据的事实和道理这两方面都应该充分——事例充足、引用丰富、分析透彻。

有的时评虽然也知道论述必须有根有据，但“孤证”的问题时有发生。即它用的事实，在现实生活中发生概率很小。如果只有一个证据支持某个结论，这个结论是不可接受的，在逻辑学上称为弱命题。“孤证不立”，在人文社科以及自然科学研究中，都被广泛作为一个戒律。时评为证明某个观点或结论，应该从不同的角度、多方面事实中寻找适格的证据证明。

《南方都市报》曾经发表时评《面对“群蛙杀大蛇”人们应该惭愧》（2006 年 8 月 4 日，作者盛大林），作者用了两个对比性事实：以一群青蛙合力杀死一条水蛇，来反衬前不久发生在一辆长途车上的强奸案：一名歹徒连续施暴，全车四十多名司乘人员及乘客竟没有任何抗暴。常识告诉我们，蛇吃青蛙，蛇是青蛙的天敌。由此可知，群蛙杀大蛇显然是个孤证，企图用孤证来证明自己的观点，是毫无说服力和可信度的。

（3）论据要典型。论据如果是局部的、只在特殊情况下才可能发生的“一厂一店”事实，就不典型而缺乏说服力。因为它不具普遍性，局部道理推导不出正确结论。

身患肌萎缩侧索硬化症的霍金，是现代最伟大的物理学家之一。如果有时评用他来论证身残志坚，是具有普遍意义的典型论据。如果时评用他来证明：这么一位身体残疾者都能成为世界尊敬的科学家，你身体倍儿棒，为什么不能登顶科学之巅，那就完全失去了作为论据的典型性。

（4）论据要新鲜要新颖。时过境迁的事实和道理作为论据，会因时间而失去正确正当性，很容易遭到受众和论争对手的质疑和挑战。家喻户晓妇孺皆知的论据，无法适应时评的时代要求，而有可能使论据成为阻碍阅读的累赘。况且，时评的身体里，流淌的就是新鲜的血液——观点要新，由头要新，论据也不能陈旧。

你想论证从小机智聪明，就举司马光砸缸。你想论证真诚拜师，就举程门立雪。你想劝人不要盲目模仿，就举邯郸学步。你想号召刻苦学习，就举王羲之兰亭临池。你想教人文章不厌改，就举曹雪芹写《红楼梦》“批阅十载，增删五次”。你想求证革命者的大义凛然，就举谭嗣同当年“我自横刀向天笑，去留肝胆两昆仑”……然而，这些是不是过于陈旧而缺乏时代感了呢？

还有一个问题，随着考古发现和其他科学研究的发展，那些人们烂熟于心的历史故事，有的已经失去了真实性或存在的基础。时评如果拿它们做论据，反而可能将非常好的论点给糟蹋了，如“爱迪生救妈妈”的故事。另外，“陈毅探母”也是虚构的故事。

时评对论据的要求确实有点儿苛刻，但唯有如此严格严谨，才不会被受众怀疑或被论争对手驳倒。

三

论据引述的方式方法

讲道理容易，谈操作难度就大了。时评论据的必要条件就那些，看过以后理解起来是比较快的，现在我们要讲非常具体的实际应用，看看论据引述的方式方法有哪些？

（1）直接使用论据。论点提出之后，完全不用过渡就立即将可以证明论点的论据摆放出来。这样的方法，显得紧凑、精练、论点与论据的联系紧密。《新京报》社论《“看不见”号贩子的医院该担何责》（2016 年 1 月 29 日）就是这样，开头表明论点：

> 不只是从法纪层面，从道义上，医疗系统也有责任“斥退”号贩子。这是基于人性自觉，也是“医者仁心”的应备素养。

紧接着就为立论摆论据：

> 涉事的广安门中医院回应称“无保安参与倒号”“没有证据表明号贩子存在”。可北京警方光这两天就在广安门中医院抓获了 7 名号贩子，并对其中的 4 人进行了行政拘留。

（2）事实叠加用据。把几种有利于证实论点的论据，用精练的语言叠加在一起，以不同视角、不同年代、不同人物、不同区域、不同文化等方面的不同事实，来多维论证多点论证。

（3）句式辅助用据。运用特殊的复句句式，将用于论点的事实论据或观点论据，在一个句子内就展示出来。它们前后之间一定要有必然的内在联系。换句话说，前后应该有逻辑关系。

使用“从……到……”的句式来用据。这样的句式列举事实，可以在一句话内表达两个或两个以上的论据。例如：

“四大神医”从苗医到蒙医，从擅长消脂瘦身到能治生理疾病，从会看手纹到看眼病，从会治脑中风到会医心肝脾，只有你想不到，没有他们治不了。

这是2017年7月全国曝光围剿“四大神医”时，一篇时评《“四大神医”何以能够横行》（2017年7月3日《北京日报》）使用多重复句列举事实。时评写作者在掌握较多论据的情况下，可以考虑用这种办法展示。

使用“当……时”的句式来串据。这是用前提要件的语句来表达事实不但有根有据，还限定了这些事实存在的具体条件。例如：

当卧龙草庐外的刘皇叔在朔风飞雪中久久伫立的时候，当古人在昏暗的灯下奋笔疾书“索物于暗室者，莫良于火，索道于当世者，莫良于诚”的时候，当一箱箱假烟假酒、盗版光盘在熊熊烈火中化为灰烬的时候，我们看到了一个古老却又鲜活的词语在历史的词典里永生——“诚信”。

用这种句式，最好能组织几个有内在联系的事实一道列出，更加凸显论点的无可辩驳。

（4）正反对比用据。取一个正面事实、一个反面事实，在对比反衬中突出时评写作者观点主张的正确。

《守望历史 为了和平——写在中国人民抗日战争暨世界反法西斯战争胜利70周年之际》（2015年9月2日《人民日报》，作者任仲平）中专有一段论证尊重历史重要性的论点。该文的论据就是正反对照举来：

> 纪念奥斯维辛集中营解放70周年，德国总统高克表示“不承认奥斯维辛就枉为德国人”。南京大屠杀档案申遗时，日本政府却故作“不解”，右翼更是激烈“抗议”。70年来，日本右翼一直在系统删改南京大屠杀的内容，撤走博物馆中的照片，篡改或销毁原始资料，甚至避免在流行文化中提及相关字眼。

使用这种对照论据，要注意正反事实须在一个话题内，不能把相关度不大的东西硬拽在一起。

（5）巧用修辞论据。具有形象性、感染力、修饰美的语言句式，把事实巧妙而不是僵硬地推将出来，不但增加时评的可读性，而且使论据便于受众读懂、记住。

排比——将能论证观点的事实或道理，以内容相关、结构相同或相似、语气一致的几个（一般要三个或三个以上）短语或句子连起来推出。鲁迅先生在时事评论《记念刘和珍君》里面，就用了这样的手法：

> 但这回却很有几点出于我的意外。一是当局者竟会这样地凶残，一是流言家竟至如此之下劣，一是中国的女性临难竟能如是之从容。

1958年5月中共八大二次会议上，毛泽东同志谈破除迷信的问题：

> 我们不要被西方的经验约束，我们也不要被俄国的经验约束，同时也不要被我们老祖宗的经验所约束……不要怕教授，不要怕孔夫子，不要怕外国人，也不要怕马克思列宁。

比喻——比喻论证又叫喻证法，是通过打比方来形象地对论点进行证明的一种论证方法。好处是深入浅出、具化生动、容易理解。缺点是任何比喻都是跛足的。喻巧而理至，喻拙也可能“漏洞跑风”。浙江保姆纵火致四业主死亡案，搅得舆论沸沸扬扬。《莫以极端个案放大社会群体不信任》（2017年7月2日新华网，作者胡宇齐）一文如此用比喻论证："一个小保姆的恶摧毁不了社会的善，如同一只小乌贼的墨染不了整片大海。"

引用——引用箴言、成语、诗句、格言、典故等，以证实自己的观点见解有根有据。越经典、越权威、越知名，就越有说服力。这方面的案例不胜枚举。

（6）复活史实用据。将那些古老的或过去很多年的史实，借新的角度、新的见解、新的场合活用起来。

毛泽东同志深谙古今历史，他的议论文在古为今用方面娴熟自如。《改造我们的学习》一开始就讲了一个《笑林广记》的故事，证在前论在后。《论十大关系》一文中说：

> 有些人做奴隶做久了，感觉事事不如人，在外国人面前伸不直腰，像《法门寺》里的贾桂一样，人家让他坐，他说站惯了，不想坐。在这方面要鼓点劲，要把民族自信心提高起来。

《矛盾论》一文从哲学认识论的角度分析了《水浒传》里著名的"三打祝家庄"的故事，指出研究问题，忌带主观性、片面性和表面性。

四

论据议论交融常见句式

时评属于议论文大家族中的一员，议论是时评的核心和主干，是论据的表述，是为论点服务的。在时评写作中，我们无法回避论据与议论两者之间的相互渗透和相互交融。因为，写作思维本身，就是在这两方面不间断积极跳跃的。谁也无法要求时评泾渭分明地把它们分割开。而那些时评高手，恰恰是喜欢或追求把议论和论据融合在一起，尽量做到"如水中盐、蜜中花，体匿性存，无痕有味"。刚学写时评的写作者，很难一步学到手。

议论的句式主要是观点句、阐释句、分析句、结论句等。论据的句式一般是材料句和表述句。让我们来看一个两者水乳交融的案例：

> 知识就是力量（观点句），它首先是一种难以量化的、伟大的精神智慧，当然更可转化为具体的、可见的、巨大的物质力量（阐释句）。一介书生，手无缚鸡之力，却可以坐知天下之事（材料句）。凭什么？知识以及知识带来的预见性（分析句）。史蒂芬·霍金，被卢伽雷氏症禁锢在轮椅上 20 多年，全身能“活动”的，除了眼睛，只剩下一根食指，但这并不影响他成为继爱因斯坦之后当代最伟大的理论物理学家、享有国际声誉的伟人、超人（材料句）。
>
> 靠什么？知识——关于宇宙奥秘、天体物理、时空本质的最新知识，最富有想象力、创造力的智慧（分析句）。可见，知识能够改变世界，知识能够决定命运，知识能够给人自由，知识就是力量（结论句）。

在这么短的篇幅内，该文将议论、论据交叉使用，还一步步深化论述的主题，而且给读者毫无刀斧痕迹的感觉。所有议论和论据的接口，都很圆润。外行看似一般，内行马上能够感到其功力了得。

我们再来看时评《老炮冯小刚又在捏观众这个软柿子了》（2017 年 6 月 20 日微信公众号“冰川思享库”，作者张丰）中的一段话：

> 本届上海电影节祭出了“用工匠精神，打造中国电影”的大旗，算是找对了方向（观点句）。所谓“工匠精神”，用著名思想家理查德·桑内特的话，就是那种“为了把事做好而把事做好”的精神（阐释句）。缺乏工匠精神的，可能不只是导演和编剧，还包括院线以及投资方（分析句）。在大家都能轻松赚到钱的时候，就谈不上真正的专业性，但是，随着电影市场的扩展和房地产一样陷入瓶颈，最终会出现真正有技术含量的竞争，到那个时候，“工匠精神”才会值钱（分析句）。桑内特认为，一个人发展出工匠级别的技艺，需要 1 万个小时的练习，如果每天用上 3 个小时，这也需要 10 年的沉淀，考验中国电影人的，不是决心，而是耐心（材料句）。从冯小刚身上，我们已经看出中国电影人最缺乏的就是耐心，这可真不是什么好苗头（结论句）。

由此看来，议论和论据在时评中，不需要被人为地安排在什么位置。只要顺着逻辑思维线条，语言表述顺势而为即可。

第四节 论的切入角度和表达效率

时评之论，从什么角度切入，有大学问。大多数人能看到、惯常的观察角度，都不是时评高手写作的最佳切入角度。他要见人之所未见，论人之所未论，没有非常特殊的视角，是肯定无法实现的。视角，引导受众的思维方向；视角，决定时评的新颖程度；视角，影响时评的阅读效果。学写时评，除了写作技巧和思想深度外还需要掌握切入角度的出新破旧。

表达效率，也是一个涉及时评社会效果的重要问题。由于时评这个体裁的长度受限，它必须在一两千字甚至几百字内把问题说清楚，而不同于学术论文或长篇通讯、大特写等体裁，可以有足够的空间让作者铺陈文字、详叙背景、纵横议论。这个时候，如何布局，如何精练文字，如何将观点表达得既新且深还不拖沓，就成了我们时评写作者不能不过的一道关。

切入角度与表达效率两者之间，又是时评内在的两个联系接口。前者水平一般，后者就会在有限的时间空间内，白白浪费文字资源和媒体资源。后者水平一般，前者无论多么奇特精巧，也不过是镜中花、水中月，再好也会流失在既滥也平庸的荒草之中。所以，切入角度和表达效率，共同构成了时评之论法的突破口。穿过去、飞跃过去，你就可以写出时评的成功之作。

一 时评写作者应当如何站位

时评的切入角度，最关键要看时评写作者如何站位。同一桩新闻事实，不同站位就会形成不同的思想观点。例如，围绕着“喝咖啡”网络新媒体和传统媒体同台竞技，展开一系列评论，引起了人们的争议和思考。

最早是一位网名叫麦子的年轻人，在中华英才网上发表一篇《我奋斗了 18 年才和你坐在一起喝咖啡》的夹叙夹议的述评，很快招来一篇驳论性时评《反驳：我奋斗了 18 年才和你坐在一起喝咖啡》，接着又有新论《我奋斗了 18 年不是为了和你一起喝杯咖啡》。2010 年 11 月 4 日，《中国青年报》发表王石川的评论《奋斗了 18 年咖啡还能喝多久》，当日《东方早报》就发表了孟隋的评论《“喝咖啡”与社会公平》。著名时评编辑曹林也参与其中，发表了时评《曾经奋斗一生也不敢奢想一起喝咖啡》……每一种言论，都表达了不同的思想观点。从农村青年奋斗之不易到质疑奋斗目标的正确性，从差距就是人生动力到阶层固化中的阶层向下流动问题，从社会的公平公正到呼吁改革尽快赶上人们的期待，正是每一方的不同站位，决定了大家对同一问题的不同见解和认识高度。

时评写作者站位事关时评整个论的出发点和落脚点，事关论的深浅与范围。时评写作者如果完全进入所引新闻的角色，和它站在同一位置看事议事，就可能感情用事、意气说理。如果完全超脱于事，又有可能隔靴搔痒，甚至无关痛痒。唯有心在内人在外，时评才有可能与社会同命运、与大众共呼吸，发出理智的呼唤。

综合分析现当代时评现状，时评写作者的站位可归纳为十种：

(1) 愤青型——对社会不满、对现状不满、对政治不满、对经济不满、对教育不满、对分配不满、对人际关系不满、对文化现象不满，总之，看满世界都不顺眼。写起时评，开口就是愤怒批斥：骂日本人“鬼子”，骂韩国人“棒子”；说“80 后”“颓废”，说“90 后”“脑残”，说“00 后”“早熟”；在他眼里官员都贪，医生都收红包，警察都打人，城管都砸摊，女明星放荡，男导演好色；诅咒比自己过得好的富人，嫌弃比自己更艰辛的穷人……总归只要矛头不对向自己，他都兴冲冲地站到谩骂和嘲讽的“大多数人”中去，直到有一天别人调转枪头伤害了他，才发现自己多么孤独和渺小！

(2) 看客型——鲁迅先生去世都 80 多年了，鲁迅的《呐喊》出世更有百年历史了，可中国的看客仍然存在，甚至一代一代发展壮大起来。可见，国民劣根性确实根除很难。反映在时评写作上就是事不关己高高挂起的貌似逍遥态度。无论怎样惊心动魄的新闻，无论怎样千夫所指的现象，无论多少令人感动的事迹，都不能激起他内心的涟漪。总之，他的时评，从不把自己置入国家和社会的旋涡中，冷如止水，笑看浮云，无关痛痒。

（3）忧夫型——担忧、发愁是这种作者惯常的站位视角，他们的时评，面孔始终是双眉紧锁，思维定向在忧虑、忧伤、忧患、忧郁、忧愁、忧烦、忧戚等这一类上。他们对时事的分析看法总是悲观大于乐观，带给受众的总是消极大于积极。

（4）党棍型——依仗党的权威发号施令，其时评却一点说服力都没有，更缺乏起码的亲和力。出自他们笔下的时评，不但对人民的思想教育无益，还对舆论引导产生许多负面作用。历次政治运动中都能看到这种站位时评的勃兴。

（5）门阀型——在学术领域、思想观点、文化见识等方面，自己的价值观必须凌驾在他人之上，以自己的门第阀阅划线。时评的字里行间总含有一种顺我者昌、逆我者亡的意味。从不愿意兼容并包，也不允许中间地带，语气间透射一股我言必从的霸气。伤人也伤己。

（6）"五毛"型——跟着"老板"吆喝，为了利益写作，时评的观点总是对着"上头"的口径，绝不会越雷池半步。即使粗看是自己观察自己思考，但是比照谁谁谁的讲话、哪一级红头文件，远近的评论要求，你就会看见鹦鹉学舌的样子，潜藏在里头。

（7）泼妇型——写文章开口就骂，唾沫横飞。他不喜欢悉心讲道理，更热爱蛮横撒泼。全文不会给骂的对象留一丁点儿辩解的空间，满篇自己的说辞，始终气势汹汹的架势。读者很难从中得到启示，只能留下泼妇骂街的形象。

（8）智者型——智慧过人，足智多谋，聪明了得、能言善辩，是这种时评论者站位的写照。他们的笔下，呈现的基本都是优秀时评所应具备的要素，切入点总是那么别致精巧，经常让人一读就拍案叫绝。在大众欢呼雀跃的时候，他会保持冷静。在国家出现危机的时候，他会较早发出警示。他们的时评一般水平的人写不出，有高度、有深度、有维度，还有让人意想不到的视角，确实具备突破常规、智力超群的魅力。

（9）老谋型——对时事政治和社会局势纷繁复杂的表象下潜藏着的深层次问题，既能洞穿，又能以官方与民间都接受的方式进行智慧的表达。他们的时评站位，绝不是从个人或小集团利益来取舍度量，而是出于国家和民族大义、百姓和社会福祉。他们捧出的论点，虽然常有批斥指向、愤怒之声，有时还不免悲情的色彩，但绝不站在党和人民的对立面。字里行间，流动着有根有据的事实，表达出循循善诱的劝导，潜藏着与人为善的精神。由于建立在擦亮而不是抹黑的基础之上，所以即使忠言逆耳，也犹如警钟响起。即使有谁戴着政治的有色眼镜从中找碴儿，也很难下刀无以挞伐。如果遭遇简单划类，或许会被不理解的媒体编辑或领导，当作负面舆论的生产者，而打入冷宫。但缺少了这样观察问题分析问题的站位，我们会沉浸在“到处莺歌燕舞，更有潺潺流水”的美景幻觉中。多维时评、立体观察，需要这种视角的加入。

（10）悯人型——惯常的角色站位，表现为对人民的疾苦充满同情，对时世的艰难理解哀叹，对社会的腐败悲愤不平。虽然有些用情过度，但善心可嘉，亦是社会良知的组成部分。时评需要汲取其中的积极因素，带着深厚的情感，看待时事中的喜剧悲剧正剧。

事实上，时评的角色站位，并非如上述十类描述般鲜明突出且泾渭分明。它们常常隐藏在作者的思想深处、文章的字里行间，而且往往相互交融、你中有我我中有你。但是，明白了掌握了这些标志性特征，有助于学习时评写作的人，找准方向定位努力下功夫。

三

“切”的学问关乎时评生命力

切入——指作者进入时评的观察方法和分析角度，属于文章构思和立意的学问。

切入巧妙，时评可能有传至久远的生命力。

切入不当，时评就难以被编辑和受众接受。

一篇时评究竟应该选择哪种切入角度，主要取决于四个因素：新闻由头、论述观点、全文立意、写作风格。如果主观地先给自己画一个圈圈，只能约束评点的思维张力，人为禁锢评点的多维视角选择。

新闻由头的不同，为什么可能影响论的切入角度？因为不同的事件不同的人物，只能用不同的“切”来进入分解。贪腐问题，说惯了机制根治，就得换个眼光。分配不公，抱怨之声已经充斥耳郭，需要从积极意义入手考虑视角。房价飙升，已经发现危机，现在要想出不伤根本的处置之道。即使同一类重大伤亡事故发生，这一次也要与那一次在论的角度上有所区别。

论述观点，更是忌讳趋同一致。时评写作者应该自觉主动、有意识追求论的出新。如果视角不换，是肯定会“旧”。

全文立意，是从总体架构上影响论的切入视角的。立意浅薄，大多数会视角也平庸，初学时评的写作者，最容易在这种泥沼里折腾，直到发生质的升华的那一天才能爬出来。

写作风格，对论的切入角度影响极大。首先要说清的是，已经拥有写作风格的人，他已经属于高段位级别，绝非在时评写作入门徘徊转悠的水平。因此，他会将“切”也纳入自己的一贯性风格体系之中。鲁迅就喜欢冷嘲热讽、嬉笑怒骂，即使对“自己人”，他也不会放下无情的解剖刀。

时评切入的方法主要有如下几种。

（1）微观视角切入。越大的事情，越重要的新闻，越是从微观切入来得更加巧妙。因为时评的篇幅端不得大架子，以一斑而窥全豹、一滴水而见太阳的光辉，才能“既经济又实惠”。《羊城晚报》总编许实以笔名“微音”，写了几十年“街谈巷议”短时评，基本都是这种以小见大的切入角度，深受全国读者喜爱。

（2）宏观大势切入。高屋建瓴看问题，全盘大局想事情。这种切入视角，正好和上面讲的相对应而不是相反。因为，宏观视野切入的，恰恰是那些个案和小事。但是，如果也来个微观视角就事论事，肯定影响时评深度。《人民日报》时评“人民论坛”，大多数谈的新闻由头并不太大，但是其切入角度却站在全国层面上。这种写法不太好掌握，弄不好就会很空洞。

（3）逆向思维切入。对大众惯常的问题看法，敢于反其道而行之。求异不求同，批判性思维凸显。特别是那些似乎已成定论的问题，时评的独辟蹊径，反向判断，只要能够合理成立、不违反逻辑推理和评论规则，往往会语出惊人，给受众带来特别的思考。逆向思维也叫求异思维，它是对司空见惯的似乎已成定论的事物或观点反过来思考的一种思维方式。

（4）深度探索切入。时评追求的目标是深度，而不是精巧。特别是那些思想见识水平非同一般的作者，不喜欢在写作手法上花里胡哨，而是把功力尽显在深度厚度上。

于是，从一开始切入，就比较平实比较朝深里钻，问题的提出或由头的排布，都足显其深刻导向。如秦晖、鄢烈山、袁伟时、钱理群、徐贲等大家，都是这种风格取向的。

（5）超前观察切入。在人们还热衷于谈论事情或问题本身的时候，他的时评却把眼光落在了将来可能发展的趋向分析判断乃至结局上。这种思维角度，特别在意未来的发展趋势。所以，不但站在大时代潮头，更要登上历史航船的桅杆，瞭望前方的惊涛骇浪。不过，说起来容易，做起来很难。而且，十次判断七八次准确，如果发生一两次误判错判，就有可能毁了自己的名声。

（6）迂回思考切入。论有时候不宜长驱直入，评不一定非要直击要津。涉及重大政治、敏感议论、宗教问题、群体性事件等，切入角度不妨采取迂回的方式方法。绕过高压线，循循善诱地讲道理。有时候，这种迂回包抄的思考分析，反而更适合时评写作者展开。

一个“切”字，包含着许许多多奥秘啊！

三

效率优先将“论”投入

初学时评写作的一大通病，就是在新闻由头中花费很多笔墨，留下的论的空间已经很小。于是，带出另一个毛病来，那就是论的肤浅。

为了传播效率，转论要快——这是时评写作的一个基本要诀。

实现这个要诀的抓手，是必须坚持新闻由头精练短小，浓墨重彩张写时论。因为，时评的重点在论，而新闻由头只是“引论而入”的桥梁或跳板。写作者千万不能喧宾夺主，在介绍和解释新闻由头上多花功夫，而观点“论”的部分反而成了配角。

这个道理并不复杂，下面用正反两方面典型案例来让你理解。

“狗仔队”分拆原因何在？

津　溶

5月3日，一个名为“新风行工作室”的博主发表微博称，因为工作理念不合，风行工作室的摄影师集体向卓伟请辞，并将成立新风行工作室，继续奋斗在娱乐新闻的第一线。文中特意强调了辞职并非“分赃不均”，有点欲盖弥彰的意味。

风行工作室作为内地成立的第一家狗仔队，自进入大众视线已有 11 年，在 11 年的爆料道路上，卓伟总是冲在前面的那一个。爆料前要做首打油诗，爆料后还要接受媒体采访。长达 11 年的自我包装后，卓伟俨然成为了一个“网红”。这是因为，卓伟是文字记者出身，他不但善于写作，擅长口头表达，还有极强的表现欲，再加上他又是风行的创始人，自然变成了风行的“代言人”。公开资料却显示，卓伟并不是风行工作室的公司——北京大风行锐角度文化传播有限公司的最大股东，最大的股东是持股 28.5%的冯科，卓伟屈居第二。但在外界眼中，卓伟的个人知名度不但比冯科高得多，也远远超过了风行工作室。在新浪微博上，卓伟有 702 万粉丝，全明星探的粉丝数为 218 万，而风行工作室仅为 34 万。而据业内人士透露，带领团队出走的，正是最大股东冯科，如果没有这次“集体辞职”，恐怕吃瓜群众根本不知道冯科是谁。虽卓伟辩称“风行还在”，但据知情人士透露，此次冯科虽非带走全部摄影师，却带走了绝大部分一线摄影师。卓伟离“光杆司令”并不远。

风行工作室拍到的“猛料”，原本是集体的劳动成果，却被卓伟一个人抢了风头，摄影师愤愤不平也在情理之中。尤其在最近，卓伟频繁在微博问答中回答网友的提问，在没有拿出事实依据的情况下，爆出“鹿晗隐婚生子”等多个猛料，不但遭到了网友质疑，还让卓伟收到了不少明星的声明甚至起诉信，造成风行工作室公信力的下滑。这种放弃新闻事实，为博眼球而发声的做法，可能也引起了风行其他成员的不满，从而与卓伟分道扬镳。

…………（此处省略约 350 字）

（中国传媒大学南广学院 2015 级编辑出版专业学生作品，2017－05）

这篇时评标题立意挺好，它要搞清“分拆”背后的原因真相。但是，前面三段共约 720 字，全部在新闻由头上打转转。第一段，简要从新闻切入，“有点欲盖弥彰的意味”算是开始评点了。可是，第二段又将由头解开细说，唠唠叨叨显得相当拖沓。第三段总该转入评或论了吧，仍然在介绍事件背景。剩下的约 350 字无论怎么精彩评说，也不过是鸡肋。全篇论的效率非常低下，显然是新闻由头喧宾夺主造成的。

不能任由狗仔文化继续放肆下去

王　研

…………（此处省略约 360 字）

从上述现象可以看出，乌烟瘴气的狗仔文化已经渗入一般性的新闻采访，如此做法无疑是对新闻伦理与道德标准的严重挑衅。

什么是狗仔文化？简单地说，就是以狗仔式的采访为主要特征的一种文化现象。众所周知，狗仔是专门跟踪知名人士的记者，他们的工作就是无底线地曝光新闻人物的生活细节。狗仔游走在灰色地带，以满足大众猎奇心理为借口，给自己的行为建立起某种正当性。他们的目的非常简单，就是利用他人的隐私来获取利益。

在中国内地，狗仔文化仍处于刚刚兴起的阶段，但其发展势头却相当迅猛。近两年，一些以工作室为名的狗仔队十分活跃，曾多次因曝光艺人私生活而引发社会争议。由于此类曝光基本限于娱乐八卦的范畴，社会对此仍保持着一定的包容度。不过，狗仔式的新闻运作方式已经渐渐产生溢出效应，某些记者无视职业道德，不加区分地将狗仔文化引入任何一种新闻采访，不仅使媒体竞争环境趋于恶化，同时也在传递一种错误的、扭曲的价值导向。可以断言，长此以往，必将造成整个社会文化生态的崩坏。

一个真正文明的社会应当没有狗仔文化生存的空间，一个拥有健康心态的人也应当拒绝狗仔文化。但很遗憾，这些“应当”目前还只是一种理想的想象。现实是，当下是一个媒体爆炸的时代，也是一个娱乐爆炸的时代，前者将时效的意义无限放大，而后者则让窥视心理无限膨胀。在此背景下，狗仔文化的滋生蔓延几乎是难以遏制的。

那么，当基本的道德约束无法制约狗仔文化时，更加需要将其严格限制在法律框架内。目前，狗仔文化的负面效应给社会文化生态带来的影响还未完全显现，但这一问题却应尽早受到全社会的关注与重视，有关部门更应尽早制定出有效的管理办法。

站在尊重逝者（指姚贝娜）的立场上，笔者希望这场纷纷扰扰能够尽快平息；不过，站在社会的立场上，笔者也希望这次事件所引发的思考与讨论能够继续下去。因为，一个健康的媒体环境和一个健康的文化生态，是每个人所必需的，不能让狗仔文化一次又一次地改写我们的底线。

（《辽宁日报》，2015-01-15）

此文也是从新闻由头切入，前面叙述花了约360字，不算精练了。但接下来约800字全是评和论，而且围绕观点层层深化。由头后的第一段，先做了个定性判断：乌烟瘴气的狗仔文化渗入一般性的新闻采访，是对新闻伦理与道德标准的严重挑衅。接着的背景介绍段，选择性点穴：就是利用他人的隐私来获取利益。然后，登高从更广阔的"中国内地""整个社会文化生态"高度剖析。再接一段，从社会土壤来论狗仔文化。最后两段，分别切入观点核心，并提出解题之道。这篇时评论的水平并非特别优秀，但它提出"不能任由狗仔文化继续放肆下去"的观点是2015年1月，比有关管理部门出手早很长时间，凸显了作者的前瞻水平和舆论引导水平。

时评在章法上应该分清主次，它是论的核心地位所要求和决定的。如果谁把它弄成由头与论"倒三七"，那就一定会损害观点的高效表达。时评写作者需要把主要精力放在如何论这个关键上，切不要把功夫用错了地方。

四

时评三要素心中有写时无

时评的论点、论据、论证太重要了！缺乏其中任何一项，立论的基石就坍塌了。弱化其中任何一项，都有可能带来观点站不住脚的结果。所以，没有一个时评写作者敢无视时评的这三个要素。尤其是初学时评写作的人，会在下笔之前、下笔之中，内心念兹在兹，生怕有闪失遗漏。

时评三要素，需要做到心中有写时无这种状态。

（1）心中有，就是要在思想上牢固树立三要素概念，并且知道在时评架构中主动自觉地将三要素纳入其间。

比如论点，属于全文至关重要的核心和发散原点。有的时评写作者写着写着，就忘记了论点的统领作用，将其转移或放弃。这种问题反映在文本上就叫“论点多头”（两个或两个以上）或“论点漂移”（游离主题去论述）。更差的是缺乏论点要素，时评写得洋洋洒洒，却不知道作者的主张观点意见为何？这类低级错误，在时评写作高手那里，基本是不会犯的。为什么？因为高手写作只有观点深度不够，主张有时偏激，论证可能还不严密，但无论如何，明显硬伤存在的可能概率是极小的。

比如论据，时评写作者为了证明一种思想、一种观点，他需要言之有据。无据，所有的主张意见都不成立。懂得了这个最基本的道理，你在写作中就会很自觉、很主动地顺流而下切入论据的摆放环节。

比如论证，例证、引证、对比证、道理证，时评写作者临时发挥比较难，书到用时方恨少。写起来再到处找，更容易使一气呵成的时评出现“肠梗阻”。内行写时评，大多数是在写之前的深思熟虑阶段就把基本的论证材料找好或考虑好的。即使写作过程中，一时需要事先没有备好的证明材料，但此时已经方向明确、对象清楚，不用很费功夫就能解决“论”的支撑问题。中国人民大学新闻学院评论学教授马少华在《一篇评论的“选题”过程》中介绍：

> “老司机”的酝酿过程是很费力的，但真的动手，随着这些问题奔涌而出，我产生了思辨的激情，我知道，我的选题来了——就是它了。我没有再看其他的文章，就从这里动笔了，一下子写到零点。长了，1 700 多字了。凌晨 4 点又被想法催醒，那是把第一段的叙事写得更为精简的想法，又爬起来写，从 1 700 字删减到 1 400 多字——我始终担心因广告托底被编辑删改。①

（2）写时无，就是要在整个时评写作过程中，不要将三要素的具体组织安排，像工匠那样一点一点拼凑，一步一步去找。大量的实践证明，倘若写的过程磕磕绊绊，

① 转引自 2006 年 7 月 27 日马少华的博客。

通常很难创作出优秀之作。

毛泽东同志于解放战争时期写过大量时评，新华社老人回忆毛泽东发表其中一篇《蒋介石李宗仁优劣论》时发生的故事。毛泽东一进编辑部的门，起床不久的编辑们立即围上来，有人问："主席，今天你怎么起得这样早？"他笑着说："我还没睡呢！"接着递过稿子，又说："刚写好这篇评论，你们看看，发了吧。"① 从中看出，毛泽东的大作是深夜伏案，一气呵成的。

鲁迅的时评《记念刘和珍君》，是在参加了刘和珍的追悼会之后，回家奋笔疾书而成的：

> 我已经出离愤怒了。我将深味这非人间的浓黑的悲凉；以我的最大哀痛显示于非人间，使它们快意于我的苦痛，就将这作为后死者的菲薄的祭品，奉献于逝者的灵前。

报界宗师张季鸾"看完大样写社论"，早已传为时评写作的佳话。他是反对时评写作中过度组织和过度雕琢的。

所以，时评要素的构成，多半是写前的思考与写后的检查分析，而不是时评生产过程中的束缚，更不是束缚作者思维的绳索。突破生硬教条，敢于纵横延展，体现了这种文体的弹性空间，掌握它当然是一种基本功修炼的东西。这其中的关系，和李嘉诚对马云等著名企业家所说"建立自我，追求无我"，差不多是一个道理。对于一般人来说，达到这一境界当然很难。因为写作这门手艺，往往功夫在诗外。但是，学写时评者，只要平时大量阅读，然后自己多练笔，就会在日积月累中将时评要素娴熟于心，进而学会倚马可待的本事。

---

① 成一．毛泽东一篇鲜为人知的评论：蒋介石李宗仁优劣论．(2010-02-24)［2018-09-04］．http：//dangshi.people.com.cn/GB/11013994.html.

要领

1. 时评论述的方式方法，最关键的就是解决论点、论据、论证这三个问题。其中，论点的确立有四个层面的判断：新闻事实真伪和走势的判断，时评价值的大小和典型的判断，具体事实成因的性质判断，以及论点普遍性适用的判断。

2. 论证，是时评为了推出令受众心悦诚服的结论所采用的推理手段。逻辑论证是时评中最常见、效果最显著的论证方法，通常有七种：演绎证明、归纳证明、直接证明、类比证明、间接证明、反证法、选言证法。

3. 区分解释和论证，最好的方法，就是看结论部分是不是有争议。

4. 论据可靠，有一些具体的要求，主要包括权威性、代表性、准确性。

5. 论证的切入方法，是时评写作者进入时评的观察方法和分析角度，属于文章构思和立意的学问。它主要取决于四个因素：新闻由头、论述观点、全文立意、写作风格。

第五章

时评类别

研究过时评写作的基本规律后，我们要从更具体更细化的方面入手，来探讨时评各种类别的写作要求。

时评大家族的内部分系很多。过去许多年，业界对新闻评论的分类，是用纵横两条线来切割的。

横线：报纸评论、广播评论、电视评论。新闻性杂志由于自身势力不够强大，所以它的评论尚不成气候，无法独立生成而归入报纸这种纸质版体裁。

纵线：社论、编辑部文章、评论员文章、编者按、编后、署名评论、专栏评论、新闻述评等。

当新媒体闯进评论圈“抢食”以后，新闻评论在新旧媒体同台竞技中，不仅品种极大丰富，更在质的方面悄悄发生了革命。同时，新媒体的时评作品喷涌和写作者队伍迅速发展壮大，很快超越了所有的传统媒体，所以自然也成了一系。而在时评的写作方法和表现方式上，新媒体时评一派冲破传统藩篱，不拘一格出华章。有些新媒体时评，甚至难以简单被归类到某一评论种类下。绝大多数新媒体时评写作者，并未有意让自己的作品向哪一种评论类别靠拢看齐，还有人就想玩个“四不像”——他们集合了多种评论的优点长处，使自己的时评展现更强大的社会影响力。这是时评界先驱和探索者的实践创新。

当代时评，在类别划分上遇到了一些难题。这就是各个类之间“打断骨头连着筋”，相互渗透相互关联，使研究者在分类时左右为难。尤其是“种属关系”，一个概念的全部外延与另一个概念的部分外延相重合，人为地“强拉硬扯”就会显得不妥当。因此，本书为了表述方便，主要依据写作要求的不同对时评总体上分成公论、个论两种。然后再二次划成若干个分支。其实，对时评写作者来讲，他们更关心自己的思想表达，如何更加精准，如何更加到位，如何有效影响受众，如何能对社会产生最为广泛、最为有力的干预作用。当然，实现这些目标，需要写作水平、写作手段来辅助。所以，还是要知晓、学习各种不同类别的时评具体的写作要求，如果能更加深入地研究探索这其中的基本规律，则对扩大眼界，相互融合“拿来”，迅速提高写作水平，大有裨益。

在时代变革、媒体技术日新月异的今天，时评也一定会跟进潮流而不断创新。比如大数据、云计算和人工智能，就影响了中央电视台的记者述评，他们推出了《数说命运共同体》节目。在应用层面的 VR、H5、无人机和移动直播等方面，更助推了时评新闻由头和事实证据的现场可视化展现。在 G20 杭州峰会期间，凤凰网推出的 VR 全景直播杭州 58 小时，将时评穿插在世界领袖的活动和发言之间。所有这些，如果用惯常的方法来分类，肯定是无法实现的。所以，我们千万不要让分类束缚住时评发展变革的手脚。

第一节

公论及其把准身份定位

公，是国家、社会、大众的概念。公论，是代表一级组织（如政府）、一个团体（如政党）、一个社会（如国家）、一个机构（如媒体编辑部）、一个族群（如社会公众）所发表的议论。

公论，不是一个人的意见观点，它最显著的特点是要有广大的代表性或涵盖性。“兼覆无私谓之公。”（《新书·道术》）公道、公平、公正、公心、公德、公害、公愤等，无一不是建立在广大人民群众共同认可或评价认识基本趋于一致的基础之上的。所以，公论也承担着公众舆论的巨大责任，它一定不能是任何写作者自己个人价值观的反映。只有把这个定位搞清楚，我们接下去讨论研究才有意义。

公论这个提法，在过去的新闻评论界是没有的。现在以此来画圈定类，可以将所有的非个人署名评论囊括。这样划分的好处，是在类别上就将两种不同性质的观点身份，作了一个清晰的分野。写作者在执笔公论之时，不但不能搞错文章定位，连自己的私货掺杂都是不允许的。央视新闻曾几次曝光，湖南郴州人民群众对当地政府强拆怨声载道，但是，当地官媒言论仍然为这种侵权行为张目。这反映的究竟是公论还是个别长官的意志？明眼人一看就清楚。所以，公论不能简单地将体裁概念化，首先要从身份定位上认识，才能在写作中摆正位置。防止公论写作假公济私，以人民的名义，行损害人民利益之事。

一

公论现有的基本种类

公论包括的品种比较多，主要有社论、献词、编者按、评论员文章，还有编辑部文章、编后、专栏评论等等。它们共同构成了一个以媒体或媒体编辑（这里是指职业而非个人）名义，表达党和政府或其他组织机构，对重大、重要新闻事实的观点、价值观判断。如果遇有较大社会影响力事件，为了及时反映人民群众的共同呼声，也会使用公论进行集中表达。如果仅仅属于影响力不大的小概率事件、发生在个别人身上评析价值不高的问题，一般就不适合通过公论形式展开分量超重的时评。但是，公论选题的“重要、重大”范围，并不意味着其他评论品种就截然相反，以为公民个论只能在意义不大的评论对象上说道，那就犯了“绝对概念”的错误。我们已经在本章开头讲过，时评类别的种属关系、交叉关系等等，相互在选题对象之间，都存在着内在联系。公论的体裁选择范围，可能比个论要小一些。这是身份地位所决定的，也是影响力所决定的。

在 Web 2.0 时代，传统媒体评论受到冲击，于是悄悄发生了革命。时评公论的表现形式，在上百年固化的情况下，正出现革新的苗头。比如，以新闻传输为主的那些网站，已经不满足于海量信息中网民的自发来论和个论，它们很想发表更加权威的媒体声音。于是，通过特约特邀意见领袖、知名大咖写手，定向写作重大时事政治或经济的网评，其实就是别一种公论。这些时评，不但媒体编辑部要把关审核，而且还要求代表网站发出声音，所以影响力较大。

(1) 社论，代表编辑部就某一重大问题发表的权威性评论。在我国，社论集中反映并传播一级政党、组织、社会团体对当前重大事件和迫切问题的立场、观点、主张。政党机关报的社论一般代表同级党组织或政府的意见。在广播电视中，通常是以“本台评论”的形式出现。在全世界，社论都是媒体评论中权威性和导向性最显著的一个类别，美国现代新闻业创始人普利策，把它誉为“报纸的心脏和灵魂”。我国的老报人邓拓在《关于报纸的社论》中也指出，社论是表明报纸政治面目的旗帜，报纸必须有了社论，才具有完全的政治价值。

社论的身份地位和影响力，反映在它所代言的对象、它所评论的主题、它被媒体处理的规格三个方面。它具有其他评论文体的不可替代性。

邓小平建设有中国特色的社会主义理论最早在媒体上提出，是通过社论的形式向全国全世界公开的。1997 年 9 月 12 日，中国共产党第十五次全国代表大会召开当日，《人民日报》发表社论《承前启后 继往开来——热烈祝贺党的十五大开幕》。第一段文中就有“大会将高举邓小平建设有中国特色社会主义理论的伟大旗帜”，后面还有一段明确提出：

> 邓小平建设有中国特色社会主义理论，是当代中国的马克思主义，是我们党在新时期各项工作的根本指针，是中华民族振兴和发展的强大精神支柱。

一家报社不可能擅自就如此重大的政治议题作出这样的命题定位，更不可能只是以报社的要求和呼声来左右事关全党全军全国新时期政治指导思想。当江泽民同志代表第十四届中央委员会在大会上作《高举邓小平理论伟大旗帜，把建设有中国特色社会主义事业全面推向二十一世纪》的报告时，《人民日报》社论的依据就清楚地显现出来了。报告着重阐述了邓小平理论的历史地位和指导意义；提出党在社会主义初级阶段的基本纲领；强调依法治国，建设社会主义法治国家。大会通过关于《中国共产党章程（修正案）》的决议，把邓小平理论确立为党的指导思想并载入党章。

据史料记载，从20世纪50年代开始，《人民日报》的重要阐释型社论，都是由报社编辑部事先研究审定选题的内容纲要，后报送党中央领导同志审阅，并经批示修改同意后，由社论作者写成初稿，打印后在内部传阅修改，或根据需要再请有关专家阅正，最后交总编辑定稿。必要时，再送中央负责同志审定。

《大公报》主笔王芸生曾经说过："尤其是报上的'社评'，文章既由报馆负责，写文章的人便须忘掉了自己。"

社论选择怎样的重大主题发声？我们通过回看《人民日报》历年社论标题，基本就能看出这些主题无一不是全党、全国的中心工作或事关全局的问题重点。比如2017年2月6日发表的《深入推进农业供给侧结构性改革》，是在中共中央、国务院公开发布《关于深入推进农业供给侧结构性改革，加快培育农业农村发展新动能的若干意见》一号文件后发表的阐释性时评。它对做好当年和今后相当长一段时期的农业农村工作，具有十分重要的指导意义。

《大公报》当年为了社论选题重要重大化，创设了"分工集议制度"。张季鸾、胡政之、吴鼎昌共组社评委员会，商榷意见，决定主张。"意见有所不同时，以多数决之，三人各各不同时，从张先生。"①

美国《亚特兰大日报》的社论选题，每天都由编委会共同研究决定。有的选题大家分歧较大，只能通过无记名投票最后决定。

社论在媒体上怎么表现其显要地位？你看报纸头版头条或报头边的报眼位置，就知道了。此外，社论还会在字体字号、颜色、加框等编排方式上，作突出处理。广播电视的"本台评论"，也总是靠前安排、在黄金时间播报。而且，还会由知名的播音员朗读。如朝中社重大事件社评，都选朝鲜中央广播委员会"国宝级"播音员李春姬担任主播。2017年2月14日，朝鲜发射导弹，时年74岁的她仍然出镜担任社评主播。总而言之，社论在媒体发表时，享受着其他新闻品种都不具有的最高规格。

社论写作既有传统的学习继承，也有适应新形势的创新要求。

学深学透，写作在后。由于社论的特殊身份定位，执笔者特别需要将所代表发声的党政文件、领导讲话等材料以及其他方针政策，学深学透，直至确实掌握精神实质

① 孙宏，谢作昱.《大公报》的"三驾马车".新闻出版交流，2003（2）.

后，方可动笔写作。这也是对社论作者特殊素质的特殊要求。诚如曾经在《人民日报》分管评论工作的副总编周瑞金所说，以其昭昭，才能使人昭昭。2010 年 6 月 3 日，河南省委书记卢展工在《人民日报》上发表署名文章《用领导方式转变加快发展方式转变》。《河南日报》反复认真学习讨论后，用一个月时间连续发表“何平九论”，深入论述了“加快发展方式转变”的重大意义、遵循的原则和具体落实的方式方法。

登高望远，统领全局。社论的着眼点要么是全国甚至全世界，要么是一个地区一个行业，绝不能是小范围的观点话题。因此，写作者不能没有博大胸怀和全局观念。同样一个问题，一时一地的观察和统揽全局的分析，可能结论大相径庭。所以，全局才是社论适配的胸怀。

媒体站位，凸显特色。社论非常容易为写得“高大上”，而搞成千报一面千篇一律。所以，让媒体个性在社论中闪光展现，既是视角问题，也是写作水平问题。如汶川地震发生后，全国许多新闻单位都发表了社论，优秀者各显特色，如《人民日报》的《人民生命高于一切》，《南方周末》的《我们在地狱边上，但是我们没有颤抖》，《新京报》的《赈灾捐助 我们用行动践行公民精神》，《东方早报》的《这一次还是解放军让我们泪流满面》。

当前，媒体社论的发表频率已经成倍上升。《新京报》《南方都市报》等市场化媒体，甚至每天都有社论，一天几篇社论也不鲜见。这反映了传统社论政论本体，正在向新闻本位发展变化。这是一个新趋势，利弊得失值得研究。

（2）献词，身份性质与社论同。虽然两者都是以编辑部名义发表的，但献词一般要在重大节日或重要庆典活动时才发表。

献词的写作，其难度可能比其他公论写作更大。这是因为献词的角色定位，规定了它并非为重大突发事件或其他重要新闻事实而作。再加上大多数献词一年一作，能够把媒体献词写得可读性强，又不与上一年雷同，是一件很不容易的事情。可是，就有一家报社创造了一个特例。

《南方周末》自 1998 年元旦新年献词之后，每年到这个时候都有一篇令人期待的献词，有的还成为人们传咏的经典箴言，如《让无力者有力，让悲观者前行》《总有一种力量让我们泪流满面》《我们从来没有放弃，因为我们爱得深沉》《站在民意的泥土上》《没有一个冬天不可逾越》《像一束光簇拥另一束光》……现在在业界新闻和受众群中，已经形成了一种热衷甚至迷恋“南周献词”的现象。

研究表明，《南方周末》的新年献词之所以脍炙人口、洛阳纸贵，至少有三个“准”，值得其他写作者和媒体学习掌握：

一是搭准时代的脉搏。献词的周期性强，逢重大节日、重大庆祝和纪念活动发表，就会带来趋同的挑战。同时，《南方周末》到了元旦之前，最重要、最痛苦、最激动人心的编辑业务，大概就是写作元旦发表的《新年献词》。车轮滚滚时代在变，献词作者首先要把这一年和下一年的中国和世界，好生打量一番。纵观从 1998 年至 2014 年 17 份新年献词，频繁出现的词语是“民族”（15 次）、“国家”（59 次）、“中国”（101 次）。其中体现最突出的是《“全面小康”与“公正社会”——在剧变的时代追寻最大的正义》（2003 年）。[①] 时代特色多么彰显！

二是盯准人民的关注。南周献词牢牢锁住人民群众的喜怒哀乐，把公民诉求表达，当作文章的重要内容。2017 年《锚住幸福，穿越这时光之海》、2015 年《你对美好的向往关乎国家的方向》、2011 年《让每个中国人都金贵起来》、2010 年《这是你所拥有的时间，这是你能决定的生活》等无一不把人民的关注纳入自己的主题。

三是把准文体的张力。南周献词的写手们，大多数具有深厚的文学功底，江艺平、沈灏等人，还做过文艺记者、部门主任等。所以，“其语言理性而温情，感性而深切”[②]。例如，《南方周末》2002 年新年献词《走在中国的大地上》：

> 我们上路了，新闻在远方。你见到我们的时候，我们和新闻在纸上；你见不到我们的时候，我们和新闻在路上。我们是观察者，我们是记录者，我们是报道者，我们执著地寻找真相。

显然，献词写作是洋溢着浪漫主义色彩的公论表达。其严肃严谨与人情味，结合得越好，就越容易打动人心。我们现在看到的媒体献词，还是绷着面孔的多，融合渗透的少。2010 年有家报社，甚至发了一篇这样标题的元旦献词：《不惹麻烦的报纸才是最好的报纸》。这和《南方周末》相比，相形见绌！

---

① 温如慧．浅析《南方周末》新年献词的话语表达方式．今传媒，2014（9）.
② 温如慧．浅析《南方周末》新年献词的话语表达方式．今传媒，2014（9）.

（3）编者按，是媒体编辑为表达针对性观点、交代新闻背景和其他补充材料以及挖掘问题意义、提示文章重点等，对重要文章另加的评介、论述、诠释、引申等话语。它是媒体引导受众正确把握要点、全面了解新闻及其意义的一种手段。大多数编者按位置在报道前，也可以缀后。

第一，要明确需要另加编者按的媒体文章，一定是比较重要、非常典型的文章和内容。非此，不能随意安排。如果一家媒体，编者按很多，反而冲淡了这个体裁的重要程度。

《人民日报》从 2015 年 3 月 24 日起发表“同济大学‘复兴古典书院’的师生们对传统文化的思考”系列报道，在其第一篇《在经典中追寻生命质感》前加了编者按：

> 现代社会是历史辙痕的延伸。当浓浓的乡愁挥之不去，当人们通过对方块字的读写来描摹先贤的心意，传统文化带着它的温度，融入每位国人的生命。传统文明与现代中国有哪些关联，历史的根脉如何植根现代土壤，又怎样找寻活的传统？今天起，我们陆续推出同济大学“复兴古典书院”的师生们对传统文化的思考，或许有助于激发大家对这些问题的解答。

这篇编者按昭示了系列文章推出的重要性。

第二，编者按是媒体编辑所写的按语，不是文章作者自己添加上去的“帽子”。有时候新闻媒体的职业记者在完成新闻报道后想提示其重要性，会和编辑或领导商量另加一个编者按。在得到批准后，也会由记者本人撰写。但一般这样由同一个人操作，不容易“跳出”原作，写出的编者按的高度也会受限。

2016 年 9 月 19 日央视记者朱朱制作完 2015 年“8・6”武宁交通肇事逃逸案专题后，写下了采访手记。其编者按是这样写的：

> 老编一直陪同配合央视记者进行采访，对朱朱的采访手记中叙述的这些细节深有感触：无法直视的受害者的惨状、无比心痛的受害者家属、无尽曲折的侦查过程、无良之至的犯罪嫌疑人……再过两天播出的这个专题，希望大家都抽空看看，您有何感受请给我们留言。

这是换一个角度提示核心内容。

第三，编辑部观点是编者按最核心的内容。在新闻报道中，记者和通讯员通常只能讲事实，所有的价值观判断，都隐含在新闻事实之中。高明的记者，会通过对事实材料的取舍、编排等手段，展现自己的思想。但无论如何，他不能公开站出来在新闻报道中用评论性话语指责谁、赞扬谁，提倡什么、反对什么。这个时候，媒体编辑在编发稿件中，发现有必要旗帜鲜明地表达媒体的观点意见，就会通过编者按的形式来实现。

2016 年 10 月 12 日，《中国新闻出版广电报》推出 7 家广电媒体节目的“创新宝典”系列文章，编者按是这样阐述的：

> 制作播出小成本、大情怀、正能量的原创广播电视节目，意味着摒弃华而不实的包装与炒作回归内容制胜；意味着由“烧钱”驱动节目转为用创意驱动节目；意味着呈现平实真挚却能传递出震撼人心的精神力量。

这就强调了编辑部的观点。

第四，要点提示推介，只针对那些文章篇幅很长、块头较大，或多篇组合的新闻报道、连续报道。如果是短小精悍的文章，则不需要再加编者按，否则就可能画蛇添足。

2014 年 5 月 6 日，《新华日报》发表了王蒙的《守住中国人的底线》（节选），其编者按就属于重点推介和提示内容型：

> 《守住中国人的底线》为作家王蒙的最新作品。在本书中，有作者对国家顶层设计的看法，对年轻人的谆谆告诫，以及对自己一生的总结。从个人反映社会，从社会发现问题，王蒙谈论人生哲学、处世之道、社会问题，文思矫健，自然随和。本文为《守住中国人的底线》内容节选。

第五，交代背景、补充材料要看有没有必要。报道中有的不需要重复，报道中没有的，还要看由编辑部名义提示是否合适。因为编辑完全可以在新闻报道中，将这些内容加入。只是在非常宏观，和报道的直接关联不大的情况下，方可加上编者按。

2012 年 5 月 25 日，《羊城晚报》发表一组报道，探讨全球经济萧条下的中国代表性产业状况和走势。其编者按对大背景作了衬垫：

> 探温经济冷暖：美国经济萧条，欧洲经济更笼罩在一片愁云惨雾中，中国今年一季度 GDP 同比增长 8.1%，增幅连续 5 个季度下滑……下半年经济走势如何？本版从今日起选取一些代表性产业，试图从中一探冷暖。

第六，编者按必须精练，不能长篇大论。唯有短才能起到画龙点睛的作用，不然就成了累赘。编辑下笔之时，心中一定要有谱，明白两三百字必须刹车，洋洋洒洒就喧宾夺主了。

2009 年 3 月 25 日，中国证券网发表了中央批准上海迪士尼项目的新闻报道，编者按不到百字：

> 香港《文汇报》今日头版头条报道了上海迪士尼项目已经获得中央批准的消息，并称上海将于日内召开会议，传达有关批复，并随即举行新闻发布会，对外宣布相关消息。我们原汁原味选取这组稿件，以供投资者参考。

（4）评论员文章，属于传统媒体的中型重头评论，仅次于社论。它直接表达媒体对重要新闻事件、重大新闻事实的分析观点，清楚反映媒体对党和国家方针政策的立场态度，具有重要的舆论导向作用。

评论员文章的内核与社论有很多相似之处。它们同属媒体的权威声音，必须就比较重要、重大的新闻事实发言表态，并且在语言表述上需要严肃庄重。不同之处在于规格略低一层，不一定代表同级党和政府的观点意见，发表之前不必像社论那样请示送审。写作上的灵活空间相对于社论要大一些。比如署名，社论是以媒体编辑部名义直接发表的，一般不署作者个人名。而评论员文章则两种皆可。在写作手法上，评论员文章也可多方拓展，不必像社论那样板正。

评论员文章和社论相似的部分，此处就无须赘言了。我们来探讨那些不同部分。

第一，评论员文章的规格问题。虽然不像社论那样直接就是媒体自己出场，但至少也是媒体的代表站出来发声。低个半级，也不会损害它的公众影响力和威望。那么，在什么条件下刊发社论、什么条件下刊发评论员文章呢？前者，一般是在党和政府有重大方针政策出台、重要政治经济社会建设举措时推出。此时，上级有要求、媒体有需要。简言之可称为“规定动作”。后者，在重要事实节点、重大突发事件、重头报道计划方面，媒体编辑部有表态发言的自身需求。简言之可称为“自选动作”。以上属于一般情况，也有例外。最典型的就是1978年5月11日，《光明日报》发表本报特约评论员文章《实践是检验真理的唯一标准》，由此引发了一场全国性的关于真理标准问题的大讨论。当时，南京大学的胡福明本来是为该报哲学专刊撰稿的。总编辑杨西光在审阅大样时决定将文章撤下来，进一步修改后在一版以“本报特约评论员”的名义发表。如此关乎党和国家前途命运的稿件，没有用社论形式推出，足见评论员文章的规格分量也非同小可。

第二，评论员文章的署名问题。过去，这类体裁是不署具体写作者真名的，如胡福明的那篇成名作就是。近些年，“本报评论员×××”“本台评论员×××”的署名形式日渐增多。实名具发，有助于提升和受众的接近性和亲和力，尤其是那些知名度较高的作者或意见领袖。也有一些媒体，喜欢用集体笔名作为本报评论员文章的署名，时间长了，也会在社会上产生不小的影响。如《人民日报》的“任仲平”是该报重要评论简称的谐音。为配合中央重大决策部署、国家重要政策方针出台、国内重大社会事件发生，1993年起，人民日报社组织精干写作班子，以“任仲平”文章的形式，对关系国家发展全局性工作的事态进行针对性的深度评论。至今已经发表了100篇以上的文章。中央电视台特约评论员徐凯、杨禹等一批评论员，大多数是本人出镜也署真名的。

第三，评论员文章写作手法上的“活”与创新。这种文体既不能失去严肃，又不能过于拘谨。这其间的度的把握，有一定的学问。我们知道，评论是讲道理的文体，讲道理怎么可以嘻嘻哈哈呢？可是，即使完全的真理，传输不讲艺术，也有可能适得其反。李瑞环同志在分管意识形态工作的时候就对中央电视台工作人员指出，如果不讲究传播的艺术，满嘴都讲马列主义，观众把遥控器一关，马列主义就等于零。所以，我们要在评论员文章有限的拓展空间内，把正确的道理说得理直气壮，说得有吸引力，说得圆润无痕，说得入耳入心。这就要求写作手法上能适当创新，万勿墨守成规。这其中最重要的是改变作者站位，不要俯视、减少训诫，循循善诱，“官话”少来。如“要……”“应该……”“必须……”，能否减少减少再减少？

2014 年 7 月 23 日，《解放日报》刊登评论员文章《算好“三本账”》，标题就出彩。内容是围绕上海市委书记韩正的一个重要讲话，谈怎样立足上海，更要超越上海。此文将这么宏大的论述主题，具化到多算国家账、战略账、长远账这个主题上。切入点和主题选择都很好，展现了市委党报平易近人的作风。

2009 年 11 月 9 日，《河南日报》刊发评论员文章《一项意义深远的创造性实践》。开头用了基层顺口溜：支部提议好，体现党领导；两委商议到，决策科学了；党员审议清，完善要补充；代表决议行，公正又透明……生动形象地描述了“四议两公开”工作法，比枯燥乏味的编辑陈述更有吸引力。该报评论员深有感触地指出，要写出评论员文章的新意，当在变形式、变论述、变语言上寻求新突破。

当前，评论员文章确实面临变革突破和创新。因为，绝大多数这类文章，还很难受到读者欢迎。

二

身份决定论的表达口径

马克思和恩格斯认为：“统治阶级的思想在每一时代都是占统治地位的思想。”①

公论由于其代表党报党刊党台甚至代表一级党和政府，就重大问题发言表态，权威性凸显。因此，身份定位造就了这类文体呈现政治性强、政策性强、原则性强的特点。

这种特点，制约了写作者个人的价值观表达。公论文章中的是非臧否，一定是执笔者所供职的新闻媒体的观点意见，而不能是执笔者自己的看法。公论写作客观要求执笔者一定要从个人的位置转到媒体甚至党和政府的位置上。更进一步，它还不允许

① 马克思恩格斯选集：第 1 卷．北京：人民出版社，1995：98.

个人意志进入分析、阐述、评价的过程。所以说，公论表达的立场、观点、主张，必须与党和政府的相关口径严格保持一致。

公论的品种样式，大致有这么几种：

其一，阐述诠释型。围绕党和政府的方针政策及重要领导人的讲话精神，进行详尽深入的阐明陈述、仔细解释。如《人民日报》社论《沿着“一国两制”正确方向行稳致远》，就是在香港回归祖国二十周年之际，阐述诠释我国对港政策的一篇时评。

其二，启迪教育型。就某一重大政治主题进行宣传教育所发表的时评。它现在特别忌讳灌输式，而多采取启迪型。如《中国青年报》刊发的文章《青年有了期待　国家就有未来》，从“关心钱包”“关心公共服务”“关心法治进程”“关心政治体制改革”“关心党内民主”等多个角度，阐释了党的十八大政治报告。确实循循善诱富有启迪和教育魅力。

其三，评介论述型。对特定的新闻事件或其他重要事实，进行权威介绍和评论，在廓清真相的基础上表达官方的观点看法。如《解放军报》的社论《绝不允许任何一寸领土受到侵犯》，就是针对日本在钓鱼岛的所作所为发表的一篇评介性时评。

其四，论辩驳斥型。以明确具体的反面靶向为目标，展开针锋相对的批驳论辩，以正视听、引导舆论。如1963年9月至1964年7月，中共中央以《人民日报》和《红旗》编辑部的名义，相继发表了九篇评论苏共中央公开信的文章。

其五，礼仪纪念型。重要节日、纪念日、重大活动时间节点所发表的结合形势任务的时评。如光明网《以国之名 遥祭历史珍视未来》，就是在2014年首个国家公祭日当天所发表的社论。

公论在重大是非面前，担负着重要的舆论引导责任。它的发表频次一般不密集。但是，也有一些新兴媒体、新锐媒体，在此方面作了有益的突破和探索。公论每天有甚至一天多篇，《洛杉矶时报》《纽约时报》《华盛顿邮报》《华尔街日报》《芝加哥论坛报》《基督教科学箴言报》等许多知名媒体都是这样。这方面值得我们国内媒体学习。

身份决定论的表述，主要有以下四个方面：

第一，论的表达口径与立场有关。媒体公论谈及所有问题的立场，都只能毫无疑义地站在党和人民一边。特别是在重大政治和社会事件发生的时候，媒体站队非常清楚鲜明地展现出党性和人民性。人民日报社前社长张研农在复旦大学新闻学院提到，薄熙来事件发生后，该报忠实执行党中央的决策，为统一全国人民的思想，迅速推出多篇本报评论员文章——《坚决拥护党中央的正确决定》《自觉维护改革发展稳定的良好局面》《自觉遵守党纪国法》《用法治思维和法治方式反腐败》《坚持法治反腐，坚持廉洁政治》等。党中央机关报在这场政治斗争中的立场，清清楚楚毫不含糊地显现出来。

第二，论的表达口径与定性有关。有些问题性新闻和事件，由于牵涉全局影响重大，公论在评述的时候，定性口径一定要自觉向上看齐。这里面一丝一毫的差异，都有可能导致严重后果。如那场“政治风波”爆发之际，《人民日报》刊发的“4·26”社论，就是和党中央完全一致的。

第三，论的表达口径与主张有关。在工作性公论中，媒体要为党和政府的工作部署创造良好的舆论环境。到底哪些排前哪些排后，何为中心何为两翼，什么要上什么要下，局部与全局的关系具体体现在什么地方，这些主张口径不能出现偏差。《“五大战区”亮相，军改重头戏开场》一文，是《解放军报》2016 年 2 月 2 日发表的一篇社论。它对中央军委的联合作战指挥体制改革主张，严格对号入座。

第四，论的表达口径与价值观有关。有些公论虽然并非党和政府要求，也没有具体的文件政策需要对号入座，但体现在文中的价值观应该符合国家主流意识形态，而不能别出心裁另搞一套。2016 年 1 月 29 日《环球时报》发表了《校园政治化与港大排名快速下滑》，文章所表达的观点和国家对香港政治经济文化教育发展的价值判断，基本吻合。

三

公论的特色化展现

公论特别容易千报一面、千台一声。除了内容同质化，还有立场“同位化”即站在大致相同的官方立场说服教育，这就造成媒体公论缺乏亲和力和亲近感。媒体面临着改进公论写作思维、写作方式、写作语言的重任。只有各家公论的自有特色创造并展现出来之后，才会根本改变目前的尴尬现状。

（1）决定公论有无特色，首先在于写作思维的创新。思维，指探索与发现事物的内部本质联系和规律性，是认识过程的高级阶段。[①] 从本质上讲，人的思维总是存在差异性的。可是，传统媒体几十年来的新闻生产模式，已经塑造了公论写作者一代一代的“看齐意识”。不但向上看，还要向左右看。许多媒体在重大政治和事件议题到来的时候，首先想到的，竟然是和上一级党报党刊“对口径”，甚至还要“对版面”。所以，极易造成公论在许多方面雷同、近似。

公论写作思维创新，应该完全立足本地、本行业、本媒体实际，用自己独特的表达方式，展现与党中央保持一致的政治立场。例如，对河南省委书记卢展工在《人民日报》上发表的文章《用领导方式转变加快发展方式转变》，《河南日报》完全可以通过头版头条原文转发的形式来增加本报公论的分量厚度，而且可以保证自己和中央党报完全一致。可是，那样做的结果，肯定会造成雷同，更谈不上特色。该报经过创新思维后，决定自己动手，结合河南的具体实际，深入浅出地诠释、拓展、延伸卢展工书记文章的思想内涵。“何平九论”从“机遇”“忧患”“规律”“大局”“创新”“责任”“求实”“为民”八个方面，为全面建设中原经济区做了较好的思想和舆论准备，引起了强烈的社会反响，并得到省委领导的高度评价。该报的公论特色，由此可见一斑。

（2）决定公论有无特色，还在于写作方式和写作语言的创新。时评属于逻辑推理范畴的文体，特别容易枯燥乏味。如果再端起架子来个“政论八股”，就更令人生厌啦！实事求是地说，这仍然是目前媒体公论普遍存在的问题。适配的良药，是增强文采。文采并不意味着将公论写成散文。中国确有一些媒体，在公论写作上特别讲究行文方式，读之文采斐然。比如，《南方周末》《中国青年报》《南方都市报》《新京报》《北京青年报》《环球时报》等的社评，竟然也可以写得并非板板正正，而且穿插许多修辞手段和结构创意。我们来选一篇看看：《中国的民主决不能从外山寨》（2015 年 11 月 13 日《环球时报》社评），民主自由如此宏大经久的论题，对公论写作者简直就是一个挑战。该报首先在论题切入上，抓住了一个社会上流行的词语“山寨”。大家都知道，它（山寨）是指由模仿、复制、抄袭而来的假冒产品，标题除了语言新意外，还间接表达了公论的思想立场！如果不怕雷同的话，也可以用《西方民主不可能在中国

① 刘颖，苏巧玲．医学心理学．北京：中国华侨出版社，1997：27.

登陆》之类的标题。其次来看文章的内容阐述。“有自主知识产权”也须包括对外学习，但这样的民主制度必须同时是中国一步一个脚印，根据自己的国情“量体裁衣”走出来的。文章又用了两个流行语言对“山寨”说进行阐发。在观点明示部分，文章又没有用惯常的政治套话强硬表态，而是向深度开掘：中国的民主建设必将是扩大、丰富民主制度内涵的过程，而不是我们争取做“亚西方”模范生的一次考试。由此看来，公论确实有创新的弹性空间。

四

转型贴近的时代要求

在当今时代变革和传播渠道拓展的大势下，公论正面临着转型、贴近的迫切要求，可谓“不转不贴毋宁死”。

转型贴近的基本要求是，身份地位不变，思路和表达方式要变。舆论导向不变，亲民意识要变。转型不能“转屁股”，如果把公论的角色定位转到脱离“喉舌耳目”的板凳上，那就等于主动放弃主流舆论引导地位。坚持正确的舆论导向，这是永远不能动摇的使命。但在坚持大原则的前提下，能不能把说理的身段放低？能不能放弃传统的说教灌输？能不能把宏观真理具体化？能不能联系地方和行业实际来创造性地谈贯彻？

现在公论主要存在的问题也是亟须改进的地方，大致如下：

其一，居高临下训斥。一些媒体的公论一出就是“必须……”“应该……”“一定要……”之类颐指气使的派头。受众从字里行间都能感受到训斥的面孔。这个必须改！

其二，空谈政治思想。令人厌恶的不是政治本身，而是空洞的政治、苍白的政治。说到“中国梦”，似乎人人都必须去展望百年后民族国家的强大。如果他去想自己明天生活的美好、自己工作岗位的变动，似乎就是鼠目寸光，这是不近人情的。所以，公论在阐述“高大上”主题时，要考虑各色受众的具体实际，考虑大多数人的接受程度。

其三，无的放矢频发。公论犹如放箭，一定要看自己文章的针对性和受众构成的主要对象。在大是大非面前，摘引“红头文件”或高层领导讲话是最省力气的。结合本地实际本行业实际，就有一定难度。

其四，语言枯燥乏味。公论虽说要保持一定的严肃性，但这和讲究文采并无严重的对立冲突。《人民日报》作为党中央机关报，其中很多评论员文章都使用了群众语言甚至网络流行语言，还会经常活用古诗和名人箴言。我们应防止的是，很好的观点主张却因语言枯燥乏味而令人生厌。

那么怎样转型贴近时代要求呢？主要内容如下：

第一，放下身段说理。转型首先要转身段，公论没有必要端起架子，动辄就是训斥教导的口吻。《做人民的勤务员是党不变的旋律》是中国青年网2016年2月5日发表的一篇官方时评。如此宏大的政治论述主题，它却这样亲切地表达：

> 春节来临之际，“井冈山喜鹊叫喳喳，习大大来到咱农家”，他给贫困户送去年货，给孩子们送去书包，与老乡一起打糍粑……75岁村民竖起大拇指说：“你呀，干得不错嘞。”道出了全国人民对习大大“这三年”工作的肯定。金杯银杯不如百姓的口碑，金奖银奖不如百姓的夸奖，人民的褒奖才是至高荣誉。

第二，言之有物论辩。对错误思想、错误现象的批评，不能“棍子”“帽子”满天飞，也不能大话空话跟着跑。道理尽可能具体，分析尽可能实际，好恶尽可能有例。《新京报》批评性社论《“看不见”号贩子的医院该担何责》，完全是平心静气摆事实讲道理，用非常具体实在的论据，表达了主流媒体的价值导向：

> 号贩子炒号该惩处，那些睁眼瞎抑或暗中与其勾结的医院相关人员呢？应看到，一些大医院的管理疏忽或蓄意纵容，也是当下一些号贩子做大甚至呈现集团化趋势的现实土壤。别的不说，就拿涉事女孩控诉的号贩子……

第三，贴合实际分析。公论担负着贯彻党和政府路线方针，宣传重要政策的使命，向上看齐意识一般都很强，但如何向下贴合实际，就经常暴露出差距。“上挂下联”才能对具体工作产生指导作用，才能对媒体覆盖的受众产生一定的影响力。例如，《不用制造“城市病”的机制治“城市病”》（2016年1月16日《新京报》社论）仔仔细细分析了首都城市拥堵、空气污染严重、水资源短缺等“大城市病”，其根源在于功能过多。而这其实也是城市治理机制缺陷的产物。这种治理机制缺陷最大的特征，就在于行政单边主导之下城市决策的专业参与和民意参与不足，人大作为代议机构作用也未能充分发挥作用。一层一层，从现象到原因，说的都是北京的真实现状。

第四，贴近受众心理。任何媒体都有它相对固定的受众，但是，所有受众并未构成有组织的群体。所以，众口难调就成了时评公论的一个写作挑战。2015 年“春运”之际，《南方都市报》发表社论《黄牛党继续开挂，购票公平须加码》。既用国家政府强化管理的视角，更从乘客的心理需要出发，展开分析：

> 或许可以做一个比喻：在前往买票的道路上，如果排队购票者是在步行，电话购票则属于乘坐马车，网络订票属于坐汽车，加一般插件购票属于搭高铁，火车票黄牛党则是在坐火箭。大家从同一起点出发，前往一个遥远的终点，结果可想而知。极度暴力化的抢票程序，使得购买春运车票的公平性迅速流失。

这里引发的既有“铁总”如何继续打击这些黄牛党暴力抢票的问题，也有是否应该一律停止插件使用的争议。相信赶车回家过年的乘客看了，也会打心底应和一声。

第二节 个论的自由发挥空间

个论，是相对于公论而言的，是公民个人的观点意见的书面反映。

公民享有从事或参与管理社会、国家等公共事务的权利。《宪法》规定中华人民共和国公民的政治自由，包括言论、出版、集会、结社、游行、示威的自由。在媒体上发表对国家、社会、政治、经济、文化、民生等方面的观点意见，不但受到法律保护，也受到新闻单位的支持鼓励。

现在有很多家媒体，通过拓展个论空间，促进了时评的繁荣。它们开辟了个论专版、专题，而且频次稳定、来稿者众，每周刊发几百篇的评论部已不鲜见。新浪等门户网站还专门开设了一个以意见领袖、公知大 V 为主的个论专栏，每天更新。更多的论坛如“西祠胡同”等，完全向公民个论开放，把新闻信息和个人时评水乳交融在一起，显著增强了个论的阅读效果。浏览一下“凯迪社区·猫眼看人”“天涯社区·天涯杂谈”等内容，你会为当今时评个论的空前繁荣和水平水准而吃惊。写作的行家里手有一个共识，就是现在最好看的文章在网络，此言不虚！

和公论相比，个论的自由发挥空间很大。其主要原因是它完全不必在思想观念上谨小慎微地对齐口径。在思维方式上，它尊重公民个人的选择差异，根本不必求同。在表达方式上，更可以呈现缤纷多彩的个人风格。而语言作为表达的外衣，穿什么爱什么都随个人之便。媒体唯一需要个论作者把持的，就是你说的一切写的一切，得守法、得达到公开发表的水平。

个论自由发挥的空间大小，取决于政治氛围的松紧。“文革”时期，貌似大鸣大放大辩论，其实是完全禁止公民个人表达政治观点的。到了党的十一届三中全会，中央号召思想大解放时期，公民个论的空间一下得到巨大拓展。目前，公民在《宪法》范围内的言论自由、通过时评个论发声，受到法律的保护与媒体的支持。我们要抓住机遇，最大限度地发挥个论纵横驰骋的力量，为繁荣时评和推进国家社会管理水平，做出自己的贡献。

个论自由发挥的空间环境，取决于媒体如何营造。有空间无场地，个论纵有三头六臂，也只能屈居在自家的茅屋里呻吟。因此，新闻媒体一定要精心营造自己的个论发表园地，让多维思想表达、各色写作风格，能有一个向社会展示的“场馆”。这也是国家开放的标志之一，更是公民参与社会管理的需要。

个论自由发挥的空间使用，取决于时评写作者的水平。那些个论写作高手，何以能在“允许的跑马场”内挥鞭驰骋？深谙时评之道是也！可以说，写作者水平越高，自由发挥的空间就越大。但是，练好内功很重要。所以先静下心来，认真学习吧！

一

空前宽广的个论驰骋场域

媒体平台，是时评个论发表的主阵地。

当今的时评个论发表媒体平台，已经超越了中国历史上任何一个时代。有人怀旧，说到民国时期的公民表达如何如何。平心而论，那时候的媒体，也就有限的几家报纸杂志。《申报》《北京时报》《顺天日报》《中报》《民众日报》《新民报》等，所有加起来还不足现在江苏一个省媒体总数的三分之一。现今用于发表个论的阵地，真的已经多到目不暇接的程度。如果有心欣赏阅读个论，相信从早到晚你是肯定看不完的。

专栏：报纸、广播、电视、杂志等传统媒体开设了许多个论专栏，主要给各个层面的受众提供发表园地。

网站：全国和地方主要门户网站，先后把网络评论放在重要位置，其绝大多数的撰稿人就是网友和特约作者。

微博：以个人社区分享交流的平台，为个论为主的舆论推广提供了广阔空间。

论坛：交互性讨论发帖平台的滥觞，使公民评论发表变得更加容易更加畅通。人们可以自由地表达自己的所思所想。

App：移动终端软件如微信等，更在碎片化的公民评论上，发挥了主力军的作用。中国新的舆论场正在形成规模。

个论空间的繁荣，反映了时代的进步和国家政治的开明程度。时评写作者应该有效利用这种多维表达的机会，创作出优秀的作品。

在宽广的个论场域，我们应该如何把握使用，才能使自己的聪明才智和写作个性得以最大限度地自由发挥呢？正确地认识媒体，正确地认识自己，是最重要的。

每个人都有自己擅长的，请将你的"特别能"与适合自己发挥的媒体平台相对接。有一位意见领袖口语表达非常流利清晰，思想深度和敏锐观察也倾向于以演说的方式展现出来。这样的作者，可以选择电视台现场评说，像凤凰卫视的《锵锵三人行》那样的节目。

还有一种，就是媒体的口味多种多样，它与个论写作者之间的关系，犹如鲁迅先生所论述的"厨师与食客"的关系一样。媒体的市场在受众，时评写作者的市场在媒体。我们不说投其所好，但至少要注意自己创作的个论必须适销对路。现在，口味各异的个论媒体很多，可以说供选择的范围很广。只要时评写作者悉心观察多读多想，只要我们的个论达到基本的发表水平，总是可以在眼花缭乱的媒体世界里，找到最适合你展现的那一个。比如，《新京报》刊发的个论是不限制北京地区由头的，可以"立首都而怀远"。它的评论空间就比较大。但是，这家报纸不喜欢个论使用杂文表现手法，你给它投稿在这方面就要注意。《人民日报》的“今日谈”要求一事一议、切口要小，你就不能用写“人民论坛”的手法去写“今日谈”。无垠大海，懂“航”的人空间很宽很宽，不懂的人则很窄很窄。

二 能重点突破的几个方面

个论作为时评的一个方面军，它的发挥发展无时不受到母体的影响和制约，就像中国现实社会的舆论生态环境也影响制约着时评的发展状况。个论在时评的大框架中运行生长，在中国特色的社会主义舆论场中有所作为。在现阶段，它可以寻找以下突破口：

（1）选题——更加宽广的选题展开幅面，可以写传统媒体不敢碰、不屑于写的话题。

例如，许小年的个论《从数据上看，中国已落入中等收入陷阱》（2017 年 7 月 7 日新浪），其选题足以令传统媒体一惊。因为这种确定的提法，官媒从未有过，也不敢下这个结论。可是，许小年何许人也？中国经济学界最高奖“孙冶方经济科学奖”获得者，世界银行顾问，现任中欧国际工商学院经济学和金融学教授。他用极其专业的“生产函数分析框架”，PPI（生产价格指数）通缩背后的过剩产能坐标图等科学手段，分析我国经济是否已经滑进“中等收入陷阱”。从数据上看是的。“脱实向虚”只不过是宏观政策失灵的另一个表现，不仅货币政策没有用，财政政策也没有用。看上去财政资金进入了实体经济，实际上只是增加了过剩产能。姑且不论这位个论作者的见解是否完全正确，但至少其选题拓展的广度给了时评界信心。而且，类似“大胆”的、官媒根本不敢碰的选题个论，在网络之上并不罕见。只要不触碰党和国家的“底线”，实际上官方是有这个容忍度的。

（2）写法——既有的时评写作模式完全束缚不了个论的手脚，特别是新媒体个论的恣意张扬。怎样表达有利于主题、有利于受众，就怎样表达。在传统媒体的新闻评论中并不提倡缺乏思考沉淀的所谓“快评”。可是，当网络上一篇题为《刚为人父的人大硕士，为何一小时内离奇死亡?》的帖子发出后，立即就有千千万万篇个论分析上线。一时间，这个舆论热点创造了中国网络发帖之最。等到后来官方媒体才介入，也发表了不少时评言论。更有很多的创新个论，几乎快要颠覆时评的惯常写法。

2017 年 7 月 7 日，有一位网名“水煮娱肥罗君”的作者，围绕“狗”写了一篇两三千字的个论时评《百万寻狗？王思聪狗狗的狗生值不值得羡慕》，选题不说了，单看其笔法：首先，穿插于文中的多张狗的照片，就让受众大开眼界。一是时评配照片新鲜，二是每张都有看点。比如王思聪私人专机上、戴着两个苹果手表的狗照片等，提高了文章的可读性。先写“王可可”的丢失和 100 万元悬赏引发舆论震荡，然后来个名叫“@王可可是个碧池”的微博辟谣。然后推出论题的药引子：无论怎么看，王可可不仅拥有了无数狗狗梦寐以求的“狗生”，甚至让许多网民产生了“人不如狗”的感叹。接下来的议论就更精彩了，讲阶层差异造成资源差异，形成阶层固化。但一直到文末，都紧扣主角狗来纵横驰骋：

> 本质上来说，这种生活也意味着抗拒变化、躲避风险。如果此刻将王可可放回大马路上流浪，它可能再也无法找回当年的斗志了……时代鼓励着那些最疯狂甚至荒谬的梦想成真，这样的高风险必然让人们片刻向往王可可无忧无虑的狗生，但也只是片刻而已，片刻过后，人们很快就会撸着袖子继续奋斗，因为奋斗的人生是更有趣的……对人来说，向上是时间问题，而对王思聪的爱犬王可可来说，向上，永远只是方向问题。王可可永远体会不到奋发向上的乐趣，但人可以。就算累得像狗一样，也没有人拿出一百万寻找我们，可我们的人生，还是比王可可的狗生，有趣得多。

设想一下，如果公论要写，只会教导人们别去羡慕“狗生”而去奋斗人生。唯有个论，才能突破尺度，进行精彩的言说。

(3) 语言——完全不受一本正经的时论语言限制，各种语言风格可以竞相绽放，只要守法遵规不侵权就行。王朔的《开通你妈×的国际漫游啊》一文，会让公论写作者为之一惊，甚至批评他说脏话下流。但绝大多数受众读了，反而觉得言之有理，骂得痛快。台湾著名作家李敖说，台湾是中国的睾丸，一碰就痛。如此要害部位，岂能容别人捏在手中。这种语言风格，也是为公论所不能接受的。但个论这么使用，就非常形象了。再加上人民群众的俗语俚语歇后语等，更加丰富了个论的论述魅力，确实拓展了个论的空间。

三

拓展的界宽和禁忌

个论的疆域宽则宽矣，但也并非无边无际，以为署我的名字我负责，任我怎么写与别人无关，这是一个误识。不管什么性质的社会，对言论自由都有相应的界宽限制，出界就要受到惩罚。

2015 年 12 月 7 日，美国有线电视新闻网（CNN）报道，美国福克斯新闻频道（Fox News）两名评论员因在各自的节目中发表对奥巴马有侮辱性的言论被停职两周。他们的言论并非代表媒体公论，但个论即使在号称新闻自由的美国也不能越界。

那么，我国的时评个论界宽和禁忌红线到底在哪儿呢？我们列出可能担负侵权责任和官方查究的四种情况。

一是引用传统媒体外的虚假新闻。个论的新闻由头不能虚假，我们已经在前面的章节中论述过，论的前提条件如果不存在或者不靠谱，整个评的大厦就会坍塌。这包括作为新闻由头的事实和作为观点论据的事实。现在，我们要更进一步，从虚假新闻可能引发的严重后果来讨论其不可行性。

任何媒体报道虚假新闻，都有可能招致对公民或单位组织的侵权，严重者，可能因谣言诽谤而担负刑事责任。如广州《新快报》记者陈永洲的曝光性报道，就因“毁坏商业信誉罪”而被法院判刑。如果时评所引的新闻事实虚假，作者也一样可能受罚获罪。国家法律和媒体管理条例，没有任何一条时评特别是个论可以豁免的条款。

为什么我们要把这种侵权责任限定于“引用传统媒体以外的虚假新闻”呢？因为法院认定，评论权是公民的基本言论权之一，必须受到《宪法》的保护。而评论者个人对国家认定、许可的传统新闻媒体所有公开报道的新闻事实，并无核实真假的责任。如果出现问题，原发媒体担责，个论作者无须承担。1997 年 4 月 2 日，江苏省高院推翻了徐州两级法院的判决，认定梅花奖舞弊案中的被告、时评写作者袁成兰彻底胜诉，就是一个典型判例。被告是在《上海法制报》上发表时评，被原告以“虚假事实”、侮辱等侵权为由告上法庭的。但被告使用的是媒体公开报道的事实，所以即使有问题也不在个论作者。

但非传统媒体即报纸、广播、电视、新闻性杂志以外的其他渠道转播刊发的新闻事实，个论作者使用就要对其真假负责了。譬如，互联网、微信朋友圈、街头巷尾、公共场所等，每时每刻都在生产着海量新闻信息，其间真假莫辨鱼龙混杂。个论作者如果使用这些渠道作为新闻来源，就必须谨小慎微地设法求证，千万不要在毫无把握时，草率用作自己的时评由头或论据。这里包括作者自己的耳闻目睹、亲身经历，一旦不实，就可能引发一定后果。

二是使用侮辱性语言谩骂嘲讽。当今时评借用杂文的辛辣，增加批评的杀伤力。但是，如果其中出现定向的（指确定的公民或单位）指称对象，就要承担相应的侵权责任。许多个论作者，是在无意之中触犯这条禁忌的。比如将腿部残疾的人称为“瘸子”，将“盲人”称为“瞎子”，将“聋哑人”称为“聋子”“哑巴”，将精神病患者称为“疯子”，将智力缺陷者称为“傻子”“呆子”“弱智”，统统属于侮辱人格。所以，个论用词用语必须谨慎。

三是对党和国家大政方针批判驳斥。时评写作者的观察和思考，一般都长于普通人。作为公民或党员，你可以行使自己正当的批评建议权。但是，使用的方式，不能是公开鞭挞，批评驳斥。这样的结果，往往适得其反。另外一个严重后果，就是可能连累刊载你个论的媒体平台。因此，遇有这类评论主题，请三思而后行。

四是亵渎宗教教义教规引发众怒。时评对现实生活的干预性很强，对批评对象的舆论压力很大，涉及宗教教义教规时，一定要绕道而行。例如，法国的《查理周刊》枪击案中，有 10 名记者 2 名警察身亡。暴徒的行径必须谴责，但回过头来看媒体，就能发现是其数度刊登讽刺伊斯兰教和先知穆罕默德的漫画而引起巨大争议造成的。宗教问题的深刻背景和问题探索，是一篇千把字的个论难以说清也难以承载的。聪明的做法，就是主动回避这种话题。

以上所说的界宽和禁忌，并非把公论排除在外，只是提醒那种缺乏重重把关的个论引以为戒。

四

创优的基本套路

套用托尔斯泰的一句话：优秀的个论总是相似的，劣质的个论各有各的劣法。那些让人拍案叫绝的优秀个论作品，总能呈现一些共通的优秀品质。我们结合典型案例，来认真分析一下。

（1）紧盯社会热点。优秀的个论时评，选题上特别喜欢抓人民群众关注的焦点和议论集中的话题。2017 年 7 月，贾跃亭辞去乐视网董事长职务，退出乐视网董事会，从此不再在乐视网担任任何职务。随即个论纷纷评析，公论似乎还没反应过来。雷洋事件也是个论及时介入、奋勇呼吁，导致了事件翻转，公论反而只抓了一下尾巴。国家人社部发布《事业单位工作人员处分暂行规定》，个论时评最早发现“违纪影响养老金”问题。于是，横论竖论。所有这些都是人民群众热点议论在先，个论反应跟上。优秀的个论时评，首先在选题上占了抢夺受众眼球的先机。有创优上进之心的写作者，焉能不学不研究?!

（2）抓住舆论苗头。我国客观存在两个“舆论场”，即官方舆论场和民间舆论场，个论的驰骋空间主要在后者。而舆论是社会中相当数量的人对于特定话题所表达的个人观点、态度和信念基本趋于一致的反映。所以，个论的观点要想出新，不能不敏锐抓住舆论形成的苗头期进行价值引导。苗头性选题，一般蕴含在新事物、新动向、新趋势、新问题之中。个论如果能够选在舆论出现分歧时，进行前瞻性评论，就会在选题上抢占先机。聂树斌案刚刚披露一点细枝末节，“天涯杂谈”就有个论速评，一下吸引了广大受众的眼球。后来此事成为全国关注热点，个论最早介入功不可没。

（3）善于逆向思维。时评写作的思维有很多种，如联想思维、形象思维、发散思维、超前思维、重点思维、总结思维等。为什么个论要突出强调逆向思维呢？因为个论敢于反其道而思之，特别容易出新观点新思路。这正暗合了时评表达的特性。但是，个论创优的逆向思维，并不意味着跟人民群众对着干。思维是可以任意探索的，思维的结果需要正确的结论，符合逻辑推理的过程。如果不能达到这两个标准，就得换一个角度重来。

(4) 第一时间抢发。传统媒体的新闻评论，不但在和新媒体时评个论的时效性争抢中败下阵来，而且在可预见的将来，也很难弥补这块短板。写个论的作者，如果不在第一时间抢发，也会在同台竞技中输给其他竞争者。所以，我们倡导发现个论线索，立即迅速反应，尽力用最快速度将自己的作品推出去。有人写时评，习惯慢三拍，说是仔细观察、沉淀思考。这种方法可能对公论写作是适用的，但对个论多不适用。因为传统媒体想快快不了，只能选择稳重、精准、“对上”等策略。而个论的抢占“第一时间”的优势如果丢失，那就失去了自己最大的强项。当然，我们强调时效，并非提倡为快而胡乱写。时评的基本要素还是不可或缺的，创优的标准还是要遵守的。捡起芝麻丢掉西瓜，不是抢占“第一时间”应该付出的代价。

最后，要特别强调个论作者，千万不要为了语出惊人，而为“病态民意”代言。个论虽说基本来自非官方，但也不能以群众代言人的身份，闭着眼跟着大众感觉走。因为，群众的构成是非常复杂的，他们中的一些人一些观点，并非推动社会前进的积极动力。看看网上的谣言、谩骂等，你就知道个论如果人云亦云，就有可能违背大多数人的意愿，而只是对“病态民意”的宣扬。现在不少个论为博眼球，落入了谁激进、谁胆大、谁敢骂，谁就是英雄的误区。这种追求与创作优秀个论完全背道而驰。

第三节

介于两者之间的述评

时评大家族中，有一个非常特别的成员——述评。在传统媒体上我们时常看到的叫“记者述评”。在新媒体上非职业记者所写的此类体裁，就直接叫“新闻述评”。

从常识概念上看，时评是以论为核心的体裁，它与叙事为主的新闻品种，如消息、通讯、特写、调查报告、深度报道等，形成了截然不同的两翼。五四运动前后，述评横空出世，横亘在这两翼之间。延安《解放日报》也用过《×月解放区动态述评》这样的标题。但述评的旺盛期，是在改革开放后。干过记者的都知道，狭义新闻写作，一般是不允许观点直接呈现的，只能用事实说话。而时评又不允许对由头事实，作比较详尽的介绍。它们双方的劣势，唯有一种体裁能够弥补，这就是述评。它拥有时评观点求胜的特长，又拿来了新闻报道的优势。这就使述评既有鲜明的论点，也有详细的新闻事实支撑，可读性大大增强。媒体和受众，均非常喜欢这种表现形式。

述评是个统称，有的平面媒体发表时叫“采访札记”，有的叫“调查与思考”等。在电视类媒体中，述评并不特别标示，只是以特定的节目、栏目来展示。如中央电视台的《焦点访谈》《东方时空》等，观众可以看到大量的新闻事实画面，也可以看到白岩松、敬一丹、水均益等明星主持人出镜，围绕核心事实或事实背后掩藏着的问题和观点，进行精练评点。在新媒体中，述评使用比较广泛，绝大多数作者由于并未受过新闻专业训练，他们习惯叙议不分，既讲事实的过程结果，也毫不掩饰自己的观点意见。这样，也就自然形成了新闻述评。尤其是亲身经历的人和事，个论作者很容易一写就弄成了有述有评的形式。网上此类数量可观，这股力量非常强大，也就造成了述评的“无心插柳柳成荫”了。

述评按照内容分类，有工作述评、思想述评、事件述评、现象述评、形势述评、经济述评、社会述评等。

述评按照作者分类，有记者述评、专家述评、高层（领导者）述评、目击者述评等。

述评按照形式分类，有报纸述评、广播述评、电视述评、网络述评等。

述评的使用，须有适格的新闻对象，不能随便使用、经常使用。对于比较重要或者复杂的新闻内容，简单的消息、通讯、特写报道，很难说清思想观点。对于比较重大的思想分歧，普通的时评容量无法承受或说服力受限。以上这两种情况，才是采用述评的最佳条件。

《人民日报》2015 年四五月之间，连续发表了一问、二问、三问、四问、五问中国经济——权威人士谈当前经济形势。通过权威人士之口，来对我国经济面临的新情况、新问题、新走向、新政策、新实践，分别进行了事实披露，更展开了细致分析。这里面的事实和观点，引起了全国各界的关心关注，不但对整个经济产生重要影响，而且对统一全国人民的思想认识发挥了主流舆论的引导作用。这个系列就属于典型的述评。

《猝死背后》是《广州日报》2007 年 3 月 10 日发表的一篇记者述评。它详细叙述了广州某医院节后收治多名晕倒在网吧的学生，并且发生了一位大学生猝死的新闻事实，更深刻挖掘了隐藏在这桩悲剧后面深层次的问题。这篇文章显示，突发事件也可以使用述评，结合具体的新闻事实还原现场，穿插价值观引导，而且效果挺好。

述评的功能强大，尤其是对那些第一手新闻事实的获得者，对那些新闻现场的目击者，对那些职业采访报道的新闻记者，可以实现客观报道与旗帜鲜明评说的“二合一”。进一步看，作者有写作需要，受众有阅读要求。目前，对述评的研究和实践，还处在并不成熟的阶段。因此，时评写作者应该先在执笔实践上，作出自己的贡献。

一

在叙事和评析之间驰骋

述评，是通过夹叙夹议方式，传播新闻信息和思想观点的一种跨界的广义新闻体裁。它大多数以叙述新闻事实为主，有时反之，兼具报道和评论双重特性。写作上，先述新闻事实，后作分析议论或评价，也有边述边评的。但文章重心，还是放在作者主张的价值观念上。新闻事实的还原传播，目的是为揭示隐含在事实之中的道理。

述评的新闻由头，一般是首发，而不是像其他时评那样援引。如果把媒体已经公开报道过的新闻事实，拿来做评的由头，就会丧失这种文体述的价值，不如直接写时评好了。前面提到的案例《猝死背后》，就是《广州日报》记者自己用最新事件报道材料，构成述评的“那一半”的。《人民日报》的“五问中国经济——权威人士谈当前经济形势”，也是首次披露经济大势中的一些重要情况和数据的。

述评中的述和评，同样具有新闻价值和思想价值。由于述的内容，也要受到重要性、时效性、显著性、接近性、趣味性这新闻价值五要素的约束，所以从独立成分来分析，它的报道价值无疑是存在并因取材较重大而显得含金量高的。我们看看媒体已经发表过的述评，就能体会到，可以纳入述评的事实素材，无一不对受众具有吸引力。而述评的另一部分呢？应该更加具有新闻价值和思想价值。因为，时评追求观点新锐、独到、深刻、速率，所以，达到或基本达到这个标准的述评观点，能够体现新闻价值五要素中的一部分，而且其思想价值可能会更高。《人民日报》那个“五问”系列，澄清了国内外对中国经济的种种说法，其观察问题分析问题的思想方法，更可以举一反三，让人学到马克思主义的认识论是如何活用的。

述评在结构上，是边述边评相互交融（也有截然分开前述后评的，但不多，且不如这样效果好），用专业主义眼光来衡量，我们不太主张割裂分半、搞成“两张皮”。将报道的事实和剖析的观点完全融合在一起，才有“如水中盐、蜜中花，体匿性存，无痕有味”的感觉。这就有利于克服时评观点生硬、容易强加于人的缺陷。那种述与评间隔清楚的写法结构，无意中露出了刀斧痕迹。稍有一点新闻专业主义知识的人，是不会选择这种方式的。所以，我们希望的述评在结构上的最高境界，就是叙事和评析之间的“无痕”衔接。

述评在观点上，不代表编辑部但也不是纯粹个人见解。绝大多数述评是署记者或作者真名的。按照业内规矩，新闻报道必须将采访报道者真名实姓，挂在前面或缀在文章后面。报道署名既是一种荣誉，也是一种责任。出现虚假或错误，写作者是要承担责任的。只有评论才可以署笔名，如《人民日报》的重要时评常用“任仲平”，《河南日报》的重要时评常用“何平”，《解放日报》的思想解放时评常用名是“皇甫评”等。这些都是媒体重要写作班子的别称。所以，用这些笔名发表的时评，一定代表本媒体甚至官方的意见。但述评里面含有大量的首发新闻，不署真名会影响到受众对其真实性的判断。而署了具体的记者或作者真名，就很难说他的观点，代表的是媒体及党和政府的权威价值观判断。述评的作者虽然不代表编辑部，但也不是传达纯粹的个人观点，介于两者之间这么理解比较恰当。这种角色定位的研究，之所以有必要，也是为述评作品的社会效果负责、担当意识负责。

述评在语言上，在述的客观和评的主观两点间跳跃行走。摆事实讲道理，是我们常说的一句话。牵涉到事实，就不允许一丝一毫的主观介入。牵涉到观点，就不能缺少价值观判断。马克思在《好报刊和坏报刊》一文中提出了两个问题：必须根据事实来描写事实，而不能根据希望来描写事实；必须表达社会舆论，而不能歪曲社会舆论。早在一百多年之前，他就意识到纯粹的新闻报道和纯粹的舆论评价之间，应该正确应对。我们今天写述评，一定要记住：语言表达客观公正，用于事实；语言表达旗帜鲜明，用于主观判断。两者之间不能混淆，更不能互换使用。

述评在获取上，述的事实需要采访。未经作者自己亲访，而是通过间接渠道得到的材料，不得成为述的主干内容。因为间接可能导致非首发，可能导致失实或与本文观点并不完全对号。而评的观点意见主张，需要独立见解，不能“借用”，更不能雷同。唯有从自己脑袋里出新，评的观点才具有魅力。

二

论要咬定青山不放松

述评之论，和时评的其他所有类型，有重要的区别。它所围绕的中心、锁定的内核，一定是本文所述的新闻事实，即使向更广阔的空间拓展，也不能游离于本事实。而不是像时评的其他所有类型那样，可以不受时间、地点、环境、制度等几乎所有条件制约，只要是新鲜的、有评析价值的，尽管当作由头。述评只能专一，无法旁骛。

论点：是本述新闻事实矿源上开掘出来的。

论据：是本述新闻事实及周边延伸出的。

论证：是本述新闻事实逻辑推理的结果。

结构：围绕本述新闻事实逐层展开。

语言：本述新闻事实的表达要客观公正。

在述评文体的几乎所有构成条件中，都是朝着本述事实倾斜的。

我们来用三篇出自不同手笔的同一个选题新闻述评，来实际求证以上的论断，并比较它们水平的高低。

中央人民广播电台官网央广网 2017 年 2 月 4 日发表署名彭小毛的述评《特朗普，一个政治“菜鸟”?》

“新官上任三把火”。到今天，特朗普正好上台两周，一共烧了“三把火”：废 TPP、修墨西哥长城、限穆斯林移民。

三把火，如何看？以我浅见，特朗普的“三把火”，是败招，他没能烧出期望中的“红火”，反而烧出遍地“怒火”，从中东到墨西哥到澳大利亚到美国，怨气不断，抗议不断。

新闻由头和作者观点接连推出后，第三段第四段又推出更具体事实来论证“三把火”的负面效果。

说完本述事实后，再进一步评论：

> 什么是政治？政治的本质是驭人。什么是政治套路？政治套路的真谛就是“把朋友搞得多多的，把敌人搞得少少的”，这一点，毛泽东在八十年前就已经说得清清楚楚。两周来，特朗普做的正好相反，是“把敌人搞得多多的，把朋友搞得少少的”。他的这些做法，说他是菜鸟，已经很客气了。

可见，央广网这时评完全以本述事实为圆心，一丝一毫也没有脱离它的圆周半径。整个观点的新意和严密性都很突出。但是，这篇述评存在致命性软肋，就是核心新闻事实并非本文首发。它削弱了其作为述评的文体特征，以及对受众的吸引力。

美国有线电视新闻网（CNN）2016 年 12 月 1 日发表述评《“政治菜鸟”特朗普》。开始的新闻由头是：

> 12 月 1 日，美国当选总统特朗普应邀与巴基斯坦总理谢里夫通了电话。巴基斯坦新闻局网站在一份声明中违背外交惯例，直接引用了特朗普的热切称赞谢里夫总理的原话……那些称赞近乎到肉麻的程度。

CNN 就巴基斯坦方面直接引用特朗普言论的真伪向特朗普团队求证，但未获回应。接下来是观点推出部分：

> CNN 政治分析员大卫·戈根（David Gergen，曾担任四名总统的顾问）说道：“一个总统不会像特朗普那样，对一个外国领导人滔滔不绝说那么多话，他也不会主动对所有事情做承诺。”

为了佐证自己的观点，述评接着分别引用了“美国媒体《华盛顿邮报》、美国《时代》周刊认为”“《印度时报》的推测”，然后再继续围绕这个肉麻电话深一步评析：

我们与巴基斯坦的外交关系，是世界上最敏感和最难处理的关系之一，这也是个非常重要的关系。

但 CNN 举出一些背景资料：

此前，特朗普对巴基斯坦的言论并不友好。2012 年 7 月他发推文称：“巴基斯坦什么时候才能为庇护本·拉登 6 年向我们道歉？某些‘盟友’……”2011 年 12 月，他曾发推文称，“说得直白点，巴基斯坦不是我们的朋友。我们的海豹队员抓住本·拉登的时候，他们在做什么？”

于是得出结论：

由于当选总统的这些言论会引起争论，同时侧证了特朗普会运用他生意上的那套交往方式来处理外交事务。如果巴基斯坦方面引用的话语是准确的话，这将是一个“政治菜鸟”的另一段成长烦恼。

请注意，美国 CNN 这个述评的发表时间，是新闻事实发生的当天，时效性极强。再说，它的“政治菜鸟”观，比中国央广网要早 60 多天。再加上它的事实论据，从《华盛顿邮报》、《时代》周刊到《印度时报》，非常雄厚。而央广网支持自己观点的事实论据相对单薄。但这两个述评最大的共同点，就是紧紧抓住本述事实展开议论，一丝一毫也没有脱离这个圆心。

凯迪网络也有一篇这个选题的述评《特朗普真是一个政治菜鸟 唯利是图的商人吗?》(作者污赖蛤莫)，发表时间是 2016 年 12 月。述评切入的由头是，强大的中国官方媒体，在绝大多数国人同胞心中，成功塑造了当选美国总统特朗普作为一名唯利是图的商人、政坛菜鸟的形象。这点很有意思，它要评述的事实核心，竟然是主流媒体的相关报道。然后它就一边叙述特朗普的对外政策，主要是对中政策，一边评点中国媒体对特朗普的判断如何出现错误。文章认为媒体邀请的各路国际问题专家，罔顾事实，作出一些失格、错误的舆论导向。再用“第一件事”“第二件事”“第三件事”“第四件事”“第五件事”来证明，我们的媒体对特朗普的认知确实错了。最后推导出结论，把特朗普形容为一个政治、外交方面的白痴，认为他上了韩国、日本的当，则纯粹是无知狂妄之谈。这一篇述评，一看就不是普通“吃瓜网民”的起哄，而是行家里手的大作。它严格遵循了述评咬定所述核心事实不放松的原则，还把述和评交融在一起。不管他的最后判断观点正确与否，单就写作手法或新闻专业主义表现论，其水平至少不在央广网那篇述评之下。如果再看该文的发表时间，那就更加凸显作者见识的不简单了！

典型案例，比僵死的条条框框更有说服力。我们已经通过三篇稿件对比评析，理解了述评之论和其他时评的论的区别，也理解了述评中的事实和新闻报道的事实所处地位的不同。

三

对新闻事实承担全责

述评中述的部分，基本是作者第一手新闻事实而不是援引。所以真实准确是事实的生命，也是述评得以立身之本。

述评是介于新闻报道和时事评论之间的一种“两栖”式文体。前面已经说过，它兼具报道和评论的双重特性。评论的观点如果出问题，只要不是政治大错，也没有涉嫌侮辱诽谤被评对象，就受到法律的保护。但评论引用的新闻事实，只要来自权威出处（如报纸、广播、电视等），即使有问题，作评者也无须承担责任。因为，评论不用对受评的权威消息来源负有核实责任。但是，述评就大不一样了。述评使用的事实来源，就是写作者本人。所以你不能不对其真实性负全责。最后的结论是，如果述评的事实主干失实或枝节不准，作者就需要承担由此带来的侵权和其他责任。

实际操作中，可能会遇到两个难题：一是怎么确认述评的事实真实还是失实？二是主干失实与枝节不准到底有什么标准？

在大量的新闻纷争中，新闻界和法律界已经基本达成共识，就是以新闻的五个W一个H要素（Why——为什么、What——怎么回事、Where——在什么地方、

When——什么时间、Who——什么人、How——怎样做）是否存在来认定真假。

例如，东北村庄农妇组团“约炮”是被列入 2016 年“十大假新闻”的一篇述评性稿件。当时在《财经》杂志微信公众号发表的标题是《春节纪事：一个病情加重的东北村庄返乡日记》(2016 年 2 月 14 日)。经辽宁省委宣传部调查核实，证明记者此文中描绘的礼崩乐坏的“时间、人物、地点都是虚构的”。该记者根本就没有春节回乡，事实是完全杜撰的。国家新闻出版广电总局已依法吊销了涉事记者的新闻记者证，并将其列入新闻采编不良从业行为记录，对发布该虚假新闻的《财经》杂志和未经核实转载该虚假新闻的光明网、中国青年网、中国网、中国台湾网等分别做出警告、罚款的行政处罚。

说到述评的事实何为主干、何为枝节？这个一言难尽，要根据五个 W 一个 H 在整个行文中的比重来最后确定。如果述评的事实，存在两个要素以上的虚假，那就肯定属于主干失实。如果只是一个要素出问题怎么判断？这就要看着一个要素虚假对整个新闻事实的伤害，究竟是伤筋动骨的还是一般的皮肉破损。比如，有记者写述评讲到中央环保督察组进驻河北暗访 36 天，向河北交办 31 批 2 856 件环境问题，直接点名 28 家企业，近万字措辞严厉的反馈意见引起了一场“环保风暴”，带来了强大冲击波。除了具体时间错写了一天，其他都真实准确。这样的情况，就可以认定为“枝节不准”。而另外一个科技记者写“神舟十一号”与“天宫二号”成功实现自动交会对接后，中国航天员景海鹏、陈冬先后进入“天宫二号”空间实验室。这也是一篇述评，也是除时间外其他所有新闻要素真实准确。细查发现，只是把 2016 年 10 月 19 日 6 时 32 分错写成 2016 年 10 月 19 日 6 时 31 分。这一分钟的误差，在这里就属于主干失实。因为，时间在整个新闻事实中的分量，太重要了！就像刘翔在瑞士洛桑田径超级大奖赛男子 110 米栏的比赛中，以 12 秒 88 打破了沉睡 13 年之久、由英国名将科林・杰克逊创造的 12 秒 91 的世界纪录。如果记者把时间写成 12 秒 87，虽然相差 0.01 秒，但已经伤害了事实的主干。这是绝不允许的！

述评中如果对变动或发展中的事实，有预测或推演失误，一般为业界和法律所允许。大家知道，中央电视台的述评节目，曾经播发张召忠的伊拉克战争预言，结果基本都失算了。他说美军害怕地面伤亡，将进行长时间的轰炸才会投入地面部队。结果美军从第一天就开始地面进攻。他说伊拉克军队将以顽强防御予以美军重创。结果战争进行了数日，美军进展神速。他说伊拉克学习了中国抗战的经验，放过敌人大部队，斩断美军补给线。结果美军补给线畅通无阻。美军补足了油料之后继续大举进攻。他说伊拉克军民将向美军发动游击战争，结果……这些失误，并未给央视和预言者造成严重后果。但是，我们还是要强调，述评对无把握的事或人，一定要留下回旋余地，千万不要把话说满。

四

在微观基础上评的推展

述评的视野非常宽阔，它不像大多数时评那样，受到一事一议或篇幅的限制。这种类型的内涵蕴藏量大，外延形体壮硕。如果使用得当，可以使文章厚度和可读性，都大大超过其他新闻评论。不过，“使用得当”是有规律性要求的。它们主要有如下四条。

（1）游离于述的具体事实，评就一定显出“肌无力”。述评的开合度大，对事实的使用自由度大。但无论如何一定要记住，围绕的核心原点仍然是本述所讲的具体事实。而其他应用材料中的事实（B），只是作为论据中的内容来为本述的核心事实（A）服务的，实际上也就是求证推理的过程。B如果可以推导出A，能够证实A，那就可以使用。如果两项都无关或作用不大，那就没有使用的必要。这样完全是为了确保述评中的所有事实材料绝不游离于本述的具体事实。中心地位如果“偏移”哪怕不显，时评就会出现“肌无力”的症状。柔弱的主体事实，肯定会影响述评观点的成立与巩固。

（2）不冲出述的事实铁笼，评的典型意义就不存在。相对于第一条，述评作者还要注意，围绕核心事实不代表只能在“这一点”上“螺蛳壳里做道场”。既然述评的界宽很广，那就意味着作者可以在核心事实周围，构筑若干个外延事实，以发散的方式多头支撑观点和材料的可信度。它还可以收到另外一个效果，那就是彰显核心事实的典型意义。在这里需要说明，述评的核心事实以外的论证事实，是可以非经作者本人采访获得而直接引用公开出版物或其他传统媒体报道的事实的。

（3）背景材料列举衬垫，不受时间、地域、行业等制约。述评在描述“这一个事实”的过程中，可能需要交代它发生发展的背景材料。例如，对人物或事物的正反、今昔进行对比，对述评事实中有关的历史背景、地理环境、物质基础、社会环境进行介绍与描述，对述评涉及的概念、原理、名词术语进行解释，以帮助读者理解有关内容等。这些部分，基本不受时间、地域、行业等限制。不是说围绕核心事实，就不能在背景方面展开了，新闻界没有这种普遍规定和业务要求。

（4）述评中的发散思维，在评析逻辑中起关键作用。在其他时评写作中，比较强调集中笔力“攻击一点不及其余”。有的篇幅较短的时评，直接要求一事一议，不要海阔天空纵横驰骋。即使较大规模的评论，也受限于文字篇幅。述评则在篇幅上相对显出很大的弹性空间，在叙和议的思维界宽上，更是相对浩瀚。而且，述评客观要求作者突破“这件事”“这个人”的制约，把事实和观点的攫取和提炼，向多头方向辐射扩散。这样做的好处，一方面是将事实建立在广泛存在的典型基础之上，另一方面是将评析的逻辑线路放在一个更加广阔的视野，可能获得意想不到的多元结果。这种结果换句话说，就是“一题多解”。我们的时评，现在存在一个普遍的缺陷，就是作者只认自己的死理。认为自己始终占据真理的高地，就很容易犯“唯我独尊”的毛病。为什么不能多种意见观点共存呢？或许你可以只说自己的“一管之见”。但在述评这种大事实容量和思想容量的类型中，是可以也提倡几种主张判断共存，留给受众自己选择的。非黑即白、不留中间地带，是教条主义的思维模式。述评在微观事实现象的外延，作适当的扩展，有利于探索更加合情合理。

第四节

新媒体正盛的碎片化时评

新媒体并非一个新概念，它的提出距今已经整整半个世纪。早在1967年，美国哥伦比亚广播公司（CBS）技术研究所所长戈尔德马（P. Goldmark）就提出并初步阐释了它的定义。但是新媒体兴盛却是最近十年的事。App、4G、云计算、微博、微信等新技术、新应用风起云涌，新媒介形态和媒介终端的发展此起彼伏。

中国新媒体时评的崛起，公认大约在 2009 年。这一年 8 月 14 日发生了一个标志性事件：新浪微博横空出世。2010 年微博的用户和关注度实现了巨大的井喷。搜狐、网易、腾讯等知名网站相继推出了自己的微博品种。用户可以利用这一媒体分享交流平台，通过网页、WAP 页面、手机客户端、手机短信、彩信发布消息或上传图片，以及“评论”和“转发”功能，将自己所见所闻、所感所思，公开发表出来。截至 2017 年 5 月，仅新浪微博月活跃用户就达 3.4 亿，世界第一！微博对于时评兴盛的划时代意义，在于每天约 500 万博主在这个平台说家事国事天下事，其中有大量的观点意见主张性内容。自有时事评论这个文体以来，还从未有过如此多民众，以作者兼受众的身份参与其中。加上其“草根性、便捷性、原创性、背对脸”，它甚至构成了与官方舆论场对应的另一个舆论场域。

中国新媒体时评的更大一次普及扩张，是微信的诞生与发展。自 2011 年初腾讯公司推出这个即时交流工具后，目前月活跃用户已达 8.89 亿，其中有 1 000 万公众号，成为国内也是世界上最大的社交软件平台。微信对于时评的意义不仅在于用户数量庞大，而且它的交流性表达、圈层式传递、非正统语言、平视切入、差异性观点，给时评体裁的写作方式、发表形态、黏性程度带来了革命性的重大变化。

相对于微博和微信，论坛、QQ 群、博客、播客等新媒体内容生产与交换平台，由于资历较老，它们已经作为分享意见、见解、经验和观点的工具与平台，积蓄着舆论能量。尽管如此，它们也是以千千万万个体碎片化形式和传统媒体集团军发布的时评展开竞争。

时评过去的所有历史，都是一部社会精英、知识阶层借助传媒关注社会、改造社会的历史。今天，微博和微信已成为草根观点表达的工具、全民呼声传达的载体。它的进入门槛极低，它的思想随性自由，它的创作即写即发，它的送达对象精准具体，所有这些，都不是传统时评所能望其项背的。而且，相对于官方传统媒体时评，微博微信所评点的内容，更加注重对社会重大事件、敏感突发事件和国家政治经济问题现象的迅速介入，而且是以问题性、批评性介入为主的。这是对传统时评写作几大要素的近乎颠覆。

但是，微博的 140 字限制和微信的手机移动写作，客观上限制和影响了在这两种载体上发表大篇幅和高思想深度的时评。它们只能扬己之长，以碎片化、海量、集群优势，弥补己短，以抗衡其他传媒载体时评的市场受众争夺。

碎片化，其实是新媒体时评所共同拥有的微传播基本特点，只不过以微博、微信为代表、为主体而已。它已经成为中国社会传播语境的一种形象性描述。新媒体时评破坏了传统媒体时评那种话语体系、写作套路、传输模式及多层把关的整一性，瓦解了传统媒体时评指导思想上那种“以正面评说为主”的观察分析基本观念。甚至它的发表载体、分享圈层，都是以很小的单位族群和“文化部落”差异化诉求来汇涓涓细流成大海的。

有研究表明，当一个社会的人均收入在 1 000～3 000 美元时，这个社会便处在由传统社会向现代社会转型的过渡期，而这个过渡期的一个基本特征就是社会的“碎片化”。因此，新媒体时评的碎片化现象，是顺应时代发展的一个必然反应。用比较专业的传播学研究解读，就是 21 世纪后社会阶层的多元裂化导致消费者细分、媒介小众化。

碎片，意味着化大为小、化整为零、化全局为局部、化宏观为微观、化综合为单一、化大众为小众、化高端为低端……但是，新媒体时评在这些“化”的过程中，丝毫没有改变社会公器的基本特质。这主要反映在三个方面：一是特别关注社会话题，而且，这种关注常常用以小见大、以一斑而窥全豹的视角，观察解析隐藏在由头背后的道理。二是特别在意民生问题，并且这种在意不喜欢在过程的道路上跋涉，常常以解决问题为速效诉求。三是特别爱打抱不平。一旦发现欺凌、不公、迫害、腐败、遭难等问题，马上站出来仗义执言。这些特质所反映出的真正来自人民群众的舆论声音，已经成为影响党和国家制定方针政策和中国发展历史进程的巨大力量。

不过，我们还是要看到，碎片化的新媒体时评拥有那么多优点特长，同时也存在一己之短。比如，微传播个体作战所导致的思维局限，可能欲窥全豹的那一“斑”并无代表性，从而导致偏激。多数草根作者，对国际视野等宏观大选题的漠视，导致相关选题缺失。圈层文化虽可实现精准投放，但可能导致画地为牢、范围受限、难以拓展。关口前置虽有利于个性发挥，但容易导致评论由头的不靠谱甚至失实等问题。但无论如何，碎片化时评从大方向上，仍然代表了时评发展的一股巨大的积极力量，值得力顶！

一

微博里的博大空间

微博运营发展的前七年最大的外在特点，就是字数限于140字。短小、精悍，必须“螺蛳壳里做道场”。到了2016年1月，新浪微博在VIP用户中取消了140字限制。随后在当年2月28日将该功能适用范围进一步扩大，但仍只对会员开放。时隔八个多月后，微博终于在推特之后，面向全体用户取消了140字限制。无论长短，它的表达空间一直都显示出博大的胸襟。对所有重大事件、突发事件，对个体的公民遭遇、生计问题，对社会的不公现象、官僚腐败，对时事的种种变局、政坛更迭，都充满了迅速及时的关注和讨论参与。微博时评吸引了不少专家学者、意见领袖、名人大V等的加入。但更多的占绝大多数的写手，还是草根。他们位卑未敢忘忧国，胸怀确实有容有量。

(1) 即时评：快，是一个时间概念，和博大这样的容量概念能不能交叉、如何交叉？确实是一个不容易解决的问题。但是，微博时评的成功实践，给了其他媒体一个启示。我们知道，在微信诞生之前，微博时评的时效性，是其他任何媒体所望尘莫及的。千千万万博主们几乎全天候瞪大了关注的眼睛，对任何时事变动进行扫描。尤其是那些重大事件性新闻，一旦发生，立即成为微博时评的生产原浆。这种海量作者的快速反应，构成了空间上一张密集的大网，转化成了微博时评的博大胸怀。传统媒体时评特别需要学习这种对选题的敏锐迅疾反应，以及作者队伍的大规模扩容水平。

2011年1月17日，一名母亲求助于中国社会科学院农村发展研究所研究员于建嵘，希望他发微博帮助寻找自己失踪的孩子。随后诞生的“随手拍照解救乞讨儿童”官方微博，将信息和分析及观点一道推送给广大受众，开通短短五天就引来万余人关注，三百多条乞讨儿童信息发布于其上。2月2日，新浪微博大V发表了典型时事评论体的《关于彻底消灭全国大规模拐卖儿童强制乞讨犯罪集团的倡议书》。一场全国范围的微博打拐活动就此拉开帷幕，各地公安部门、社会组织、机构和媒体微博群起响应，从开始的态度观点投入到后来每一条信息的分析、评论、呐喊，充满了理智、公义的力量……“尽微博之力，让孩子回家”迅速成为当时感动全国的爱心暖流。

（2）丰富评：微博时评的选题、思维、逻辑、写作、语言、图文等风格多姿多彩，拓展了时评表达方式。传统媒体时评，无论报纸、广播、电视还是其他载体的表现手段，从没有像微博那样具有多样性、复杂性和吸引力。新媒体本身的“直通车发表”模式，减少甚至克服了过去上百年来，时评编辑、审核、把关的“物理损耗”，保证了作者在表达思想、表达语言、表达手段诸多风格的原生态面貌。所以，我们通过微博，看到了五彩缤纷的时评新世界。现在，微博时评更加与时俱进，已经可以使用 H5、VR 等前沿手段立体多维展示思想观点，确实领导了新媒体发展的新潮流。

（3）互动评：微博时评一改过去所有时评模式我说你听、我写你看的单向传播缺陷，粉丝和博主之间、粉丝和粉丝之间，既是作者也是受众。他们可以就观点、事实、写法，甚至用词造句，进行互动评点、对话交流。这种双向交流，非常有利于思想碰撞、意见交锋、取长补短、衍生阅读。有很多时评的发表是由于时评写作者的一时冲动，考虑并不周到妥当，经过交流得以达成共识。有人作过专题收集发现，不少线上回复的精彩水平，甚至已经超过原发时评本身。

（4）突破评：在权力之手阻碍舆论监督，扼杀批评报道的情况下，微博成为社会曝光的突破口。尽管网络信息发布现在已经受到一定的限制和监管，但与传统媒体组织化、机制化的生产方式相比，依然拥有比较便捷的传播机制和相对宽松的发布空间。微博时评，寥寥数语便能传播一个热点，滚动跟帖则能炒热一桩事件。当传统平台受限时，一些有勇气的调查记者和公民就会选择博客平台来传播真相。

总之，微博时评的空间容量很大很广，放得下时政，放得下民生，放得下政治，放得下经济，放得下中国，放得下世界，放得下专家、意见领袖，放得下平头百姓引车卖浆者流，放得下亿万作者，放得下比作者更多的、以几何级数增加的受众。它无愧于新媒体时评的先驱称号。

二

微信中无所不在的互动评论

微信时评除了具有互联网评论的显著特点外，还将移动传播的优势发挥得淋漓尽致。它强大的文字即时互动、语音即时互动、图像即时互动功能，创新了时评前所未有的立体表达、双向与多向表达的新模式。而且，最为关键的是，从时事新闻的发生到评论的生产，无论何时何地，微信评论的触角与发表，都无所不在。这些是它有别于其他传播媒体时评的重要特色所在。

微信时评的受众和作者数量，肯定是所有媒体之最。它的“海评”除了来自公民自发的评说，也来自几乎所有传统媒体的新领域开发。在全国“两会”、G20杭州峰会等国家重大新闻和社会热点焦点事件发生的时候，我们都可以看到，“两个舆论场”竞相使用微信平台，指点江山激扬文字。而且，在时评的生产、推送、接收和反馈四个环节，相互交融互为渗透和影响，促进了时评的繁荣，也带动了媒体传播方式的变革。

（1）作者的隐蔽性。微信对时事发表观点意见，无论长短尖锐与温和，也无论什么敏感复杂的评论选题，除了有限的微信公众号之外，一般都无须真名实姓具署。这就带来了一个好处，可以创造无拘无束、放胆直言的评论生态空间。真正实现了中国时评“法无禁止则可评”的梦想。有人要问：属于“三俗”（即“庸俗、低俗、媚俗”）怎么办？官方对此一般不动用“有形之手”查究，自有反感的受众唾弃它们。如果发表在传统媒体之上，结果就大不相同了。如果有涉及政治问题的怎么办？微信后台有一整套自动和人工的删除屏蔽手段。如果遇到造谣诽谤怎么办？这已经触犯法律，自有被侵权人或单位起诉。但无论如何，这些只是微信时评中的九牛之一毛。大浪淘沙，不足为奇。

（2）观点的多元性。微信时评由于作者队伍极其复杂，上到高官专家学者，下到引车卖浆者流，哪怕面对同一个评论话题，各方所持的分析意见和价值判断，都显出多元色彩，迄今为止，还没有任何一件时事上出现过微信时评观点比较统一的结果。即使在那些是非明显的问题面前，由于“横看成岭侧成峰”，微信时评总能生发出色彩斑斓的意见主张。这种多元，正好从一个侧面反映了改革开放对舆论环境的容忍度，也反映了人民群众利益诉求的多样性。但这毫不影响微信时评的主流，仍然坚持着社会主义核心价值观这条基本红线。非平衡、非线性，在多元观点碰撞交锋过程中，受众实现了自我教育和思想净化。

（3）观察的平视性。大量浏览品读微信时评作品，你会发现，这里的视角既不是仰视，更不是俯视。它跟传统媒体几十年来的时评有显著的不同，就是万事视角的平切入。无论你是多么高大上的人物，无论你是何方神圣，在微信时评里，基本都是平视以待。大家不喜欢唱无聊的颂歌，也不喜欢屈膝逢迎。不把好吹捧为楷模，不把功谀称为伟大。当然，微信时评对于社会底层的平头百姓，完全没有我们惯常见到的“社论体”教育训示那种口吻，如“必须”如何、“一定要”如何、“应该”如何。有的只是俯下身子为他人着想的意见和声音。这种切入角度，特别具有亲和力，它对时评的社会效果，无疑是非常积极的。

(4) 传播的多样性。微信时评不受时间、地点、身份、文化、贫富、等级限制，也不受文字、声音、动静画面甚至三维立体的拘束。传播的主体和手段方式，大概是所有媒体形式中最为多样的。对话式评论，还摈弃了传统时评那种单向思维的我说你听，任何受众可以针对微信时评，直接通过原发渠道表达赞成还是反对的意见观点。它在实现了点对面传播的同时，还实现了“回音壁”效果的及时反馈。当然，也融入了社会和谐氛围。

(5) 意见的碎片性。微信时评囿于随感随发和非专业为主的作者队伍构成，导致它的选题和评析角度，都难以宏观博大。公众舆论往往是通过无数的微观视角、个人观察、小众评判来综合体现的。但它契合了微信本身移动阅读、碎片化阅读、个人角色阅读的特点，与传统媒体评论的大视野，形成了对照和互补。如果微信时评反过来使用鸿篇巨制、高位鸟瞰的选题或写作，可能会受到冷遇。任何一种传播，内容和方式的相互匹配融洽，应该是题中应有之义。

资料显示，自 2012 年 8 月，腾讯公司正式推出微信公众平台以来，截至目前，全国微信公众账号已达 1 300 多万个，且仍以每天 1.5 万个的速度增长。在微信时评的汪洋大海中，1 000 多个以观点意见为主打的微信公众号，已经成为领航的明灯。他们的观察水平、分析水平、表达水平、传播水平、运营水平，都已经相当不俗。其中很多，除了粉丝者众之外，还广为传统媒体关注与转发。当然，中国影响力大的传统媒体，大多数开发了时评微信公众号。其中受到中央网信办高度评价的有“侠客岛”（《人民日报：海外版》）、“团结湖参考”（《北京青年报》）、“学习经典”（中国文化网络传播研究会）等。社会口碑较好的微信时评公众号还有察时局、今评媒、黄埔平、仁仲平、仲祖文、钟轩理、卫民康、何振华、郑青原等。

三

BBS论坛仍是网络舆论主战场之一

BBS论坛，是最早的新媒体评论诞生地。迄今为止，它对社会和时事的影响力仍然巨大，成为官方和民间都很重视的舆论场。BBS论坛在中国许多重大时事新闻爆料上屡建功勋（如孙志刚事件、雷洋事件等）。更有它的亿万点评，推高了舆论的关注度。公民在这里传达心声，执政者在这里可以听到人民的呼声。党和国家领导人在到人民日报社视察工作时，几次到人民网亲临人民论坛，和网民直接对话。

以网络为媒介交流平台的BBS论坛，属于新闻性、政论性和思想容量较大的一种开放型的专栏评论。如天涯论坛、新浪论坛、人民论坛等，长期发挥着舆论主要话语平台的作用。由于其人群分类聚集、分地聚集、分兴趣聚集等特点，在对时事评论上，更加具有吸引力和高水平，已经成为社会舆论的高地。

总体上看，论坛时评的综合水平，较之于微信、微博要高，主要表现是追求社会影响力、追求曝光震撼度、追求同人美誉度。其中那些大咖在新闻专业主义水准上比之传统媒体有时更高，而且写法完全不受传统时评要求的束缚，创新手法很多。再就是论坛时评的写作，通常不是匆匆忙忙的“急就章”，大多数写作者会在仔细观察、成熟思考、认真打磨后，才把自己的作品发表在论坛之上。那些论坛上的意见领袖就更加爱惜自己的羽毛了。

（1）“我”的身份介入。论坛时评外观上的一个显著特征，就是作者身份第一人称化。无论你是高官还是专家，无论你是专业评论员还是知名意见领袖，在这发表意见观点，统统不作兴端着架子拿腔拿调代表任何官方发言，你就讲你自己的个人看法。这就把所有写论坛时评者放到同一个水平线上论理了。每人“一票”的力量，杜绝了以上压下、训斥口吻、教育灌输等时评八股文风，同时还带来写作者与受众之间的亲近感、平等感。在搜狐论坛上，有一篇时评《我看曹林与“广大网友”的冲突》，作者是中国人民大学专教时评写作的教授马少华先生，他以前曾经做过很多年报社评论员。按理说对一个网络言论观点进行是非臧否，凭他的身份和经验，就够权威的了，但马少华从头到尾也只是以“我”来平心静气地表达看法。

（2）亲身经历求证。论坛时评，不但新闻由头常常是写作者自己的耳闻目睹，而且其论证中的事实也往往是亲身经历。它和传统新闻评论的东摘西引有所不同。网上的观点，要想求得广泛赞同应和，是不容易的。为了增加自己观点的可信度，论坛时评在长期的实践中，养成了写作者喜欢拿亲眼所见、亲耳所闻，或者至少是亲朋好友的亲身经历来做新闻由头或者事实论证。批假气功骗人的时候，太多太多的人介入讨论，都喜欢用见过看过的事例切入和论证自己的观点看法。抵制韩国乐天的时候，论坛上的理智分析者，就以自己身边砸店堵路的事实来问抵制究竟伤害了谁？魏则西病逝，如潮的论坛时评将本地的莆田系骗子医生行径写进自己的论坛时评……论坛发言的实名制更增添了写作者亲身经历的可溯性、可信性。

（3）众声淹死大象。论坛时评似乎存在着与生俱来的批判性和干预性血液，这种舆论的杀伤力真的很大。当社会发生重大突发事件、网络爆出丑闻、底层百姓遭遇不公等大家关注度高的问题时，论坛时评就会比较一致地发出震天的吼声。雷洋事件开始是在知网论坛曝光的，很快引发全国舆论的关注和介入。其中，持续关注和追踪的是论坛时评。直至事件有了结果，论坛上的相关选题时评，才慢慢偃旗息鼓换下一个话题。不要说中国许多个“表叔”“房叔”，即便是国家能源局局长刘铁男（因《财经》副主编罗昌平实名微博举报而下台），也一样“享受”全国各大小论坛时评集中火力猛攻的“待遇”。曾经有一个官员，受不了论坛时评对他所写诗的差评，竟然带人冲到这家社区网站，将办公室电脑给砸了。很快就被论坛时评的汪洋大海淹没了，并遭受撤职处分。论坛时评可以掀起舆论的狂潮，足以淹死“大象”级贪腐权贵。

（4）语言霸权必“怼”。论坛时评是个特别讲究话语权平等的文体，你可以持有正确或错误的观点，但是你不能在文风语气上显露霸权。所以，清醒理智者警示领导干部或权威专家在论坛世界中要“善言敏行”。[①] 善，就是要学会论坛说话为文的规矩。敏，就是懂得聪明的上策就是放下架子倾听。2012 年 4 月 29 日，《人民日报》甘肃分社社长林治波在网上发文，他一边否认真实历史，一边用“棍子”“帽子”语言与网民针锋相对，遂激起广大论坛时评写作者愤怒，中国几乎所有著名论坛均万炮齐轰，使他很快落败并两次发表公开道歉。

---

① 李巍．领导干部在网络世界中要“善言敏行”．(2016-12-23)[2018-09-04]．https：//252318.kuaizhan.com/30/11/p393699285a3c0a.

中国几大论坛时评，各自创造了自己的特色。有网友总结指出，新浪以地域区分，批斥猛烈。中华以左右区分，互相论战。腾讯混合一起，逮谁喷谁。天涯人肉巨无霸，猫扑晒图是王道，糗百神一样的存在，网易回复才是精华……

四

“自嗨”评说的主要笔法

自媒体时评的社会功能比一般人想象的要强大，当然不能视为“自娱自乐”，这里的“自嗨”是专指自媒体时评的特点。请勿误会。当我们来深入研究这种文体的写作笔法的时候便会发现，它和传统新闻评论有着完全不同的特色。

(1) 快比全重要。自媒体时评会抢在事件发生第一时间迅速发声。成千上万评说瞬间垒成高楼大厦。网民一般求快不求全，更不求深。这种舆论的厉害之处，是在海啸式舆论狂潮席卷中形成威力的。

林治波否认真实历史，源起的微博发表时间是 2012 年 4 月 29 日。当日网上就有反应。先是跟帖反驳，后是撰文批斥，再后来是集中火力批判。这一切都发生在一天之内。林被迫第二天就在微博中解释并道歉。自媒体时评又迅速针对他的道歉继续追击，林再次道歉。所有的网络时评反应确实是迅速及时的，完全不像传统媒体按部就班的节奏。

(2) 批比颂更多。由于社会大环境的影响造就，自媒体时评横批怒斥的内容主题占绝大多数。往往一个负面选题，有人登高一呼，就立即唤来广泛回应。而歌颂类时评，较难引起社会反响，有时还会收到如雨板砖。《2016 年度社会热点事件网络舆情报告》指出，“自媒体成主要发酵平台之一，网民实现了‘指尖发声’，舆论进入‘围观新常态’”。

中国女排奥运夺冠和王宝强宣布离婚，发生在同一天。但是，头两天对后者的关注度远超前者。有人说中国网络暴力太过厉害，有人说中国网络戾气好重，也有人说中国网络的“喷子”太多。其实，这些说法都存在片面性。就个别事件、个别人物、个别案例来看，这些说法似乎还都站得住脚。可是就全局整体来看，这样的评价概括并不实事求是。关键要看，时评批评的事实是不是客观存在？批评的理由是不是能够成立？批评的出发点是想黑我们还是帮我们？对于新媒体时评，不宜用传统媒体言论管理那样，要求时、度、效的把握上都必须讲究。

(3) 评比述靠谱。公众的意见，在新媒体时评中最能得到尽情的表达。新媒体时评写作者从整体看缺少专业修炼，所以见风是雨的评点非常多。即使观点非常在理，但所依靠的由头往往不靠谱，削减了评的价值，甚至有的因虚构事实造成时评观点毫无价值。

像关于东北农村妇女“组团约炮”“礼崩乐坏”的述评《春节纪事：一个病情加重的东北村庄｜返乡日记》，在 2016 年 2 月 15 日《财经》杂志微信公众号上发表之后，给人感觉写得生动、评得合理。

> 我经常在想，中国的多数乡村已被城市化的步伐碾压的“空心化”，很多人在为消逝的乡土文明而呼吁反思，这是因为它走得太快、把文明丢得速度过快。而我的故乡，它却在飞速发展的时代中，因为笨重的身躯和闭塞落后，走得太慢了，本该为此庆幸。但不幸的是，它却走向了另一种根脉断裂的病态极端。

如果单纯地看作者的观点，是完全没有问题的，或许还闪耀着智慧的星光。可是，事实的杜撰结束了这篇记者述评和该述评写作者的记者生涯。令人担忧的是，这远不是以网络和移动客户端为载体的新媒体时评的个别偶发现象。仅仅 2017 年上半年，就发生过负面影响很大的“抹香香”事件、“肾没了”等许多失实、谣言事件。不少新媒体时评写手们见风就是雨，跟着横批怒斥，使这个民间舆论场显示出鱼龙混杂的景象。

(4) 题比瓤抓人。标题党是网络新媒体的独门绝技。人们对它毁誉参半，爱恨交加。新媒体时评写作者每写一篇都要在标题上下苦功夫，因为这是抓人宝物，内容倒显得居其次了。新媒体时评的标题，总体上比传统媒体要生动，吸引力强很多，这是一个不争的事实。但是，它们中有不少采用不顾事实的夸张、比较明显的“三俗”用词等手法，来博人眼球。而受众点击进入一看，要么恨它浪费了自己的宝贵时间，要么觉得污染了大家的视觉。据说，标题党的基本理念是，卖点就是看点，点击率就是生产率。这样不择手段地追求利益，当然会引发受众反感。

网上时评海量计数，要获取受众关注，标题功不可没。反之，若不在标题上下大功夫，时评写作的前道功夫就有可能付诸东流。我们既不能简单将标题党一网打尽，也不能放任标题党祸及新媒体时评。国家网信办联合相关部门 2017 年 1 月开展了为期一个月的专项整治行动，依法处罚了新浪、搜狐、网易、凤凰、焦点等存在突出问题的五家网站，并对互联网新闻信息标题制作制定了专门规范。国家网信办明确要求网络媒体的标题不得出现以下情况：歪曲原意、断章取义、以偏概全；偷换概念、虚假夸大、无中生有；低俗、媚俗、暴力、血腥、色情；哗众取宠、攻击、侮辱、玩噱头式的语言；法律法规明确禁止的和明显违反社会公序良俗的其他内容。严禁在标题中使用“网曝”“网传”等不确定性词汇组织报道或者表述新闻基本要素。严禁各类夸张、猎奇、不合常理的内容表现手法等“标题党”行为。严禁通过各类具有暗示或者指向意义的页面编排、标题拼接等不当页面语言，传播错误导向。

可以说，这是治理新媒体时评标题党非常具体的指导规范。

要 领

1. 公论由于其代表党报党刊党台甚至代表一级党和政府就重大问题发言表态，权威性凸显。因此，身份定位造就了这类文体呈现政治性强、政策性强、原则性强的特点。

2. 个论的自由发挥空间很大，主要是它完全不必在思想观念上谨小慎微地对齐上面的口径，在思维方式上尊重公民个人的选择差异，在表达方式上更可以呈现缤纷多彩的个人风格。

3. 时评过去的所有历史，都是一部社会精英、知识阶层借助传媒关注社会、改造社会的历史。今天，微博和微信成为草根观点表达的工具、全民呼声传达的载体。它们的进入门槛极低、它们的思想随性自由、它们的创作即写即发、它们的送达对象精准具体，所有这些都不是传统时评所能望其项背的。

第六章

时评声像

时评这个文体从诞生到现在，在我国大约100多年的历史。其中绝大多数时间，时评的表达方式都是文字化的，即发表在报纸杂志上。1923年至1929年，上海出现了三座广播电台，即美国人斯奥斯邦办的电台（呼号ECO）、美商新孚洋行办的电台和美商开洛公司办的电台。1926年10月1日，中国自办的广播电台——哈尔滨广播电台开始播音，创办人是无线电专家刘瀚。[①] 那个时候的电台，播报的内容还并不含有评论性内容。但是久而久之，播音员说公司、说生产、讲新闻、讲时事，就不免要间杂一些观点看法。这就是最早的广播评论雏形了。现在许多教科书和新闻史研究中，都把中国广播评论的最早起源定在1940年12月30日延安新华广播电台开播之日，这是一种政治划线的做法。

电视诞生于1936年，英国开始在伦敦建立第一座电视台。而1940年，美国才造出了世界上第一台电视机。我国最早于1958年5月1日晚7时由北京电视台（中央电视台前身）试播电视节目，同年9月2日正式播出。电视评论也是在新闻娱乐节目之后慢慢发芽破土的。

综上所述，时评以声音和图像形式面世的时间要晚于文字许多年。而且，时评的老祖宗政论，自古以来也是通过文字传承的。所以，如果从当代中国时评水平衡量的角度来看，广播电视时评与平面媒体的文字时评，还有一定差距。虽然，声像时评的

① 郭镇之，苏俊斌．当代广播电视学．上海：复旦大学出版社，2012.

表现手段已经非常丰富，可以创造简单文字难以达到的感染效果，但综合水平的赶超还需要时日和时评界孜孜不倦的探索。

带声音图像的时评之所以前景广阔，理由有三：

第一，声像时评可以三维展现，富有更具张力的表现空间。声像本身是涵盖文字的，比如电视台播出时评的时候可以在屏幕上打出流动的文字内容。这时候，受众既看到了滚动字幕，又看到了实况动图，还听到了现场或人物的声音。耳目感官，同时受到作用力。如果广电媒体再来个现场互动，你可以即时打电话进入电台直播间、电视台播出平台，那就更令报社杂志社编辑们羡慕不已啦！

第二，声像时评与当代互联网或移动互联网传播融合，较之以简单文字的手段渠道更加直接一些。一些在报社从业大半辈子的媒体人研究媒体融合后忽然发现，自己的知识局限在平面媒体传播的空间内，对视听等手段是多么生疏。可是，广电圈内的新闻记者编辑，如果向新媒体融合，就会比平面媒体的新闻记者编辑省劲儿许多。因为技术手段有基础，再做网页内容、App就省去了学习声音录制和视频拍编的过程。

第三，声像时评的表达方式，对受众的接近性高于纸媒文字。而且，它的生长受传统新闻评论固定思维影响程度要小些。纪实性、现场感、能参与、可互动，这些都是声像时评的优势，纸媒是无法与之媲美的。从受众心理学来讲，他们渴望轻松娱乐、追逐视听快感。他们还担心时评写作者对由头事实的描述和对论据事实的描述，可能由于主观因素而失真走样。视听提供的真实现场、真实人物的再现，可以有效打消他们的顾虑。长期以来，在多场政治运动和阶级斗争中，报纸的新闻评论是发挥过重要作用的。1979年党的十一届三中全会拨乱反正后，思想上的路线方针得到了纠错。但多少年的评论写作思维惯性，还长期驻留在传统平面媒体之中。广播电视时评的发展历程短，受影响程度没有纸媒那么深刻。加上现在大力倡导媒体融合，它的转型的羁绊可能会少一些。创新手段、创新思维，会为声像时评带来更大的助推动力。

当然，和报纸时评相比，广播电视时评也有其短处。比如，受24小时制约，受稍纵即逝不易保存、更难反复收看收听制约，它的选题一般不能做比较复杂、比较深刻的内容等。因此，广播电视时评需要扬长避短。

广播电视评论学研究的内容非常广泛。如本体论：广播电视评论的定义、特点、地位、作用等。创作主体论：评论主体是谁？个人还是团体？真实的还是抽象的？对象论：哪些领域适用于广播电视评论？创作论：选题、立意、结构、论证、语言等。文体论：哪几种主要存在形态？媒体论：广播评论、电视评论、报刊评论、网络评论的异同。接受主体与传播环境论：受众心理、社会思潮与舆情、媒介环境变化等。历史论：广播电视评论产生和发展的条件、历史演变轨迹等。本书只研究声像时评可操作性内容，过于理论的东西在此回避了。

第一节

广播时评

广播时评早期对报刊的依附是很大的，能够听到电波传输的时评内容，基本都是播音员照着已经刊登的报刊评论读稿。拨乱反正后的几年，政治问题的解决并没有带来广播时评传播方法的变革。直到 20 世纪 80 年代后，广播时评才逐渐独立与成熟。其主要标志就是内容上已经有了适合自己电波传输特点的原创时评了。

时评的有声语言传播，跟人类社会日常使用的交际语言有联系也有区别。由于它承载着传播思想信息的任务，所以，在一般人际交流口语化的基础上，还有几个特殊要求：一是要坚守语言的纯洁性，二是要保持语言的简洁性，三是要做到尽可能大众化，四是尽可能生动活泼。时评很难作过多过细的场景描写和叙述，谈思想观点是很容易枯燥乏味的。如果它的语言僵硬特别书面化，就会失去受众。如果烦琐复杂，听众也会失去耐心。如果为了口语化而失去语言的纯洁性底线，就会出现欧化、文言、现代、网络等各种语言表达的大杂烩。

时评的有声语言传播，还要照顾两类特殊的受众群。第一类受众群的接受能力要比报纸读者低。如果仅仅针对这样的群体，就应该将时评选题的大众化、阐述的浅层化、语言的通俗化、表情达意的贴近化，作为自己的基本方向。不过在传统的收音机受众大规模衰减的今天，汽车移动广播听众已经日渐成为电台城市受众的主体，这就是第二类受众群。我们要考虑这部分人的基本素质和经济状况。因此要在两类受众群之间寻找突破点。

（1）短——文化水平较低的受众，没多少整块时间听广播评时事论道理，私家车一族也就是途中开机顺便听听广播。所以，电台时评长度一定要控制，一般200～400字篇幅也就差不多了。再长人家要换台或关机。短的意义其实还不止于广播载体，对于广义新闻中的绝大多数体裁来说，短小精悍都是一个基本要求。它不但符合新闻阅读收听收看的一般规律，也符合新闻受众心理学。

（2）浅——深入浅出，浅显而不是肤浅，浅见而不是无见。广播的稍纵即逝难以回听，是一个与生俱来的短板。与报纸时评可以反复琢磨咀嚼相比，广播时评必须在听众一次耳闻的瞬间，把事实和观点统统告诉他们，而且还要做到让他们基本无疑问。如果时评过于深刻深邃，传达的思想分量需要受众周密思考才能理解把握，那便不容易为听众所接受。另外，遇有非常抽象的道理哲理，一定要用尽可能浅显的语言来化解。如果用解释、翻译，能够将时评逻辑思维中的艰深与大众化的浅显融合在一起，这应该是广播时评的追求。同样出自毛泽东同志的手笔，《中国社会各阶级的分析》只有在反复品读思考中，才能弄通弄懂。而《敦促杜聿明等投降书》则朗朗上口，非常适合广播播报。后者无须仔细体味，道理清清楚楚明明白白。所以，做广播时评的人，不要指望以深取胜，那是多少年报纸思维留给电台的。广播要依据自己的特色，辟自己的蹊径比较适合。

（3）软——采用生动、形象的群众语言等受众喜闻乐见的方式，是广播时评避免简单生硬的“解药”。虽然时评属于逻辑思维的范畴，但具体语言使用上是允许修辞手段进行形象化表述的。最有说服力的典型案例有《当不上驸马不能不娶妻》（1986年江苏如皋县广播电台）：

在横向经济联合中，不少乡镇企业纷纷外出找门路、攀“高亲”，巴不得弄个驸马当当。这种想法固然不错，可举国之内，驸马能有几个？能和全国重点企业、科研单位挂上钩的乡镇企业不会很多。攀不上高亲怎么办？一个村办厂厂长说得好：“当不上驸马不能不娶妻。”他这个村离公路比较近，又有不少集体公房，具备发展工业的一些条件，他们曾经人接人地外出攀亲，一直未能如愿，后来他们了解到，当地有个养禽专业户……厂长开玩笑说：“我们小夫妻过得还挺不错呐！”

在生活中，有些人找对象就是因为“高不成，低不就”而拖成了大龄青年。在横向经济联合中，只要从实际出发，充分发挥本地优势，能够取得好的经济效益。“高不成”也可以“低就”，当不上“驸马”，同样能娶到一个“好媳妇”。

这则广播中多处使用群众语言摹状，通俗又亲切，生动亦形象。

一

行走在空中评点江山

电波的传输速率高达每秒钟 30 万公里，相当于光速。因此，它的传播范围和时效，在受众文化程度、接受状态的要求及表现力和感染力上，都有其他媒体形式难以替代的自身优势。

2003 年 8 月 14 日，包括纽约在内的美国东北部和加拿大的大部分地区突然停电。黑暗中的这片全世界最大的都市群陷入慌乱、纵火、抢劫中。此时此刻，《纽约时报》等新闻媒体一筹莫展，唯有当地的广播电台，半小时后就播发了纽约市长布隆伯格向市民的喊话，他把自己的观点判断及时告诉大家：这肯定不是恐怖袭击，呼吁人们保持镇静……也算一种口头时事评论吧。

广播时评是通过电波传输观点和价值观判断的。在当今纸媒寒冬、电视收视率下行的新形势下，广播市场的坚挺甚至逆市上扬，体现出一种特殊的导向优势。

国家新闻出版广电总局的官方数据显示，截至 2015 年底，我国广播综合人口覆盖率已经达到 98.77%。2016 年，作为国家级媒体的中央人民广播电台开始加强广播评论，重拾广播媒体的话语权。《新闻和报纸摘要》节目中评论分量不断加重，“央广评论”“央广时评”不断在重点新闻节目中出现。与其他媒体的评论有所不同，广播评论立足于“听”，在评论选题范围、角度等方面都有自身的独特性。广播评论不是报纸评论、网络评论的翻版，广播评论立足于文字，融多种声音元素于评论中，论述风格清新明快，既有锐度，又力求将权威性与大众的视角结合，能很好地发挥导向与监督作用，增强节目思想性、权威性、可听性。可以说，广播评论在国家广播电台的新闻节目中频频亮相，可以形成特定的舆论聚合力和社会影响力，能不断提升国家电台的新闻传播力和核心竞争力。①

党在延安时期，就创造了广播评论的辉煌一页。毛泽东同志等老一辈革命家的广播时评，至今仍令人敬佩。1940 年 12 月 30 日，在延安西北的王皮湾村，中国共产党创建的第一座广播电台——延安新华广播电台开始播音。播放的主要内容是中共中央重要文件，《解放》周刊和《解放日报》的重要文章社论，国际国内的时事新闻，革命故事和抗日歌曲等。由此可见，时评在当时是广播的重要内容。毛泽东同志当时为广播撰写了大量精彩的时评和述评，如《丢掉幻想，准备斗争》《唯心历史观的破产》《评蒋傅军梦想偷袭石家庄》《别了，司徒雷登》《为什么要讨论白皮书?》《“友谊”，还是侵略?》《将革命进行到底》等。

美国之音的广播时评，多年来一直是其节目的“主菜”，对受众“杀伤力”很大。作为广播冷战和心理战活动的主战场，该台普通话时评基本是赤裸裸的反共反华宣传。20 世纪 70 年代以后，特别是中美建交以后，它的对华广播主要是乘机搞思想渗透、“和平演变”，以及歪曲事实、散布谣言、进行政治蛊惑等。评论和新闻分析在美国之音占有特殊重要的地位。1976 年 7 月，美国国会通过批准的《美国之音章程》第三条规定，美国之音应清楚有效地报道美国政策，同时也报道对这些政策所进行的认真讨论和意见。作为美国国务院官办的新闻媒体，美国之音在中国历次重大政治和社会变动时都抢在第一时间发表时事评论，为将美国价值观渗透传播到中国来发挥了很大作用。

当今广播技术的革新，为广播时评开拓了新天地。我国传统的广播都使用无线电模拟形式进行信号传输，可以形成连续波段发射。但数字化技术以及压缩技术，带来了米波调频信号，该信号抗干扰能力强，信号传播不受限制，接收效果和模拟形式无与伦比。现在在发射技术上，又有了空时无线电和感知无线电技术等，它们正在创新广播的传播运行模式。② 目前正在进行的互联网、广播电视网及通信网三网融合，正向下一代信息通信网络演进，将会实现网络互联互通、资源共享。这对广播传输和内容革新也有重要意义。

---

① 陈俊．2016 年中国广播业发展回顾．青年记者，2016（36）.

② 杨顺美．有关广播电视无线发射的创新技术解析．管理学家，2014（1）.

车载广播的普及，不但可以使无线电广播在移动中平稳运行，更开辟了巨大的受众市场。据公安部交管局统计，截至2017年3月底，全国机动车保有量首次突破3亿辆，其中汽车达2亿辆；机动车驾驶人超3.64亿人，其中汽车驾驶人3.2亿人。

在报纸等传统媒体走向寒冬的时代，广播市场随着技术革命创新和车载无线电收听的普及而逆市上扬，这给广播时评创造了影响力倍增的机遇和空间。从我国广播评论的整体发展形势来看，一些省级以上的广播电台都是自行编写并播出广播评论的某些广播电台还专门设置了一些评论性的节目，并且都在固定的时间段内播出，如南京人民广播电台的时评专题节目《马青时间》等。这种从中央到地方，从单个评论到具体评论性节目的转变，已经足够说明广播评论在我国广播新闻类节目中的重要地位。当今，广播评论的数量和规模正在日益发展和扩大中，使得广播评论的地位在广播媒体中也不断提高，不少地方广播电台也相继建立了专门的广播评论机构，并且绝大多数省级以上的广播电台已经设置了专门进行广播评论写作的机构和场所，主要是针对当今社会上所发生的重大问题，引起人们注意的社会现象以及我国新出台的政策法规等发表自己的看法。[①]

二 突破纸媒评论传统思维

广播和报纸，虽然同属传统媒体，但它们之间从传播形式到传播特点再到受众构成，都有许多显著的差异。广播时评显然不能照抄照搬报纸的那一套，拿纸媒评论的传统思维束缚自己。

早年间，广播习惯了照着报纸社论、评论员文章、短评、专栏评论等宣读。也不问它的内容和语言，是否适合广播“听”的特点。从人的感官功能上分析，“看”起来很好的东西，未必就能“听”起来很好。梁启超的政论《少年中国说》，“看”起来大气磅礴激情四溢，曾经令多少人热血沸腾。可是如果让播音员播报这种文白夹杂的文

① 李琳娜．我国广播新闻评论的现状和存在的问题．新媒体研究，2016（12）．

章，足以让很多当代少年疑惑，多少有些弄不清含义。最近这些年，广播界对时评的重视前所未有。适合广播特点的原创时事评论，已成燎原之势。早在 2000 年，中央台完成了评论部和《新闻纵横》节目的合并，由此成立了一个新的机构即中央台新闻评论部。在这之后，青岛台、湖北台、江苏台等许多地方台均设置了专门进行评论的广播评论机构，并且都相继组建了非常专业的评论队伍。①

但是，广播时评的原创和专业广播评论队伍的建设，还不意味着纸媒评论传统思维的自动退场。由于新闻评论的媒介鼻祖是纸媒，所以它的既有套路，从选题抓取到写作方式，从表达语言到逻辑推理，从文风构成到个人特色，深深地影响着今天的广播时评。广播界中人，还没有完全跳出纸媒时评的窠臼，有的甚至继续亦步亦趋地顺着人家的脚印往前走。我们不反对继承，但更提倡创新革新。

传统纸媒时评选题上贪大求深、写法上逻辑复杂、语言上佶屈聱牙等不便随听不易通俗的模式，广播时评需要摈弃。

广播是随听随断的收听工具，绝大多数受众收听的时间都不长。加上巨大的车载广播听众，是在开车过程中收听的，根本无暇也无兴趣收听那些特别宏大的论述选题评论，比如政治体制改革问题、第十三个五年计划的宏观经济走向、全国小康脱贫目标、全国党的组织建设等。这些《人民日报》的重点评论选题，一写就是几千字。不是说这样的内容广播时评不能讲，而是作为广播时评的选题，不可能在几百字内把它们说清楚，更不可能把其间的道理论述透彻。所以，最好的办法，就是微观切入，从小事说起，从局部说起，从新近发生的新闻事实说起，用一滴水而见太阳的光辉。

纸媒时评写作中的逻辑关系，一般是比较复杂的。广播时评不但不需要照搬，而且要想方设法将文中可能蕴含的复杂逻辑转换成语言顺畅有条有理的“逻辑感”。这种“逻辑感”，不是由书面表达的并列、递进、转折、因果、让步、顺序（列举）、对比、事件、条件、举例这十大逻辑关系组成的。而是总分总、线性逻辑这样简单的两种关系最适合话语传递明确意思。如，朝鲜在拥核的道路上越走越远：2006 年 10 月 9 日，朝鲜宣布成功进行首次地下核试验。2009 年 5 月 25 日，朝鲜进行第二次地下核试验。2010 年 5 月 12 日，朝鲜进行核聚变反应……联合国不断加码对朝制裁，韩美联合军演

---

① 李琳娜．我国广播新闻评论的现状和存在的问题．新媒体研究，2016（12）.

达到最高等级。以上就是总分总逻辑。而线性逻辑是这样的：

一是按 5 个 W 和 1 个 H 表述，例如：

北宋末年，朝廷腐败官逼民反，以宋江为首的一百零八个英雄好汉都被逼上山东梁山起义。但宋江后来接受了朝廷的招安，原本风起云涌的农民起义就此偃旗息鼓。

二是按程序表述，例如：

今天我们要净化网络空间必须走三步：第一，建立必要的实名制和关闭制度。第二，对违规的重点人物和网站，依法依规处置。第三，向广大网民宣传教育。

三是按讲话的通常过程表述，例如：

总述—故事—感悟和寓意—总结。

四是按问题的廓清路线来表述，例如：

我们为什么要在洞朗地区坚守主权？什么是洞朗地区主权？怎样在洞朗地区坚守主权？

五是按人的五感（视觉、听觉、触觉、嗅觉、味觉）来表述，例如：

远远地我看到一座青翠的山峰，倾听到了泉水的声音，才知道这里有清凉的泉水，清风微醉、泉水甘甜，我感觉这里如同天堂一样。

纸媒评论的语言，比较讲究老辣、厚度、精练等。广播里面读这样的东西就会产生理解难度。譬如鲁迅的杂文语言里，欧化语言、文言、方言，是很重要的构成部分。

纸媒上的文章阅读起来可以反复推敲，理解起来不成问题。可如果由广播电台中播音员朗读出来，就会有很多人不解甚至产生歧义。请看一篇《留一点志气给自己》：

志之所向，金石为开；进取心，首也！可曾记周树人先生乎？立下大志，欲救国人，远渡东洋寻求医之道。受尽嘲讽，忽幡然醒悟，毅然弃医从文。欲以雷霆之文字唤国人沉睡之心。于是乎，书狂人奠近代文学史之开端，作阿Q笑人世间之媚态，自嘲曰“横眉冷对千夫指，俯首甘为孺子牛”。故曰：有志之士以天下为己任。此乃进取心是也。观树人，吾不及也。

广播时评语言喜欢通俗化，与之走的不是一个路子。

总的来讲，广播时评跟纸媒时评的思维路线、表达方式、传输过程，都各有特长各有短处。相互借鉴学习对自己有用的东西可以，但单纯仿效就会出问题。广播时评需要利用自身开放性、时效性和听众广泛性的特点优势，在选题的贴近生活、贴近群众、贴近实际上取得突破。在表述逻辑和表述语言上，要直白通俗易懂，入耳入脑更入心。在展现方式上，要由我说你听改为大家参与。

三

锁定听众对象讲道理

广播时评最大的特点是将观点意见和论证过程，付诸声音传播。声音传播不受时间地点限制，但它的受众群体有自己的特殊口味。我们一定要锁定听众对象来写作、组织和播出评论内容。

从经济、文化、职业三个方面分析，广播受众横跨高端和低端两极。一方面，广大农村还保存着听广播的习惯，城市家庭已经基本不用收音机了。另一方面，开车的人经常在途中使用车载收音机。这两级人群对广播时事评论的内容和讲法，口味要求差异性很大。

在这样的情况下，广播时评的选题要么顾及一头，要么找出能够照顾上下的最大公约数。前一种操作难度很大，因为听众是不可分割的。你不能将这种内容的时评限定这一部分人收听，那种内容的时评限定那一部分人收听。前一节我们已经阐明过一个观点，即广播时评不适宜选择宏大选题。现在，我们还要增加一条，就是广播时评不宜经常就特别重大的政治话题展开阔议。比如，是希拉里还是特朗普当选美国总统对中国更有利？朝鲜到底会不会开战？中印边界的洞朗地区会擦枪走火打起来吗？如果换一个比较小的角度来谈论这些相关问题，也不失为广播时评对重大政治事件发表评论的好办法。在德国总理默克尔访华期间，有电台请高晓松从文化和历史角度谈德国，受到广大听众的欢迎。

关注民生、围绕生活、解答困惑、纠正误识、社会引导，才是广播时评应该始终锁定的主要内容。最近这些年，各级广播新闻作品评奖中当选的时评作品，绝大多数是围绕这些选题评析议论的。其实，要讲政治，这些就是最大的政治。它们和我们党一贯主张的为人民服务的宗旨以及《宪法》规定的社会主义国家基本追求，是完全一致的。时评写作要求抓住典型的人物、典型的事件为由头。它们应该是非常具体实在的，而不能是概念上的。

锁定听众对象讲道理，还要求广播时评用受众听得懂、喜欢听的通俗晓畅的语言来说理议论。如果不看听众就评论，听众就会换台。

频率发射范围、节目播出时间、听众构成主流这三个要素，是广播时评必须认真考虑参照的。由此可以看清受众的选题需要和收听习惯，锁定这些来写作或组织时事评论节目内容，才能发挥时评最大的舆论引导作用。

从宣传和传播效果看，一城一地的广播时评议论全中国全世界，则可能会起到事倍功半的效果。如新疆人民广播电台时评呼吁严惩青岛“天价虾”事件中敲诈消费者的商户，效果微乎其微。广播时评的出发点和落脚点，应从频率发射范围考虑，才是正途。

获得第二十五届中国新闻奖的两篇广播时评，都是凭借因地制宜的选题和切入写法取胜的。黑龙江人民广播电台的评论《“藏粮于土”箭在弦上》，就是针对黑龙江省粮食产量继续领跑全国增量接近全国一半，而该省三分之一的耕地遭遇水土流失，耕地质量急剧下降问题而发的。时评写作者抓住这“一增一减”背后是资源的高消耗，进而带来各地耕地总面积、高质量耕地和人均耕地面积逐年下降等一系列问题，非常“接地气”。而甘肃广播电影电视总台的评论《对办事群众不妨多说一句话》，围绕当地强化基层工作人员服务意识，围绕机关作风建设，紧抓“机关干部说话难，办事群众跑断腿”这一问题，对窗口单位存在特权病、冷漠病、懒散病的原因、症结，做了入情入理的剖析。记者还跟随一对夫妻体验了“准生证”变成“折腾证”的过程。五个生动案例、八段同期声从不同侧面表现了主题和论点，反映出了群众办事难的现状及托关系、找熟人的无奈。由“少说一句话”反映出基层工作人员存在服务意识淡薄、急需转变作风的大主题。[①] 这也是抓取本地素材、展现本地思考的范文。

四

各具特长的四种评点方式

广播时评囿于电波传输的限制，表达方式并不太多。目前，从中国到世界，广播中涉及时事评论的节目形式也就是四种，即广播谈话、广播访谈、录音评论、口头评论。它们之间说不上哪种最好、哪种最不好，而是各有千秋。我们应该根据时评的选题、阐述方法、收听对象，尤其是第一个要素来选择最适合的评点方式。

（1）广播谈话，在电台里两人或两人以上进行平等、即时的语言沟通的谈话体评论。具体场地可以是电台播音室，也可以是电台外的其他场所。这种听觉的评论形式，由于谈的方式而自然拉近了时评和听众之间的距离，宛如坐在听众对面聊，亲近感陡生。但是，参加谈话的人，听众只闻其声不见其面，因此他们彼此的语速、口音和音色，一定要有区分度。不然，甲乙丙的声音就会混成一锅粥。这种时评创意，最早来自美国电视的“脱口秀”节目。而世界上最早的广播谈话节目出现在 1921 年，是由美国马萨诸塞州普林菲尔德的 WBZ 电台播出的，谈话内容是为农村听众讲农场的经营。那时的广播谈话主要采取一人宣讲的方式，比较枯燥乏味，再配上一本正经的内容和数量极其有限的听众，其传播效果可想而知。[②] 经过近百年中外电台媒体的实践，广播谈话的艺术水平已经大为提高。美国全国广播公司（NBC）的谈话节目，议论的主题

① 王宇．融媒体时代广播作品如何讲好中国故事：兼论第 25 届中国新闻奖广播获奖作品特点．传媒，2015（24）．

② 苗棣．广播谈话，大有可为．（2011－11－15）［2018－09－04］．http：//www.cnr.cn/gbzz/jsy/201111/t20111115_508782530.html.

大到时事政治、国际态度、种族冲突，小到家庭琐事等。话题的选择多是新奇刺激又有冲突的。嘉宾不固定，上至总统、国会议员，下至妓女、吸毒者，无论什么身份都可以来到节目当中。我国目前的广播谈话，在选题上还相对狭窄，谈话的尺度也比较紧，更不要说直播了。录播虽然减少了播出风险，便于电台编辑按意图进行剪辑，但也减少了现场感和真实感，实际效果可能会打折。怎么解决这一对矛盾？建议考虑安装延时滞后装置等技术保障设备，一旦发现问题，可以及时切断或做删减处理。

（2）广播访谈，在电台安排好特定场所，由主持人引导，参与者共同围绕某一议论主题，进行各自观点意见的平等交流和讨论。它和广播谈话节目的主要区别在于，增加了主持人现场采访。提问题和回答问题，其实就是突出议题核心，归纳总结观点，让现场受访者有次序、有节奏地表达自己的价值判断。好的访谈，并不回避参与者之间的思想矛盾交锋。理不辩不明，辩的收听效果会更好。有些电台认为动用访谈手段，必须是社会热点、焦点、难点。每期都能做到这样当然不错，但其实相对软一些的选题，照样适合访谈。2011 年 8 月，江苏作家毕飞宇的长篇小说《推拿》，获得茅盾文学奖，成为江苏省第一个获此奖的作家。消息一出，金陵之声《海上生明月》栏目通过主持人对话访谈的形式，让听众近距离了解第一位获得茅盾文学奖的江苏作家，感知他的创作历程和情感世界。这个访谈获得了中国新闻奖二等奖。再比如，冬季的煤气管道堵塞问题，请煤气公司和居民来谈。早晚高峰时间的交通拥堵问题，请交警和有车一族来谈。“3・15”后的消费者投诉问题，请消协和难题客户来谈等。只要关注的人多，生活琐事也可以带来很高的收听率。广播访谈做任何内容切记以评论观点为主，而不是叙述事实。有的电台忘记了这条原则，以至于几个人在现场说了半天，基本都是情况交流，忽视了各自意见主张的表达，这就喧宾夺主了。如果遇到参与者纠缠于事情本身，主持人要及时通过“访和问”的形式，想方设法引导他把他的观点意见表达出来。

（3）录音评论，有真实的现场用录音效果做背景，记者编辑与被采访者交流。最多的是电台节目主持人就某个议论话题，和前方记者、现场记者交流讨论。虽然非常简短，但可以明晰观点。其实是借他人之口来表达电台自己的判断。还有一种是用同期声再现新闻现场当事人、目击者、关系人等，来对事实进行讲述并表达观点意见。前方记者则充当了节目协调和主线把握者的角色。由于新闻现场、新闻人物本身的声音，过滤了媒体第三方表述可能带来的不准确不真实，所以这种评论方式的感染力、真实性、客观性都很强。例如，辽宁人民广播电台播出的一篇名为《旗舰遇坚冰》的新闻评论，曾获2005年度中国新闻奖一等奖，就是利用同期声来深化新闻主题，提高新闻事件的真实性和感染力的。当播音员在述说大连大显集团从盈转亏、陷入生存困境的主要原因时，采用了在新闻现场录制的同期声——辽宁省信息产业厅厅长李兵和鞍钢集团经理刘介的现场录音。他们各自从自己主管的角度，畅谈了东北老工业基地缺乏自主知识产权品牌和国有老企业缺乏自主创新能力这两个要害问题，都点到了病症的要害。①

（4）口头评论，是电台自己的评论员主持播音、采写署名的一种广播评论形式。这种评论可以用播讲体、谈话体、述评体等方式进行。相对于一本正经的专题评论节目，口头评论显得自由、轻松、随性。其实懂这个行当的人都知道，电台评论怎么可能任由某个人以自己的意志和兴趣爱好随便来呢。只不过表面上不那么拘谨和严肃罢了，内骨瓤子每一种观点，都受到严格的把关。这种以个人署名推出的评论，很容易出名。比如南京人民广播电台新闻频道播出的一档以观点说话的新闻评论节目《马青时间》就在当地家喻户晓。电台的口头评论，可以在选题上突破地域限制，就着外地、外国的事情说适合本地的道理。而且，它在观点表达上，可以比"本台评论"更加灵活宽广一些。

第二节

空中制约下的风格拓展

管仲有言："无翼而飞者，声也；无根而固者，情也。"广播以声传情，无翼而飞；广播时评声达情通，无根而固。

广播时评因其空中传播的优势而具有其他媒体时评无法替代的特点。同时，广播时评也因自身的一些天然劣势，其风格拓展受到相应的制约。我们需要实事求是地研

① 李军．小议广播新闻评论的特点．青年记者，2013（6）.

究广播时评所处的环境、条件、地位，想方设法扬长避短，将自己的风格显得更鲜明一些，将自己的特色拓展得更宽广一些。

追求风格、形成风格、张扬风格，是广播时评立足于业界之林，能为受众辨识并喜爱的重要路径。

风格并非特点特色，而是整体呈现的一种代表性独特风貌，是独特的内容和标志性形式相统一的表现。广播时评要想具备这样的独特优势，需在很多方面下苦功夫。不要指望一个时评节目在短时间内，就能形成有别于其他广播界同行的鲜明风格。这是时评本身的难度和风格的积淀厚度要求所决定的。

广播的天然优势，本章前面已经阐述过，它的劣势在哪儿呢？简单地说就是稍纵即逝难以保留，线性播出被动收听，语音要求介入困难，视觉缺乏锁住不易。时评是比其他新闻报道更具思想含量、更具内在逻辑关系的一种文体。广播说完就了，瞬间工夫让受众听清听懂已很不易，如果要求启发思考、产生二次推论，难度是不言而喻的。时评节目还受到广播 24 小时线性时间的制约，不到那个点无法听到。听众只能被动届时接收。它不像报纸，可以随时拿出来阅读细品。广播时评虽说参与方式有好几种，可普通话不好或语言表达不流畅的人，基本无法进入，只能永远成为被动的“听众”。而广播时评，只作用于人的听觉系统，不像电视是三维的，故而耳过不留影响力差。

依据广播时评载体的长短优劣，研究探讨它的风格拓展，方向路径就比较清楚一些了。

(1) 因“台”施教。建立在广播电台这种空中传输媒体舞台上的时评，需要主动把自己和报纸、电视等媒体品种的时评，显著区别开来。报纸时评那种深沉、厚度，广播就不要追求了。广播时评可以用浅而不薄、轻而不浮来替代抗衡。电视的三维展现作用受众三大感官，广播也不要想了，我们可以把听觉影响力，尽可能做到难忘甚至直击心灵的程度，用以弥补单纯“听”过就忘的缺陷。这些说法，并非梦想。中国国际广播电台 2014 年 12 月 13 日《“南京大屠杀死难者国家公祭仪式”现场直播》，就是一个述评类节目。它把现场国人的哀痛同期声和电台记者主持人的观点判断融合在一起。此节目获得了第二十五届中国新闻奖一等奖。

(2) 本土意识。风格的大厦，不能不建立在坚实的本土基础上，电台自己的发射频率所辐射的地域范围，既是广播时评作用的听众对象，也是广播时评选材讲理的考虑半径。我们曾经听到那些以个性风格影响宣传效果和经济收益的晚报都市报的一个重要秘诀就是“眼睛向内，挖地三尺”。这里的“内”，就是报纸的发行区域。这里的“挖”，就是本土的新闻事实。在这方面，它们比全国性的大报要强许多，才能使自己立于不败之地。广播时评，非常需要学习这种成功经验，立足本土，向下深挖。从选题到论法、从事实到观点、从语言到习惯等，都针对本土听众的心理做深做透。人们一打开广播、一听见时评，就能辨认出这是我们自己的电台。

（3）个性语态。广播时评的播出，一般不像央广《新闻联播》节目或读《人民日报》、新华社社论、评论员文章那样，郑重严肃地进行传统播报。如果从时评节目风格追求而论，那种千篇一律的语态，是很难具有区分度的。那么，广播时评究竟应该用哪种语态播报好呢？我们姑且先把前面提到的那种暂定为“新华语态”或“宣传语态”，然后可依据时评节目改革需要，倒推出“讨论语态”“平实语态”“交锋语态”。显然，大多数广播时评适合用讨论语态。播音员或主持人用一种不强加于人的讨论语态说理，容易入耳入心，也戒除了多少年来言论的教训面孔和以势压人的毛病。尤其是广播谈话和广播访谈节目，更加需要平易近人的姿态。平实语态，适合用在单个主持人口头评说的节目。这种语态显示出对事物的评价，既不俯视也不仰视，平视是最好的态度表达。交锋语态，仅仅适用于驳论和斗争型时评的内容。这种口吻散发着火药味，如果广播时评能够在语态上让受众听出电台的个性来，风格也就自然而然形成了。

（4）多元表达。有风格的广播时评，不会是一个声音齐步走，而会是各种观点精彩纷呈地碰撞，在思想火花中绽放出此台非彼台的个性来。大多数新闻事实或观点态度，都要允许有不同看法，而且能够让持不同意见的人站出来说话，要相信听众的是非判断能力和辨别力。多元表达是广播时评与主持人自信心强的表现，这方面现在做得普遍比较差。

二　篇幅精悍主题集中

在讨论完广播时评的风格形成要素后，我们来研究一下实现那些目标需要使用的手段。

广播的 24 小时时间轴和受众收听的随意性，限制了以展示观点为主的时评播出长度，一般每篇时评 200～400 字为宜。它不像报纸杂志，读者暂时不想看，可以放下来有空或有兴趣时再看。广播稍纵即逝，无法“回听”，多说无益。因此，优秀的广播时评节目的单篇内容都短小精悍。千言万语，请用浓缩的话语来表达，行吗？

怎么浓缩，这里头有门道。

（1）限制长度。电台要对广播时评有长度硬指标。大多数内容单篇不可超过 500 字，特别重大重要的选题，也就在 800 字之内。长度，不要仅仅把它看作时间占用的多少，而要上升到文风的高度，上升到传播社会效果的高度来认识。毛泽东同志在《反对党八股》里面提到的“又长又臭的懒婆娘的裹脚”，就是批斥党八股文风的。整治“长风”，还要有制度性的规定。在制度面前，人人平等、稿稿平等。这样久而久之，就会形成一种良性循环。风格，也会在这种长期修炼中渐显出来。

（2）单一主题。广播时评不能像纸媒那样可以有两个主题穿插进行，那样听众就可能分不清了。因此，任何广播时评只抓一个主题挖下去，保持思路清晰。有的时评写作者或广播时评的主持人，为了思想主题的宏大广深，喜欢在一篇文章、一档节目、一次访谈中，暗设多个思想主线，结果反而把主要观点冲淡了。还有的时评节目，为了证实一个观点，采用多头论据论证，从事实论据到道理论据，从当事人讲述到权威专家表态。但头绪太多，“场控”失灵，出现了“主题漂移”的局面，连“单一”的底线也守不住。

（3）衔接紧凑。广播时评在对谈和多对象访谈过程中，各个环节之间不能“留白”，紧凑的衔接才能显出一气呵成，否则，评析的“内气”断了，听觉效果就很差。我们知道，广播的“断气”是要作为事故来处理的，一般不会出现这种情况。但也有广播时评在访谈类、对话类节目中，由于记者编辑或主持人组织不严密而出现松松垮垮的现象。还有的情况会出现“嗯……”“啊……”“这个这个……”“那……就是就是”等语气助词间的停顿和长时间思考。遇到这样的情况又没有技术处理的话就会导致一档时评节目就像菜市场的“大杂烩”。要么损失规定的时间长度控制，要么损失时评节目内容的有效表达。

（4）一针见血。广播时评一开头就要切入主题，尽早亮明作者观点和价值判断。

起承转合的文章写法，不适合广播的特性，听众如坠云雾之中。无论时评的单篇，还是广播的一档节目，都不允许离题闲扯，切入要快才能保证思想观点的高效率表达。要么一开始就讲时评由头的新闻事实，要么一开始就讲主持人或特邀嘉宾的意见主张，紧接着顺流而下，直奔主题。广播时评能容得的写法表述方法，和纸媒相比，确实要少或单纯许多。

二

思想对流双向互动

广播时评不像纸媒评论员写文章只能单向传播，它可以通过一对一、一对多进行思想交流互动。这极大地改变了评论表达的传统模式，产生了非常好的拉近距离效果。

互动，本来是广播与生俱来的一个特点优势。随着 Web 2.0 时代的到来，受众与记者编辑特别是主持人之间的互动形式就更多了，如微信、微博、QQ、官方论坛等。但是，我们强调的是显性互动，而不是私下沟通。我们提倡的是台上的话语互动，而不是台下的文字交流。我们强调的是进入直播间或转接现场的不同观点意见的互动，而不是找几个人来和电台主持人唱同声同调的歌。面对同一事物或人物，不同身份不同角度不同阅历的受众，可能会有不同的看法。广播时评就是要把这些不同挖掘出来，才能实现受众与自己的良性互动，在互动中提高广大受众的思想认识。

双向的时评，就可能也可以产生思想碰撞的火花。媒体和参与评论的对象相互启发取长补短，使论点、论证、论据更加丰富多彩，其说服力更强，受众更容易从思想和心理切入，减少隔膜。这么多年来，人们对传统新闻评论的评价不高，很大原因在于我说你听、单向灌输。受众怎么想的，评论者和传播者基本不考虑。我们现在要应和互联网和移动互联网传播的时代节拍，把用户需要放在传播的出发点和落脚点上。解决了这个思想问题，才能在广播时评创意制作中，自觉主动地关注受传者的思想意见，并把这些思想意见呈现到节目中来，和主持人或记者编辑放在同一个平台上，同频共振。

思想对流双向互动，带来了广播时评写作和组织的变革。无论从观点、语气、结构、音效等方面，都必须照顾到电波传输多人评说的特点，最大限度发挥自己的独有优势。

(1) 写作上，广播时评要照顾到几方观点的共存性。电台的观点判断，不能说绝话，不能唯我独尊。尤其是思想认识和对某事件的看法上，不必强求一致。比如，2012 年 7 月 28 日，讲述启东发生冲击市政府事件，有广播媒体评论开口就说“骚乱”。这种定性，就把对话交换意见看法的窗口给堵死了。其实，事由是地方政府对日本王子制纸之制纸排海工程项目的批准触发的。这里面有没有信息公开程序的缺失？有没有决策前的科学考察论证？有没有宣传解释的到位问题？如果电台在持某一种站位观点的同时，也留下不同观点意见站位的空间，营造多方对话交流氛围，可能社会效果就会好许多。

(2) 组织上，广播时评需要在开始设计阶段就积极关注、主动寻找不同观点的表达者。2009 年，中国之声聘请了 18 位专家型评论员，开创了中国广播建立评论员队伍的先河。如今，评论员在各地新闻广播中已经成为常态。[①] 尽可能请他们中的不同意见者到电台直播间来进行面对面对话交流。当然，非特聘评论员也是邀请对象的人选。他们中有的人普通话不行、容易紧张、不愿意当面锣对面鼓，也没有关系。可以提供书面意见，由主持人或其他人代读。其实，只要不是直播，电台不像电视台要出镜，其后期是可以解决很多相关问题的。

(3) 技术上，要把广播已经用惯了的主持人单篇读稿方式，逐渐转变到多媒体融合技术平台共享上来。打造时评互动直播间，全媒体内容汇聚平台汇聚来自互联网（专业网站、微博、微信、QQ、Email 等）及热线电话等内容，交付给电台直播间。导播、责编等可通过平台实现内容筛选、录入及推送，主持人通过统一平台即可在节目直播过程中与微博、微信、客户端及热线电话用户直接互动。

(4) 形式上，广播时评的互动交流，需要话题统筹下的对聊表达。声音传播的政治意义和安全意义特别重大，我们不能任由话题各方在电波里面东拉西扯，作为媒体的舆论导向和话题聚拢职责，是无论如何都不能忘记的。在央视评论员正襟危坐宣传观点的时代，凤凰卫视呱呱坠地。该台一开始就注重不同观点的对聊表达，多档节目

① 王旭辉．广播评论：谁来说，怎么说？视听界，2013 (1)．

在轻松愉悦的环境中完成了严肃思想认识的交换和交融，非常适合受众喜闻乐见的心理需求。但每一期凤凰卫视的对聊节目都贯穿着节目自己埋设的主线。我们在互动中，千万不要忘记这一点。

三

语言直白论理晓畅

广播对语言的要求，可能比其他任何媒体都严格，主要是它受制于“只闻其声，不见其人”和不可辅加文字的电波传输特性。说要说得清楚，听要听得明白。广播时评玩不起文字游戏，更承受不起之乎者也的文言的“深沉”，那些专业领域的术语行话，也是必须放弃的选项。语言直白，论理晓畅，是对广播时评的基本要求。

这个基本要求看似简单，其实做起来有一定难度。多少年来，大家写政论文已经习惯了学习鲁迅先生，以他的深沉、学养、范文为楷模。殊不知，鲁迅先生主要使用的是杂文笔法。他的语言、他的文风、他的曲笔，都是当时白色恐怖时期无奈使用的一种特殊战法。而且，如果当时电台把鲁迅杂文搬到直播室朗读，可能也是不合适的。如果换个纸媒平台，可以让读者慢慢品味、反复推敲。广播却无法满足这样的条件。所以，给电台写稿或参加电台互动的时评写作者，还是换一个通俗易懂的套路比较好。

(1) 评论由头白描化。广播的接收渠道，要求广播时评在讲述新闻由头时简单到近乎白描，不要过多形容和场景描写。用非常朴实、非常精练的文字，勾勒出来龙去脉。在其他新闻报道体裁中，也是不允许人为添加华丽辞藻渲染事实的，时评更不允许，广播时评亦是如此。在叙述事实过程中，一般只要将新闻要素的5个W和1个H交代清楚即可，完全不需要仔细描写着力形容。

(2) 论点表述大白话。广播时评的论点，不能像纸媒那样追求文字优美，它属于听的艺术范畴，所以要求论点表达近乎大白话。应该毫不做作地用平时讲话的语言说理，杜绝文言和专业词汇。作为一种“听”的艺术，广播时评也要遵守语言规范化的基本要求。而且，由于时评的逻辑思维特性，它还特别需要在遵守声音传播的共性要求之外，想方设法使深奥的道理深入浅出。否则，就会僵化生硬，影响传播效果。要避免文白夹杂、欧化句式和冗长表达。

(3) 论证过程简约化。凡时评，就离不开论证。但广播时评和纸媒上的文字时评大不一样。后者可能需要比较复杂的论证过程，除了事实上的，还有道理上的，除了权威定论，还有各种巧喻等。而前者论证的路线图必须简约，一般不要旁征博引，线路多头。因为文字的评析可以推敲琢磨，语音的传播难以来回咀嚼。请一定记住单线论证、直线论述，摈弃复杂的说理思维模式。

(4) 论据列举通俗化。广播时评在列举论据的时候，尽量放弃那些大众鲜见寡闻的材料。如久远的古代、遥远的国外、生僻的领域、尖端的科技等，那些不常见的欧化箴言也尽量不说。

解决广播时评的语言问题，不仅是用词造句问题，而且涉及时评的基本骨架。这个骨架在设计的思想理念上，就要想到“简约”这两个字。字词只会影响单句的理解，骨架复杂会影响整体的吸引力。

中国新闻奖广播时评一等奖作品《“藏粮于土”箭在弦上》，不但读起来朗朗上口，而且紧紧抓住权威新闻源同日公布的两份数据为切入口，使用对比式论据，通过“一增一减”“一喜一忧”，剖析经济活动与资源环境承载力的作用冲突，提出粮食安全新视角——由“囤粮于仓”转型为“藏粮于土”，呼吁国家尽快调整战略，更多关注农业生态系统安全，增强粮食生产潜力，实现农业可持续发展。其中，虽有多方观点原声接入，但主题集中一个，论证路线图简约。所以听众听完之后，不但接受观点，而且服膺它的评说方式。

四

音响评论的特有空间

实况音响，是新闻现场伴随人物或事物出现的音效。背景音响，是指为说明主题、服务于内容而收集和运用的资料性音响。只要具备真实、清晰、典型等基本要求，并能和解说和论述性语言恰当地结合在一起，都可以成为表达内容的手段和说明论点的依据。音响，是通过烘托气氛作用于听觉的方式，将事件还原得更加逼真、使说理过程更具感染力的广播表现手段。这是纸媒时评无法企及的广播时评优势。

环境音响、现场谈话、后期解说、资料音响，是广播时评中可以充分运用的具体手段。恰当综合使用，可以如虎添翼。

(1) 充当由头，引出话题。广播时评不一定非要单用口头播报讲述新闻事实，如果有现场音响加入，事实传播效果将大为增加。像突发事件汶川地震，中央人民广播电台和许多地方电台就使用了大量现场万众抢救的原声，放在时评的前头播出，然后再细讲四川挺住、中国不倒的道理。那种音响感染力，是播音员照稿子念完全无法达到的。还有一些矿难事故，电台派出了记者赶到事发现场，一面要客观报道，一面还要评价救援是否得力。此时，原生态音响就能发挥重要作用。南京“7·28”大火燃烧抢险了一两天，有电台记者手里抓着设备接入直播室播报的。在主持人询问观点性意见的时候，记者把录音或同期声转到密密麻麻的围观群众那里，然后又一个一个问路边店服务员、周边社区干部、抢险消防员。他们的讲述，加上现场背景音响，真实可信。

(2) 提供论据，佐证论点。我们知道，在时评的论据中，有一种叫作事实论据，广播时评中也是经常使用它的。事实当然要真实准确，如果为了让受众对你所提供的事实确信无疑，也可以使用音响效果来表达或辅助表达。比如，中央人民广播电台有一个阐述“将改革进行到底”的述评主题，就把邓小平同志在党的十一届三中全会上讲话的原声，江泽民、胡锦涛、习近平同志在党和国家重要会议和活动上的讲话原声逐一播放出来。这样的音响效果，反映党和国家改革开放路线的一贯性和继承性。如此论据，比播音员口头解说要有力量许多。还有矿难述评，要想佐证隐瞒事故真相的危害，完全可以将中国这些年来煤矿重大伤亡事故谎报伤亡数字的典型案例处理现场的音响，找出来纳入论证。这会起到毋庸置疑的客观效果。

(3) 参与议论，烘托主题。广播时评的议论主体，当然是主持人、记者编辑或作品的作者。可是，就一个核心观点，总由单方面说好说坏，有时候会让受众感到不周详、片面。考虑到这个，就特别需要电台引入其他方参与介入议论。借他人之口，表达和自己观点本质并不相左的价值判断，这对广播时评站住脚，是很有帮助的。我们应该养成多方共议的习惯，以求说服听众打心底赞同。中国新闻奖一等奖作品《“藏粮于土”箭在弦上》，用了权威专家和主管领导发表意见观点的声音，对黑龙江水土流失的现状讲述以及前景堪忧的观点表达，真正做到了既震撼人心，又让人心悦诚服。以形式逻辑的观点看，其观点是非常“周延”的。

（4）交代背景，渲染气氛。广播时评为了防止突兀，也为了加大厚度，需要把事实背景、论据背景做个简单交代。有时候还要想方设法对新闻由头发生的场景做点适当的渲染。音响是最好不过的手段工具。比如评论 G20 杭州峰会对中国对杭州的意义，什么样的语言表述，都没有飞机场一架一架总统专机降落的轰鸣声、峰会主场那些世界政要的讲话声，以及那些与会国第一夫人的市场考察购物声，更能彰显对议论主题的烘托。再比如，对“白银连环杀人案”的评析，什么高人的文字能够替代那些被残忍杀害的死者家属的哭声来渲染背景气氛？这一切的道理，是再清楚不过的了。但广播时评切记，在运用音响的度上，千万不要肆无忌惮。不要忘记所有的同期声、现场声、人物声，都是为议论主题服务的。我们需要在音响使用上自觉给自己划一个适当的运动半径，以约束好手段而不致喧宾夺主。

第三节 电视时评

电视时评是传统媒体同类体裁中，表现手段最多、制作过程最复杂、受众群体最广大的一种可视化政论。图像，是电视时评十八般武艺里面的撒手锏。一个画面就足以让报纸评论花大段文字去叙述讲解，也足以让广播评论用许多话语才能说清楚。

电视的图像优势在时事评论中是怎样得到有效展示的呢？

（1）事实直观具象。电视时评所引用的新闻由头，极少用文字或话语来叙述，绝大多数是有具体画面给受众观看的。我们都知道事实要真实，才能构成评论观点的基石。让人眼见为实，是最好的确信方法。尤其是电视台的新闻述评，大量使用事实画面，而且画面与画面之间，还会形成事实链。这会使受众确信无疑，在这个基础上媒体的观点判断，接受度就大大提高了。其他传统媒体如报纸、杂志、广播等，无论如何无法实现这样的直观具象。平面媒体虽然可以刊发新闻照片以弥补视觉的不足，但那毕竟是静止的画面，而电视时评用的是动态画面。

中央电视台获中国新闻奖的评论《被操控的检测》（2015 年 9 月 12 日），新闻由头是记者在青岛、济南、深圳、大连、杭州等地进行的大量调查，画面事实记录并反映了不同检测站里验车的作弊行为。而检测站的作弊行为只是表象，更为恶劣的是检测设备制造厂商为虎作伥，它们的设备保留了可以操控检测的漏洞。记者又对全国最大的两家检测仪器制造厂家进行了调查，其负责人也道出了设备中存在的猫腻与机关，这也为监管部门提供了监管线索。看看吧，这么可视化的评论由头，确实做到了事实胜于雄辩。

（2）论理贴合报道。电视时评比较多强调画面事实报道与道理阐述的紧密结合，换句话说，它的时评往往是配鲜活的电视新闻报道的，或在时评中首发新闻，就像央视的《被操控的检测》一样。这种紧密结合或无缝对接，帮助了电视时评在论理上有效解决了枯燥乏味的问题。更重要的是，传统时评多少年来苦苦寻求解决观点和事实“两张皮”的痼疾之道，现在似乎有了一条良策。我们大力提倡时评与新闻报道同步发送，这既可以实现时效性的突破，也可以让受众在获取事实信息的同时享受观点信息，从而使报道和时评相互促“卖”、相互受益。

（3）三维逻辑串联。电视是图像、声音、文字三维立体的传播媒介。在时评表现手法上，它运用自己的特长优势，把论点、论据、论证这时评三大件的逻辑关系用可视画面串联起来，促进了它们相互勾连，提升了电视时评的真实可信度。电视时评的观点，可以声音表达也可以文字表达还可以画面表达，当然更多的是两者兼有、三者具备。这确实是其他传统媒体羡慕但无法实现的表现手段。从受众心理学角度观察，评论政论的逻辑思维，会让许多普通受众望而却步。现在电视时评，将逻辑思维化为可视化的形象思维，这就有效解决了这个难题。其实，在大量可视化画面背后或它们之间，还是存在着严密逻辑关系的。只不过它们是由形象画面等暗中串联起来了。

（4）荧屏真身互动。学界已经有人认为我们已经从 Web 2.0 时代已经转向 Web 3.0 时代了，新闻界的观点互动，早已不是什么新鲜话题了。报纸评论互动，无非就一个事物、一场事件，发表各方不同的意见分析。电台评论的互动，无非是请人到直播间或在事发现场，让几种不同观点充分表达。但那些毕竟不能做到见字如见面、闻声就见人。电视时评的互动，就可以满足受众看着他讲理的心理愿望。电视时评互动的初级阶段，只是简单在荧屏上展示观众留言，评者还不能独立出来，成为和主持人、评论员比肩的评论主体。2009 年 7 月 27 日，央视大改版首日就在《朝闻天下》节目中，推出特约评论员杨禹和主持人胡蝶平起平坐纵论大事。次月，《东方时空》《共同关注》《环球视线》《今日关注》等节目的几位特约评论员也相继亮相，如财经专家吴晓波，军事专家宋晓军、张召忠，国际问题专家孙哲、叶海林、周庆安等。在央视的影响带动下，全国许多电视台起而学习仿效。尤其是卫视动作比较快，它们不仅仅在本地找高手，还把眼光放到全国范围。人们现在可以经常在荧屏上看到评论员纵横论天下的声和影。他们已经成了电视台立言的台柱和观点旗手。

现在需要改进的问题是，电视台特邀、特约评论员的身份都明显高大上，能不能给平民百姓上电视说自己观点的机会呢？从某种意义上看，邀请专家型评论员上电视固然专业，邀请政府官员上电视固然权威，邀请知名人物上电视固然能提高收视率，可是从最广大受众的心理距离上看，可以尝试让普通的公民谈观点，更容易产生心理共鸣。而且，互动得自然、互动得接地气，互动得有共鸣感。

下面我们来探讨一下具体的操作方式。

一 有图有声有理有真相

怎么样才能最大限度发挥电视时评综合使用图像、声音和文字等传播元素的优势呢？必须抓住直观、形象、生动的说理方式这个其他传统媒体不具备的特长。

在电视时评中，应该树立一个基本理念，就是能用画面形象表达的，就不要用文字，也尽可能不用或少用画外音解释。因为事实胜于雄辩，受众心理都认可眼见为实。在新闻由头的事实展现中学会用画面叙述，是电视记者编辑的基本功。如果遇到非常蹊跷、平时罕见、众说纷纭的事怎么办？还是尽量不要以评论员的话语来解释交代。最好的办法是由画面中人、新闻事实的当事人、目击者、知情人等，来解释交代。同样的话同样的内容，放在他们嘴里说出来，可信度就大不一样。评论员的职责，只说观点。有时候观点也是需要辅以动态画面来论证的。比如，西藏拉萨发生“3·14”打砸抢烧严重暴力犯罪事件的时候，德国NTV电视台在报道中，竟然将尼泊尔警察抓捕藏人抗议者说成是“发生在西藏的新事件”。那么我们来制作电视驳论时评，不但要将该台的播音员和身后的时评画面曝光，还要在论的过程中，播放中国警方和军队是怎样在事件现场保护人民生命财产安全的真实画面。

实现有图有声有理有真相，主要手段是这几条：

（1）浅显性。电视受众群体文化程度不高是事实。它不像报纸，起码需要识字，读报纸时评还需要思考介入。听广播的主体人群正在向车载和移动转移，其经济和文化程度也比电视受众要高。考虑到这些现实，我们要把时评中的画面选择和展现，弄得浅显一点，不必刻意求深。像载人飞船神舟号成功发射的事实由头，就不要在技术数据上做文章。那是专家学者和世界同行才关注的，普通电视观众只关心有没有发射成功？最后收回来了没有？宇航员是否还安全？这些内容浅显但关注度却最大。电视所有节目都不是为极少数人服务的，哪种方法关注度大，就应该成为使用导向。

（2）现场感。时评虽说是站在局外说事论理，但是这个“局外”只是指评论者的思想角度不能深陷所议问题之中，站高一点、离远一点，或许才能看清事情的本质或全貌。电视评论在遵守这个通则之外，可以用画面的现场感来强化自己观点的直观和可信度。评论者置身现场，叙述现场、评说现场，并非将自己的理性思考和立论降格为“当事人说”，他仍可以保持自己应有的思想高度。我们看到，在矿难事故突发、自然灾害降临、海湾战争打响等重大新闻发生的时候，我国一些著名记者、评论员，都是冒着生命危险，进行现场报道、现场评论的。现在网上，还能找到大量的现场电视述评节目内容，还能看到现场感特别强的时事评论。如凤凰卫视的“战地玫瑰”闾丘露薇，她在伊拉克战争中身份，既是新闻事实报道的火线记者，又是最好的时事走向分析评论员。

（3）亲和力。逻辑思维驱动的政论和评论，很不容易拉近作者与受众之间的距离，亲和力的要求更是谈何容易啊！可是，电视时评具备了一些自己独有的优势条件，来达到这样的目标。我们看到南京电视台一档节目《有请当事人》，它虽然是以社会伦理、调解纠纷为主要内容的，但所用方法手段基本都是一摆事实、二讲道理、三互相辩、四主持人和心理咨询师、律师等进行深度解析。本质上看，还属于论说的范畴。节目自2007年创办至今，一直红红火火收视率很高。究其因，就是与市民贴近亲和。

贴近，是内容选取的家长里短，小则小矣，却每家每户都可能遇到。我们的城市每天都上演着一幕幕悲喜剧。即使不在你家发生，也会在你的邻居、亲友、同事家出现。亲和，是每一次评析者都设身处地为当事人着想，在直播室里既认真倾听尖锐对立的矛盾双方的对抗性争辩的理由，更引导双方追根溯源，厘清是非，从中寻求解决之道。图像下的观点意见表达，有着极低的身段、极强的说服力。不但时常融洽了争议双方，也融化了广大电视观众。据制片人透露，《有请当事人》调解成功的比例大概在70%，"有时候在节目中调解不成，我们还要进行回访"。电视时评如果能学习它的成功经验，就一定能够解决电视时评中评得空洞、论得生硬、台上距离远、表达不贴心之类老大难问题。

二

电视时评复杂的构成要素

电视时评（视评）的表现力既然超过传统媒体的报纸、杂志、广播，它的构成要素也就相应要复杂许多，不是会写评论文章就能做电视评论这么简单的。学习、熟悉、掌握这些要素，才能在电视江湖上摸爬滚打。它们的构成主要有这几个方面：事实画面、同期声、屏幕文字、解说视评，每个方面下还有一些具体内容。

（1）事实画面——真实记录的形象、声音、动作、表情、环境等传达事实的信息。这是解决时评由头和论证可靠度、可信度无法绕过去的一个坎儿。换句话说，如果你做电视时评，就要善于用可视的画面来组织构成自己切入时评的由头，不可只用文字或嘴说说来进入评论的过程。事实画面的构成，包括现场画面，资料画面，后期制作的图标、图像。

现场画面。新闻的发生地点或场所，是时评事实不能不交代的环境因素。搁在报纸，用几十个字就说清楚了。到了广播，也就是更简洁的几句话交代。可是视评不行，它要一大堆的现场画面素材做支撑，从中剪辑出有利于事实和观点的部分，在视评播出时插入。

资料画面。这部分也就是新闻事实发生的背景和视评背景。它可以是动态的过去时活动、事件、讲话、人物，也可以是静态的资料图片、画册、照片、三维立体图等，还可以是现在比较流行的大数据、坐标系等数理统计方面的内容。

后期制作的图标、图像。它是用于支撑事实由头或论证的特殊素材，只不过非新闻现场拍摄，而是电视台在时评播出前用后场技术加工而来的。

（2）同期声——与电视画面同期出现的各种声音，包括人物谈话和现场的各种实况音响，显示出声画合一的魅力。但是，这种声音元素，一定是采录视频信息的现场录制的，音效真实不可添油加醋。一般后期补录特别是其他场合加工而成，是不允许的。电视同期声主要包括这三种即环境音响、当事人语音、场外分析者。

环境音响，是新闻发生地或现场评论地所发出的声音。这种声音有助于观众理解人物所处的环境状况、事情发生的客观条件等。

当事人语音，即视评由头中的主角、配角、围观的群众等，他们的讲话声音和其他有助于新闻事实、新闻观点表达的声音。

场外分析者，即电视时评的第三方。电视时评允许第三方评说，开辟了观点争鸣、思想互动的新天地。这边评论员讲述主张，那边场外分析者点评分析。目的是营造一种多方参与评说是非的舆论环境，也是电视时评增强吸引力的一张王牌。场外分析者，可以出动态的画面，也可以只放一张头像照片，甚至可以只闻其声不见其人。

（3）屏幕文字——根据节目内容需要，后期制作时，运用电子技术叠加在画面上的文字。它可以弥补电视画面稍纵即逝，或者语言不清可能造成的误解、费解等。它包括补充、说明，提示、强调，提炼、升华等。

（4）解说视评——解说和论述性语言，对节目内容补充介绍及评价、分析和议论。具体表现为画外音和主持人（或记者）出镜点评。这部分主要着力点就是强化评的成分。它和前面说到的场外分析者不同，这是视评的主体价值观判断，而且是由视评的主讲人站出来直接表达的。当然，在观点表达过程中，或许还会有一点解释性内容，这也是立言的必要构成部分。

视评的构成要素这么多这么复杂，但其围绕的核心或者说是希望烘托的中心，还是评。视评要点在于，绝不满足于简单追述事实并点出事实的结果，而是通过画面、声音、文字三维立体层层剖析造成事实的各种直接或间接的原因。如果能列出解决问题的办法当然最好，讲不出也不必强求。要求写时评的人必须“开药方”，超越了媒体自身功能，属于求全责备。不过，我们还是需要强调，视评的语言和画面不应大部分用在对事件进行讲述上，要把重点放在评的方面，特别是结案分析和揭示事件的影响。所有缤纷多彩的电视手段，都是为了更加艺术地展现评论观点。如果花样翻新，却没有使评的成分得以彰显，那就适得其反了。我们在学习使用它们的过程中，千万不要犯买椟还珠的错误。

三

四大基本表现形式

电视时评和其他媒体形式的时评一样，也创造了适合自己表现特点的体裁样式。尽管这些样式变化多端，但仍然是以评论为核心原点，以画面、声音、文字三维立体为手段，构建有别于其他媒体的评析风格。

（1）谈话体视评。谈话形式可以是对聊、访谈、座谈等，谈话主体一方为记者或时评节目主持人，另一方是特邀的评论者。谈话场所一般为电视台演播室，也可以是新闻现场或其他适合交流的场所。这种形式的视评，议论的话题要求集中。由于是多方参与，记者或主持人把控不好，谈的议题很容易发散，四处八方撒出去脱离了议题原点，就会衰减视评论的力度。在节目类型中，电视谈话节目已经成为影响我们思想和行为方式的一种新权威。[①] 在我国，电视谈话节目的开端以 1993 年 1 月上海东方电视台开播的《东方直播室》为标志，而真正在全国掀起谈话节目热潮的则以《实话实说》(1996 年）为标志。[②]

（2）主持人视评。由电视台选定并固化对应节目的记者编辑主持，以其个人身份，分析事实发表见解。由于他的观点，并不是用电视台官方的名义推出的，所以比较有利于个性特点的张扬。但无论如何，这种形式的视评不能理解为就是主持人个体传达意见主张。他所说的一切，实质是半官方的议论。既然属于这个媒体平台，就要注意其论的社会影响和舆论导向。

---

① 斯克特．脱口秀：广播电视谈话节目的威力与影响．北京：新华出版社，1999.

② 石长顺．电视栏目解析．2 版．武汉：武汉大学出版社，2008.

(3) 述议型视评。有点儿像报纸的记者述评，不过它是由声音、图像、文字共同表达展示的夹叙夹议时评。以叙述新闻事实为主，以评论观点为辅。前为过程，后为目的。但突出要求其述的主干一般是首发的新闻事实，背景材料允许引用其他报道的材料。

(4) 朗读性视评。由电视台播音员朗读其他媒体撰写的评论文章，或在重特大事件发生后尚来不及进行事实场景摄制和人物采访制作的时候，电视台自写的时评需要迅速播报。

让我们以凤凰卫视为例来逐一看看这四大视评表现形式的具体操作实践。

《锵锵三人行》就是一档著名的谈话类节目，主持人是窦文涛。一般围绕一起热点新闻事件或一个社会焦点话题展开讨论。节目参与者可以各抒己见，绝不强求统一。它的基本风格是严肃话题轻松表达，以聊天的方式，尽展“多少天下事，尽付笑谈中”的情致。《锵锵三人行》曾被《新周刊》誉为“15 年来中国最有价值的电视节目”。现在回望起来，在中国连续办了 19 年的电视谈话体评论节目，除了它还没有第二家。2017 年 7 月 5 日《锵锵三人行》谈的主题是特朗普与辛普森。这么严肃高端的国际话题，却从普通公民个体的视角去看去分析。主持人在周铁君和马家辉之间串联、收拢，非常得体。

《一虎一席谈》也是谈话体视评。每周萃取社会、文化等各方面发生的重大事件、焦点或热门话题，请来当事人或各界学者、专家、名人担任嘉宾发表意见或精辟见解。节目还邀请观众列席现场，可以发表意见，参与思想对垒。

《总编辑时间》是一档主持人视评，星期一至星期五晚上播出，主持人吕宁思、何亮亮、杜平谁值班谁上。它以局内人的视野解读一天世界上最值得注意的头条新闻，让你把握天下大势的脉络，在一天过去之前来一个全面透彻的总结。凤凰卫视自己把它归类为智能型新闻兼评论节目。

《风云对话》是阮次山主持的一个叙议型视评。围绕国际焦点事件、叱咤风云的重量级人物，专访全球政治最关键、最敏感的人物、当权者、当事人。访的内容是新闻事实，篇幅上占大多数；议的观点是视评的核心，通过采访和被访交流提炼。

《有报天天读》是杨锦麟老先生操盘的一档朗读性视评。节目搜罗全球主流的媒体和重要报纸杂志的最新信息和精华焦点，其中包括《纽约时报》《华盛顿邮报》《洛杉矶时报》《泰晤士报》《金融时报》《卫报》《国际先锋论坛报》以及《华尔街日报》和

《亚洲华尔街日报》等，还有来自东南亚、日本、韩国、中东地区的主流媒体。边读边评，读的新闻事实是人家的，评的观点态度是自己的。后来杨先生辞去了凤凰卫视时事评论员职务，就任香港卫视副总裁兼执行台长，杨式风格不再，很让人怀念。

四

当前电视时评存在的问题

在前面集中列举的都是凤凰卫视的视评案例，主要考虑的是它的优秀水平。而我们现在有大量的电视台所办时评类节目，水平还在较低层次徘徊。究其因在于存在许许多多亟待解决的问题。

一般来说，没有几个观众看电视是冲着评论观点而来的，绝大多数是看新闻事实的。要将这种“看热闹”的阶段转化为“看门道”的境界，接受时评论者的理性分析和问题结论，甚至参与对问题的思考和讨论，不解决以下难题是不行的。

（1）选题——集中、过窄、不敢触及社会热点焦点。电视作为传统主流媒介，受到一些宣传导向的约束，这是大家都能理解的。但党和政府也要求新闻单位关注社会热点焦点，主动积极地参与舆论集中度高的领域和事件的采访报道。消极回避绕道走，是媒体不作为的表现。现在的视评，比较喜欢就主旋律宣传“一窝蜂”，按照“规定动作”套选题，自觉安全保险。大家都这么想这么做，就使观众打开电视机各家满屏都是一个方面的内容。我们能不能增加一点积极性，加大“自选动作”投入呢？尤其是那些突发事件、人民群众议论热度较高的社会新闻、重要的矛盾冲突、舆论监督性问题等。这些选题的关注度，至少决定了视评介入的一半社会效果。突破狭窄报道评说“自画的圈”，也是一种思想解放。

（2）方式——缺少辩论色彩或相互观点交锋。理不辩不明，不同观点意见的交流对垒，可以明辨是非正误。而且，在电视上表达的观点意见，并非必须得到统一的结果。是非臧否交给广大受众自己思考评判，才是最好的启发式教育。凤凰卫视还有一个谈话体视评节目《时事辩论会》，将不同区域、不同行业、背景迥异的专家学者、社会名流共聚一堂围绕一个核心事实或社会现象，进行观点交锋、热火辩驳，从而拥有了高收视率。

（3）人物——精英话语色彩太强，普通民众角色缺位。从央视到地方台，我们能够看到的视评节目，基本没有一般百姓的面孔，要么专家学者，要么政府首脑，要么商业巨贾，要么明星大腕。为什么代表平民心声的普通人就不能登上电视观点表达的平台呢？要坚信，人民群众中有高人，真正有独特价值的见识藏于民间。那种通俗活泼的群众语言所产生的魅力，往往高于官话、套话、空话、“社论体”话。现在微信传播的主体，就是千千万万的大众，其中蕴含着那么多对时事的精彩议论。如果把它们的原创者请到电视台直播室中，将会给视评带来一股清新之风，或许还能引发一轮视评变革的热潮！2008年北京奥运期间，央视新闻频道推出一档别开生面的《我的今日之最》节目。该节目完全是百姓参与的直播互动节目，任何公民都可以通过短信、手机上网、登录央视网三种方式加入进来。为了解决视评画面的单调问题，每期插入记者在街头或其他公共场所，直接采访受众请他发表观点的真实图像。

（4）画面——配评的现场画面矛盾冲突弱，不具观赏性。电视是依靠作用于视觉感官传递信息和思想的三维媒介，画面构成平庸平淡，就会使受众失去兴趣。而矛盾冲突，则是刺激感官的重要条件。目前视评普遍存在着有矛盾淡化反应，有冲突和谐报道，有奇思拨正表达，有交锋拉个偏架等现象。这就造成了电视观赏效果比较差，视评在整个时评界或电视新闻中的地位还比较弱势。这方面可以学习一下美国哥伦比亚广播公司和CNN。它们的视评节目主持人，不但能在内容调处中特意抓取那些意见相左、矛盾对立的双方，甚至还允许现场观众站出来争辩。这种观点不一致甚至对抗，并不影响主流媒体的舆论引导地位。就看视评主持人如何把控，如何引导，如何编排，甚至如何剪辑等。

第四节

形象化电视评论组织要点

电视时评虽说可以三维手段立体展示，但它跟报纸、杂志、广播相比最突出的不同还是图像的运用，这也是视评最擅长的手法。从事这个工作或者学习时评电视表达的人，需要认认真真在“加长”方面研究探索，而不是在“补短”方面浪费精力。因为电视之短，是囿于客观条件制约，非时评范畴之力可以解决。就说电视的稍纵即逝、难以保存吧，无论你花多少功夫，都只能望洋兴叹。我们的任务，就是怎么在现有条件下，把电视的优越性发挥到极致，确保视评能够在与其他媒体同行竞争中立于不败之地，也确保在与其他台的同业竞技中能够独占鳌头。为此，要紧紧抓住形象化这个根本，把视评做大做强做活。

视评的形象化，就是画面应用的学问。可是，画面从采访拍摄到后期制作，再到实际播出，有着非常复杂的组织编导过程，而且成本投入很大。在这个过程中，某个环节稍有差池或衔接不当，就有可能造成形象化的损坏或缺失。我们在研究过具体的时评画面表达要素后，得从组织高度来思考如何确保视评形象化的有效展示、更好展示。

时评的形象化组织，是一个系统工程，需要电视台多方面协调配合，我们只研究视评节目范畴内的组织运行。它是由前面研究的单篇视评采录转到一档节目的创意和制作上来，视野显然宽阔了一些。

首先，树立全员画面思维观，使用视评节目的所有工作人员所有环节。它要求视评节目的记者编辑、制片人、主持人、导播等关键人，千方百计将逻辑思维的评论语言转化为形象化的电视画面。比如，央视《防务新观察》，邀请专家学者、权威人士作对聊访谈。每次都会插播议题中心的视评画面和背景资料。还有论点涉及国际军事冲突的，时不时镜头摇到硝烟弥漫战火冲天的战争现场。这就是前期策划、资料准备，后期制作、图像补位等整个节目组多道环节协调配合，才能呈现的画面效果。所以，仅仅一个视评节目主持人有画面思维还不够。

其次，形象化需要多向组合。我们现在的视评呈现出太过一致的观点看法，反而不利于正确的舆论导向。观众会觉得你的画面和声音不真实，不符合人们思想的多样性。任何一桩评论的问题对象，都会引起许多不同的意见观点。电视上说全党全军全国人民一致拥护，一般是就宏观政治所作表态。而具体的评论议题或新闻事件，是不可能认识一致的。这就需要视评表达的时候，能够想到“多维”、反向、少数人的面孔和声音。即使为了弘扬正确的思想观念，也不妨学会在对比和矛盾冲突中展示。

再一个就是组织过程中的防错问题，这在本章最后会具体说明。电视确实是一个遗憾的艺术，一个小小问题传播出去造成的社会负面影响往往很大。央视一位主播在节目中和另外一位同僚论述菲律宾时任总统阿基诺主张黄岩岛主权的时候，只是一句口误就导致了严重的政治后果。按程序规定，即使直播视评也是应该有延时把关审核机制的，评论员出现口误在播出时也会得到纠正或其他方式处理。

一

实现单向向多向的飞跃

电视评论的魅力在于不但突破了纸媒写作者单向说理的俗套，而且在广播时评可以双向对话的基础上，发展为可以多维评者共在一个节目中对谈互议。这不但可以使评论方式出新，更改变了评论构成和写作的基本方式。

创始于 2000 年 7 月的央视《对话》节目，是目前播出时间最长的一档严肃类演播室谈话节目，每次 60 分钟。节目主持人陈伟鸿一般一对三，而且受邀对谈的嘉宾基本是不同角色观点各异的。视评主题十年如一日，集中关注热点话题，涉及各个领域。

崔永元主持的《实话实说》，是央视新闻评论部于 1996 年春季推出的一个栏目，节目形式为群体现场交谈，主持人、嘉宾、观众共同参与和直接对话。经过叙述、讨论或辩论，达到各抒己见、增进参与者之间交流和理解的目的。

互动最多的是央视的《我们》节目。主持人王利芬曾说这个节目打破主持人、嘉宾交流，观众做陪衬的谈话节目传统模式，现场的每一位普通参与者都有机会站到前台，就任何话题和观点畅所欲言，展开争鸣。《我们》的开放性首先体现在借助了一套思科公司的网真系统，通过这套系统，节目中的嘉宾、主持人可以和世界上 100 多个国家和地区的嘉宾就前沿话题进行同步交流，大大拓展了话题的国际视野。①

2008 年 3 月 24 日，《新闻 1+1》开播。栏目参与的人员总共为两人，采用主持人与评论员共同完成节目录制的方式，使播报内容中增加了观察者对新闻事件的实时评

① 武瑞芳．央视谈话类节目的互动模式梳理．新闻传播，2009（10）．

论。因此，这里的“1+1”，更是指“事实”加“评论”的节目形态与节目内容。

央视《我的今日之最》《今日观察》和《咏乐汇》，作为央视最新的谈话类节目，分别对互动模式进行了新尝试，给谈话类节目注入了新的活力。

从央视视评的这一系列对话类节目的变革轨迹，我们可以看到，一对一单向方式早已过时，它除了观点意见的孤立性、对话管道的唯一性之外，还在视评形象上缺少丰富性。

在时事评论中，一种观点的“金鸡独立”往往会成为受众质疑的对象。只要媒体自己方向路线不出错，不会因台上的多重角色而导致正确的舆论导向被带偏。真理永远都不会诞生在闭锁的象牙之塔里，它需要在人民群众丰富多彩的社会活动、经济活动、政治活动等广域范围内多人的探索求知过程中产生。

视评的角色多维多向互动，改变了时事评论的构成和写作方式。多少年传统的政论和时评，习惯于讲自己的观点主张，可很少会将相对立的或中性的意见看法，认真翔实地表达出来。除了囿于文字形式受限、篇幅受限，还在于思想观念上就没有多维意识。而电视时评的容纳量和表现方式就可以解决这样的问题。

但视评的多向，绝不是人头数量的增加。如果把一堆同样观点、相近价值判断的评论捏合在一起，还是不能实现实质的多向飞跃。评者身份的多样化、视评观点的多样化、论的表达方式和电视台表现方式的多样化，才是革新的方向和动力。央视曾经就“幸福感”“我的中国梦”这些话题，现场采访众多的普通公民。他们的观点的价值倾向是齐刷刷一致的，所有人都幸福。那么一个显而易见的问题是，人民群众中还有没有不幸福、根本无梦的一族？当然是存在的。所以，观众看到这些观点的堆砌，就易认为是主题先行，诠释印证某种主观思想。看来，视评多向方式的简单变化还不行，还必须在观点多向和艺术性表达上取得突破，才能产生预期的宣传效果。

二

尽量用视听语言主评

文字不是电视的强项，时评最好的文字，基本是由纸媒生产的。单纯的声音也不是电视的强项，广播自诞生起到现在已有百年，电台先贤们对如何发挥声音优势已经研究出海量的成果。电视评论应该充分利用自己的优势，打视听语言牌。记住，在论的表达方式上尽量少用孤立的文字，仅仅单纯靠声音也不能凸显自己的吸引力。视评要把这些思想和分析表达，争取用融图像、声音、文字为一体的形式表现出来。这样的说服力与感染力就会事半功倍。

除了视评中的事实切入和论证材料之外，还有主要观点应该习惯于画面表达。画面语言是电视艺术的本体语言，也是视评最重要的语言元素。亲眼目睹的更可信。评的道理是抽象的，但它是建立在具象的新闻事实之上。从受众心理学来说，他们更加相信一边用可视的事实，一边说建立在事实基础之上的是非臧否。论述性语言、文字解说只是对画面的解释、补充、引申和评价，主次不能颠倒。

如何把有逻辑关系的文字道理转化为可视的画面语言，电视记者编辑、主持人、编导们已经进行了大量长期的实践探索。主要有以下几种：

（1）抓拍原始镜头。所有入画的场景和人物，都是真实可信的，而非摆布预设的。那种摄像师喊“开始”，然后被摄角色按分镜头脚本表现的画面，是视评之大忌。一方面容易穿帮，另一方面就是可能给论的主题带来“反证”的伤害。

（2）抓拍细节镜头。视评画面的宏观场景，一般是很少运用的。而细节镜头则是每次当用的要素。在新闻体裁中，通讯的感染力是远超消息的。它的一个不能或缺的元素就是细节。视评画面绝大多数是推近拉远。这些常态的手法，不容易产生画面的感人效应、震撼效应、激愤效应等。而细节却可以产生意想不到的效果。比如，央视在 2012 年 6 月拍摄 G20 峰会在墨西哥洛斯卡沃斯开幕的场景，主办方用国旗来标示各国领导人的位置。中国国家主席胡锦涛同志在世界领导人合影完毕后，弯腰捡起我国国旗贴纸，免糟践踏，这一细节引起了全世界热议。2003 年 3 月 23 日，凤凰卫视记者闾丘露薇和摄影记者蔡晓江，冒生命危险进入伊拉克战争最前线巴格达火线进行报道。其中一个镜头，呼啸的导弹从头上飞过，在前方爆炸。这个细节让世人对他们的英勇无畏和敬业精神由衷敬佩。

（3）声画有机结合。现场和真人声音特有魅力。产生于新闻事实现场和当事人的声音，极大地弥补了文字评说容易枯燥乏味的短板，而且可信度和视觉观赏度高。如果一句或者一段评析性文字要打到荧屏上，评者首先要检视一下：“我能用现场或者当事人的同期声替代吗?”如果能用就不要用滚动字幕。

电视语言是由画面和声音两大表述体系构成的，是一种复合成分的语言。其中视评的声音，最好是来自画面现场的同期声，而不是主持人或嘉宾的阐述。能和电视画面结合的同期声，一般包括人物现场声（讲话、哭、笑、歌唱等）、环境音响（雷电、风雨、水流、鸟鸣、公共场所、交通工具或工厂轰鸣等）、现场音响（新闻主体发生发展的场所声音等）。评论的话语亦可在画面和同期声背景衬托下向受众表达。

请注意，前面提到的“尽量用视听语言主评”，其中有两个关键词即“尽量”和“主评”。它清楚地表明视听语言的表达需要视场合和内容，不是一概而论要求“所有”均用视听语言主评。

三

各道环节的抢抓时效

电视时评从采访到编辑，从拍摄到剪辑，从创意到成形，从安排到组织，经历了比其他任何传统媒体都复杂的生产过程。环节太多就可能造成一个链条出问题，导致整个视评失效的后果。特别是时效性的问题，必须引起所有环节的高度重视。

时评的概念和传统的新闻评论的不同点，首先突出表现在论的时效性上。新闻评论基本是新闻发生以后，媒体做了报道，评家方才把报道拿过来做了自己的由头。而时评是强调评论在新闻发生后，随即进入评点过程的，中间省略了“非报道不评”的程序。当今时评的时效性，已经不是以天来计算，而是以小时、分钟来考量。看看互联网和移动客户端海量的公民时评，你就会对时效之于时评的生命价值有真切的感受。视评对时效的要求，具有生命的作用。错过了黄金时间，视评往往就可能成了热门话题的“马后炮”。电视评论的采写制作是传统媒体中最为复杂的，多人多环节作战，就特别容易耽误时效。

在时效性强和环节复杂这一对矛盾中，视评的组织非常需要强调“抢抓”的观念。只有各个环节都有抢的意识，才能把这对矛盾处理好。在某一个环节、某一个人那里耽搁了时间，就有导致前功尽弃的可能。

从视评生产的工序上看，至少有前期采访、现场摄录、后期解说词、画面编辑、字幕制作、音响合成、特技处理等这么多环节。

从时评生产的参与者看，至少有编导、记者、主持人、摄像师、录音师、灯光师、编审等这么多人员。

从新闻发生到组写时评，为第一阶段。从写出时评到拍出基本素材，为第二阶段。从后期制作到产出成品，为第三阶段。这三个阶段的迅疾反应、快速完成，像打仗一样考验着大家的突发应对能力。2001 年 7 月 13 日，是全国人民等待申请举办 2008 年奥运会结果的日子。这天早上，《人民日报》发表评论《今晚，让我们静静地等候》。可是真正万众瞩目屏息的时刻，是晚上萨马兰奇宣布揭晓结果的一刹那。在获得喜讯之后海量新闻报道扑面而来，央视最快作出了视评反应：《以申奥获胜为契机，努力实现中华民族的伟大复兴》次日播发。连续四天，央视评论部《焦点访谈》每天推出一集述评新闻《北京在等待》《胜利者，北京》《“7·13”北京圆梦》《历史的跨越》。这种紧张节奏、重大题材、海量拍摄制作，最难突破的关口就是时效。可以设想，如果视评错过哪怕一天，就有可能错失良机。从这个成功案例我们也可以看出，央视的这场视评战役，第一阶段肯定是在喜讯揭晓的当晚完成的，甚至不排除事先有两套预案准备的可能。第二阶段也一定是当晚决策、当晚投入大量记者人力拍摄取材的（主要是新闻由头的画面和音响素材）。第三阶段的后期制作，也不可能在所有前道工序全部完成后按部就班地进行，而是边采边编。在电视台工作过的人，都不会对这种工作节奏感觉陌生。只不过大多数新闻要抢，但对评论性节目内容争抢的意识还是比较淡薄。这也是有的视评策划很好很周全，写的文本也达到了不错的水准，可就是由于多环节多人员组织协调配合不足，其结果不能如愿的一个原因。

四

小心悖论在不协调中产生

一个成品的电视评论生产过程，大约要经过如下程序：文本写作—场景画面拍摄—电视受访及入播评说—评述资料和背景资料—声像文片段后台非线性编辑总体合成。在这个过程的组织和衔接中，最有可能出现的问题是几个“不统一”，致使视评出现破绽或漏洞。因此，我们要注意以下方面：

（1）事实的统一。视评事实的陈述者一般都不是个体，在多个当事人事实材料采集中，主线、辅线，主干、细节表述，非常容易有差异或说法不一。这样的材料造成判断出错，就动摇了评的基础。

《穹顶之下》这部电视述评片影响力很大。柴静用了自己的原声事实“我曾经是一个记者，报道了很多地方的污染。但是一直到雾霾笼罩了差不多六亿人，我才第一次认真考虑说，雾霾是什么？它从哪儿来？”柴静还说，这次外出归来时知道自己怀孕了。这个事实到了后面，却被另一个自己说的事实所证伪：大家都知道，华北和北京的雾霾问题早在2009年7月就暴露出来了，美国大使馆的空气质量监测站的PM2.5悬浮颗粒监测空气质量还曾经闹出过新闻风波。柴静说她当年做央视记者长期关注环境问题……她怎么会在2014年底之前，竟对北京的空气污染浑然不觉。尽管这部片子总体上很好，但这两个事实的矛盾给全片“添堵”了。

（2）观点的统一。在对新闻由头作价值判断时，受访人的观点可以异彩纷呈。但是，最核心的、最重要的、最权威的意见，应该和视评播出的观点相一致。如不一致就是自证悖论。

例如，关于教育产业化最近这些年舆论批评之声不绝。有一家电视台就此议题作了一篇分析性述评。它的切入点是教育部新闻发言人王旭明对公众发布的言论，显得很权威。王说：“教育部从来都是反对教育产业化的”，全世界“没有一个国家把教育产业化作为国策”……中间有许多实拍镜头，陈述这些年来国家对教育的投入。但是，有人向记者提出“上学贵”的问题时，记者为了回答解说，还是用了那位发言人的说法：在市场经济时代，教育已经成了家庭的一种消费，要根据自己的经济实力来选择。北大、清华这些优质教育资源是有限的，自然比较贵，不是所有的人都消费得起的。就好比逛市场买东西，如果有钱，可以去买1万元一件的衣服；如果没有钱，就只能去小店，买100元一件的衣服。既然把考大学类比为进商店买衣服，这不就是“教育产业化”吗？尽管教育部发言人用的是比喻，但表述得非常清楚。这个表述中无论如何都找不到我国教育行政当局“反对教育产业化”的意思，反倒让人觉得是毫不含糊地赞成教育产业化。①

（3）风格的统一。拍摄画面的风格、引用声频的风格、评论者表述的风格，总体应该保持一致。不能前面铺垫含蓄温雅，后面说理剑拔弩张。再好的道理，也会因它和事实的两张皮而失色。

现在地方电视台有些节目主持人身兼多职，在娱乐、财经、法治、新闻等多档性质不同的节目间频繁串场。基本常识告诉我们，一个主持人的才能是不可能胜任如此大跨度的主持风格变化要求的。你让新闻主播李瑞英去做《星光大道》试试？你让李咏去做《新闻联播》瞧瞧？这样的事情发生在电视时评专题节目上就会造成更突出的体裁风格与主持风格、话题风格和主持风格等很不协调的问题，至少会削弱论理的社会效果。

（4）逻辑的统一。电视评论复杂的生产制作过程和事实观点素材，总是围绕着一根思想主题逻辑线左证右引的。因此，这其中暗含的逻辑关系不能错位。错一点就会露出评的破绽。

中央电视台在我国电视业中的龙头老大地位，使人们在研究它的成功经验之外，也关注它的失误教训，其中就有时评逻辑指向矛盾的问题。《今日说法》节目中，“妻子失踪，丈夫又成植物人，阿婆……”人称混乱，阿婆怎么又有妻子，又有丈夫？这些人之间的“法律关系”先要搞搞清楚，是否为“儿子、儿媳”或“女儿、女婿”之误？还有一个批评《东方时空》的：《考后报志愿利弊谈》逻辑上犯“推不出”错误（1999 年 7 月 8 日）。主播讲，第一志愿报高了；第二志愿挺合适，但该校只接收第一志愿者；第三志愿录取了，但该考生的分数较该校的分数线高出许多，这岂不委屈了该考生？她将上述情况作为“考后报志愿”的几种弊端之一来谈，以作为证明考后报志愿弊大于利的论据。但是，考前报志愿就不会出现上述情况吗？既然话题是考前、考后报志愿的利弊对比，在谈考后报志愿的利弊时，只能选考后报志愿特有的，而不能举这二者共有的例子，否则就没有意义了。选择两个相反的论点所共有的特征作为论据，不足以支持自己的论点，就像你如果想证明自己的学历高，对我说你上过小学，

① 汪长纬．自相矛值之说．（2006－03－10）［2018－09－04］．http：//news. eastday. com/eastday/news/node47824/node95768/node95843/node95845/node97847/node97849/userobject/ai1904790. html.

中学，大学，这些都没用，因为我也全上过。你只有说上过研究生，才有说服力。①

要　领

1. 广播是随听随断的收听工具，绝大多数受众收听的时间不长。最好的办法，就是选择微观切入的题材，从小事说起、从局部说起、从新近发生的新闻事实说起，这样或许可以从一滴水而见太阳的光辉。

2. 音响，是通过烘托气氛作用于听觉的方式，将事件还原得更加逼真、使说理过程更具感染力的广播表现手段。这是纸媒时评无法企及的广播时评优势。

3. 产生于新闻事实现场和当事人的声音，极大地弥补了文字评说容易枯燥乏味的短板，而且可信度和视觉观赏度高。

① 转引自 2007 年 10 月 10 日于树宽的博客。

第七章

时评文风

在广义新闻的大家族中，时评的文风对时评发挥舆论导向作用和传播效果，有着格外的意义。

新闻的任何一个体裁品种，都是以客观存在的新鲜事实为基础的。它犹如新闻的灵魂，如果这个灵魂不在，新闻发表之日就是它的死亡之时。假设新闻报道中这个要素没有缺失，文风不正可能仅带来表述上的问题。而时评即使所使用的由头事实是真实的，一旦文风有问题，则可能导致整个推论的错误，最后的结论也一定是站不住脚的。所以，时评文风不简单是个话语范式的问题。

最典型的例子就是那个“史无前例”时期，“两报一刊”社论和署名“梁效”“罗思鼎”的评论员文章。它们是特定历史时期畸形政治的产物，学者刘小枫把这种语式称为被贴上“阶级标签”的“‘社论’语式”。政治上“打棍子”“戴帽子”是那时的时评文风最流行泛滥的表征。虽说“文革”结束已经 40 多年了，但这种文风的影响谬传，还不能说绝迹。我们至今还能不时看到那种唯我独尊的“社论体”时评，语气和思想倾向似曾相识。

时评的社会功能和思想倾向，使它的文风凸显了时代留下的烙印。从思想主题、立意、切入角度、材料、结构、风格甚至到写作者，都受到所处时代环境的制约和社会风气的影响。

时评文风之于时评写作者个人，还是写作者思想作风和品德修养的反映。在具体写作过程中，其时评由头的事实和用于论据的事实，选取惯性是主观还是客观，标示着文风的正与不正。马克思在主编《莱茵报》期间就新闻真实性问题而提出的观点是，报刊应当根据事实来描述事实，而不应当根据希望来描写事实。那些狡辩式文风的时评，最大的特点就是依照主观需要随意抽取事实。列宁说："在社会现象领域，没有哪种方法比胡乱抽出一些个别事实和玩弄实例更普遍、更站不住脚的了。"①

时评文风之于具体作品，还彰显为表达艺术的高下。具有良好文风的时评，说理上，既不违反逻辑，又合乎情理。具有蛮横霸道文风的时评，不但自相矛盾，而且违背基本的人伦社情。具有良好文风的时评，内容上"文以载道""惟陈言之务去"，体现了中国文坛几百年倡导的朴实。而具有"假大空"文风的时评却言之无物，犹如懒婆娘的裹脚布，又臭又长。具有良好文风的时评，语言上生动鲜活。而具有以官话训人文风的时评，等于"高射炮打空靶""鹦鹉学舌背美文""绿豆大的核，西瓜大的壳"。另有一种故作高深的时评文风，语言晦涩难懂、浮靡绮丽，也为人民群众所厌读。

有些人谈到时评文风，仅仅会想到辞章修养问题，其实它内涵和外延不止如此。它牵涉到大时代的政治背景，还取决于时评写作者的立场观点、思想作风、才情禀赋、作文风格。当然，时评良好文风的形成，需要经过相当长时间的考验和历练。我们应该持之以恒，循正道而修为。

第一节

风格特征事关时评生命力

时评是一门说理的艺术，而艺术不具备风格终究是缺乏生命力的。时评风格，是通过大量时评作品所表现出的相对稳定、内在、具有独特个性的外部印记。当今优秀时评各有各的写作风格，构成了五彩纷呈的媒体世界。风格即人，"才有庸俊，气有刚柔，学有浅深，习有雅郑，并情性所铄，陶染所凝，是以笔区云谲，文苑波诡者矣"

① 列宁全集：第28卷．北京：人民出版社，1990：364.

(《文心雕龙·体性》)。时评风格之形成取决于写作者的追求和修炼。

没有风格，即意味着平庸或雷同。平庸或雷同的时评，还能有几天的保鲜度？当今媒体平台不断拓展创新，时评写作者队伍迅猛壮大，时评作品更是海量诞生。在这种时评写作空前繁荣的表象下，时评观点和写作趋同的问题日益突出，平庸无奇的评点成吨生产。新闻单位在刊登和选择范围上，虽然眼界已经开阔了很多，但能够入其法眼的风格佳作，却少之又少。大量的媒体资源在无差异的“大合唱”中浪费了。受众对时评舆论导向的特别期待，盼来的却是大量无色无味的“白开水”。旗帜高扬的新闻媒体，忽然发现周边大多是同质化的旗海——这些就是风格缺乏带给时评圈的虚火现象。

时评风格有两种，一种是媒体拥有的，一种是时评写作者个体独具的。

媒体因时评风格而傲视群雄，为数虽少，却显著增强了它们在当今传媒界同质化竞争中的地位和力量。

晚报都市报早在2005年之前，就遭遇“寒冬论”的警示。当时以《京华时报》总编辑吴海民为代表的悲观者认为，晚报都市报正在经历一个“拐点”，不但从此将告别往日的辉煌，而且开始走向“寒冬”。实际也确是从那以后，报纸的发行量和广告收益出现了严重下滑现象。晚报都市报的境遇，后来还导致了“报纸消亡论”。在这样的大环境下，《南方都市报》逆势上扬，2007年发行量超过150万份，广告收入达到17亿元人民币。《新京报》等报社也坚强挺住，无论经济还是社会效益都令同行羡慕。其中一个重要原因，就是它们已经从单纯的主营新闻资讯信息转型为以思想观点信息为突出卖点。但是，由于报业经验无法注册专利，同行很快群起仿效。《京华时报》《现代快报》《潇湘晨报》《东方早报》《半岛都市报》等全国很多纸媒，都相继推出了时评专版，甚至完全复制其社论和来论分开处理的模式。在这样的情况下，报纸言论的同质化，再次削弱了纸媒内容的个性区分，风格诉求就成了那些新锐媒体时评拓展的生存需求。重大政治经济社会选题、批判介入性舆论监督、公民写作视角、关注民生民权等，就成了《南方都市报》《新京报》和《中国青年报》等报时评的风格特色。由于驾驭这些要素对媒体和编辑水平要求非常高，再加上确有一定的风险，所以其他同行很难模仿复制，遂与之拉开了差距。而那些言论强势的媒体之间，如何通过风格各异而竞争立世，又成了新一轮探索求进的开始。

时评写作者因时评风格而金鸡独立的，展露无多，却极大扩展了他的作品在社会的影响力，提高了个人的社会地位。在人数众多的时评写作者队伍中，那些耳熟能详的写作高手，有的甚至成了意见领袖，总是以风格独著而驰名于论坛。李敖时评的无畏无惧和辛辣笔触，引经据典和政治挂联，高扬起抗击蒋家暴政的一面旗帜。鄢烈山时评强烈的思辨色彩、一贯的公民视角、清醒的社会良知、隽永的文化意味，已经成为他笔下时评的标志性特色。马少华时评冷静的理性思维、严谨的逻辑推理、包容的思想胸襟，在业界享有口碑，在受众中也是为人广泛赞誉。曹林时评独到的敏锐观察、迅疾的思辨反应，不留情面的解剖笔法，不时给舆论场带来冲击。王朔时评直面纷乱的社会，敢于诘问问题背后的体制，京痞国骂怒其不争。郭光东时评独具的法治眼光，求新的洞见水平，为文的环扣水平，和他的专业一脉相承、和他所供职的媒体相得益彰。司马心时评敏锐的抓题水平，锐利的剖析笔触，幽默短促的说理语言，在上海滩乃至苏浙沪喜爱者众。叶檀财经时评的专业水准和犀利表达，她对中国股市和楼市的准确研判，令受众刮目相看。目前在中国时评界，已经呈现出一批高段位写手风格迥异、特色共容的缤纷景象。这既是时代的需要、国家改革的需要，也是时评这个文体生命力长久延续的需要。

二

时评文风的两方面内涵

时评文风，是指时评在语言表现上所具有的风格特征。它是时代风貌和社会风气在时评中的反映，也是写作者个人写作思想作风和辞章修养水平的表现。

时评文风具体体现在一篇作品中或体现在一个写作者身上，主要是论述方法和语言特征两个方面。

（1）论述方法。时评阐明和论证观点主张的方法，只能通过事实确凿的论据、令人信服的推导、平心静气的说理来完成思想传播。在传统媒体即官方舆论场，时评的论述方法一般比较正统，它们喜欢正面说理，虽然逻辑严谨，但预想的宣传效果往往不尽如人意。而另外一个舆论场即民间舆论场，时评的论述方法则比较多元。侧面冷眼旁观型、反面倒推解析型、三维立体声像型、简约一句站位型等，老百姓怎么欢迎怎么来。在“双流”汇集相互影响中，一些媒体的时评主动革新了传统的论述方法，在坚持正确舆论导向的前提下，更加倾向于向受众的心理接受方式靠拢。

我们来看一个已经被媒体时评谈滥了的选题：解放思想。如果它是一篇社论，想看的人已经无多。为什么？无非摆摆伟大成绩，说说更进一步。可是，《南方都市报》却发表了一篇以社论冠头的时评大作——《广东解放思想的急中之急》（2008 年 1 月 8 日，作者笑蜀）。一看标题就不落俗套，再看内容就更凸显风格了。先是从光明的一面入手，以显示主旋律的声音。接着急转直下，毫不含糊地针对中国改革开放最前沿的省，数落它的“负面”：

> 但这并不等于说，广东在任何领域都是先行的。否则，解放思想也就成了无的放矢。那么究竟广东的哪些领域与其先行位置格格不入呢？窃以为，在涉及精神生活的诸多领域，广东非但不是什么先行地区，倒毋宁说是典型的落后地区。文化出版远远落后于贵州、四川、广西、湖南等远亲近邻；至于教育领域，中国教育被称作计划体制的最后一个堡垒，这点广东也从来没有能够免俗。
>
> 民办教育家信力建先生最近在谈到广东教育危机时，尤其对民办教育领域的行政审批愤愤不已，指为广东教育改革的拦路虎，这应该是切中时弊的。其实岂止民办教育，行政审批从来都泛滥于广东整个的教育和整个的文化出版。广东的市场经济能领先全国，广东的市民社会能领先全国，这么好的社会土壤之上，却不能生长出繁荣的教育和繁荣的文化出版，这只能归结为广东相关领域的管理滞后。换句话说，是行政审批导致了广东教育和广东文化出版的死水一潭，导致了广东人精神生活的长期荒芜。

到这里，写作者论的手法“暴露无遗”。他是用典型问题反衬法来回答标题中为什么是“急中之急”之立论。接下来更进一步，时评又拉出广东的行政审批和全面管制进行解剖，也是正面简说，负面详说。

> 行政审批是管制社会最重要的遗传基因。而对整个教育、整个文化出版领域

实行全面管制，则无疑是昧于时代潮流的不智之举……（此处省略80字）这些道理，相关部门不是不懂。只有从社会公仆蜕变成了社会主人的政府才需要防民，才需要全面管制。一个以提供最大化的公共服务为天职的政府，完全没有这种必要，而且肯定是对公众抱着信任态度和宽容立场的。事实也证明，哪里的政府对公众信任而宽容，哪里的政府社会信用就高，政府与公众合作的空间就大，社会治理的成本就低。

但是，写作者非常清楚自己的观点分析要和社论地位相匹配。他更清楚“说负”的目的，是讲正的道理。于是，把身体一转（当然不是正襟危坐），自然而然平滑过渡到立论的主要观点上来：

全面管制早就没有了正当性；行政许可法等一系列法律法规的出台，使其合法性也大打折扣。走向市民社会之当下中国，社会权利和公民权利已经是天经地义之当下中国，全面管制的诸多理由早就无法欺人，而不过是利益集团尤其是部门利益集团设租、寻租的公开的幌子。对民办教育的全面管制，由教育行政部门全权行使；而教育行政部门跟官办学校则是父子关系。对民营文化产业和民营出版业的全面管制，亦由文化行政部门和出版行政部门全权行使。而文化行政部门与官办文化产业，出版行政部门与官办出版业，亦莫不是父子关系。让官办产业的利益代言人，借助公权力，对其民营竞争对手实行全面管制，其间的隐衷，难道不是昭然若揭？

看看，正面的道理，也可以通过诘问的方式烘托而出。

就如广东媒体的发达，并无损于广东的发展，反而成为广东改革开放的品牌一样，广东教育的开放和广东文化出版的开放，非但不会损害广东，反而只会为广东的改革开放进一步增光添彩。在这个问题上的任何迟疑，要么只能归于短视，要么只能归于利益考量上的别有所图。广东思想解放的鼓点正急，如果说广东在市场经济问题上，在市民社会问题上还需要解放思想是响鼓重锤，那么，对于早已喑哑的广东教育之鼓，广东文化出版之鼓，则尤无重锤不能发声。概而言之，破除对教育、对文化出版的全面管制，应该是广东解放思想的急中之急。

这篇时评，确实可以一改常人对党媒社论一贯风格的认识。它绝不简单是写法上的出新，而且是文风上的革命。直接把说政治大话空话的架子给卸掉，倾下身来谈事论理。

（2）语言特征。在构成评述的文字语言中，是否能将枯燥乏味的理论观点转化为充满魅力的文字符号？是否具有个性鲜明的遣词造句水平？是否能让受众读评看评听评时，就能判断出自谁的手笔？这是检验时评写作者风格、检验媒体文风的一个重要标识。

我们以 2009 年三家大报的新年献词来比较说明。

《人民日报》的党中央机关报身份，决定了它严肃严谨统领全国的架势。《描绘更新更美的图画》开篇为："我们以改革开放 30 年的辉煌成就辞别了极不平凡的 2008 年，以全面推进中国特色社会主义事业更大发展的坚定信心迎来新的一年。"第一段像是站在天安门城楼上辞旧迎新。接下来两段回顾过去、展望未来："刚刚过去的 2008 年……"（此处省略 304 字）再来一段："前进的道路，总是越过一岭又一峰，闯过一关又一坎。新的一年……"（此处省略 216 字）党报是要站在同级党委的高度，部署工作指导工作的。于是很自然转向："我们面前有困难，更有战胜困难的信心和办法……"（此处省略 535 字）号召式结尾在党报的这类主题社论中，基本是需要的："今年我们将迎来新中国成立 60 周年，中国特色社会主义事业将展开新的画卷。责任和使命激励着我们，困难和风险考验着我们。让我们紧密团结在以胡锦涛同志为总书记的党中央周围……"（此处省略 82 字）这是最传统的党报语言特征。

《南方周末》这一天发表的新年献词是《没有一个冬天不可逾越》，标题语言和《人民日报》大相径庭。它为什么可以这样对广大受众说"新年好"？是因为 2008 年美国经济危机对全球造成重大影响，还因为我国发生了汶川地震和三聚氰胺事件。它开首段却用浪漫的笔调切入：

当经济危机带来的一丝隐忧弥漫在心头，当寒风吹动落叶而雪的消息从北方传来，在这新年的第一天，请让我们倾听一个久远的声音。十年前的今天，本报发表了1999年新年献词《让无力者有力，让悲观者前行》。今天，当《南方周末》致力于新闻专业主义之路时，这句标题仍是我们精神的圭臬，我们勉力继承其志，并视之为伟大的传统。中国已经度过了激流般的十年，多少繁华事，已付笑谈中，可是这句箴言仍然在每一个新年来临之时嗡然回响。

然后，献词张开思想的翅膀，海阔天空地讲中国挺住、民族坚强、人民追求幸福感的实践历练，而且不忘把中国放在世界和历史广域背景中展开阐述。这其中，《南方周末》独有的媒体情怀时有穿插。如：

这就是为什么我们不能犬儒，不能抱怨"那是不可改变的"。这就是为什么我们要寻找最热诚的信念。这就是为什么我们望向历史深处，回忆这个国家在一百多年来的兜兜转转。因为我们是社会的中坚。

总之，如果盖起报头，受众一般也能认得出，这是南方一只大鹏发出的声音。

《南方都市报》这一天就更别具一格了，它的新年献词犹如一首抒情诗，不，完全就是抒情诗。《今天，让我们不停地祝福》。它是借助浓缩且诗化的语言来边祝边论的：

当暴风雪肆虐的时候，我们盼望一月份快快过去。

当西藏事件发生的时候，我们盼望三月份快快过去。

当胶济铁路列车脱轨相撞的时候，我们盼望四月份快快过去。

当无数生命在地震废墟下挣扎的时候，我们盼望上半年快快过去。

当杨佳挥刀袭警的时候，我们盼望着下半年快快过去。

当千万婴儿喝奶粉长结石的时候，我们盼望2008年快快过去。

当股市狂泻不止的时候，我们盼望2008年快快过去。

当金融危机爆发的时候，我们盼望2008年快快过去。

《人民日报》那种严肃语句的年度回顾，在《南方都市报》却成了如此有魅力的语言表述，甚至灾难也变成了可以微笑面对的瞬间。其实，时评语言是从来没有既定模式的，只要和内容相融洽、和形式相匹配即可。因此，《南方都市报》不拘一格地竟然将网民专有的语言也放到了这个高雅之地：

> 我们怀念着“俯卧撑”和“打酱油”，希望网民的智慧更多一些。
>
> 我们怀念着农村土地新政的萌动，希望农民也能过上有尊严的生活。
>
> 我们怀念着记者对矿难谎报人数的揭露，希望新闻离正义更近些。
>
> 我们怀念着挖掘“九五至尊”的人肉搜索，希望官员财产申报制度早日建立。
>
> 我们怀念着奥巴马的胜选演说，希望世界的改变更多元一些。
>
> 我们怀念着让我们自豪的成就，也怀念着让我们难堪的真相。
>
> …………（此处省略 523 字）
>
> 那些被拓宽的民主空间，不可能再退缩回去。
>
> 那些被唤醒的维权意识，将会带来更多的公正。
>
> 那些被证明了的经济制度，也不会因为时艰而背叛。
>
> 那些被照亮了的人心，还会送出更多的温暖。
>
> 那些被挽紧的全世界的胳膊，也不会轻易就松开。
>
> 只要我们足够努力，2009 年就会更好。
>
> …………（此处省略 233 字）

这样的语言、这样的方式、这样的胆略，也只有《南方都市报》能够发挥创意来做到。它也启示我们，时评的语言风格和说理方式，永远都在与时俱进。时评文风，是在运动变化中逐渐形成和发展的。

二

立论和驳论的站得住脚艺术

文风是写作者思想作风的反映，也是时评立论和驳论的基础。时评风格有褒贬两大类，一类是言之有理、以理服人，一类是歪理邪说、强加于人。同样都是风格标识，它们之间的分水岭却在于是否真的拥有真理，以及其阐释观点主张的方式方法。

那么，时评立论和驳论站得住脚的艺术，究竟何在呢？

（1）事实胜于雄辩。任何时评确立或驳斥一个观点，都不得不广泛收集经得起时间检验的确证事实，如数据、事件、证人证言、权威结论等鲜活的内容。请注意，“广泛收集”是要求有足够数量的事实，“经得起时间检验”是要求实践效果的明证。在“四人帮”猖獗时期生产出来的那些大批判新闻评论，每一篇也都有事实证明其观点。可他们“精选”的事实，完全是扭曲的、个例的、经不起时间和实践检验的，所以只能导致观点的荒谬和思想的反动。列宁早就断言过，胡乱抽出一些个别事实和玩弄实例，不但站不住脚，甚至连儿戏也不如。所以，优秀时评一方面应像央视评论部的《焦点访谈》那样特别善于“用事实说话”，另一方面要特别注重自己所举事实和例证的典型性。随手翻开李敖《千秋评论》一书中的一篇《绑担架比较学》，他用的事实有雍正三年（1725 年）的年羹尧案记载……可见以“圈禁”方法限制身体自由，在清朝“国法”中有这四种花样：“地圈”“屋圈”“坐圈”“立圈”。然后大笔一挥反观台北看守所的“绑担架”酷刑是超过明清的。为什么呢？李敖就又用眼前的事实来映照历史的事实，条条桩桩，无以辩驳。这就是典型事实在时评中的力量。

（2）独立思考判断。时评写作者写时评最忌讳“跟风”，要不唯上不唯书只唯实。独立思考的正确价值判断，才有可能不会因时世的改变而基石坍塌，如《光明日报》的评论员文章《实践是检验真理的唯一标准》。在广义新闻的所有体裁中，时评的政治性、社会性、时代性，是最强最凸显的。写作者的思想观点要想站得住脚尤其是长期不倒，特别忌讳“跟风”。

此外，思想观点要想站住脚，确谬四招不可少。

一看材料推导出的结论是否错误。如鲁迅先生的名篇《中国人失掉自信力了吗》，用的就是这种确谬手法。

> 两年以前，我们总自夸着“地大物博”，是事实；不久就不再自夸了，只希望着国联，也是事实；现在是既不夸自己，也不信国联，改为一味求神拜佛，怀古伤今了——却也是事实。

于是有人慨叹曰：中国人失掉自信力了……说中国人失掉了自信力，用以指一部分人则可，倘若加于全体，那简直是诬蔑。

二看其支持观点的事实本身是否真实准确。西藏拉萨发生“3·14”打砸抢烧严重暴力犯罪事件的时候，西方媒体发表过很多罔顾事实的时评。我国驳斥的办法只用一个，揭露真相，一下就抽掉了那些别有用心者脚下的跳板：

藏独分子袭击中国人民解放军军车，但CNN网站却把图中暴徒向车辆投掷石块的部分切割掉了。德国NTV电视台也在报道中将尼泊尔警察抓捕藏人抗议者说成是“发生在西藏的新事件”。德国《柏林晨报》网站将一张西藏公安武警解救被袭汉族人的照片硬说成是在抓捕藏人。

曹林写的《“网友曝”是一种很恶劣的新闻文风》，也是从揭穿支持观点的事实不真来入手的。

三看其从材料到结论，推导方式是否错误。诸子百家中狡辩家公孙龙的白马非马论，是大家比较熟悉的史上笑料。此公答复的前一部分实际上犯了“推不出”的逻辑错误，曾经让许多大儒无言以对。他搬出的孔圣人语录等材料进行“恶推”，方法上的外延扩大了，所以属于狡辩。

四看其认识世界的方法和世界观是否错误。时评写作者观察和认识事物的方法是唯物主义还是唯心主义，决定认识结论的正确与否。哲学家笛卡尔主张，永远不接受任何我自己不清楚的真理，就是说要尽量避免鲁莽和偏见，只能接受根据自己的判断非常清楚和确定、没有任何值得怀疑的地方的真理。这种勤于思考、勉于求索的精神，对牛顿和莱布尼茨的科学探索有很大的作用。

(3) 绵里藏针的语言。思想硬核被包裹在平实语言之中，这比较容易为不同层次的受众所接受。如果像“文革”时期“两报一刊”社论那样张牙舞爪的语言气势，一定会被唾弃。写时评需要柔中带刚、绵里藏针，锋芒内敛不是折戟沉沙，虚怀若谷而非语言无骨。鄢烈山是把时评当作“银针和手术刀”的，可他的愤怒和痛批，从来不恶语伤人或“打棍子”“戴帽子”。

我们的发言人和主政者似乎应当提倡“善意推定”原则，而不要用敌我二分的思维，先假定言者是恶意的，这样才能缩小打击面，甚至可以化敌为友，至少自己的形象显得不那么僵硬无情。

看了这段文字，你可能很难想象，它来自鄢烈山在抗震救灾当口所作的时评《给军方发言人的一点建议》。批评指向那么明确，但语出善意。问题指向那么尖锐，却言里有情。真正的高手，是善于在温柔语言包装下，将自己的话锋挺出去的。太极的厉害在内功，黄飞鸿的功夫看他的“无影腿”。“奏议宜雅，书论宜理，铭诔尚实，诗赋欲丽。”（三国魏・曹丕《典论・论文》）时评写作的语言，还是内敛一些为好。

三

毛泽东时评风格嬗变的轨迹

说到时评文风，不能不提毛泽东。说到时评风格，不能不提毛泽东。他一生写作了大量时评，也创造了独具一格的时评之风。从毛主席时评风格发展变化的脉络可以看出，思想和论理路线的变化，是左右其风格的决定性因素。而语言则从属于论的表述形式。因此，我们从中要首先学会平等的思想交流，然后才是求实的语言使用习惯。

《商鞅徙木立信论》，是迄今能够发现的毛泽东最早的评论文章。1912年春，毛泽东进入湖南全省高等中学校学习。同年6月，学校举行了一次作文大赛，毛泽东靠这篇论说文夺得头名。

吾读史至商鞅徙木立信一事，而叹吾国国民之愚也，而叹执政者之煞费苦心也，而叹数千年来民智之不开、国几蹈于沦亡之惨也。谓予不信，请罄其说。

开头第一段就能看出文言文用语、忧国忧民的政治情怀，这会使人想起梁启超的《少年中国说》。其时，毛泽东确实非常敬仰梁氏的思想和文风。这是他的政论文写作的初始阶段。

《〈湘江评论〉创刊宣言》是1919年7月14日发表的一篇时评。李大钊接到寄来的《湘江评论》创刊号后认为，这是全国最有分量、见解最深的刊物。毛泽东号召“由强权得自由”，主张以平民主义（德谟克拉西）来打倒强权。主张彻底研究学术，努力追求真理；群众联合，向强权者展开持续的“忠告运动”，实行“呼声革命”。在主编的位置上，毛泽东还撰写了其他文章共20多篇。当年年末，他又连续在《大公报》上发表《对于赵女士自杀的批评》《赵女士的人格问题》《改革婚姻问题》等尖锐时评。青春热血涌动，为文剑拔弩张——这是毛泽东时评写作的入门阶段。

《中国的红色政权为什么能够存在》《井冈山的斗争》《关于纠正党内的错误思想》《星星之火，可以燎原》，1928年起他在井冈山连续写下了四篇对中国革命的观察思考之作，也算时评性质的文章。它们构成了毛泽东思想核心内容的重要组成部分。此时，毛泽东经历过中共创立和国民革命的腥风血雨，无论观察思考问题的成熟度，还是立论表达手法和写作风格，都已经实现了一次飞跃，基本构建了毛泽东时评写作风格的成形阶段。他的选题，紧紧抓住危在旦夕的中国革命和最亟须解决的紧迫问题。他的切入，总是从当时最为突出的思想矛盾着手。他的论述，始终贯穿了一条唯物主义的认识路线。他的结论，基本都是建立在实事求是的基础上切合当时斗争实践的科学理论。

《别了，司徒雷登》《将革命进行到底》《丢掉幻想，准备斗争》《唯心历史观的破产》《为什么要讨论白皮书?》《评战犯求和》《四分五裂的反动派为什么还要空喊“全面和平”?》《国民党反动派由“呼吁和平”变为呼吁战争》《评国民党对战争责任问题的几种答案》《南京政府向何处去?》《蒋介石李宗仁优劣论》《评蒋傅军梦想偷袭石家庄》等这一系列时评，都是毛泽东在解放战争时期的大手笔。这些作品，立论坚如磐石，驳论风卷残云，用语大气磅礴，气势秋风扫落叶。此时，他的时评写作，义理交融入木三分，风格已经到了炉火纯青的巅峰状态。

《中华人民共和国国防部告台湾同胞书》《中华人民共和国国防部再告台湾同胞书》是毛泽东1958年10月代国防部长撰写的两篇时评。文中保留了毛氏化干戈为玉帛，对敌斗争讲求策略的战争评述语言，义正词严不乏轻松幽默。这是毛泽东时评风格在新时期的延续。

以《炮打司令部——我的一张大字报》为标志，毛泽东时评风格出现重大逆转。

这篇两百多字的时评作为点燃“文革”的导火索，反映了毛泽东阶级斗争意识和思想作风对作品文风和其风格的重要影响。

回顾毛泽东时评风格嬗变的轨迹，我们还可以得到一个启示：时评写作者的成长、作品走向成熟或者衰落，起决定作用的还是在于价值观判断这种思想性因素。它和阅历有关，和知识积累更新有关，和语言驾驭娴熟度有关，和孜孜不倦的作风修炼有关。

四

言之无文行之不远

新闻（含时评）究竟是不是速朽的？它能不能传至久远？关键还要看其驾驭事实基础上的观点有没有独创突破性，阐述观点的文风是否为大众所喜闻乐见，能不能站得住脚经得起时间检验。当代的以及后世的受众，是最权威的评判者。

时评是说理的艺术。仅仅具备思想内容正确、论述深刻、逻辑无误这三大件还不行，还应在说理方式和语言运用上讲究辞章、富于文采。那些吸引力强的时评，可以传之后世的时评，大多特别善用比喻、对比、排比、对仗、设问、引用等多种修辞手段，善用群众语言甚至网络新语。那些时评写作者依靠这些绝招，将文章写得生动活泼，幽默轻松，文采飞扬，通俗易懂。力避老话、官话、套话、空话、专业术语以及正确的废话，是时评写作必需的基本要求。

《少年中国说》发表至今已100多年，但梁启超笔锋如剑的政论风格，仍然令后人捧读时热血沸腾。它强烈的批判性，扣住一个“老”字，就能对清朝帝国作体无完肤的系统揭露，抓住了封建政体的痼疾。它丰富的形象性表述，把传统散文创造出的意象体系，创新再用。“老”则“夕照”“瘠牛”“秋后之柳”“陨石”。“老”则“浔阳江头琵琶妇”“西宫南内白发宫娥”。“老”则“死海”“金字塔”“拿破仑之流于厄蔑”“阿剌非之幽于锡兰”。从古到今、从中到外，旁征博引，形象传神。梁氏的句式，也饱含情感取向。他一气连用10个排比句，将“老年人”和“少年人”两种生理状况、心理特征、精神状态、思想方法，进行对比分析。通观全文，重叠、排比、对偶、反复等修辞手法不断出现。“纵笔所至不检束”，语言之美与精神恣意完美结合。这样的论法，何愁再续500年！

其实，时评为文的传咏流芳，并非仅仅写作中的字斟句酌，还和时评写作者的精神气质、文化修养紧密相连。硬做出来的文章，很难行远。梁实秋《记梁任公先生的一次演讲》，说到梁启超公然谴责袁世凯称帝：

> 袁氏自身，原不知人之所以异于禽兽者何在，以为一切人类通性，惟见白刃则战栗，见黄金则膜拜，吾挟此二物以临天下，夫何其不得者。四年来，北京政府何尝有所谓政治，唯有此二物之魂影，盘旋熏灼于人心目中而已！使袁氏帝国成立，赓续行此政策数年乃至数十年，其必善类日渐灭绝，惟恶种独能流传，其不至使全国人尽丧失其为人类之价值焉而不止也。①

壮哉，文人之勇！伟哉，评论之高！他的时评笔锋如剑竟能传至久远，原来奥秘如斯。

当今时评界，千千万万写手每天每时生产出大量的时事评论。很多人把登堂入室、进而能传之久远的写作水平，狭隘地理解为遣词要生动、造句要灵活、修辞要新颖这类字面语言层面。这只是得一外壳，尚未进入精神境界的层面。无论从文风还是风格而论，都应该从最本质的方面学习修炼。鲁迅先生一生写作了那么多脍炙人口的时评名篇，绝不仅仅凭借语言驾驭的功夫。他的战斗性，是建立在对中国社会深刻认识的基础之上的。所以，不会出现堂吉诃德战风车的情况。他的思想性，是从中国半殖民地半封建火炉里锻造出来的，所以能突破中国士大夫文化和国民劣根性的窠臼。他时评的艺术感染力，是逻辑思维和形象思维的统一体，所以可以横跨新闻史和文学史，别具一格。

优秀时评的生命力，不会随着时间的流逝和时代的变迁，而变得昙花一现。短、平、快的时评表现特点，并不是速朽的决定性因素。唯有那些观点随波逐流、立言陈旧无新、论述浅尝辄止、文笔平淡无奇的作品，才会如过眼云烟。当然，我们应该承认时评文体的局限性，承认时评写作普遍水平不高的客观性。但是，作为热心学习者和有志追求者，无论如何要把高标准严要求放在眼前。

---

① 梁实秋．记梁任公先生的一次演讲//梁实秋散文选集．天津：百花文艺出版社，1988.

第二节

受众喜闻乐见的论述方法

时评文风正与不正，检验标准或最有发言权的只有一个，那就是广大受众。时评风格好与不好，最终打分的权威评委也只有一个，那就是广大受众。他们喜欢的，就是我们要追求的。他们爱读的，就是我们需要表现的。

周恩来同志在 20 世纪 60 年代初对文艺界坦言：

> 文化部一位副部长到四川说：川剧落后。得罪了四川人。当时一位同志回答：落后不落后要由四川七千万人去回答、去决定。我看这位同志很勇敢，回答得好！人民喜闻乐见，你不喜欢，你算老几？……艺术是要人民批准的。只要人民爱好，就有价值。①

让人民评判，是时评唯一的也是最终的检验标准。诚如著名作家米兰·昆德拉一针见血地指出，在其中支配着的是一种“审判的精神”，即根据一个看不见的法庭的判决来决定观点。

在文风和风格这些并不新鲜的文坛话题上，一直存在两种观点对立的争论。一种认为，群众是由低文化、低层次、低级趣味的一大波群氓组成的。如果完全按照他们的口味生产作品，就会媚俗从众，不可能生产出高雅精品。还有一种认为，群众的主流或主干是社会的积极力量，他们的文化水准或许并不非常高，但至少也不是低层次的群氓。群众中有“三俗”（“庸俗”“低俗”“媚俗”），但不是其主流。人民群众是文化作品的主要消费者，也是社会主义核心价值观的主流实践群体。如果不根据他们的需求生产制造，所有的精神产品都只能被束于高阁。我们显然要赞同、支持这后一种观点。

再好的观点主张，如果缺乏受众喜闻乐见的论述方法，也会在起步阶段就被抛弃，

① 周恩来选集：下册．北京：人民出版社，1987：337.

断送了文章写作者对社会效果的追求。

人民群众喜欢什么样的时评呢？

（1）新意是第一位的。他们最厌恶鹦鹉学舌，人云亦云。时评毕竟属于新闻大家族的一个成员，“新”的基本亮色是最不可缺少的。一般人讲到时评的新意，就会想到观点出新，殊不知论述方法也必须不断创新。说节俭，必引李商隐的“历览前贤国与家，成由勤俭破由奢”。说家国情怀，必以“天下兴亡，匹夫有责”来自勉。批国民劣根性，必举街头巷尾的国骂和其他陋习。论干部腐败，必拉周永康、徐才厚陪榜。有没有新的角度、新的论述方法，并讲出新意的招数呢？比如，2017 年 7 月，继广州推出“租购同权”政策后，国家住建部宣布要立法。按照惯常的套路，只要有国家重大政策出台，各种叫好点赞的论述就会接踵而至。可是，很多敏锐的时评高手勇敢地站出来质疑甚至说不。人民网评《“购租同权”并不能给天价学区房退烧》（作者见瓴），澎拜新闻评《“租购同权”只是解决教育资源不均衡的一个补丁》（作者刘远举），沈彬直接在自己的微信公众号“冰川思享库”里拉响警报《“租购同权”口号，恐将打开民粹的潘多拉魔盒》……因为立法权属于全国人大，如果有人站出来再批评住建部不该公开为自己推出新政用“法”来撑腰，这样的论述就新意迭出了。

（2）放下身段是第二位的。受众特别反感端着架子教训人的时评，但这类时评我们时常会在传统媒体上看到，新媒体很少。它们自诩是主流、有导向作用，于是就高高在上指手画脚。现在的中央媒体这种“病”反而少，而地方传媒倒相对多一些。有几个受众会真的吃你这一套呢？有一个县级市网站刊载了一篇贯彻“三严三实”的网评。其中就有 11 个“要”、8 个“才能”、6 个“坚持”、7 个“必须”、6 个“加强”、5 个“应该”。这种坐在太师椅上论述的架势和口吻，读者怎么能受得了呢？

（3）生动有趣的语言是第三位的。语言是思想的外衣，时评的基本用语不能太过刻板。同样一个意思，表达却可以有天壤之别。陈丹青有一次在凤凰卫视和一群大学生同台，就“英语四六级考试是不是必要”话题进行讨论。这位非常儒雅非常讲究自由平等的画家、思想家，竟然一开始挥手向对手们说，满嘴都是“社论语言”，恕我不和你们对话……时评写作要引以为戒。我们还是选择群众喜欢的俗语、俚语、歇后语、思想深刻的箴言警句、已成约定俗成的网络流行语等，作为时评论述的基本话语，让人一看亲切，再看喜欢，接着对你的观点爱屋及乌，并进而心悦诚服。

一

平视的态度行文论理

写时评的人，要有上不阿谀奉承下不盛气凌人的气节和风骨。对任何人、任何事、任何突发变故、任何社会现象，都保持一颗冷静平常心。这样两眼平视而非仰视或俯视，以此态度说理论辩，就可以拉近和人民群众的距离，即现在流行的说法“接地气”。

平视，就意味着站在同一个高度谈事论理。把深刻的思想内容和平易通俗的论述结合起来。说理的态度平易近人，推导的过程深入浅出，使用的语言诚恳坦率。总之，作者和受众之间在同一个高度进行思想沟通交流。

现在一些官媒发出的时评，仍没有转身换位。作领导指示诠释、解释性评论的时候，唯唯诺诺“顺杆爬”。作工作布置和社会现象解析的文章时，以训导者的身份口吻发言，群众则嗤之以鼻。

总括起来，当前时评受众有六厌恶。

（1）厌恶唯我独尊教育。评论者动笔之前先把自己的身份定位弄清楚很重要，你不是高高在上的发号施令者，当然也不是路边低眉屈膝的乞讨者。因此，在字里行间，完全不应该也没有必要透着一股唯我独尊的傲气。平心静气地讲自己的理，别设定任何以我为准非此即彼的界限，让人感觉越界就有犯罪、失德等危险。真理，是不怕质疑和争论的。时评不能把话说死，要允许人思考、允许人有不同意见、允许人讨论争辩，虚己以听彼文，才是一种思想自信、作风自信、价值观自信。

（2）厌恶居高临下训斥。当今的时评，已经完全没有了“文革”时期“两报一刊”社论那种必读或强迫接受的政治权杖，再高等级的评论文章出来以后，都要按新闻规律，按平等的传受关系，以质优而影响读者观众听众。从受众对媒介接受的心理学角度来看，选择性注意、选择性理解、选择性接受、选择性记忆，是一种常态。任何人都不会喜欢，接触媒介即面对一个威风八面的教师爷。因此，我们的时评，尤其是社论、评论员文章、编者按、编后等公论，应尽量避免讲大道理用公权力机关“红头文件”那种强制执行的语气，分析问题用独断专行的作风，批评指出伴之以训斥的语言。

（3）厌恶巧舌如簧狡辩。明明是个谬论，却以三寸不烂之舌把它说成艳若桃李，

“白马非马”这样的狡辩术现在是不是罕见了呢？其实不然。随手拿出一篇微信朋友圈疯传的评论《悲情的历史与乡绅文化的崩溃》，作者站出来要为地主辩护。

> 很多年前，在老家听来的一个真实的故事，就让我很震惊：一位地主被批判，地点在他出钱捐助的小学操场上，事件发生在1960年代。他当地主时盖的房子，已然是这个村最好的建筑。他改建的学校，依然是方圆几十里最好的学校。再往外走，即便有更好的学校，那一般也是其他地主修建的……在那样的年代，多数地主都是有文化的，都是勤劳致富，多数贫农都是游手好闲所致。

依据这样的道听途说、充其量还是个例事实，作者就批判中国革命的方向错了。而且，还进一步推论出“今天的新地主”几乎全部是依靠与权力的勾结来攫取财富的。不说其以偏概全的逻辑错误，至少他说的“新地主”在如今是不存在的。因为，法律规定今天的农村土地性质，只能是国家所有和集体所有。私人不拥有土地，怎么生长出“新地主”呢？因此，洋洋洒洒千余言，是为狡辩。狡辩的一个重要特点，就是开基本常识的倒车，人民群众很反感。

（4）厌恶高深莫测说道。时评是一种大众传媒文体，它特殊的受众对象，决定了其文意必须清清楚楚，语言应该大众都能看得懂。文以载道，最好的时评道理，需要最明白晓畅的表达方式。毛泽东同志的时评，是公认的大手笔。我们看看他写的那么多评论和政论，驾驭其思想的舟楫，就是明白晓畅的大众语言。可是，现在有些时评写作者，喜欢杜撰含糊不清的概念，拼凑半古半洋的语句，堆砌佶屈聱牙的文章，貌似高深，实则不知所云。

（5）厌恶弯弯绕绕兜圈。时评篇幅有限，直接或者尽快进入主题比较好。这既是表达效率的要求，也符合受众的阅读习惯。但现在还是有一些时评写作者，喜欢在主题之外绕圈子。一种是新闻由头说得非常详细，道理主张却表达得非常简单，喧宾夺主了。另一种是离题千里地扯其他问题，过半篇幅后主题还是犹抱琵琶半遮面。还有一种就是对核心思想的阐述，总在概念上绕弯，不涉及关键和实践。写作者应该牢牢记住时评是介入现实社会的舆论工具，不解决当下的实际问题，不影响中国人的思想观念，不陶冶受众的心灵情操，就是浪费大家的时间。

(6) 厌恶枯燥乏味语言。当前时评语言存在着表达枯燥、个性缺失、索然无味、千篇一律的问题。韩愈的《送穷文》和毛泽东的《反对党八股》，都曾经把语言无味和面目可憎等同在一起。“憎”在汉语里面是“厌恶”最典型、最贴切的代名词。如果不能深刻理解该词，可以读一读朱自清的文章《憎》。

二

有的放矢设置论题

散文可以放肆地“散”，杂文可以深度地“杂”，诗歌可以尽情地“诗”，论文可以广博地“论”。唯有时评，受功力、文体、篇幅所限，一定要看准靶心去放箭。没有针对性的观点和议论，在这里就是废品。这种浅显的道理，时评写作者一般都能理解，问题是论题如何才能做到有的放矢？

时评需要在纷繁复杂的新闻由头面前，抓住那些人民群众关心关注的议题或角度，进行分析评论。使受众感到你之所言，犹如春雨，化为甘露，滴滴入心田。

(1) 事关民生。人民群众的日常生活事项，例如衣食住行等与保障人的生存权利有关的全部需求，以及与实现人的发展权利有关的普遍需求，均应关注。广州率先推行“租购同权”，后来国家住建部又要出台全国性的政策，这事儿对全中国的老百姓可是了不得的民生大事。应该说，千家万户对此的议论和关心，是舆论的热点焦点，也是主流媒体最需要优先抓住的议题。可是非常遗憾，我们只能在网上看到数不清的网民对此的揣测、点赞、批评、怒斥、推论，而很少看到传统媒体公开表达自己对此的价值判断。舆论的引导权旁落或者丧失了，这还是有的放矢的做法吗？在当今中国，民生就是最大的政治。身在中国的媒体，不应该拒绝关注民生热点。

(2) 事关民主。民主这个问题的复杂程度和把握难度，要大于其他。对民主的内涵和外延，事实上官方和民间的理解有一定距离，群众中对它的理解差异也很大，诉求就更不一样。在这样的情况下，时评写作者操作不好，很容易滑边。比如群体性事件，一般媒体对它的表态都是非常谨慎的。群体性事件是指由某些社会矛盾引发，特定群体或不特定多数人临时聚合形成的偶合群体，以人民内部矛盾的形式，通过没有合法依据的规模性聚集、对社会造成负面影响的群体活动、发生多数人语言行为或肢体行为上的冲突等群体行为的方式，或表达诉求和主张，或直接争取和维护自身利益，或发泄不满、制造影响，因而对社会秩序和社会稳定造成重大负面影响的各种事件。过早或过迟就此展开观点分析，都会引来各方面的强烈反弹。但这又确实是重大选题。时评最好的选择，是在恰当时间介入。什么时间最恰当？就是真正弄清情况、看清性质、找到办法、可以立言的时候。除此之外的个体维权、社会现象、官员欺凌等侵犯人民群众民主权利的问题，也是比较好切入和论述的。

（3）事关亲情。这种选题本身，大多数是个例现象，但有时候影响面很大，如雷洋事件、魏则西事件等。时评针对亲情发言，很容易引发关注。时评通过某种方式营造浓烈的氛围，以感染和带动受众情绪，是可取的。不过，这手段用不对路、用过头了，就会带来负面效果。用合适了，就能引发关注同情，影响舆论。选择亲情方面的选题写时评，要求其由头具有典型性，其话题展开推及面和程度，不要人为扩大。

（4）事关稳定。有关国家、社会、地区局势，自然灾害和人为破坏，重要领导人任免，社稷江山安全等，也为人民群众所关注。这个选题，上顶天下立地，也就是官民同想。稳定不关乎状态的好坏，只关乎是否能保持原来的状态。事实上，绝大多数人希望稳定。今天的时评写作者需要从积极意义上把握稳定这一选题，从绝大多数人的需求出发来谈论这种主题。

三 深入浅出的通俗语言

语言是时评核心内容的外衣，也是传递作者思想观点的桥梁。艰深晦涩、故作文言、套话八股都是障碍。习近平同志在地方任职时，曾批评有些干部“与新社会群体说话，说不上去；与困难群体说话，说不下去；与青年学生说话，说不进去；与老同志说话，给顶了回去”①。

① 渤海钩鳌客．从习近平批评干部“不会说话”说开去．（2012－06－08）［2018－09－10］．http：//cpc.people.com.cn/pinglun/GB/241220/18123108.html.

时评要讲究一定深度，但这是从思想观点和论述纵深而言的。越深刻的道理，越需要通俗的语言表达。真正高明的写作者，尤其具备深入浅出语言学习使用的主动性和自觉性。清俞樾《湖楼笔谈》曰："人之不深，则有浅易之病；出之不显，则有艰涩之患。"

（1）善用群众语言。将群众的俚语、歇后语、流行的网络词语等使用于时评文章中，会产生良好效果。群众语言貌似"土得掉渣"，但却"雅俗共赏"，看似"下里巴人"，但却源于生活高于生活。于平淡中见思想，于细微处见精神。关于前面那几种群众语言的使用，已经有了汗牛充栋的书籍和文章论证阐述过，这里仅就网络流行语分析一下。首先要肯定它是大众文化的一部分，已经从网络虚拟环境中走进了现实。它能广为流传，凸显了社会文化现象、审美标准或群众看点，典型地反映了群众的喜闻乐见以及观点看法。时评中可以选用那些全民共知、约定俗成的网络语词。只是应注意要和评论中的内容、观点大致相符，避免低俗，引导正确的价值观，要规范使用更要合理使用。①

（2）话解深刻思想。用口语说话的方式解释解答时评中深刻的思想内涵，能让受众一看就懂一听就明白。1915 年 9 月，胡适在美国哥伦比亚大学师从实用主义哲学大师杜威，后与陈独秀、蔡元培、鲁迅、钱玄同、李大钊、刘半农、周作人、杨杏佛等文化名流经常讨论中国的未来和文化命题。但他的著作尤其是他在五四前后接手《新青年》《每周评论》后在报章上发表的时评，扛起了倡导白话文的大旗，大声疾呼语言革命。读过胡适作品的人会感慨，最有思想深度的大家，反而行文用语极其平实浅白。时评属于大众传播新闻类体裁，它不是论文，所有高深的道理见解都应该用普通人都能看得懂听得明白的话语来表达。

（3）少用之乎者也。一篇时评中不能多处出现古代文法和引用古文，那样会使受众如坠云雾之中。中国自五四运动起，就开辟了白话文的新世纪。报纸广播电视的受众，文化水平参差不齐，能够看懂听懂文言的并不多。况且，时代发展已经完全不适合继续弘扬文言作文的方式了。时评在继承中国古代语言精华时，可以适当引用一些名言警句。行文时，也可以使用一点文言话语。但无论如何一定要记住"极少"这条

---

① 甄婧含，朱爱敏．网络流行语在新闻语言中的使用与规范．今传媒，2016（4）．

准则。2015 年 6 月 14 日《佛山日报》刊登文言文时评《试论为官不为》的编者按问道："奇文共赏之，你读得懂这篇古文评论吗?"读者的回答可以想象。其实，大众传媒不需要做这种复古的尝试。

（4）抛弃公文语气。要分清时评与公权力机关文件之间的界限，新闻文体与政府应用文之间的差距很大。后者具有请示汇报批示要求性质，"红头文件"还具有强制性。前者讲求效率与平等，时评受众有选择权，而没有必须接受的义务。因此，在写作中，把准定位才能找到适合的语言载体。时事评论无论如何都不能以"必须""一定要""否则""不能"之类的口吻，向受众发号施令。一种向公众讲道理的文体，是建立在受传者愿意接受的基础之上的。媒体有什么资格对人民呵斥要求呢?

（5）翻译专业术语。那些专业技术领域内的术语，如果不得不用到时评中来，就要通俗化翻译。首先，尽可能不用大众生疏的专业词汇与用语。记住这是写时事评论而不是写专业技术论文，面对完全不懂的受众，我们还是说非专业非技术的语言比较好。2006 年德国世界杯八分之一决赛意大利对阵澳大利亚，黄健翔终场前解说和评论，虽说"失声、失态、失礼、失常"，但他的临场解说能被亿万观众和球迷喜爱，其中原因之一是把复杂的足球技术和规则转换成大家都能听懂的通俗语言表达。如果时评中遇到无法省略绕过的专业术语，写作者就要想方设法通过"翻译"解释的方法，把它变为通俗易懂的语言。

四

幽默诙谐的表达手法

时评幽默的含义绝不是庸俗戏谑，当然也不是低级趣味或是哗众取宠，而是高雅地体现人的高尚情操和智慧。欧美国家严肃大报的时评，也很喜欢用委婉含蓄的幽默语言，使深刻的思想观点意味深长。

时评可能涉及的幽默诙谐表现手法大致有如下几种。①

① 以下内容参见"三亿文库"的《幽默经典法则》。

（1）双关法。言在此而意在彼，它的手段是利用词的多义及同音（或音近），有意使语句有双重意义。双关包括谐音双关（音形皆同但意思不同的谐音双关，音同形不同的谐音双关）、语义双关、意义双关三种。例如：“马英九当年竞选‘台湾总统’的时候，扯出一个口号‘马上就好’。此公当政已经8年，台湾是否真的好了呢？请人民来检验。”这里就是用了谐音双关。再如：“局长视察走后，养猪场会计问场长：‘昨晚招待吃饭的钱怎么入账？’场长回答：‘照老规矩办，记在饲料账上。’”这里就是用了意义双关。

（2）岔断法。它是通过人的言行模式与思维模式的逆反性，也就是故意违反人们考虑问题的惯性，或言语行动的必然后果，来表现幽默感。例如：“作为一个基层干部，人民的事就是自己的事，自己的事再大都是小事。”

（3）倒置法。把事物的正常关系在特定条件下倒置过来，从而造成滑稽可笑的效果。倒置的表现形式是多样的，在一定的情境下有角色的倒置、事理的倒置、语言的倒置等。例如，一个小女孩打电话到电台想给妈妈点首歌，主持人问：“为什么要给妈妈点歌？”小女孩回答：“妈妈每天上班都很辛苦，到周末还不能好好休息，要找各种作业给我，还要带我去各种培训班。”主持人很感动说她很懂事，是妈妈的好孩子，于是就问要点什么歌呢？小女孩回答：“《女人何苦为难女人》。”

（4）对比法。在生活中有时内容与形式、愿望与结果等方面会产生强烈的不协调，于是形成了不和谐的对比。这种强烈的反差必然产生幽默或可笑情趣。例如，王冠上的苍蝇，并不比厕所里的苍蝇更高贵。再如：乐观者发明了游艇，悲观者发明了救生圈；乐观者建造了高楼，悲观者生产了救火栓；乐观者都去做了玩命的赛车手，悲观者却穿起了白大褂当了医生；最后乐观者发射了宇宙飞船，悲观者则开办了保险公司。

（5）反语法，正话反说，或是反话正说。其特点是说话时表面是一种意思，而实际所要表达的却是另外一种完全相反的意思。例如，一口吃者吃饭，服务员拿了瓶XO过来，他问：“多少钱？”服务员说：“三千。”他说道：“开、开、开……”服务员扑通一下开了瓶盖，他又来了一句：“什么玩笑？”

（6）曲解法。在对话中故意歪曲对方的本意，或故意装聋听不清而回答就是曲解。它常常利用词语的多义、同形、同音等条件。像赵丽蓉演的小品《英雄母亲的一天》，装聋说的“司马缸砸光”就是。

（7）夸张法。在这里主要指的是语言上的夸张，也就是修辞学上常说的“夸张”修辞。例如，他的长相已经突破了人类的想象，极具后现代艺术水准，有变形金刚的血统。再如，今天在办公室闲得没事在玩一块磁铁，被领导看到了。领导伸手就来拿，结果“嗖”的一下，磁铁吸在了领导的金戒指上面。

（8）寓庄于谐法。用诙谐幽默的语言来说明事理，使人在轻松和愉悦中感到其深刻的内蕴，这就是人们常说的寓庄于谐。

寓庄于谐的方法很多，可以用修辞学上的对比、双关、比喻、借代等，也可以用颠倒逻辑的方法，或者故意用似是而非的非理性的形式表达出一种深思熟虑的理性内容。例如：“如果说大蒜是联邦制，那么香蕉就是邦联制，如果说葡萄是封建制，那么橘子就是郡县制，如果说芒果是中央集权，那么椰子就是虚君共和。”

（9）借题发挥法。它就是借别人的话或其他事情，说自己的话或办自己的事情，言此而及彼。例如：“‘特别能吃苦’这五个字，我想了想，我已经做到了前四个。”再如：“马云的赚钱之道很多，但是我们找不到赚钱的种子，便成不了事业家。”

（10）借讳言回答法。讳言就是在时评或日常生活中人们不愿或不敢说的话语，借助于这样的话语来回答对方的问题。例如：“你竟然敢嫌我胖？如果不是，怎么会说‘你走起路来真是一步一个脚印’？”

第三节

个性化评析的语言风格

受众对优秀时评的要求很挑剔，选题好、观点好、论证好，还必须建立在语言很有个性特色的基础之上才行。那种缺乏自己标识性用语的评析，很容易被大家忘记甚至弃读。

个性化评析语言，一定是已经脱离了普遍论述范式或大众化表达的时评话语，在语气语调、句式结构、词语选择等方面，都具有鲜明的个人特点。陈词滥调，人云亦云，是这种特色语言风格的反面。

时评语言受写作者个人的文化修养、职业选择、社会交往、区域所在、表达习惯等因素影响。比如王朔的“京片儿”语言风格，他的时评讲道理的逻辑非常严密，毫不讳言犀利观点，时不时还会爆出皇城根下常见的粗口。这样的风格语言构成的时事评论，就算盖着作者姓名，也能看出出自谁手。江苏卫视的孟非，主持《南京零距离》时每天都要评点记者采访的社会现象。他的语言外表温和，基本不见硝烟战火。只是在话里话外暗藏着锋芒，曾经引起当地几任领导“感冒”。孟非的语言风格就比较“南方化”，和王朔的“京片儿”泾渭分明完全不是一个路数。写作者的学习经历、职业选择，也在很大程度上影响他的时评语言个性。《解放日报》的司马心，个人署名言论语言刀刀见血，语调多含疑问、质问、诘问、反问、驳问等。甚至时评开头就是一个严正的问句。原来他是法律专业毕业，又是职业律师出身。看他的时评，有如看法庭唇枪舌剑论辩的感觉。李敖一生著述甚多，其中多半是时评类的作品。他用语行文，史典遍地，有根有据，而且话锋尖锐，直刺心脏。其语言特色既有史学的严谨，亦有抗辩的战斗力。原来，李敖在台大分别读过法律专业、历史专业（做过东吴大学历史系教授）。他的这些经历，铸就了他后来的语言风格。范荣康的时评，语言正统，主流感强，这和他一直都在党报系统从事评论工作有关。曹林的时评，语言沉稳中内含尖锐，严谨中不乏新潮。“70后”的身份和大量写作两个因素，塑造了他的文章个性。

时评语言的个性需要很长时间写作大量作品来修炼。这个修炼过程，可以从五个方面下手：

（1）词句新鲜。在时评标题、关键判断、重要描述等部位，力争突破常规词句使用，以别开生面的新颖鲜活词句代替之，会产生令人耳目一新的效果。当然，用词造句都有规则，再高明的时评写作者也不能生造那些人们看不懂，或违反语法、逻辑、修辞要求的词语。

例如，《哑人深致》是邵燕祥写的一篇时事性杂文。他把《世说新语》里面的“雅人深致”中的“雅”改为“哑”，全篇新意迭出：

> 哑人好，对己可免祸从口出，对人可免杂音干扰……不呼吁，不抗议……不喊反动口号，也就不会山呼万岁。先聋后哑，哑人必聋。相应地就两耳不闻天下事，与人无碍，与世无争。不管多么受人挤对，也从不破口大骂、反唇相讥。比

起“君子动口不动手”更克制，比“非礼勿言”“非礼勿听”更彻底……而他们最欣赏的一句话可能是：“宁鸣而死，不默而生！”

(2) 角度巧妙。语句发出的角度出人意料，完全不是常人能够想到的那一种。于是，可能生出特别令人震撼，或者特别让人拍案叫绝的语言句式来。

例如，鲁迅先生在 1936 年去世之前，写过一篇时评《我要骗人》。这个题目非常触目惊心，文章从一个小女孩街头为灾民募捐讲起，鲁迅不敢告诉她真话，她募来的钱连水利局老爷抽烟还不够，由此想到自己八十老母临终前需要进天堂的安慰。于是他不由感慨，当今之中国，难道是披露真实的时候吗？我们能够把我们真实的想法都说出来吗？不能。于是“我要骗人”。

(3) 形式别致。语言构成非同一般，外观形式上有特别显示，并且不是偶一为之，具有其语言一贯风格。

例如，司马心的辛辣时评《天堂义痰》，用极其精练的四字语言格式，写实杭州：

岳爷坟前，木栅枷里，秦桧囚处，却见南宋奸相，反缚双臂，长跪在地，遍身痰迹，满地污泥。木栅之外，南腔北调，千夫怒指，万痰竞发……只可惜，那位北方痰客，却未找到地方。否则可以来此大吐一番，既过痰瘾，又表忠烈，堪称两全其美。

(4) 文笔活泼。写作技巧、笔法、风格或文辞，不受传统的形式、常人惯用的模式所限制，体现清新、活跃、毫不呆板的风格。

例如，颇有影响力的“牛弹琴”写过大量国际时评，他的作品语言一点都不拘谨，民间用词也能用于谈论严肃政治，写法有创意，笔风活跃。如《爱吹牛的政治家，最怕打赢了中国怎么办》(2016 年 4 月 28 日新浪，作者刘洪) 一文中说：

政治家都爱吹牛，反正吹牛也不上税。所以美国有句俗话，世界上最不靠谱的，就是政治家当选前的承诺，还有男人婚前的誓言。所以，从这个角度看，每个男人都是天生的政治家。但武侠小说中，最不可看轻的就是女人；在吹牛江湖里，标准也是一样的。女强人不吹则已，一吹，肥猪都能飞起来。这几天最能吹的，可能是菲律宾总统候选人、女参议员圣地亚哥了。

（5）意蕴丰厚。选择的词汇和语句，具有深刻内涵和别具匠心，世人读后感到思想深度很不一般，足以掩卷深思品味其言。

例如，美国加利福尼亚州圣玛利学院华人教授徐贲的长篇时评《沉默和失忆的国民是怎样教育成的》剖析希特勒时期的德国、后来的民主德国和苏联等国家民众不说真话、谎言横行的事实原委。但他只围绕“沉默”“失忆”四个字做文章——集体沉默造成集体失忆，集体失忆总是与权力制造和强加“正统记忆”同时发生的，里里外外的“一致”营造沉默的假面，层层叠叠的“组织”制造沉默的牢笼，互相监督维持“沉默”的必要。其文深刻，全凝聚在那关键的四字之中。

二

起步达标才能追求个性

个性化评析的语言风格，对时评写作者而言不是普通的要求，要达到这样的水平还需很长时间写作很多作品的修炼才行。

好的文风在时评语言上，有基本要求和追求目标要求两个阶段。时评新手，一般可以达到基本要求，而优秀者或时评写作热爱者，则需要向更高的目标挺近。只有建立在一般意义上的提高，才能解决时评写作的入行问题。

第一，议论文的语言特点，以概念和判断为主。时评主要表达观点议论和价值判断，它需要以确定性的概念词汇为基本架构，那些形容词和转喻词，在这个部分应当少用甚至不用。叙述事实过程的时候，可以例外。因为新闻评论主要靠概念—判断—推理的逻辑方法立足，而不是靠生动描写存世。

初学写时评者最容易犯的通病，就是没弄清描写和判断之间的区别，具体反映在习作中就是，有的在由头事实上用劲，像是创作一篇生动的记叙文。写得很细致，篇幅就会很大，剩下的部分已经承载不了多少分析判断了。有的在观点主见部分，以大量的形容词或转喻词来修饰概念判断，导致思想界限模糊，价值判断不清。

在一篇批斥有的私企将实习生当作廉价劳动力的时评中，写作者从“南充西华师大校园菌”的认证微博账号说起，再讲到四川南充职业技术学院（简称南充职院）如何强迫学生去远在1 500公里外的广东利奥集团打工，打工至当年的9月28日，而该校9月2日就要开学，打工学生的课程将被耽搁近一个月。学校方面放话：“如果不去这个实习，就拿不到学分，不能顺利毕业。”这个过程叙述过细过多不说，接下来还具体生动地描述一位同学的反映，她每天工作10个小时，仅周六休息一天，而每月的工资仅为1 380元……这个故事讲完，还要写据南充职院教务处工作人员称，利奥集团与该校是合作办学关系。该校还设有利奥学院，利奥集团还在该校设有奖助学金，校内有一栋楼被命名为“利奥楼”……800多字的时评，花了这么多非概念判断的描述语言，这确实喧宾夺主了。根据冗余信息理论可知，如果信息传输中有冗余的信号或符号，信道的传输效率就会降低。时评陈述事实部分如果冗余，也会影响概念判断的传播效率。

另一篇时评是在某论坛发表的《“妖精女王”殒命给人的启示》。文中对发生在2017年7月24日的驾驶员徐某（女，25岁，浙江温岭人）在一起两轮摩托车事故中抢救无效死亡进行评述。描写的细致程度如同文字录像差不多。这还不行，还要详细交代徐某驾驶的车型属国产中档车摩托，价格在两万左右。但其牌照要值40万元左右云云。这就让人集中注意力看新闻特写好了，完全不是个内行写时评的样子。再往后，轮到“启示”出场了，还是不忘形容修饰：

> 坚固耐撞的汽车是“铁包肉”，不堪一击的摩托是“肉包铁”。那么青春烂漫的美丽骄人的姑娘，就这么昙花一现，怎不叫人扼腕叹息、怜悯顿生、痛定思痛，无限怀念。

这篇时评有价值的判断启示究竟在哪儿？在那么多非概念的形容描写中，很难让读者看到真正有价值的启示。

第二，作为新闻文本的语言特点是讲求表达效率的，求实、动感、真切即可。字词通俗易懂不生僻，句子短促有力不冗长，少用副词、形容词等，多用名词、动词等。

毛泽东同志在解放战争期间给新华社写的几篇新闻稿，就特别具有气势和动感，有心体会的人可以找来认真揣摩，如《中原我军占领南阳》《我三十万大军胜利南渡长江》《人民解放军百万大军横渡长江》《东北我军全线进攻，辽西蒋军五个军被我包围击溃》《华北各首长号召保石沿线人民准备迎击蒋傅军进扰》。从标题看，就是一副运动中交代事实的样子。

时评属于新闻的一个方面军，毛泽东同志在这个时期又写了一些大手笔的时事评论，也是动感十足，如《别了，司徒雷登》《将革命进行到底》《丢掉幻想，准备斗争》《唯心历史观的破产》等。你看，还找不到生僻看不懂的用词用语，也找不到冗长句式或欧化句式。如果用语法的眼光去分析，还会发现整个时评，以名词、动词等实词为主构成，而意义比较抽象的副词、介词等虚词，则很少。这就是时评凸显动感的奥秘。

在这里先粗略讲一下，时评和杂文有所不同。杂文思维方式一般为联想，联想是一种形象思维。形象思维是需要描写、形容的。它更加讲究修辞手段。而新闻评论采用的是逻辑方法，讲概念、判断、推理，讲论点、论据、论证。它要求写实、论明、观点主张清清楚楚毫不含糊。

二

个性特色彰显的标志

个性特色说到底，就是“不一样”三个字。穿衣戴帽不一样容易做到，时评的语言风格和个性不一样，难度就太大了！再提一个“彰显”的目标，那就更是很高的境界。不过，“起步达标”的时评写作者，想要写作水平再上台阶还是要向这个高度攀登。

具体来说，一个时评写作者的语言具有其个性特色，要看以下这些方面：

第一，用词用语上，有习惯性的创新追求和方式。语言有严格的使用规范，任何文体任何人，都不能违反规范我行我素生造词语，也不能以个人的喜爱扭曲词语的自身特质。可是，成熟的时评写作者，在尊重所有语言规范的前提下，会别具匠心地对大众化的普适用法做点有益的改造或创新。久而久之，形成了自己的语言个性。像鲁迅的冷峻之风，刘白羽的雍容华丽，赵树理的下里巴人，朱自清高雅婉约。大家之文，是不会满足于只把意思表达清楚这么低的标准的。

时评作为政论，它是以观点判断及其论证为主轴的。因此，语言创新的空间，主要集中在对理性价值分析和立言推理过程的概括上，而不是对事实的描述。毛泽东同志对枯燥生涩、人云亦云、不疼不痒、言不及义的表达，一向深恶痛绝，斥之为“语言无味，像个瘪三”，属于“藏垢纳污的东西”。他的时评或政论，将复杂概念、枯燥推论，浓缩到形象精练的短语中来，创造了许多独具毛氏风格的词语用法。如“进京赶考”“钦差大臣满天飞”“东风压倒西风”“小脚女人”“解剖麻雀”“花岗岩脑袋”“帝国主义和一切反动派都是纸老虎”“枪杆子里面出政权”“阳谋”等。还有如“愚公移山”“舍得一身剐，敢把皇帝拉下马”等古语、典故、熟语和格言警句，经过他的引用、化用，赋予了它们新的内涵和生命，极大地丰富了现代语言的表达。

第二，表达句式上，有大致稳定的结构和范式。句式，通常是指句子的结构方式。常见的句式有长句和短句、单句和复句、整句和散句、肯定句和否定句、主动句和被动句、陈述句和反问句、口语句和书面句、常式句和变式句等。对时评大家来说，不少人已经在长期写作中，定格化了自己的常用表达句式，使其成为个性语言特点的标识。如前述《解放日报》司马心的署名时评，对四字句式情有独钟，再加上他较多采用诘问句式，极大地增强了立论的牢固性和驳论的战斗力。其实，懂行的人深知，这是需要炉火纯青的语言功夫才能实现的。鲁迅时评和杂文的句式创造，更是形成了他独有的风格。“外国用火药制造子弹御敌，中国却用它做爆竹敬神；外国用罗盘针航海，中国却用它看风水；外国用鸦片医病，中国却拿来当饭吃。”（《电的利弊》）这种特殊的排列组合，形成了鲜明的褒贬对比，价值观在概括陈述中已经清晰展现。“银行家说贮蓄救国，卖稿子的说文学救国，画画儿的说艺术救国，爱跳舞的说寓救国于娱乐之中，还有，据烟草公司说，则就是吸吸马占山将军牌香烟，也未始非救国之一道云。”（《航空救国三愿》）看看，还是这种对比句式。“‘京派’是官的帮闲，‘海派’则是商的帮忙而已”（《“京派”与“海派”》）还是对比句。鲁迅的战斗檄文还喜欢用反语句式……

第三，择言角度上，有独具一格的切入和思辨。这方面最厉害的还是鲁迅，他的反语批驳，充满了鲁迅风格的战斗力。“而最宽仁的王化政策，要算广西对付瑶民的办法。据《大晚报》载，这种‘宽仁政策’是在三万瑶民之中杀死三千人，派了三架飞机到瑶洞里去‘下蛋’，使他们‘惊诧为天神天将而不战自降’。事后，还要挑选瑶民代表到外埠来观光，叫他们看看上国的文化，例如马路上，红头阿三的威武之类。”（《王化》）国民党当局对付瑶民的血腥镇压政策触目惊心跃然纸上。“好个‘友邦人士’……可以博得‘友邦人士’的夸奖，永远‘国’下去一样……‘友邦人士’，从此可以不必‘惊诧莫名’，只请放心来瓜分就是了。”（《友邦惊诧论》）鲁迅在表达讽刺时，还用常人意想不到的敬词的视角，如“得道的禅师”“非凡的人”“脑髓里有点贵恙的”。这些投枪匕首般的嘲讽，以正面的视角来切入。时评能否用杂文的手法，反话正说呢？当然是肯定的。毛泽东同志的时评名篇《别了，司徒雷登》就有许多，如：“艾奇逊是不拿薪水上义务课的好教员，他是如此诲人不倦地毫无隐讳地说出了全篇的真理。”相比较而言，这第三种比前两种要难不少。

在时评语言的驾驭上，偶一为之抓到金句易，能够形成长久稳定的个人独特风格难。写作者没有长期探索创新的追求和毅力，是很难有独特风格上的突破的。我们之所以举例瞄准那些大家的名篇，还是为了突出强调高标准严要求，突出语言基础上构建特色大厦需要持之以恒。

三

话语个性反差下的共性三追求

套用托尔斯泰的一句名言：风格彰显的时评语言总是有特色的，缺乏风格的时评语言各有各的平庸和雷同。

马克思的新闻评论具有逻辑严谨、富于哲理的特征；毛泽东的评论大开大合，挥洒自如，于浅显之中表达出深刻的道理；王韬的评论则是清新明快，雄辩有力，文笔畅达；梁启超的评论是激情四射，充满着感染力；邹韬奋的评论是一丝不苟，明显畅快；邓拓的评论则是充满了知识和智慧。这些评论的写作者在评论中表现出的特征，确实是本人作风和人格特点的一定反映。研究成功者时评写作的共性，我们不但能够看到他们各自不同的风采，也能看到他们魅力无限的共性。

（1）理性化追求。论的讲理部分就要理性表达，避免借媒体优势滋生话语霸权。真正有本事的时评家，是不会依仗拥有媒体平台优势，而在评论中显示蛮横和强权的。

鲁迅在他的时评和杂文最丰产的年代，虽然自己手中也有杂志可行文章发表之方便，但他主要的作品还是投给其他报纸杂志编辑部。一来是要尊重媒体用稿权，二来可以避免话语霸权的滋生。《王化》就是最初投给《申报·自由谈》的，被国民党新闻检查处查禁后，再投《论语》半月刊，署名何干发表。理性分析理性表达，是时评大家最有魅力最有竞争力的思想工具。鲁迅一生坚持平心静气讲道理，思想深刻眼光深邃，没有一丁点话语霸权。当他得知自己的两个学生刘和珍、杨德群被段祺瑞执政府杀害后，仍然非常冷静地思考：

真的猛士，敢于直面惨淡的人生，敢于正视淋漓的鲜血。这是怎样的哀痛者和幸福者？然而造化又常常为庸人设计，以时间的流驶，来洗涤旧迹，仅使留下淡红的血色和微漠的悲哀。在这淡红的血色和微漠的悲哀中，又给人暂得偷生，维持着这似人非人的世界。①

（2）情感化追求。事实还原和旁证材料部分，需要笔锋常带情感。我们都知道时评中的由头和论据，会使用事实表述。任何事实必须是客观真实的存在，记者也好编辑也好，时评写作者也好，都不得从自己的价值倾向出发，对事实加工改造。然而，时评在事实选择和表述两个环节，还是倾注了写作者的价值观和情感因素的。除了立论的需要，还有一个就是喜怒哀乐的情感表达需要。你不能对事实作白开水般交代，也不能不选择那些最能触动人心灵的事实场景。例如，鲁迅的《记念刘和珍君》：

我也早觉得有写一点东西的必要了……可是我实在无话可说……那里还能有什么言语……我也早觉得有写一点东西的必要了……我正有写一点东西的必要了……我还有什么话可说呢……但是，我还有要说的话……呜呼，我说不出话，但以此记念刘和珍君！②

7 个小节 7 个对血写的事实的心理矛盾变化过程的展示，恰恰表现了时评写作者极

① 鲁迅全集：第 3 卷．北京：人民文学出版社，1981：274.
② 鲁迅全集：第 3 卷．北京：人民文学出版社，1981：273－277.

其深刻的思想情感。再请注意一下，鲁迅在对刘和珍的被枪杀以及对她生前的回忆，都是在观点性评析中穿插表现的。这和绝大多数时评分开成两块表达完全不一样，这非常有利于作者的思想感情的自然流露和不同程度的释放。时评毕竟不是散文、不是悼文，写作水平不达到相当标准，一般是不会也不敢这么处理的。

（3）人格化追求。时评的字里行间话里话外，充满着写作者的人格魅力，文如其人。今天强调时评语言的人格化，具有特别重要的意义。这源于在商品经济高度发达的社会中，物化的力量太强大了，它已影响到人际的交流和时评观点的表达。人格化语言，是对人和物关系被颠倒的一种拨乱反正，是对意识和物质关系失衡的一种纠正，是对人的价值和精神生活受贬的一种能量释放，是对人际关系冷漠无助的一种回春暖流。郭光东从国旗升降之间，思考着这样的问题：一个国家对公民群体生命到底能不能尊重和珍视？一个民族对遇难同胞究竟是否具有手足真情？（《国旗为谁而降》）马九器从四川巴中市清江镇一纸“杀狗令”，看到了网络江湖的腥风血雨。什么“狗仗人势”“狗腿子”“丧家犬”“狗咬吕洞宾”，就连逮个耗子，都成为冷嘲热讽的由头……作者认为：“狗不教，人之过”，表面看“杀狗令”背后是狗患无穷，其实本质上是人的问题。（《“杀狗令”惹风波，问题在“人”》）司马心竟然能在杭州岳王庙秦桧囚笼里里外外“千痰竞发”，看出了新时代国民的劣根性。唐映红从朝鲜官方新闻社高调攻讦朴槿惠的“单身女性”身份，看出了其不仅是缺乏教养的表现，而且本质上就是下流，也反映了在不同制度竞争中已经濒临穷途末路的心态和理屈词穷的窘境。（2016 年 5 月 25 日新浪的《朝鲜攻讦朴槿惠单身，说明朝鲜缺乏教养和下流》）

高水平的时评语言，虽然高的呈现方式不同、高的海拔标准各异、高的影响力度有别，但在理性化、情感化、人格化这三个追求方面，都是具有共性特点的。有心向高处攀登的时评写作者，需要悉心体会、认真学习。

四

个体评析特征影响媒介

时评在媒体上的角色，绝不是孤立地代表时评写作者个人。这在传统主流媒体，认识是基本一致的。但在当今的新媒体之间，尚有不同看法。有些网站和手机客户端，在作者时评下面，缀上一句免责声明：本文仅代表作者观点，不代表本媒体立场。这种说法大概来自法律顾问或代理律师的建议。事实上，媒介发表时评本身，就是一种观点立场。它能否就此断言，是代表媒介发言的，尚可讨论。然而，作为时评研究，我们至少可以说，不同的新闻媒介的媒介评论，同样可以表现出作为法人的媒体的风格特征。《人民日报》的社论和评论员文章等，风格特征表现为严谨、准确；延安时期《解放日报》的社论严谨中透着通俗平易；张季鸾主持笔政的《大公报》则是实现了中国报刊政论向新闻评论转变任务的代表性报纸，它的社评在表现出强烈的新闻性的同时，在风格上具有论理严谨、酣畅淋漓、声情并茂的特征；《中国青年报》和《北京青年报》的社论类评论则表现出开放、敢言，不拘形式的风格特征。

一个媒体时评独特风格的形成，和它刊发具体作品的惯性有着密切关系。而时评是个体劳动生产的产物，这些构成写作队伍主体的作者特别是媒体主笔的写作个性就成了媒介特征。在媒体从业多年，有一种说法如下：优秀记者编辑“抬”了他所供职的媒体，而优秀新闻媒体反过来也“抬”了自己的记者编辑。时评与发表媒体的关系，就是这样相辅相成的。

媒体对时评写作要求的倾向性，构成了它的风格导向。

每家新闻媒体对时评写作都有自己的要求，这是编辑方针使然，也是风格导向使然。要求的内容一般是广泛的，如对来稿的长短、时效有规定，反对一稿多投，事实来源有交代等一般基本规范，并非专门针对风格而言。可是，它的许多具体倡导或者“不允许”，构成了媒体特别的“口味”。换个角度看，其实也就是风格导向的内涵。

《人民日报》2014 年 6 月 15 日在报纸创刊 66 周年时，于“今日谈”栏目发了一篇“稿约”，里面有三个小标题：我们不预设主题，我们不预设立场，我们不预设风格。可仔细拜读就会发现，字里行间穿插着要求：特别欢迎来自一线、接地气的鲜活题材，以小见大，居高声远……只要符合主流价值，立论表达精当，你尽可开门见山、直抒胸臆……当然，杜绝“长假空”，唯求“短实新”，坚持三四百字的短小篇幅，是这个栏目不变的风格——这些难道还不是清清楚楚的风格导向？该报还开天辟地地撷选了几篇不同时代的旧日佳作（4 篇），以期帮读者对“今日谈”有更好的认识。

《燕赵都市报》：本版将继续坚持开设之初的“零度、情怀、宽容、建设”立场，关注公共问题，注重文本本身的思想逻辑和附加信息……

《工人日报》：我们欢迎非人云亦云的稿子，欢迎一步步说理而不是断然下结论的稿子……

光明网时评频道：欢迎各方作者热情参与，惠寄有文化视野、理论高度、思想深度，符合主流价值观的佳作。

中国共产党新闻网“清风时评”：针对中央重要反腐倡廉法规条例出台、重大典型案件查处、作风突出问题纠正、廉政文化建设等方面撰写评论文章，用事实说话、让理性交锋，通过鞭辟入里的分析，针砭时弊，助力反腐倡廉工作取得新成效。

《上虞日报》：少说“普通话”，多说“上虞话”，即尽量针对上虞本地的情况进行评述。如采用外地的新闻事实，也要尽可能地与上虞的情况结合起来。

时评写作者用时评作品个性的累积量，造就了媒体评论风格的基石。媒体评论的风格从来都不是空洞的概念，而是有大量具体的时评稿件刊发而形成的。一个人的写作个性，不能左右一家媒体的风格。许许多多作者的写作个性叠加，就能深度影响这家媒体时评的基本风格。《南方都市报》《新京报》《南方周末》等，已经拥有相对固定的一批高水准时评写作队伍。他们中有教授、律师、公务员、其他媒体的记者编辑等，水准相对较高。报社还为其中一些人开设了固定的个人专栏，遇有重大新闻事件需要报社表态，有时候还会特别约请他们撰写社论或评论员文章。这批人的写作个性，处在成熟稳定阶段。于是，其对用稿媒体的影响日积月累，成为后者时评风格形成的基础。

供需双方长期磨合适应，固化时评风格特征。媒体自己的要求设定，对时评写作者必然产生作用力。时评写作者成品稿件的大量叠加，也会对新闻媒体产生反作用力。这是供需双方关系和个性风格逻辑所决定的。新闻单位应该尊重时评写作者的写作习惯、思维习惯、价值判断习惯，更要尊重写作者表达的语言个性、角度个性、推理个性。唯有这样，才能广泛吸引并团结一批特性彰显的时评高手群体，为自己服务为受众服务。而时评写作者，也需要尊重用稿媒体的征文导向、栏目要求、刊发标准，更应该尊重新闻单位的价值意识、新闻纪律、编辑方针。这种双向的磨合与适应，是个性特点和风格培育生长的土壤。任何一方都不能以损害另一方、抑制另一方为代价。倘若成熟的时评写作者非要和媒体“对着干”，就只能接受“弃稿不用”的无奈。媒体非要对成熟的时评写作者的作品刀砍斧劈削足适履，只能接受“此处不留爷，自有留爷处”的结局。

第四节

时评和杂文攀亲结缘的问题

时评和杂文，同属政论文家族，有近亲血缘关系。

杂文的诞生历史非常悠久，最早可以追溯到先秦诸子。一人之辩，胜于九鼎之重。三寸之舌，强于百万之师。孟子的《齐人有一妻一妾》、宋玉的《对楚王问》、荀子的《劝学》、韩非的《说难》……通过对这些文章的发端、演变、流行过程研究，我们可以看到，最早为“杂文”列名者，见诸南朝宋人范晔的《后汉书·文苑传》。梁人刘勰的《文心雕龙》也有《杂文》一章。这里面对杂文包容的范围，还作过一些划分，如“详夫汉来杂文，名号多品，或奠诰誓问，或览略篇章，或曲操弄引，或吟讽谣咏，总括其名，并归杂文之区”①。

中国时评的历史，最早可溯源到戊戌政变后保皇党在国内创办的第一份报纸《时报》。此前的《万国公报》《清议报》《时务报》等，曾经刊发过梁启超的大作《变法通议》《少年中国说》。今天看来，也是一种政论。政论和政论文之间尚有差异，它和时评的距离就更大了。戈公振先生的《中国报学史》曾经提到，同、光间之报纸，因受八股盛行之影响，仅视社论为例文……《时报》创刊后，曾于社论外，别立时评一栏，分别论断，报其机枢，与今之模棱两可，不亲眼边际，截然不同，故能风靡一时。由此可见，社论也是最早在《时报》上诞生的。中国人民大学新闻学院的马少华认为，1902年12月14日出版的《新民丛报》第22期刊出的新年改版启事中所提“国闻短评”是为时评之体，也是一说。

杂文有广义和狭义两种。广义杂文的涵盖范围太大，它是几乎所有无定格文章的总汇。杂著、杂说之称，表明它其实不是某一种文体的名称。就像广义散文的容量，除了诗词之外，什么体裁都是它的家族成员。而狭义杂文呢？一般专指议论色彩浓厚的文艺性文章体裁。

---

① 邵传烈．中国杂文史．上海：上海文艺出版社，1991：4.

时评没有广义狭义之分，它是时事评论的简称。顾名思义，要有新闻性，要有观点和分析。它和杂文同属政论文的连接点，就在于两者都以“论”为核心。无论题、论点、论据、论证，就不成其为时评，也失去了狭义杂文的思想性特点。不过，时评讲究鲜活的新闻由头，不像杂文可以上八百年下八百年，可以“以史为证”。时评和杂文最大最主要的标志性区别，还在于时评是逻辑思维主导，杂文则是形象思维的产物。由此，政论文的这对兄弟，才各分为文艺、新闻两个阵营。

时评写作经过100多年的实践探索，已经累积了很多成熟的经验。可是跟杂文相比，由于诞生历史的相对短，再加上不如杂文的表现手法那么丰富，时评向其他文体学习借鉴的任务就比较重。虽然两者同属一个家族还有近亲血缘关系，但是，为了与时俱进发展创新，时评迫切需要主动和杂文“攀亲结缘”，通过学习人家的长处，来弥补自己的短处。

事实上，时评和杂文之间相互影响借鉴，已经悄然进行了许久，而且结出了嫁接之果。自鲁迅开始，杂文选题的当代社会介入性，已经大为增强。《论“费厄泼赖”应该缓行》等几乎所有名篇，都有明确的现实指向性。和他同时代的林语堂、胡适、陈西滢、徐懋庸、周作人、梁实秋、施蛰存等一大批大家，也对杂文的时代性，做出了贡献。而时评更向杂文学习了批判性、思辨性，以及许多具体的写作技法。这种取长补短，对完善时评的发展张力，丰富时评的表现力，都产生了明显的推动作用。而且，这种势头还没有结束。时评的不断与时俱进，正促进它与杂文进一步攀亲结缘，进一步学习借鉴，使这个文体能够对社会发展产生更加重要的影响。

一

非中国独有的文艺性政论

杂文是中国的一种叫法，自南朝范晔给它取了这个名字后，一直延续至今。杂文在外国叫随笔，最早给它取这个名字的，是法国散文家蒙田。文艺复兴时期，蒙田写过三卷《随笔录》，在西方文学史上占有重要地位。杂文也好，随笔也罢，名不同质一样，都属于文艺性政论。1973年人民出版社出过一本《列宁杂文集》，就是从列宁生前写过的大量随笔中选取的。

杂文的文艺性政论定性，决定了它的归属。虽然它也针对社会现象发表议论，但仍然属于一种文学散文。杂文既要传达写作者对社会现象的分析见解，又要能通过文学手段给读者以美的享受。

今天我们讲起杂文，马上想到鲁迅。讲到鲁迅，马上想到他手中的投枪匕首。所以，大多数人对杂文的第一印象就是它的批判性，认为杂文就是以揭露批判假丑恶为基调的一种文体。其实，这种理解有点偏狭。杂文还有基调是称颂、褒扬、赞美先进事物的，还有基调是对社会问题进行评价、发表意见的，还有基调是传播和广大群众的日常生活有关的真理和知识的。人们只记得鲁迅、只知道杂文的兴利除弊、激浊扬清的战斗色彩，从一个角度上反映了鲁迅在杂文界如高山仰止，其他人还远不能跟鲁迅相提并论，同时还说明除了批判，杂文的其他几种功能尚处于弱势待开发的状态。

杂文的文艺性政论属性，凸显在对现实生活的干预和文艺笔法这两个方面。

在所有文学体裁中，还没有任何一个品种能像杂文一样，绝大多数直接针对当下的时事政治、社会现象、文化兴衰，进行直接评品并发挥显著影响。小说、诗歌、戏剧、除杂文外的散文等都不行，它们都是通过艺术形象陶冶人们的情操，对社会产生潜移默化的间接作用。

鲁迅时代的杂文，“对于中国的社会，文明，都毫无忌惮地加以批评”（《华盖集·题记》），“是在对于有害的事物，立刻给以反响或抗争，是感应的神经，是攻守的手足”（《且介亭杂文·序言》），“是匕首，是投枪”（《小品文的危机》）。他使现代杂文登上了难以逾越的高度。

其实在国外，杂文的主要特性并非显示在硝烟战火斗争味上。它们大多数还是知识型、评议型，也有一些赞颂型。百花文艺出版社 1994 年出版过一本《外国杂文大观》，书中收录 115 位作家的 140 篇杂文。他们来自 33 个国家，包括法国蒙田、英国培根和狄更斯、俄罗斯屠格涅夫、美国华盛顿·欧文，还有西班牙、丹麦、加拿大、阿根廷、巴西等国的名家。从这些杂文中我们可以看出，老外写的杂文真的很杂，有随笔体、演讲体、书信体、日记体、寓言体、故事体及笑话体等多种形式，不拘一格。似乎只要不能归入文学中几大体裁的短小文章，一概都为杂文所收编。

中国杂文的文风到了 1949 年之后出现很大的转型，就是主流基调从批判走向赞颂，称颂、褒扬、赞美新生事物、先进人物方面的杂文逐渐多起来。与此同时，史料和日常生活结合的主题内容在杂文中也出现了不少。如邓拓、吴晗、廖沫沙在中共北京市委机关刊物《前线》杂志轮流撰写的《三家村夜话》，既有古人读书、治学、做事做人、从政打仗等各方面的经验得失，也有赞扬社会主义社会的新人新事，还介绍各种知识。当然，其中穿插了针砭现实生活中一些不良倾向和作风的内容。邓拓在《北京晚报》开设的个人专栏"燕山夜话"中，旁征博引，评论时政，讽刺不正之风。这些在"文革"中，都成为罪证，导致文毁人亡。

政论如果不议政，就失去了它存在的影响和价值。"文革"拨乱反正以后，杂文随时代而重新崛起。在揭批"四人帮"中，杂文曾经出现回春涌动，全国报刊中杂文繁花似锦。《杂文报》和《杂文选刊》相继诞生，多地还成立了省市一级的杂文学会，这也和党政领导的理解支持有很大关系。河北省委书记高扬，1982年在参加党的十二大期间写了署名夏明的《论诬告》，登在《河北日报》上。福建省委书记项南、山东省委书记梁步庭，也亲自撰写杂文在本省党报上刊登。项南写的《不许诬告》《有些案件为什么长期处理不下去》，还成为处理具体案件的舆论先行。这段时期，杂文紧贴社会现实和国家大事，也贴近了人民群众的心。

可是，经历了那几年浩荡发展之后，杂文势头逐渐出现了回落。反观近些年杂文的发展走势，理性分析其间的问题症结，我们可以看到，它对社会的干预性或舆论监督力量的明显弱化，是这种文艺性政论没有振兴的一大原因。

二

时评和杂文的交集与分野

时评与杂文的同源在于都是靠思想说服他人，它们的主要区别在于行文与说理的方式有所不同。同样出自鲁迅的手笔，《论"费厄泼赖"应该缓行》与《记念刘和珍君》，分别属于杂文和时评。两者都具有强烈的政论色彩，都蕴含深刻的政治思想，对社会的干预性都很明显。可是，杂文篇贯穿始终的"打狗"论，绝不是今天城管队员上街灭狗，而是一种形象思维的对象，是痛击北洋军阀走狗文人陈西滢之流的一种代名词。除了核心观点，其基本论据也是形象化的，如：落水狗不同于死老虎，狗不解“道义”，不可与刚勇的拳师齐观，叭儿狗善于“骑墙”更有欺骗性，尤其该打。而时评篇字里行间毫无掩饰的悲愤，直接表达对军阀血腥镇压手无寸铁学生暴行的谴责，对真的猛士奋然前行的赞颂。两相对照可以看出，杂文的思想性，是通过形象思维方式说理，借助文学手段来表达观点见解的。时评的思想性，是通过逻辑思维进行事实分析论证，以新闻的说理方式来实现的。

杂文和时评虽然都属于议论性文体，说理论辩都要论点、论据、论证，但是，新闻性是否具备，划分了两者的界限（见图 7－1）。《论“费厄泼赖”应该缓行》的发表时间是 1926 年 1 月 10 日（《莽原》），它开篇的由头是林语堂曾经讲起的“费厄泼赖”，刊登时间是 1925 年 11 月 14 日出版的《语丝》第 57 期上。两者时间相隔近两个月，完全失去了新闻时效性。况且，有确凿史料证明，“费厄泼赖”的始作俑者是鲁迅的弟弟周作人，他在更早时间的《语丝》上明确倡导此种做法。[①] 而《记念刘和珍君》的评论由头，是 1926 年 3 月 25 日国立北京女子师范大学召开的追悼会，该文写作完成于 4 月 1 日，发表在 4 月 12 日的《语丝》周刊上。《语丝》是不定期出版的杂志，不像报纸那么间隔时间短。可见，其新闻时效是具备的。杂文可以古今入瓮，谈笑自如。而时评则是新闻性强，缘事而生。

图 7－1　杂文与时评的交集与分野

① 杜运通．林语堂代人受过．山西大学学报，1996（1）．

杂文的曲笔表达，也是和时评的直抒胸臆不同的一个要点。《论“费厄泼赖”应该缓行》为什么不在标题上直接写“痛打落水狗应该缓行”呢？鲁迅自己解释题目上不直书“打落水狗”者，乃为回避触目起见，即并不一定要在头上强装“义角”。而《记念刘和珍君》是清清楚楚明明白白剑指段祺瑞执政府的血腥暴行。前者寓意在深，曲笔抒怀。后者观点明确，笔法直白。

从概念上搞清时评和杂文的交集和分野，具有重要意义。有些时评写作者由于分不清两者的区别，才会把时过境迁的事实拿来当作时评的由头。也有的时评写作者不直截了当地表达观点，但字里行间还是浮动着思想的影子。这是把应该明确的价值判断化作了具有形象思维的替代语言。还有些时评写作者，从头到尾洋溢着批判性，语言的火药味很足，但是非臧否一直蕴含在曲笔之中。综合起来看，这类文章或许会是优秀的杂文，但不会是合格的时事评论。它在两者关键区别方面，还没有把握好。我们不反对学习借鉴，但首先要把两者的各自特征弄清楚，否则，写出来的文章只能是“四不像”。

三

两种文体写作之异同

搞清楚时评和杂文之间的联系和区别后，我们现在可以来具体研究讨论在写作上两者到底有什么异同。

先讲时评的写法。

其一，选题的事实本身，必须具有很强的时效性。切入由头必须选择跟主题有密切关联的、新近发生的新闻事实。它不像杂文，可以谈古说今，可以借古讽今。它的“古”就是久远的论述材料。它的“今”，就是广义的现在（具体时间不确定，近似于“目前”），时效性并不彰显。

其二，新闻由头无论大小，关键要对现实具有针对性或典型意义。时评允许在重大经济政治和公民喜怒哀乐间寻找时事，但无论你纵横驰骋还是一事一议，都要求和现实社会或人民现在的生活有密切联系。如果不是针对现实的事实，那就是杂文的事实而不是时评的事实。另外，事实还必须有一定的典型性。你不能把“一厂一店”等孤立的事实拿来，当作时评的出发点或论据。而杂文用典，是可以采纳那些罕见蹊跷的故事的。而且，事实可以与现实无关。

其三，论点、论据、论证之间关系逻辑性强。时评这三要素因时评的逻辑思维特性，要求一环套着一环，关系特别紧密。相互之间若有任何脱节，都有可能造成后面的推理结果完全不能成立。许多时评谬误，就是在这种情况下产生的。而杂文虽然也讲逻辑关系，但其形象思维特性，导致这种关系松散，天马行空，任尔纵横。

其四，语言直白晓畅，不“掉书袋”弯弯绕。时评属于新闻体裁，新闻的语言是要求明白晓畅、通俗易懂的。看菜吃饭，量体裁衣，是所有文章体裁写作者都必须考虑的受众对象选择之道。杂文的受众相对于时评，文化层次显然要高。你不可能跟北京街头的黄包车夫去讨论“费厄泼赖”究竟应该不应该缓行，但是，政府门前发生了喋血惨案，他和林语堂都是很关注的。于是，杂文写起来，就会操起文艺语言的范儿，尽力用各种修辞手法烘托渲染。这在杂文这种文艺性政论中，极大地增强了感染力。如果再加上由古至今、天文地理等掌故，它就更具有魅力了。可是，对于这一点，时评不能也无法“拿来”。

再讲杂文的写法。

其一，选材广泛，开掘求深。杂文的材料选择面要比时评宽广很多。它允许在古往今来的任何时间、地点、人物、事件、观点倾向中，直接或间接拿来为我所用。然后，对此深耕，挖掘其材料本身具有的哲理，特别是背后隐藏的深刻思想。而时评只能在新近发生的新闻事实中选材，而且开掘只限制于对现实有针对性的思想层面。脱离了这两个范围，就失去了时评的生存价值。

其二，形象说理，善取类型。杂文不喜欢直露，它总要将事理寄托于某种形象。就像“落水狗”是一种落魄文人的代名词一样。不过，这种形象并非随意拈来，而需要具有代表性、典型性。

其三，突出重点，具体分析。杂文虽然用材广泛繁杂，但不允许平铺堆砌。优秀的写作者一定会将重点拎出具体点化。李敖写杂文是特别擅长历史史料的“排炮攻击”的。他的《骂总统的自由》，从袁世凯称帝黄远庸开撕，到 1914 年“民权出版部”发行的《破涕录》骂袁，战线拉得老长，案例密布具体。可是要求言论自由的重点，显得非常突出。而且，其文抓住“立法委员”齐世英请客吃饭中所说的“国民党还不如军阀”一语，刨根问底展开剖析。时评在论证过程中，也会使用材料论据。但是，它不喜欢以多求胜，而是以一当十。在许许多多可用事实例证面前，选择最重要、最典型、最有说服力的那一个。

其四，主题严肃，笔法风趣。杂文嬉笑怒骂皆成文章的文艺笔法，使人看到杂文外表可能是轻松活泼的，但其主题观点却是非常严肃的。出发点或许不都在时事政治，但落脚点却全在当下社会。写的笔法或许曲直有别，但说理都用三论式推导。如果杂文绷着脸讲道理，就失去了文艺性政论的诱人色彩了。时评不允许嬉笑怒骂，不喜欢东扯西拉，它要挺直了腰杆摆事实讲道理。无论怎么写，除了思想主题，基本笔法也都一定要是严肃的。

四

各自“拿来”的典范之作

媒体融合已经成为世界潮流，知识融合、学科融合也已加快步伐。当代各种文体的融合趋势同样非常明显。在这种环境的影响下，同属政论文一家亲的时评和杂文之间的边界逐渐出现模糊的迹象。主要原因还是这两种文体，正在悄悄地相互学习借鉴，“拿来”自己需要的、有用的东西，用以改善、改造固化的写作模式。

我们可以从一些杂文大师、时评大家的名篇当中，清楚感受到他们如何身体力行突破既有文体写作的窠臼，勇敢地汲取其他体裁写作的优点，为自己的作品增光添彩。

李敖一生著述甚多，其中多数是杂文和时评的大杂烩。他似乎刻意要将这两者的界限模糊，做一锅又辣又麻又烫还兼顾南北风味的大餐。任何一位行家，都很难给李敖的这些文章进行严格分类。1988 年文艺评论家牧惠先生和湖南文艺出版社合作，要出一本大陆版的《千秋评论——李敖杂文选》时曾经有过困惑，因为在编者当时能够找到的 60 册李敖已出版的书籍中严格区分时评和杂文不是一件容易的事。李敖的笔，对蒋家政权的威慑很大，原因在于他无论谈古还是论今基本剑指身边的社会现实。比如大陆版的《千秋评论》开篇《谈蝉》，虽然借蝉形象思维，几百字的小文却刀刀见血，对国民党特务统治的挞伐，鞭辟入里。写时，李敖还是一个监狱囚徒，他竟在文中高歌：“割而可卷，孰为神兵？焚而可变，孰为英琼？宁鸣而死，不默而生！”相信受众捧读至此，已经完全分不清这篇文章是杂文还是时评了。只要有利于作文，李敖都两边“拿来”。

在杂文式微、时评中兴的今天，很多杂文写作者已经顺时而动，转身写新闻媒体广开版面栏目的时评了。他们有厚实的“杂”的基础，所以笔下写着写着，就自觉“拿来”原来看家的本领。他们中有将形象思维和逻辑思维融为一体的，有嬉笑怒骂语言不时介入当下的，有引经据典反复推论的，有由头不新结论却有针对性的……这种“杂交”，竟也推动了时评肤浅化、快餐化、八股化、模式化的革新和改造。

龙应台也是位高产作家，大陆读者对她最熟悉的一篇应该是《中国人，你为什么不生气》，这是发表在台湾《中国时报》“人间”副刊上的杂文。细读之后，你能看到时评的风采。第一段写由头“昨晚”极具时效性：

> 在昨晚的电视新闻中，有人微笑着说：“你把检验不合格的厂商都揭露了，叫这些生意人怎么吃饭?”我觉得恶心，觉得愤怒。但我生气的对象倒不是这位人士，而是台湾一千八百万懦弱自私的中国人。我所不能了解的是：中国人，你为什么不生气?

接下来各段，事实与议论交融。可所有的事实，都是眼前刚刚发生和正在发生的，并非历史掌故：

> 摊贩占据着你家的骑楼……淡水河畔的住家整笼整笼地把恶臭的垃圾往河里倒；厕所的排泄管直接通到河底……丢汽水瓶的少年郎……计程车穿来插去，最后停在右转线上，却没有右转的意思。一整列想右转的车子就停滞下来，造成大阻塞……经过郊区，我闻到刺鼻的化学品燃烧的味道。走近海滩，看见工厂的废料大股大股地流进海里……湾里的小商人焚烧电缆，使湾里生出许多缺少脑子的婴儿……一百位交大的学生食物中毒……

这种现实针对性，也太时评化啦，难道龙应台不懂？但全文的论的方式和排列，却很杂很杂，讲一桩事实论一番道理，平行排列十多段。最后高屋建瓴提升到公共的高度：

你今天不生气，不站出来说话，明天你——还有我，还有你我的下一代就要成为沉默的牺牲者、受害人！

取材之杂，论点之辣，因时而评，合时而著。在龙应台笔下，杂文和时评是自然衔接优势互补的。

已故著名杂文家朱铁志生前著文指出，“杂文和时评，本是同根兄弟。你中有我，我中有你。不要互相排斥，更不要相煎太急”①。怎样在时评和杂文两种文体之间从容挥洒，在融合写作方式中光大各自的优势？时评大家和杂文师长，已经为我们做出了探索求新的榜样，学习者当有楷模与范式。

要　领

1. 时评写作者最忌讳“跟风”，要不唯上不唯书只唯实。独立思考的正确价值判断，其基石才有可能不会因时世的改变而坍塌。

2. 时评是说理的艺术。仅仅思想内容正确、论述深刻、逻辑无误这三大件还不行，还应在说理方式和语言运用上，讲究辞章、富于文采。那些吸引力强的时评，可以传之后世的时评，在“三大件”都具备的同时，特别善于运用多种修辞手段，善于运用群众语言甚至网络新语。

3. 人民群众是文化作品的主要消费者，也是社会主义核心价值观的主流实践群体。如果不认准他们的需求生产制造，所有的精神产品都只能被束于高阁。

4. 受众对优秀时评的要求很挑剔，选题好、观点好、论证好，还必须建立在语言很有个性特色的基础之上才行。那种缺乏自己标识性用语的评析，很容易被大家忘记甚至直接就弃读。

5. 媒体时评独特风格的形成，和它所刊发具体作品的惯性有密切关系。而时评是个体劳动生产的产物，这些构成写作队伍主体的作者特别是媒体主笔，其写作个性就成了媒介特征。在媒体从业多年就能听到一种说法：优秀记者编辑“抬”了他所供职的媒体，而优秀新闻媒体反过来也“抬”了自己的记者编辑。

① 朱铁志．时评的兴盛和杂文的式微．法制日报，2003-11-14．

第八章

时评投稿

本书应不应该包含投稿方面的内容？笔者为此曾经思考了许久。书写厚了会影响销售，增加不必要的内容会有混稿费之嫌。可是，思前想后还是要写这一章，原因如下。

学习时评写作的出发点和落脚点，在于稿件能够水平达标并在新闻媒体上刊登出来。如果写作者写来写去却不能发表，只是自我欣赏自娱自乐，似乎不够完美。

当今的媒体平台已经大为扩展。高居主流舆论场的传统媒体如报纸、广播、电视、新闻性杂志等，在发表时评来稿方面，把关甚严。它们根据各自单位的编辑方针和当前时事的宣传重点、新闻业务要求等，对非记者编辑写的稿件，进行必要的审核、删改等。这也是可以理解的事情。而新媒体如网上论坛、博客、微博、微信、QQ群、Facebook（脸书）、Twitter（推特），发表个人时评作品，一般没有审稿前置程序，想写就写想发就发。但是，近些年，我国互联网管理规则细化后，新媒体平台的后道审核机制基本建立健全。新媒体运营方按规定普遍实行前期关键字审核，后期抽样把关。

关键字审核，就是设置一些敏感词，由后台技术自动识别，抓取到即阻止发表。抽样把关，就是在海量发表的作品中，按比例抽取典型样本，进行全文审核。现在的大数据抓取技术，更进一步，就是要对每一篇发表作品负责。囿于人手不可能应对每天海量的作品发表，目前只能在作品发表以后加强抽样把关。

时评投稿，犹如生产商品投向市场，消费者买账不买账是最终价值导向。因此，媒体的市场决定者是受众，时评写作者的市场决定者就是媒体编辑。把准市场需求，掌握编辑口味，已经成了时评写作者成功发表时评的“临门一脚”。当然，能不能发表，也是检验自己写作水平的一个重要标准。

过去几乎所有写作教科书或相关著作，都不设章专门讲述投稿方面的内容。可是，投稿里面确实有学问。就像我们始终重生产、重工艺、重技术，就是不重视市场销售，结果必然出现产品积压。媒体市场需要什么不需要什么？媒体用稿的基本标准有哪些？时评写作者怎样在投稿前自检把关？怎样和媒体编辑相处？这些是我们不能轻视的问题。

第一节

把握市场需求精准发射

在过去传统媒体一统江湖的年代，报纸、广播、电视、杂志的言论，往往是千报一面、千台一面，缺乏个性特色。写作投稿只要想着贴合《人民日报》的要求就可以了，因为差不多其他媒体也都是这个风格。所以，对把握市场需求缺乏必要性和紧迫性。而今，媒体已经在20年前就开始了对“同质化”的改革进程，国家级媒体要显示出对全局的把控水平和能力，区域化媒体要求地域特色，行业媒体立足自己的圈子发挥这一行的权威影响力。然后还有同国家级之间、同区域化媒体之间、同行业媒体之间的异同区隔，都是去同质化的重要内容。在各家媒体都在追求个性特色的条件下，时评写作者不把用稿“市场”对象研究透，不分对象乱箭齐发，可能的结果就是稿件被采用的希望很小。

在市场学三大思维里面，有一个“内向思维”，就是发现我的产品不适销对路，思考的路线是向内而不是向外。向内，就要寻找自己的产品到底哪儿出了问题，而受到市场的冷遇。时评写作者投稿如果想实现把握市场需求精准发射，也需要内向思维。

在媒体收到的时评投稿中，刊用率一般都是很低的。一则投稿者很多，二则媒体用于时评的版面和节目时长有限，三则确实存在大量初入道、未入道的写作新手，来稿普遍水平不达标。仅仅一个《南京日报》新闻评论部，每天收到的电子来稿就达五六十篇。想想面向全国的《人民日报》《中国青年报》等，还有《南方周末》《南方都市报》《新京报》《北京青年报》等思想解放度大的媒体，它们每天能够提供的来论版面，只能容 3～8 篇。但各地时评写作者投稿，每家至少也得近百篇。如此一来，不用的投稿比例就会是一个很大的数字。那么问题来了，不被采用稿件的作者，如果不是内向思维，而是一味地怪罪媒体、怪罪编辑，只能带来恶性循环——不用、不用、不用，还是不用。为什么？他没找到不用的真正原因！2017 年 7 月 24 日，“妖精女王”徐某驾驶摩托车出事身亡，一家省级晚报三天内收到以这桩事实为由头的时评稿件高达 100 多篇。在出现突发事件或重大变故的情况下，时评投稿选题“撞衫”是经常发生的。媒体编辑只能择其一二发表。况且，还有一些敏感问题和话题根本就不允许触碰。作为投稿的作者，对媒体市场行情，应该学会观察、逐步了解、然后理解。如果两眼向内，思考自己作品存在的问题，经过改进，就有可能在下一次投稿时出现转机。

其实，投稿被采用的比例，从来都是逐渐提高的，先前总要花费大量功夫学习写作和熟悉并适应媒体要求。即使像鲁迅这样的大家，也是如此。研究资料显示，鲁迅曾经给 100 多家报刊投稿，数量高达上千篇，结果被 103 家报刊采用发表了 742 篇文章。他一生投稿最多的时期是 1933—1934 年之际，先后给《申报》“自由谈”、《申报月刊》投稿并发表了 142 篇文章。[①] 前期被毙掉的稿件比较多，后来上稿率就大大提高了。这是鲁迅，也是几乎所有写作者的成功之道。

既然时评写作者市场在媒体，时评写作者又必须以市场为导向。那么，就让我们来研究一下，如何把握市场的具体学问吧。

二 品读目标媒体刊载样本

时评写作者给某家新闻媒体投稿，不能不研究一下对象媒体的已刊载样本。从报纸版面、广播专题、电视播出、杂志文章等，推敲琢磨出媒体和编辑的口味和要求，

① 参见伍弱文 2016 年 6 月 4 日的新浪博客文章《鲁迅投稿趣事》。

尤其是“这一家”与其他家不一样的特色和喜好。当然，研究的基础，就是品读、收看、收听。

“品”和单纯地读，意义是完全不一样的。品茶、品酒，都是要在细细地抿、慢慢地咽之中，感受其中的滋味……品读目标媒体刊载时评的样本，也有同样的要求。不品出特性和规律，读了（收听了、收看了）也是白读。具体可以从以下方面入手。

其一，数量够多。

时评已刊载样本的阅读，看一篇，看一天是看不出名堂的。缺乏相当数量和时间长度，就无法准确把握甚至连体会目标媒体的要求和口味也做不到。因此，必须下很多功夫静下心来反复阅读、多多阅读。譬如笔者要向某家报社时评版投稿，就必须把这家报纸找来（现在网上都有电子版），仔仔细细看它个一二十天的内容，才能知道这家报纸的风格和时评特性。人的认识，无论如何都需要量的累积才能实现质的飞跃，想在短时间的观察中找到事物的内在特性，不太可能。

其二，咀嚼要细。

外行看热闹，内行看门道。时评写作者不是普通受众，他的阅读需要加上咀嚼，而且是反复咀嚼，在字里行间寻找“真金”，才能明白媒体的需求。比如你要给南京电台时评专题节目《马青时间》投稿，就不能像一般司机，开车途中打开收音机，边驾车边断断续续地听。咀嚼之意，在于含在嘴里细细嚼，反复体会、玩味方可。如果你咀嚼了《新京报》的时评专版，应该能发现这家报纸是不喜欢时评引进杂文写法的。你有道理直接明白晓畅地讲出来就好，只要事实靠谱、论据充分，能成一家之言。《新京报》已经刊发的稿件，没有过多的修辞和形象思维。这也是一种风格和要求啊！可是，如果粗粗地看、马虎地读，也不仔细思考那些发表在目标媒体上的时评究竟有什么好而被编辑相中，是不会对自己投稿有帮助的。

其三，联系宜广。

阅读还不能孤立，狭窄地看时评专版专栏有时候难以从大势上看清这家媒体的编辑方针和用稿风格。因此，还应该广泛阅读目标媒体的其他新闻。时评只是媒体中的一个板块，它是依托新闻本体而生存发展的。中国至今还没有诞生过一家以时评为唯一内容的传统新闻媒体（网站已有如中评网等）。尽管言论是媒体的旗帜，可把握一家媒体的思想解放度和感兴趣的选题方向，但是仅仅孤立地看言论，还难以全面把握。

于是，从多板块、多侧面来阅读收听收看，就成了时评投稿者需要投入精力的方面。

除了对“这家”媒体的多方面内容关注，还有相关媒体横向的联系阅读。在重大选题、热门选题面前，新闻单位不约而同争抢报道和评论，已是常见现象。投稿前，甚至是写稿前，横向多看多品，才能找到合适的“下口”之处。不但初学者如此，即使是成熟的时评写作者马少华先生也是如此。为了一个报纸选题，他是这样做的：“昨晚，我在网上下载了好多新闻与评论……早上我离家之前，连续看了北京地方三家报纸关于此案的报道——《京华时报》《北京晨报》和《新京报》，并且把它们放在一个临时的文件夹里保存了下来。”仅仅研究一家媒体的用稿风格，不但可能视野受限，而且可能产生错误的选题判断、错误的写法判断、错误的投稿方向判断。

其四，跟进要快。

每家媒体几乎都会在一年中改版几次，每次改版都有编辑方针的变动，时评的内容方向和写作风格也可能进行相应调整。时评写作者需要跟进变化，不能用老眼光做评估。一家媒体的变化标志是改版。报纸改版、电视改版、广播改版，都要调整、改变媒体版面或栏目内容、风格或者出版播放周期等。这个时候，快速跟进的作者投稿，就会被当作对受众和投稿者产生示范效应的典型，上稿的可能性加大。时评写作者应该及时抓住这个机遇。

二 分析媒体性质和口味

媒体性质总体上属于精神产品，同时具有商品特性。但具体说起来，每家媒体都有自己特定的性质。这种特定性质，造成了各自媒体刊发稿件的要求和口味的不同。

投稿对象的媒体，到底属于党报还是都市报、专业报，是中央媒体、地方媒体还是行业媒体，这个属性对时评定位非常重要。中央媒体的时评视角是广域的，它要面向全国甚至全世界受众，口径直接对准党中央国务院。不要说《人民日报》的“人民时评”“人民论坛”这些重头专栏的言论，只是三五百字的“今日谈”，几十年来发稿的选题都有一定的全国指导意义。如果以为那个“豆腐块”，是在大量来稿中随便找一篇文字不错的发表，那就低估了党中央机关报的政治胸襟。而地方媒体就会侧重属地范围的政治经济社会选题。写法上也要求尽可能具有地方特色，比如方言的使用、风俗的顾及（少数民族、宗教人群聚集地区）等。行业媒体总想凸显自己在这个专业领域里面的权威性，每遇时事中的事实需要评论，它的站位角度是比较特别的专业技术视角。在震惊全国的天津港大爆炸事件发生时，全国舆论热议纷纷。《中国化工报》2013年10月24日刊登的《“天津模式”护驾危化品安全经营》却用危化品经营摊点多，企业库存安全隐患大，运输车辆难以控制等非常专业的角度来分析这类隐患如何威胁着人口密集区的公共安全。

广播、电视、报纸、门户网站、杂志，它们之间的用稿趋向有很大不同。分清它们之间的区别，可以按照不同类型媒体平台，以不同方法进行写作投稿。作者不可能写一篇稿，对各种媒体统统适用。本书已经在前面章节详细分析过传统媒体和新媒体不同平台、传统媒体内部不同介质的媒体各自的表达特点和时评写作要求。时评写作者投稿前应该把这些列入考虑的范畴。

要特别注意目标媒体的思想倾向，总体上是保守的还是前卫的，是大众化口味还是走精英路线，这对投稿基调把握有导向作用。在中国媒体的思想开放度上，客观存在着三种情况，中间状态的最多，两头的很少，大概就像橄榄形。而中间状态的那些媒体，对时评的重视度一般较低。时评写作者投稿给这类媒体，很大程度上囿于版面、时段，稿件很难得到采用。即使你的投稿被采用，也可能削足适履到面目全非的地步，至少写作者的个性得不到张扬。那么，橄榄形两端的媒体，就要特别注意研究它的思想倾向。有人用左和右来辨别，也有人用开放和保守来形容，还有人用新锐和传统来标识。总之，两者的价值观大相径庭、差异很大。但这两种媒体，对时评的重视度都很不一般，主要显示在容纳量大，对外来投稿需求多。当然，还显示在质的要求标准较高。它们共同的特征，则是对相对立的时评观点，容纳的尺度有限，大有道不同不相为谋的感觉。如果写作者缺乏对它们思想定位的研究分析，把辛辛苦苦撰写的时评稿件投送给其中某一家“不对味”的媒体，稿子就有可能石沉大海。充其量，偶被选择性发表，还是作为负面的“靶子”，成了编辑组织驳论的对象。

媒体特别喜欢就自己所发表的新闻进行“二度开发”。因此，要关注目标媒体最新的独家、热点、焦点新闻，并以此为由头写作时评，进行投稿。换句话说，时评写作者尽可能在评论由头上使用投稿对象媒体所刊发的新闻。还有，时评中如果使用事实论据，能从刊发媒体上找到依据最好。因为这种操作，会因新闻“二度开发”而使媒体引人关注。在这里要强调，我们所说的“二度开发”的新闻，绝不是各家媒体上都有的新华社通稿，也不是大多数媒体跟风报道的事件和人物，而是真正够得上独家的热点焦点报道。

三

揣摩写作特色与要求

投稿对象媒体究竟是什么口味？这个里面写作特色和要求很重要很突出。口味，是人对味道的偏爱。江浙人口味偏鲜甜，川湘人口味重酸辣，北方人口味偏咸，并嗜葱蒜，闽粤口味偏清淡，皆因地区、气候、物产及风俗习惯的不同。因此，调味必须根据饮食者的爱好来确定口味。那么，时评写作者给媒体投稿权当做菜喂食，不看对象胡乱端上一盘麻辣烫，是不会有好效果的。

投稿媒体的写作特色和要求的口味，如何分析把握呢？

（1）选题——和媒体地位相一致。

千万不要把时评选题排斥在写作考量的范畴之外，这其实是第一位、最重要的导向标。媒体在长期的实践中，编辑在习惯性关注重点中，会形成对时评选题的侧重或偏好。如南京的《金陵晚报》，就喜欢盯着地域化生活类选题发时评。同在一城，《现代快报》的时评选题则关注全国、关注大事要事。这是两种截然不同的口味，投稿者不能不分清。即使《南方周末》《南方都市报》和《新京报》之间的选题偏好，也是有差异的。《新京报》时评对当地新闻事件的主动介入程度、舆论监督烈度，某种程度上是超过《南方周末》的。如“关于圆明园湖底防渗工程”的系列评论，这种完全针对本地的强烈批评性选题，《南方周末》是鲜有触及的。业界早有人总结说，《南方周末》负面报道和评论很厉害，可是它们总是“远攻近交”，有点儿“灯下黑”的味道，遑论用 12 篇系列评论，排炮猛轰。或许，《南方周末》出于创造宽松的媒体生态环境考虑，也未尝不是一种策略。而且，《南方周末》还可以说，自己早已是全国性主流大报，有相当的影响力。否则，奥巴马总统到中国来访问的时候，也不可能专门选择这家报纸的记者来北京做独家专访。因此，选题和媒体地位相一致，一般也是写作特色与要求的反映。对投稿者来说，不能不搞清楚它们各自不同的口味。

此外，有的媒体对时评选题的时效性有明确要求，有的媒体对时评选题的地域性有严格限定。投稿者不能不考虑，切勿盲目投稿。

（2）针对——和受众对象相一致。

写作特色是媒体形成自己独有风格的基本要素。时评写作者要看它属于一本正经说理型，还是幽默辛辣曲笔型，抑或属于两者兼容型？你给《人民日报》投稿，就得板板正正说道理，而且一定要把论证、论据弄得严丝合缝。像王朔、李承鹏那种时评写作风格，不要说观点立论，只是论述风格关就过不了。能把高尚的理论和主张讲清楚讲透彻，其实要有相当的思想表达功夫才行。换个媒体对象，如果谁给新浪时评专栏投稿，写得正襟危坐高大上，即使观点立论都没有漏洞，被选中的可能也微乎其微。原因在不同的媒体有不同的受众对象。《人民日报》主要受众群是党政机关企事业单位的工作人员，新浪时评专栏的主要受众对象是广大网民。虽然，网民中也包含着党政机关企事业单位的工作人员，但他们在这里毕竟是少数。所以，投稿还要“看菜吃饭”“量体裁衣”“到什么山上唱什么歌”。

（3）深度——和主题效果相一致。

深度虽然暗含在时评的思想之中，但外在可把握的明显标志是篇幅长度的容纳量。《人民日报》“今日谈”创办几十年，从来没有标榜过它的思想深度。2014 年 6 月 16 日，是该栏目的 34 岁生日。该报在头版发表“征稿启事”，是这么自我介绍的：

> 34 个春秋，这个位居一版的小小“绿地”，在编辑、作者、读者的精心耕耘下，深受广大群众喜爱。从中央领导、文化名人，到基层干部、工农学生，无数读者成为作者，为“今日谈”撰文写稿。多元群体、多样话题、多彩表达，使这块“绿地”始终拥有深厚的土壤，释放出旺盛的生命力。

为什么它不是以深度著称呢？篇幅所限，该报时评编辑已经公开发话：坚持三四百字的短小篇幅，是这个栏目不变的风格。

所投稿件篇幅一般在刊发样本基础上略微超出，但不能毫无限制。给这家媒体的稿件，到底是长还是短，要比照要对应。遇有主题特别重大的，可以考虑瞄准别的栏目、别的媒体投稿。

（4）语言——和身份文化相一致。

时评语言风格，一般和媒体定位大体一致。你要揣摩体现在它众多刊发样本中的基本套路，照它的样子来，至少不要对着干才行。语言是时评立论的翅膀，怎么样能把自己的思想表达得真切，要靠相称的语言做基石。时评语言一般分为平实质朴型、含蓄隽永型、清新雅致型、幽默生动型四种。《人民日报》的所有时评栏目，基本都是平实质朴型的语言风格。它不需要华丽的语言，如果用这种语言写出的稿件投给它，采用概率小。《中国青年报》几个时评栏目，不喜欢新华体、社论体语言的写作。如果用这种语言写出的稿件投给它们，结果可想而知。这是和每个媒体不同的身份文化相对应的，青年人有青年人喜欢的语言氛围，领导者有领导者习惯的语言风格。投稿者要看清了再下手，不要盲目乱投，更不要“一锅煮”。

四

几家主流媒体时评介绍

《新京报》：坚持许多年的时评重推办报理念，在每天二、三两版设评论对页。社论版内含社论、观察家、社论批评、读者来信和更正说明。反映不同主体、不同层次、不同视角，甚至不同意见观点的文章共聚一堂。时事评论版主要有来论、一家之言等栏目。它的稿件基本上都是从来稿库中精选的。该报作者群庞大，有几百个写手经常投稿或被约稿。其中主要有两部分，一部分是高端精英，含职业传媒人、高校和研究机构教授专家、法律界人士、公职人员等，另一部分是庞大的时评自由撰稿人。前一类作者的写稿发稿方向，是该报社论版的“观察家”专栏，偶有选题纳入社论，约稿较多。后一类作者稿件主要在时事评论版处理。该报论理爱好平心静气，反对主观意气和杂文写法。《新京报》评论部主编王爱军曾经亲口表述过，本报时评的选稿标准主要是：第一，它一定是新闻的，依托于最新发生的、老百姓关注的热点新闻事实。第二，它是有独特价值的，所反映的观点是最新的，别人没有表达过的。第三，它是更准确的，有建设性的。[①] 该报拒绝杂文和随笔，不欢迎尖酸挖苦、冷嘲热讽的文章。

《南方都市报》：时评版基本每天两个（社论、来论和个论）。社评版包括本报社评和观察家，社论由本报评论员撰写，社论选题侧重公共性、重大性与相关性。有全国关注度的新闻、中央部委的政策意见以及广东广州本地的重要议题，是社论选题的重点。根据《南方都市报》评论部主任刘文凯的介绍，一般来说，该报会摈弃舆论已经展开充分讨论的选题，本报近期已经做出社论发言而又没有选择到新角度的选题，以及明显敏感的政治经济选题。[②] 观察家专栏另外特邀专家写手撰稿。“众论”过去长期是一个整版，和社论版对页，“力求打造一个充满民主气氛的‘思想圆桌会议’，让每一个有价值的思想能够发出声音”（该报新年献词）。现在已经合到社评版中，用稿量大大缩小，采用公众投稿。个论版全是特约时评写作者专供的稿件，每个人会相对固定选题方向和发表时段。写作者主要集中在高校，其次是媒体的资深人员，以及一些行业相关的研究机构人员和部分独立知识分子。它是一种精英发言模式，属于职业化操作。选题尖锐，时效性强，批评视角较多。该报思想解放力度大，认同普世价值观，赞成“若批评不自由，则赞美无意义”的思想理念。

《北京青年报》：每天第二版有整版“每日评论”，对开窄报因不带任何广告而显得容量较大。该报评论属于媒体中观点层次比较全的，高中低端都有表达空间，不像《南方都市报》近年走精英路线。“今日社评”相当于一般媒体的社论，基本每天有，几位本报评论员轮流执笔。每天言论版左侧长条为专家学者和职业媒体人等时评高手文章，这部分讲究深度高度，所以，选题的时效性并不太强。接下来大块版面就是从每天大约100篇投稿中选择来刊登的，对新闻由头的新鲜度有要求。《北京青年报》评论部主任张天蔚曾说，编辑会先看标题、看议题是否具有公共性、全国性，是不是符合国家的政策；然后看是不是标准的评论文体；再就是要有独到的观点而不是泛泛而谈，通篇写“正确的废话”的文章不要。还有就是如果遇到非主流观点和立场的文章，确实言之成理，就会选择大致相称的对立平衡文章一道发表。[③]《北京青年报》言论相

① 马少华，刘洪珍．新闻评论案例教程．北京：中国人民大学出版社，2008.
② 马少华，刘洪珍．新闻评论案例教程．北京：中国人民大学出版社，2008.
③ 马少华，刘洪珍．新闻评论案例教程．北京：中国人民大学出版社，2008.

对比较倾向于中等文化和收入人群能接受的观点立场和语言。

《中国青年报》：时评版面主要集中在“青年话题”专版，以前声名显赫的“冰点时评”现已纳入该版。专版时评的选题分为两大块：大众共通话题、青年专属话题。为了彰显“公民写作”的理念，该报并没有像其他同行竞争对手那样设立社论、精英评论等专栏，没有刻意追求写作者队伍的“梯形结构”，专业和草根表达都有很大的空间。专版时评内分五大板块：冰点时评、不同观点、校园来信、百姓说话、域外之音。其话题方向覆盖政治、经济、文化、社会诸方面。其中，较多使用时评写作者来稿的是大众共通话题。其切入和分析，侧重抓住现象深入追问，借由事件分析心态，坚持理性分析。青年专属话题，含学习性话题、恋爱性话题、工作性话题。要求结合当前热点引导、通过传播知识引导、借助青年人物引导。该报时评忌讳端着架子打官腔、空话套话堆砌的文字。语言风格上欢迎浅白、尖锐、幽默等，不拘一格。①

第二节 稿件自身需要把几关

时评投稿的把关问题，初学者总会认为，反正有媒体编辑帮我做“守门员”。也有一些已上道的写作者，对事实和言语口径的自审比较马虎粗心，以为发表前媒体编辑会替他把住关。这类不负责任的想法，往往导致两种后果。一种是因为存在明显硬伤，而被媒体编辑“枪毙”，一种就是混过去了公开发表，结果导致新闻纷争或其他严重后果。

“触媒”就要具备把关意识，这是责任使然、安全使然、社会效果使然。为什么传统媒体在与新媒体竞争中还保留着一定的优势？一个重要原因就是它的把关严密，所发表的新闻信息包括时评观点信息，具有权威性。而网络海量信息缺乏职业岗位的“守门员”，把关缺失导致可靠性差，受众的信任度不高。当然，新媒体言论的体量太大，逐一“前审把关”根本无法想象。现在只能在出现问题或反映投诉后，倒查反审、

① 张雨.《中国青年报》时评研究：以青年话题为重点.桂林：广西师范学院，2013.

事后追究。时评投稿者，首先需要在思想认识上学习新闻从业人员那种高度的责任心。你的稿件出了问题，编辑即使火眼金睛看出来了，没导致严重后果，也浪费了媒体宝贵的编辑精力和资源。

投稿就要拥有自审自觉。每一篇稿件发出前，作者理应站在媒体编辑和受众角度，严格审查自己的作品是否存在从事实到观点再到论述方面的问题。这种自审，一般分为四个环节。一是质疑，对那些含糊不清的来源出处、表达有歧义的说法和理由、当前尚有争议的话题焦点、新生事物新鲜人物，写作者要刻意用反向的眼光质疑一二三，看看自己的作品能不能自圆其说，能不能解疑释惑。二是细读，无论如何要对即将发出的稿件，反复仔细读几遍。多读，就有可能发现破绽。多读，就有可能找到软肋。这是许多时评写作高手的经验之谈。虽然现在各家媒体要求时评追求时效性，但时效毕竟是真实、正确的翅膀，事实主体有任何硬伤，翅膀都是飞不起来的。况且，抢时间争速度也不能急这一会儿，这个短暂时间不静下心来查错，发表之后就会追悔莫及。三是核对，时评文中涉及的重要引论、关键数据、人名地名、外语翻译等，一定要找到出处认真审核查对、仔细比较。发现微小差异，都必须立即纠正，而不能以差不多的态度宽容自己。四是查证，对没有明确来源的事实、孤证的事实、争议性的事实，一定要找到权威消息出处，或者可以采取其他媒体、其他事实进行旁证、佐证。尤其是现在媒体竞争激烈，有的新闻抢先发布，尚未看清事实全貌，非常容易发生错判。马克思在论述“报刊的有机运动”时说过，新闻是一个动态的过程，记者只能逐渐逼近事实。因此，有的新闻最早被人们发现时，可能只是外表甚至是虚假的外表。未经查证写出的时评，基石坍塌肯定满盘皆输。建立在可靠事实基础之上的观点分析，才能站得住脚。

写作就要学会严于律己。对即将发出的稿件把关，不但不能宽容，甚至严格还不够，越是高手越是几近达到严苛的程度。“文章乃经国之大业、不朽之盛事”（《典论·论文》），它要传至久远，写作者应该爱惜自己的羽毛。马少华曾经著文讲过为了一篇投稿给《北京青年报》的时评，他从早到晚为确定选题反复推敲。晚上来了灵感后一下子写到零点。但稿子“长了，1 700 多字了。凌晨 4 点又被想法催醒，那是把第一段的叙事写得更为精简的想法，又爬起来写，从 1 700 字删减到 1 400 多字……我把第一段的叙事的原稿与删改稿放在一起对比。最后头痛的问题，就是删改了，要考虑哪些是真正得保留的，哪些是可以放弃的……没有删不动的文章，只有删不好的文章。一般来说，自己删是最好的。实际上，往往一句话一句话地删，一个词一个词地删，也能删出一百多字来”。马少华做过多年《中国青年报》言论版编辑，又是中国人民大学专教新闻评论的教授，尚且这么严苛地对待已经写好的时评，我们一般写作者应该怎样呢？时评写作中，除了大的政治立场等问题，大量容易被忽视的逻辑破绽、用词用语方面侵权问题也要引起重视。这是牵涉到时评论证成立不成立、发表之后是否会引来新闻官司的问题。

一

引述事实一定要靠谱

时评的新闻由头和作为论据的事实，如果虚假失实，则整个文章根基坍塌矣！而且，它还可能引发新闻纷争，导致新闻官司缠身。

（1）失实——与客观实际、事实本来面貌不相符合，其中含主干失实和枝节不准两种情况。

确认是否失实的标准，就是看叙述事实中的新闻六要素是否存在？即新闻的 5 个 W 和 1 个 H。如果全不存在，当然就是非常恶劣的假新闻，存在诽谤的嫌疑。如果其中有两三个要件不实，也基本可以确认是报道虚假。如果只是一个要素不实怎么算呢？要看这个要素在整个新闻中所占的分量如何。比如，2017 年 6 月某日，李岚清同志将 161 方篆刻作品、2 件书法作品、26 箱图册和有关资料全部捐给西泠印社。时评引述的这件事实，如果把时间提前或推后了 2 天，这当然是失实了，但由于在这篇新闻中时间的重要性并不显著，分量不重，因此属于枝节不准。换一个新闻，说我国“神舟十一号”飞船，2016 年 10 月 17 日 7 时 30 分在酒泉卫星发射中心成功升天。如果时评引述的事实，把时间弄成了 2016 年 10 月 17 日 7 时 31 分，虽然只有 1 分钟之差，也属于主干失实。因为这个时间要素在整个事实中的分量是举足轻重的。

新闻失实主要表现在五个方面：无中生有，凭空捏造；添枝加叶，层层拔高；要件残缺，隐瞒事实；偷梁换柱，移花接木；牵强附会，因果不符。

（2）无源——评论引用的是写作者自己凭空想象的“无源新闻”。这种情况比较多出现在评论者推出的事实论据之中。

时评的切入由头出现无源新闻的概率较小，因为写作者产生论的冲动必须是确确实实的新闻报道或写作者自己的耳闻目睹。而在论证过程中需要用到事实论据时，以头脑里面的印象甚至想象，设想出甚至完全就是杜撰出新闻的情况较为多见。“千年木乃伊出土怀孕”“美国医生操刀换人头”“一男子游悉尼因好色两肾被偷”等匪夷所思的假新闻，就是有人完全想象出来的。在对体育、娱乐圈的球星、歌星、影星的报道中，更有第一天报道，第二天辟谣或更正，第三天吵吵嚷嚷要诉诸法律的情况，实在是真假难辨。还有一种新闻，似有似无。写时评中急于成篇，写作者没有认真寻找真正的来源，结果发表以后受到质疑，自己也拿不出根据。法律和新闻纪律都确定，无据事实就是假新闻。

（3）难证——互联网或其他渠道道听途说的新闻由头，无法证实也难以证伪，这会产生典型的不靠谱评析。时评的新闻由头，不一定非要报纸广播电视上报道过的新闻，新媒体（含自媒体）报道的新闻、人们自己的亲身经历等，也可以当作时评的切入材料。可是，在评论性文章引用假新闻，作者是否担责面前，法律判定有一个重要界限，就是所有传统媒体报道过的事实，第三方评论引用无论是真是假，评者免责。因为，作为评论，它不承担对权威消息源报道核实真假的责任。传统媒体就是权威消息源，而新媒体（含自媒体）不属于权威消息源。因此，如果时评写作者使用后一种平台上的消息，一旦新闻失实，造成的原告名誉权受损，被告必须承担全责。如果是作者本人弄错了新闻要素，那就更要自尝苦果了。总结一下：传统媒体公开的报道，无须时评写作者证实。其他渠道的新闻引用一定要求证。而互联网和移动客户端上的海量信息往往是很难求证的。你既不能证实也不能证伪，那就不要在时评中使用这些无把握的由头。当然，如果时评写作者自己能有很强的判断能力，对此类新闻由头有办法确证敢于担责，那么就大胆用好了。

二

政治立场不要站错位

时评中的把关，至关重要的是政治立场关，千万不要站错队。现在，有些在网上议论党和国家大政方针，评点历史人物是非功过的时评，言论过于出格导致非常严重的后果，是值得警示的。

政治立场的内涵非常丰富，各个时期还有各个时期的具体要求。就时评写作来讲，以下这些方面的“高压线”不能触碰，是为忠告！

其一，党和国家的路线方针和政策，不质疑不挑战。

时事评论不是不能议论国家政治，但作为公开发表的出版物，非议、质疑、挑战的态度是主流舆论管理上所不允许的。党员可以依据党章，通过党内渠道，向上反映自己的意见看法。公民可以依据《宪法》，通过合法程序，表达自己的观点建议。在任何媒体平台上发表评论，涉及这些内容，就一定要极其慎重。哪怕只是包含在字里行间的判断、语句、引文等，出现禁忌就要毫不犹疑地舍去。写时评的人有的也不是成心与党和国家对着干，只是一时写得“发昏”，自以为秉笔写春秋，结果导致翻船。这不是智者所为。

其二，涉及宗教的意识形态和人物场所，不亵渎不侮辱。

宗教的意识形态属性非常突出，早在马列主义诞生之前，在西方所谓“普世价值”之前，宗教已经是意识形态的主旋律。因此，时事评论谈及宗教，必须小心谨慎，万勿铤而走险！法国《查理周刊》杂志社枪击案，导致 10 名记者 2 名警察身亡，根源就是 2012 年 9 月该杂志发表了数幅影射伊斯兰教先知穆罕默德的漫画。时评应当对宗教有必要的尊重，任何态度上或语言上甚至个别用词上，亵渎与侮辱都是违禁的。

其三，军队的重要负面新闻，不随意评论不跟风炒作。

请注意“不随意”三个字，就是那些未经权威媒体公开报道的军队负面新闻，如互联网上传播的涉军“小道消息”，不得妄评。

其四，民族之间的矛盾冲突，不渲染不介入。

中国是个多民族的国家，民族之间的和谐氛围建设，事关国家兴亡人民幸福。时评对此类人际或族群之间的矛盾，一般不要炒作评论。介入不妥，渲染更是火种。聪明的作者，遇到这类选题，是会绕道而行的。

其五，有特殊背景的群体性事件，不擅自评说不火上浇油。

当今社会矛盾纷繁复杂，群众维权意识大为提高。有的群体性事件发生，具有合理诉求，有的是别有用心者的策动。但无论哪一种，群体性事件毕竟是一种可能引发危害社会治安的非法集体活动，一种危机性社会事件。媒体评论稍有不当，就有可能火上浇油，要么激化矛盾，要么成为矛盾进攻的对象。浙江某市 PX 事件，就出现成千上万人到党报大厦前游行示威的场面。一般遇有这类选题，时评写作者没有弄清明确指令，不要擅自“开火”。

其六，外交事务中的问题，不偏离国家口径不自立口号主张。

周总理说过：“外交无小事。”今天的公民，当然可以对国家所有大事，也包括外交，表达自己的意见看法。可是，一旦上了媒体公开发表，态度就不能偏离国家基本口径。就说印度军队 2017 年 7 月越界进入中国洞朗地区，外交部确认的口径是“越界进入”，写时评就不能说“侵犯”“入侵”，更不能主张“消灭侵略者”。G20 杭州峰会，奥巴马的专机刚落地，在机场就发生赖斯和中国安保人员争吵的情形。外交部门对此是淡化处理，时评就不可以放大炒作。

其七，涉密领域的新闻，不在传统媒体报道之前评说。

媒体平台尤其是互联网上的泄密情况，现在很严重。有的是以资讯发布的形态出现的，有的是评论评价的文章里面内含的。时评引述的新闻事实，涉及国家秘密或商业机密，可能会产生写作者自己意想不到的后果。如美国资深战地记者比得·阿内特在伊拉克国家电视台发表对美伊战争的评价观点中就涉嫌泄密，先后被美国国家广播公司（NBC）和美国国家地理探索频道炒了鱿鱼。我国也有在经济评论中泄露国家利率调整重大信息机密而铸成大错的。所以，涉密内容信息，一定要等传统媒体公开报道后，再行评论。

其八，重特大事故和恶性案件，不随意定性定调。

近年来，各地重特大事故和恶性案件，正呈高发态势。根据国务院有关文件规定，造成 10～29 人死亡，或者 50～99 人重伤，或者 5 000 万元以上 1 亿元以下直接经济损失的，为重大事故。在此之上的属于特大事故。恶性案件的定义尚不明确，但根据《公安机关办理刑事案件程序规定》推论，它是指犯罪手段残忍、性质恶劣，在全省乃至全国范围造成影响的刑事案件。一旦遇有此类新闻由头需要评论，对其定性须遵照权威部门口径，时评写作者自己不能随意加之。无论是定重了还是定轻了，都可能会对某些单位和群体特别是受害方造成新的伤害。

三

逻辑推理防止有硬伤

时评要论证一个观点正确还是错误，无法绕过逻辑这个坎儿。所有的推理结果和推理过程，都要严格遵守逻辑的基本规律，逆逻辑而动的论述，很快会招致批驳。所以，投稿把关，不能不自检这方面有没有漏洞硬伤。

时评中常见的逻辑错误，大概有以下几种类型。

其一，混淆或偷换概念。

在论证中把不同的概念当作同一概念来使用。在时评论证中把两种不同的概念当作同一概念来使用，犯的是混淆概念的错误。诡辩术最常用的招数就是这个，它要么利用同一语词在不同的意义上使用，要么利用两个语词在语义上的相似或部分相同，来达到混淆概念的目的。混淆和偷换两者的区别，就在于一个有主观上的故意，一个是无意中所犯的错误，非故意的狡辩。

例如，特朗普竞选演讲时鼓噪天赋人权，我们要平等要自由，我们要让美国再次变得伟大……所以你们要选我当总统。这是把省略号前面那么多大概念和选我当总统等同起来，显然是错误的。

其二，判断非黑即白。

在逻辑学上它称为“假的二难选择”，是指以选言和假言陈述为前提进行推理时所产生的非此即彼的谬误。换句通俗的话说，就是为多于一个答案的问题提供不足（通常两个）的选择，即是隐藏了一些选择。

例如，如果你认为石油是污染物，那么你烧煤或木头试试看？它的错误在于，把石油和煤炭、木头看作世间唯一可选择的一对，非甲即乙。为什么不可以考虑使用其他如天然气、太阳能或风能等能源呢？

其三，类比或者类推不当。

世界上任何类比都是瘸腿的，它的结论是或然而非必然。也就是说存在着假的可能，因为两个相似事物之间，还存在着某些差异。所以，以两个类似事物某些地方的相似，而推出它们在其他地方仍相似的结论，就不具备必然性。它的错误包括“机械类比”和“荒唐类比”两种。

例如，2015年，新浪微博上有一句这样的话，曾经一度很火：“人的眼睛有5.76亿像素，却终究看不懂人心。”它的错误在于，人的肉眼看东西是一种图像处理，而世间看懂人心是一种心理认知活动，属于心理学的范畴。图像处理学与心理学是两个完全不同的学科，没有可比性，不能如此使用类比推理。我们再来看看荒唐类比的例子。消费者：“老板，您这牛肉面没牛肉啊？”老板：“这很正常呀，你看到夫妻肺片里边有夫妻吗？老婆饼里边有老婆啊？土匪鸭里边有土匪吗？”这种类推错误具有一定的恶意成分。

其四，因果倒置。

在两件高度相关的事物中，原因和结果之间的关系被颠倒了，把原因误认为是结果，或把结果误认为是原因。

例如，因为“爱之深，责之切”，所以“爱国就是批判这个国家的一切错误，骂得越狠就越爱国”。这里的错误在于把“批评”这个结果错置成了“原因”，把“爱国”这个原因误认为“结果”。从逻辑上分析，这话根本就不能成立。否则，谁骂得凶，谁就是真正的爱国者了。

其五，强拉因果。

事情的“果”和“因”之间，不存在可推的必然关系，硬扯强拉导致荒谬。

例如，北京污染如此严重，家庭油烟排放是元凶之一。其错误在于家庭油烟排放今天和过去都是差不多的，怎么可以把今天的城市污染归咎于它呢？

其六，稻草人谬误。

先树一个根本就不存在的虚假对象，然后去攻击它，就像堂吉诃德大战风车一样。

例如，小布什对新闻记者说：伊拉克藏有大规模杀伤性武器，所以我们为了美国利益和世界安宁，要发动这场战争……美国国防部长拉姆斯菲尔德随后也对这场战争的原因和目的作了大致相同的表示。其错误在于他们所讨伐的理由，完全是美国自己臆造出来的。

其七，小众统计。

用那些概率不大的局部数据、小范围事物数据、偶发的事件数据等来概论大范围甚至一切的问题和事物。

例如，我的父母抽了一辈子香烟，但他们从未患过癌症等大病。谁说北京污染严重降低人们寿命？仅仅一个东城区，百岁老人就有18个呢！以上两个例子，都是以小众统计来作大概率结论，这是完全站不住脚的。

其八，诉诸无知。

世界上总有人们尚未知晓的事，不能因为无知而否定其存在，所以只能选择必然肯定。反之亦然。

例如，谁能用确切的证明告诉我，外星人是不存在的？因此，外星人一定是存在的。没有人能证明鬼不存在，那么鬼肯定存在。其错误在于世界上总有些事是既不能否定也不能肯定的。除了这两者，我们还可以选择存疑吧。不能因为无知而必须断定什么。

逻辑错误还有许多，把关当需注意，如全知论据、不良后果论据、恐吓论据、群众论据、循环论证、确认性偏见、错误二分法、不当结论、滑坡谬误、片面辩护、你我皆错、复合结果等。

四

用词用语万勿侵权

时评表达的是非判断和喜恶情感非常明显，其间饱含了写作者的价值观判断。根据《中华人民共和国宪法》，公民享有的言论自由就包括依法评论的自由。你可以不同意我的观点，但是，我们彼此都要尊重对方表达的权利。这不仅适用在个人与团体之间、公民与法人之间、庶民与权贵之间、贫困户与大款之间、文盲与教授之间、年轻人与老者之间，也适用中国人与外国人之间、少数民族与汉族之间、有宗教信仰者和无神论者之间等。

不过，时评观点的自由表达，是建立在不侵权的前提之下的。侵权即不自由，为什么？被侵权方会展开交涉，引发与发表媒体和原作者之间的新闻纷争，还有许多直接导致新闻官司。这是投稿者必须注意防范的，自检要检查相关内容。

有可能触犯民事诉讼侵权条款的常见评论错误，一般有：

(1) 侮辱他人人格，就是对某个人的尊严、名誉、价值，或者是道德品质进行怀疑或者攻击，是比较严重的精神损害行为。如周立波跟人论辩，许多用词用语显然侵权：讽刺徐峥是“扮猪挺像，扮人挺囧”。评王小帅是“我的无知比不过你的无耻！靠自恋就想吸引观众。”“回击”同济教授张生是“有教无养，同济耻辱!”侮辱网民是“网络是一个泄‘私粪’的地方，当‘私粪’达到一定量的时候，就会变成‘公粪’，那么，网络也就是实际意义上的公共厕所!”

时评中的侮辱，往往是在一句话、一个用词之间。书面语言中有许多禁忌，写好稿件投出去之前应该查一查有无犯忌。如：将腿部残疾人称为“瘸子”，将盲人称为“瞎子”，将聋哑人称为“聋子”“哑巴”，将精神病患者称为“疯子”，将智力障碍者称为“傻子”“呆子”“弱智”，将酒吧歌手称为“卖艺小姐”，将残疾人统称为“残废人”，将未经法院审判的犯罪嫌疑人称作“罪犯”（即使已被警方现场抓捕、本人供认不讳的当事人，也不能使用），将回族人称为“蛮子”“教门”，用“蒙古大夫”指代庸医（这是把古代名称与现代名称混淆），将穆斯林宰牛羊及家禽错误地写作“杀”。凡此种种，都是时评中的禁忌。

(2) 侵犯公民隐私。隐私是指自然人享有的私人生活安宁与私人信息、私人活动和私人空间不被他人非法侵扰、知悉、收集、利用和公开的一项人格权。这一条错误特别容易出现在网络之上，过去没有实现网络实名制登记前，比较普遍。时评写作者用“人肉”出的资料进行评判，随意拉出他人隐私说三道四，都会导致侵权后果。尤其是时评的新闻由头，属于作者自已耳闻目睹亲身经历这类情况时，发生直接而非间接侵权的危险性加大。即使是公众人物，他们的个人信息只要与“公共利益”和公众“合理兴趣”无关，都受到隐私权保护。

(3) 动辄扣政治帽子。国家和人民，都处在政治环境之中，这是一个事实。时评也不能完全脱离政治谈观点。可是，政治是牵动社会全体成员的利益并支配其行为的社会力量，一般是指政府、政党等治理国家的行为。马克思在论述经济基础和上层建筑时，对此有明确的定义。时评写作者只能在需要时，运用政治观点分析问题提出“管见”，而不能驾驭政治，以标签、咒骂或斗争法进行人身攻击。那是一种给予观点对立方沉重打击并置之死地的政治流氓战法，非科学理性论者的正常论辩。可是，由于我国几十年社会政治运动的影响，至今还有很多人在写作时事评论时，自觉不自觉留有扣政治帽子的习惯。北京大学某教授对批评他七律诗的外校学生骂道：“驴唇不对马嘴……你就是个狗汉奸……”法院一审认定其败诉，判其道歉并赔偿精神抚慰金。此类情况，仍不罕见。例如：讲美国二战时期的好话，就冠以“带路党”。思想保守，就冠以“封建余孽”。自杀身亡，就冠以“自绝于党、自绝于人民”。喜欢三四十年代的生活，就冠以“妄图变天”。帮外企老板打理中国企业，就冠以“买办或资本家的乏走狗”。农村封建活动被揭露，就冠以“巫婆”“神汉”。崇尚礼法热爱复古，就冠以“孔老二的孝子贤孙”。学术权威冠以“学阀”，大腕演员冠以“戏霸”……这种思想路线和写作文风，其实是人们深恶痛绝的。投稿中如发现这类政治帽子，要赶紧删掉改掉。

（4）评析用语过激。时评中表达是非臧否的判断，很多时候和事实陈述纠缠在一起。客观、理性，就成了一个基本要求。如果用词用语过激，就可能产生和被评对象的对抗性矛盾。有一篇记者述评，讲一位艺术家连续几部作品没有突破甚至被认为不成功，就说这位艺术家已江郎才尽了。“江郎才尽”既是述也是评，用在这里显得过激。在著名的“范增案”中，法院就以被告使用“逞能”“炫才露己”“虚伪”等贬损性词汇，认定被告侮辱了原告人格。虽然此判例社会异议很大，但《文汇报》的这个艺术评论涉案用词至少是过激的。过激，许多时候并非只是造句用词的不妥，它和时评写作者的思维习惯有关。因此，如果发现自己经常犯过激错误，就要反思一下是否思维方法存在过激惯性。

第三节 和编辑关系如何相处

投稿，一定会想到媒体编辑。任何一个时评写作者，无论已经成功的大佬还是初学的求入道者，都有过与编辑打交道及相处的经历。从媒体方角色看，编辑不啻为一个站在平台前的守门员。时评投稿要想过关，不通过编辑肯定是不可能的。中国和外国，迄今还没有哪家媒体使用电脑和机器人自动处理来稿的。于是，人与人关系相处的问题就成了一门艺术，和稿件有关，和人际交往的诚意与方法更有关。平心而论，与编辑的关系处理好了，在稿件质量差不多的情况下，他们一定是优先选择熟悉朋友的作品的。而且，在稿件处理的程度上，熟悉朋友的投稿也会得到更好的关照。这种关照，主要是给你回音、有个“说法”。这对于投稿者总结经验教训，发现长处短处，有重要指导意义。更多不熟悉的作者，其来稿被不明不白地判了“死刑”，到底怎么死掉的，长期弄不明白。

后来成了《南方周末》编委、评论部总监的郭光东，回忆起自己的成名作《国旗为谁而降》时提到，第一次写时评投稿苦等了半个多月无音讯。“沮丧之下，我想到了当时渐成气候并有杰出表现的‘冰点时评’栏目，或许《中国青年报》值得最后一搏。就这样，我的‘重大发现’在历经两个多月后公之于众了。”郭光东的幸运，来自他的这篇投稿本身，确实具有发现性和重要性。但作者入行以后，也不得不称道，编辑李大同不仅以过人的胆略和智谋发表了这篇评论，还以超人的勇气改了标题。这样一来，文章更有气势，传播效率因此大大提高，标题改动可谓一字千金。郭光东还记得，“先前我第一家投稿的报社编辑也打来电话说，当初也准备刊登的，只是后来一忙就不知把文稿放到什么地方了”①。从这桩典型案例可见，时评写作者有幸遇到责任心很强而且颇具慧眼的编辑，是不容易的。

和时评编辑相处，主要是求教学习的过程，而不要庸俗地理解为请客送礼拉关系。不相处，很难得到具体指导，你就一直在漫长的道路上摸黑求索。靠悟，靠自己的小聪明，靠“毙稿”数量的积累，是很难得到入门的“真经”的。至少这个过程浪费了大量的时间和精力。有不少时评写作爱好者，就被屡投不中的失败挫伤了信心，结果甩手不干了。笔者在报社担任时评编辑期间，坚持数年给投稿不用的每一位作者写信回复。对象既有外行，也有高手，更有正在入道门槛前徘徊的作者。可是，现在时评振兴带来的海量作者及稿件，使编辑无法做到一一回复。这就使和编辑相处的必要性更加凸显。不求照顾上稿，至少得到一些指教，少走弯路吧。

和编辑关系相处的学问，是现代公共关系范畴内的一支，它和庸俗关系学完全是两码事。时评写作者抱持一颗真诚求学的心，希望在正常稿件交往过程中，能让媒体

---

① 马少华，刘洪珍．新闻评论案例教程．北京：中国人民大学出版社，2008：32－33.

编辑感受自己的写作热情、水平状态、思维习惯、价值观判断以及做人的品格。它的主要桥梁就是稿件，它的基本目的就是得到指教以提高水平，能写出合格的稿件得以发表。而庸俗关系建立在市侩经验的基础上，其方法是权术和买卖，奉行的是“人不为己，天诛地灭”的信条，通过物质交换唯利是图。

在实际交往过程中，要想在成百上千作者中得到编辑关注，其实是很不容易的。仅仅靠真诚，往往并不能打动他们，更不要说得到他们的青睐了。虽然写作者做人的品质非常重要，可是真正起作用的还是投送的稿件。即使暂时不能发表，至少要有一道亮色、一线希望、一种潜力。这时，编辑老师就会被打动，要么帮你修改发表，要么给你提出批评意见。这两种都是“手把手”教你，前者可以让你在投稿和见报稿两相对比中看出自己的差距所在，后者可以让你清楚知道自己“不及格”的原因具体在哪儿，对以后的写作具有举一反三的启发作用。

与编辑相处，还可以在稿件的文字处理内外了解到编辑的思维和判断。良师益友，是时评写作者和编辑相处的最高境界。

一

经常投稿靠稿件结缘

时评投稿的直接处理人就是媒体编辑，所以，我们要和媒体编辑处好关系交好朋友。

跟编辑交朋友，时评写作者不要指望贿赂等歪门邪道打开通道，这可能遭到反弹，特别是陌生人之间，没到朋友的境界，不要搞任何物质交往，我们就靠稿件为纽带和桥梁。一是要经常投，太少或间隔长，很难留下印象。二是要上台阶，每次都有一点提高，及至亮点频出，你就入了编辑法眼啦！三是主动联系，不打电话至少在投稿邮件中附上一封说明信。慢慢地，你就能和编辑形成一定往来了。

（1）连得上：稿为媒——编辑需要来稿，稿件可以识人，文如其人。稿件是最直接、最靠谱、最有用的联系管道。媒体编辑是敞开双臂欢迎广大时评写作爱好者积极踊跃投稿的。因为，来稿选择面越宽广，沙里淘金的可能性就越大。尤其是新面孔，为与时俱进的媒体和编辑所关注。《新京报》评论部主编王爱军说："我从来稿里主要有这么几个收获：第一，会发现有前途的作者，我们会有意培养他。第二，我们会发现当天社会上人们关注的热点。假如50个人写一个话题，那我无论用什么方法，也要让第二天的版面上出现有关这个话题的评论。第三，可以从来稿中了解民意，了解对新闻事件公众是怎么看的。"① 由此可见，媒体编辑对稿件背后的作者，是满怀期待的。这既是他们的职业情怀，也是他们的工作需要。一支高水平、高质量的写作队伍，是优秀新闻媒体必备的社会资源，仅仅靠单位内部几个编辑操弄版面或节目，是不可能成为媒体中的佼佼者的。这种双向需求，决定了时评写作者通过稿件与媒体编辑打交道交朋友是最好的渠道。

（2）靠得住：稿件关系如君子之交，不像庸俗关系那样可以动摇。在新闻界，流传着许多由于稿件结识交友的佳话。许广平在回忆录中曾经提到鲁迅为了帮助投稿青年，逐字逐页地批改文稿，逐字逐句地校勘译稿，几乎费去其半生工夫。即使像后来成为文坛巨匠的茅盾等人，也都得到过鲁迅的帮助。为了校勘茅盾翻译的《一个青年的梦》，鲁迅不惜劳累，几乎耗费了整晚的时间。许钦文的处女作《故乡》，不但由鲁迅编定，而且还是他用自己《呐喊》的版税印成的。遇到好编辑，是作者一生的荣幸。因为《中国青年报》慧眼识珠在密密麻麻的来稿中，相中了《国旗为谁而降》，让时评写作初学者郭光东，走上了放弃博士所攻法学方向，专职报纸时评编辑之路。11年后，他到中国人民大学参加活动，提出的唯一要求就是一定要见当年引他上路的编辑老师马少华。一篇稿件，竟然可以维系作者和编辑之间这么多年的情谊。真乃君子之交淡如水！

（3）能助你：友谊促成双赢，编辑会在可用不可用之间推你一把。如郭光东的经历，优秀投稿作品成就了时评写作者，同时也提升了发表媒体的品位，这是一个双方都受益的过程。可是，问题是绝大多数投稿者水平还不达标，也就是没达到起码可以发表的水平。你或许就是其中之一，怎么办？在反复失败中继续往下写，绝不气馁，是支撑自己学习进步的精神支柱。《中国青年报》评论部主任冯雪梅谈到他们在选稿时会尽可能扩大作者面，一个新面孔一个老面孔，在文章质量差别不大的时候，就会选

① 马少华，刘洪珍．新闻评论案例教程．北京：中国人民大学出版社，2008：153.

用新面孔。同时，发现和培养作者。[①] 尤其是写作者所投的稿件，可用和不可用之间，坚持投稿会促使编辑帮你一把。

二

虚心求教敬请指导

每份稿件均附简短信，表达不吝指教和作者致谢的意思，这个做到不难吧。向编辑老师虚心求教，是一个捷径。在尚未认识编辑前，投稿时还要介绍自己的情况，如工作经历、文化学历、单位地区等，尽量让编辑了解你熟悉你。当你的真诚打动对方的时候，当你的作品具有一道亮色的时候，已经了解你的编辑，或许就会给你帮助和指导。

时评写作者向媒体编辑虚心求教，是给自己不断垒高进步的台阶。但囿于现在时评兴旺，来稿太多，如《北京青年报》每天收到的投稿就达 100 篇以上。编辑实在无暇给作者一一回复指导。但鉴于编辑也想培育自己高水平的写作队伍，一般会选择性地给一些作者写回复、给意见。投稿作者能不能得到编辑的帮助就要看你的稿件质量，再就是作者的沟通方法和心诚程度。

倘若没有收到编辑的回复，一定不要灰心丧气，坚持发稿件时附信求教。现在往来都是通过电子邮件，没有什么经济成本，只管写好了。编辑只要发现有潜力的作者、有亮色的稿件，定会心动的。

如有稿件侥幸发表，一定要给编辑老师写信致谢。有的写作者曾经总结：百发百中的时评，恐怕还没诞生，职业高手也会落空。业余水平也就是“空箭”的概率更大，那就只有不断地放，不断地求索，多箭齐发，必有一中。实际上，时评写作很不容易，“齐发”基本是做不到的，多发倒是有可能。5 篇不行就 10 篇，10 篇不行就 20 篇，只要持之以恒，总会有一箭射中的。所有刊登了的稿件，你都一定要仔细比对自己的原稿，看看到底编辑修改了哪些地方，为什么修改。这种认真揣摩，是成长上台阶的催

---

① 马少华，刘洪珍．新闻评论案例教程．北京：中国人民大学出版社，2008.

化剂，也是编辑指导你的最好方法。郭光东就是在自己的处女作发表之后，发现标题由原来的《被遗忘的法条》被编辑改成《国旗为谁而降》。他两相比对，感受到了编辑水平的高超。他提到写这篇评论时就已经估量到它的敏感性和政治风险，所以措辞较为谨慎，力图就事论事，以法论事。标题也尽量温和含蓄，用的是“被遗忘的法条”。现在看来，编辑李大同不仅以过人的胆略和智谋发表了这篇评论，还以超人的勇气改了标题。这样一来，文章更有气势，如他所说“白刀子进，红刀子出”，传播效率因此大大提高，标题的改动可谓一字千金。①

有心向编辑老师学习的时评写作者，不能没有悟的灵性和自觉性，要能够在有限篇幅和次数的来信回复中，在发表稿件和原稿比对中，感悟标准要求甚至这家媒体对稿件的基本口味。不要指望编辑可以为你开小灶，逐一详细讲解。所以，学习长进的关键，在写作者这儿。

三

登门拜访的最佳时机

在和编辑已经熟悉的情况下，有条件或有重要稿件可去编辑部接受耳提面命。当然，还要看路途远近以及编辑的空余时间。不在一个城市的有些困难，但是出差或旅游路过，是个机会也是个登门的由头。

中国的人际交往，对登门求教特别看重。诸葛亮隐于隆中，经不住刘备三顾茅庐真诚求教才出山。鲁迅曾经创办过《越铎日报》，主编过《萌芽》《前哨》《十字街头》《译文》，编辑过《国民新报》副刊、《莽原》周刊、《语丝》周刊、《奔流》杂志等，投稿者众、求学青年极多。可萧军、萧红、柔石等，得到的关爱更多更具体更细微。其重要原因之一，就是他们都曾登门拜访、当面求教。马云为了获得日本企业经营四圣之一的稻盛和夫的真经，专程登门拜访学习请教，感动了对方。

现在新闻媒体编辑，每天要处理的来稿和版面内容太多，有的时评编辑还承担着

---

① 马少华，刘洪珍．新闻评论案例教程．北京：中国人民大学出版社，2008．

很重的撰稿考核任务。所以，他们没有太多时间和精力用于和作者交道，投稿者也很少有登门求教的了。他们和编辑之间越来越显得是单纯的文字往来、供稿和用稿之间的工作关系。在这种情况下，靠作者自己揣摩上进，其过程是有些艰难的。很多时评写作者开始写时，劲头很大，满脑子选题想写。可是，被无尽的等待（投稿不被采用，又无回音和编辑点评）慢慢消解了再写的热情，气馁而辍笔。有人说，当今互联网和移动客户端时评发表，可以我行我素，能写就发……殊不知，在缺乏编辑把关的新媒体平台上，虽有时评精品力作，但绝大多数（至少占90%以上）还是非常外行尚未入道的写手在那里高谈阔议或发发牢骚。如果满足于这样的水平，就不存在学习时评写法的必要性了。在这样的情况下，求教及至登门求教，就成了一种学习捷径。

虽说编辑少有时间和精力接待投稿作者，但只要真的有人登门虚心求教，他们还是基本热情接待并或多或少要给来者一些指点意见与建议的。除了具体的稿件，他们还会对来者"一类"投稿中所反映的弱项提出改进方向，如选题、角度、提法、语言等。有时，还会对哪些稿件未被刊用的"后台原因"，给出相关的解释。这些内容，是很难很难在投稿信件往来中给你详解的，相当珍贵！

写作者登门拜访于现场表达终于得见编辑的荣幸，一般没有特别重要的稿件，就不必带上稿件请编辑当面赐教。因为现在稿件传输都通过电子邮箱，非常及时方便。现场看稿既匆忙又有点儿为难编辑，因为即便他觉得还可以的稿子仍需要通过"三审"关方能发表。因此，拜访编辑主要就是加强情感联系，拉动他赐教之心。从此，你在编辑心目中留下较深印象，以后编辑看稿审稿时都会多关注你一眼，并由此成为作者与编辑交友的开始。

当作者的稿件水平显著提高，编辑的指导帮助取得了显效时，双赢已经实现，后面你就开始进入最佳状态吧。

四

良师益友是最高追求

时评写作者和编辑之间互动和融洽，不是想通过庸俗关系走后门。即使编辑网开一面，也是不会长久的。朋友加师生，才是最好关系和最高追求。

莫泊桑能够和福楼拜成为良师益友，是从虚心求教开始的，我们在小学语文里就学过这一课。始于求教学习，终于良师益友，这是时评投稿者能够成功的好机会。既为求师，一切就要真诚学习——学老师的新闻阅历，学老师的观察水平，学老师的时事辨识力，学老师的思想深度。编辑老师能够教你的，主要是这几个方面。

（1）新闻阅历，对时评写作有特别意义。处在时评编辑岗位上的媒体人，每天浏览关注的新闻量，一般超过前方记者很多。他们对隐藏在新闻背后的真相和观点的思考，可能比一般记者要深刻许多。我们绝大多数时评投稿者跟他们相比，就更是差一大截了。所以，他们对新闻具有广泛的浏览关注量，他们习惯于对那些重要新闻进行深刻的思考，都值得我们学习借鉴。这是新闻阅历的精髓。

（2）观察水平，是时评编辑水平的基础标志。和他们相比，很多投稿者可以在媒体发表的作品中看出自己的差距。如果有机会能和编辑面谈一两个新闻的观察想法，你更会觉得自己还只停留在对新闻的感知阶段。编辑的敏锐观察，使他发现了许多人所不能发现的东西。编辑的睿智观察，常常洞穿表面现象，而看到了新闻的本质和变化的趋势。人们常说："外行看热闹，内行看门道。"时评写作者要从"看热闹"进步到"看门道"的阶段，学习时评编辑提升观察水平，非常重要。

（3）时事辨识力，造就时评在纷繁复杂的新闻中，拨云见日沙里淘金。现在很多事件和人物，很难用黑白对错来一言论定。而且，还有一些新闻背后，隐藏着不为人知的真相或道理。时评编辑为什么往往能在时事纷扰真相莫辨面前拨云见日？为什么能及时揭示事物的本质？他们的眼力和思维方式，都值得投稿作者认真琢磨潜心学习。

（4）思想深度，就更是时评编辑的看家本领了。很多时评投稿不被刊用，主要原因就是浅尝辄止，对事物人物的认识停留在表面层次，对新闻事件的分析还处在就事论事的阶段。时评编辑是一定擅长思想性论理的，否则他就不可能胜任这份工作。投稿者和编辑相比，却存在着明显距离。而思想深度非一日便能习得，它是比任何写作技能都难以学习把握的时事评论真功夫。而且，编辑即使有心教你帮你，也很难传授。因此，投稿者的用心观察、推敲、揣摩非常重要，往往功夫在诗外。

如果能和编辑成为好友，时评写作者就会受益无穷了。但作者和编辑的友情建立和维系的难度较大，因为弄不好，很容易形成利益关系和交换关系。而且，个人的文化修养和性格习惯差异较大，交朋友的方式方法各有不同。因此，我们只能把这个问题提出来，并阐明它对时评写作者提高水平和稿件命中率有很大的作用。怎么理解，仍需依人而论。怎么去做，也应该按事而行。

第四节

写作者素养起决定性作用

“汝果欲学诗，功夫在诗外”。这是写作之人无不知晓的箴言。南宋大诗人陆游在给他儿子传授写诗的经验时，说自己初时，只知道在辞藻、技巧、形式上下功夫，到中年才领悟到，诗需注重内容、意境，应该反映人民的要求和喜怒哀乐。

时评投稿基本无人能够做到百发百中，但怎么样提高投稿的命中率，还是有着其内在规律和讲究的。很多写作者急于掌握其中的奥秘，恨不得能有一本时评上稿的秘籍，能让自己尽快上道。可是，急功近利一是无法上道，二是企图省去或减少修炼的功夫，是无论如何实现不了的。

那么，从总体来看，时评上稿率的决定性因素是什么呢？写作者素养。

时评写作者的素养，是一种内在素质和修养的综合体现。它不但包含文字、语言、逻辑、修辞、观察、思维、成文等方面的水平，还包括思想、品格、操守、价值观等更深层次的修为。决定一篇时评文章的上与不上，相对是容易的。掌握高质量稿件写作的要领，并由此触类旁通，一定不能就稿子写稿子，长期陷在“一篇一篇”的字词句章和其他错误修改中，许多投稿者在一篇一篇心血之作被“枪毙”以后，放弃写作了。原来是“汝果欲学诗”，却不知“功夫在诗外”。

时评写作是一件很辛苦的事，甚至有时候是比较痛苦的事。这完全是缘于它所牵涉到的知识面广度、观察者角度、思想性深度，还有判断事物的辨识度等。如有一环不行而脱节，就可能导致自己辛辛苦苦写好的作品得不到认可和欣赏。所以，最后我们要特别强调写作者综合素养的重要性，同时，还要对其主要内容进行分别阐述，以便让写作者在重视的同时也不要被那么多“高大上”要求吓得退回去。“诗外”修行何其重，潜心求学需躬行。

二

新闻人的基本素养

时评是广义新闻大家族中的一员。一名称职的时评写作者不但需要懂新闻，还应该具备新闻人的基本素养，它包括新闻敏感、采访水平、倚马可待的写稿能力、现代化发稿技术等。

（1）新闻敏感。它指的是迅速及时发现捕捉具有新闻价值的新闻的反应能力。在现实生活中，大量的新闻事实每天涌现，除了媒体上的报道，还有时评写作者自己的耳闻目睹和身边人的讲述。在所有这些新闻信息面前，你能不能具备一双发现的慧眼，一把抓住那些最重要、最新鲜、最有时效和最能吸引受众的新闻？这是一个非常重要的时评写作基本功。在高人眼里，许多大家熟视无睹、习以为常的现象，他们却发掘出其中的报道价值和评论价值。能发现、发现快，还能发现隐藏在事实背后的问题，这就是他们能在众多投稿中鹤立鸡群的一个重要原因。

（2）采访水平。写时评并非必须是新闻记者，那为什么非要有采访水平呢？因为时评写作在新闻由头和事实论据的获取上，总是“据报载”这样吃媒体“已经嚼过的馍”，是很难出新的。因此，很多优秀时评都会在亲身经历和直接获取新闻上，显出“一手”的魅力。这样的时评写作者，一般会像记者一样，发现有评论价值的新闻，及时介入跟进，通过本人采访的方式获取新闻由头。这里面的对象选择、提问技巧、迂回方式、现场发挥、资料查找、多方核实等，甚至遇到特殊场合还要冒险暗访，里面的技巧和禁忌就更多了。要想成为优秀的时评写作者，都需要学习一些采访的技巧。

（3）倚马可待的写稿能力。时评的时效性，已经成为媒体编辑在大量来稿中选择的一个重要参考。新闻由头如果过了几天，被选中的可能性基本为零。传统媒体时评的由头时效，一般以天计算。新媒体时评的由头时效，一般以小时甚至分钟计算。这对投稿者就提出了一个特别要求，那就是必须具备倚马可待的写稿能力。说到这个，时评界总会提到当年新闻评论界老前辈张季鸾先生。张先生在《大公报》担任主笔

（即现在的总编辑）期间，每天看完大样写社论，已经成为媒体历久不衰的美谈。倚马可待之于时评写作，就是要才思敏捷，能够在极短的时间内迅速抓住“看点”，迅速写成作品，现在还要能够迅速发稿投送。这是思维水平和文字水平的接力，是时评稿件在大量的同类选题竞争中取胜的关键。

（4）现代化发稿技术。我们早已进入 Web 2.0 时代，和媒体打交道如果仍然使用传统的形式，在稿纸上写、邮政管道邮寄，肯定是跟不上媒体运营的节奏。现在还确实有这样的投稿法。如果会打字、会用电脑行不行呢？只能说基本及格。可是，如果要解决时评随写随发的问题，就需要学会移动写稿发稿，也就是运用智能手机软件等。并且为了说动媒体编辑，或者给电视台、电台投稿，有时遇有重大突发事件需要加发由头新闻的现场图片甚至视频，那就还要具备动态抓拍照片与视频拍摄的能力。视频的内存占用一般较大，电子邮箱发送非常困难。这又需要压缩和后期剪辑，它需要使用一些非线性剪辑软件如 PR 等。如果用稍微简单一些的软件剪辑，没有转换格式的功能，那就还要学会运用如“格式工厂”等万能转换软件。照片的修图功能，需要运用 Photoshop 软件等。现在对新生代新闻记者，都有如上这些要求。要想成为优秀的时评写作者，应该对自己也有这样的要求。

此外，时评写作者还需要一定的承压心理素养。写那些社会敏感的选题、重大突发事件选题、针对腐败或不正之风的选题等，没有抗衡压力的心理准备是不行的。这种压力，可能来自官方，也可能来自民间。时事评论，对社会就是解剖刀，就是干预器，不痛不痒的投稿是肯定难以发表的。时评写作者应该具备强烈的社会责任感和使命感，关注底层平民的情怀，不畏强权不怕艰险的精神。

二

评论者的特殊素养

时评和狭义新闻不能画等号，因此，它对写作者就有特殊的素养要求。主要有以下几点。

（1）遇事善于用政治高度、思想眼光看问题。时评所议论的时事，与政治有着千丝万缕的内在联系。时评所针对的社会现象，如果不用思想性眼光分析解剖，那就是平平庸庸的一团乱麻。政治挂钩，绝不是无限上纲、乱扣“帽子”乱打“棍子”，而是在观察分析时事中，关注其间或背后的政治因素。凤凰卫视著名记者兼评论员阮次山先生曾经说过：“世界上很多看起来不相关的事情，其实是相互关联的，这就是所谓的政治眼光。”中印军队在小小的洞朗地区发生争议，这里面隐藏着国际大政治。飞机上的“前11排座位事件”（南航西安分公司为66名政府政务团安排前11排的座位，而且对普通旅客进行一定隔离），这也是政治。广西南宁市环卫清扫考核“以克论净”，这是形式主义政治的典型反映……总之，政治高度、思想眼光，就是防止时评写作就事论事，只看到表面现象却对隐藏在事实背后的本质或问题视而不见。

（2）写作能够有理论深度，理性展开辨别和分析。时评属于政论的一支，论，才是它的要点或本质。因此，所有时评都必须具备论的观点支撑，理论深度也就不可或缺了。在纷繁复杂的新闻事实面前，时评需要拨开迷雾澄清叠嶂，不为眼前的现象所迷惑。辨识真相、分析原因，如果就事论事就只能在原地打转了。把个例的事实变成具有普遍意义的典型事实，则要求将个例提升到一定的理论高度才行。对问题的分析，还不能感情用事。收起你的愤怒，请用清醒理智的观点来表达。当然，它还需要建立在准确辨识的基础之上。

（3）平时有广泛的社会活动能力。关在封闭的屋子里，躲在象牙之塔里，时评就隔绝了空气。从发现选题、捕捉观点、感受人民群众的喜怒哀乐来考虑，也需要时评写作者，在社会上尽可能有广泛的交往与活动能力。在古代“两耳不闻窗外事，一心只读圣贤书”或许还可以，今天不投入这个大时代，恐怕就会成为死读书、读死书的人。社会大熔炉，其实是最能熔化锻造思想的。人民群众，才是时评取之不尽用之不竭的观点和语言源泉。我们可以看看那些大名鼎鼎的优秀时评家，哪一位的社会交往不令人钦羡：美国的迈克·华莱士、凤凰卫视的杨锦麟和梁文道、《南方周末》的鄢烈山、央视的白岩松、画坛论坛双跨的陈丹青、经济评论家叶檀、《中国青年报》的曹林……时评大腕的活动能量极大，我们普通的时评写作者起码要学习他们的思路，尽量拓展自己的社会活动面，在广泛交往中捕捉选题、升华思想、学习语言、检验认识。

（4）兼具比较扎实的形式逻辑知识基础。论点、论据、论证——时评三要素，需要严密的逻辑关系串联，任何一种逻辑错误都有可能导致文章大厦的坍塌。时评写作者的逻辑基础知识，是必须具备的。很多语言表达看似通顺，如果上下句结合起来分析，即使并不存在语法毛病，却可能因为违反了矛盾律、排中律、同一律而站不住脚。形式逻辑是基础性学科、工具性学科。它对于时评写作，尤其具有内在的支撑作用。概念、观点、推理、结论，哪一个能缺少逻辑性？将它们之间串联起来，就更需要逻辑的红线。而形式逻辑又不是一般的文字语言，它是一门专业的学科学问，不投入精力潜心学习是难以掌握的。有了这些工具保驾护航，不但时评可以更加严谨，而且平时与人交流、上台发表演讲等，也能增加魅力，防止东扯葫芦西扯瓢的“不关联”与“错关联”。

三

优秀时评家的高尚品格

我们是时评写作的爱好者、初学者、刚入道者、正爬坡者，为什么要谈优秀时评家的品格？请先想一想书法爱好者习字，他一定还是要选欧阳询、颜真卿、柳公权等这些中国历史上最优秀的大家字帖来临摹学习的。再看京剧爱好者，即使是票友，也还是要学旦角“四大名旦”即梅兰芳、程砚秋、尚小云、荀慧生，或老生“四大须生”即余叔岩、马连良、言菊朋、高庆奎。标准立高，要求设严，进步则大，发展愈快。这个学习的基本道理，同样适用时评写作。

优秀时评家的高尚品格，集合起来大致有以下三种。

（1）民主意识：平等主义思想，尊重论辩规则。关注天下兴亡，积极参与意识。法律观念浓厚，人民利益至上。坚持协商理念，论理不强加于人。权贵面前，毫不畏惧。在那些优秀时评家的脑海里，人与人之间应该都是无高低贵贱之分的。无论什么阶层、什么职业、什么文化、什么信仰、多少财富等，人格上都是平等的。大家都是公民，因此，所有人都必须尊重民意诉求，尊重社会道德，尊重法律尊严，尊重论辩对方的发言权。如果在这些方面出现侵权或挑战的话，时评家们的刀笔是绝不能容忍的，哪怕遭遇权贵压力、社会威胁，也会毅然亮剑。但是，他们在任何选题的论辩中，会始终严守“我不同意你的说法，但我誓死捍卫你说话的权利”这条文明规则。因此，他们写的时评，会用事实讲话，以道理服人，而不会蛮横强加、以势压人。

（2）科学精神：评论事实求真，理性存疑权威，认真容纳异见，追求创新思维。实践检验思想，勇于自我否定。坚守道德情操，科学逻辑推理。脚踏实地采访，倾听人民呼声。越是优秀的时评家，越会从不同的观点意见中换位思考。他们的虚心精神和博大胸怀往往潜藏在时评的观点和结论之中。但是，对于有些权威定论，他们时常表现出科学合理存疑、合理推论质疑、大胆假设析疑的勇气。无论哪种论辩的对手，如果确实证明了时评家的谬误，他们也会心悦诚服地接受改正。鲁迅曾经专门著文《关于杨君袭来事件的辩正》三则，为自己一篇时评中的错误判断而向一个同学公开道歉。文中有句自责名言："由我造出来的酸酒，当然应该由我自己来喝干。"时评旗帜鲜明表达是非臧否判断，不会永远正确。勇于承认错误，是时评界科学精神的表现。

（3）独立人格：自主意识、自控意识、批判意识、社会责任意识、个性意识、敢于首先发声意识、善于恰当表达意识、经得起实践检验意识。不唯书不唯上只唯实。人格是人的性格、气质、能力等特征的总和，也指个人的道德品质和人的能作为权利、义务的主体的资格。[①] 优秀时评家总能在自己的作品中，展现性格、气质、能力、道德品质等方面的魅力，字里行间还会散发着自主、自为、自控的气质。因此，他们的时评作品只认实践检验的标准，而不在乎哪本著作上已有的定论、哪位高层领导曾经作过的指示等。关键还在于，他们敢于、善于将独立观察独立思考得出的观点分析恰当地向公众表达，以影响社会推动社会。

对于优秀时评家个体来说，以上三条并非每个人全部具备。或许谁在某个方面更加凸显一些，而在某个方面稍微欠缺一些。但无论如何，他们作为一个整体，在他们大量的优秀时评作品中都体现了这三种品格。

四

当代公民的责任修为

写时评不是当劳模，不是选后备干部或两院院士，当然不会要求政治、学识、才

① 亚瑟．人格魅力．北京：时事出版社，2005.

干等高到什么地步。可是，当代公民的责任修为，还是一定要具备的基础素质。它是生在这个国度就应该有的自觉意识，它是关心国家和民族命运的自觉担当，它是履行公民义务和社会职责的道德需要，它更是时评写作者融入时代、介入社会的自我精神要求。

时评写作者的责任意识，从来就不是与生俱来的。换句话说，不是写作者抬起如椽大笔指点江山，天下兴亡匹夫有责的意识就会自然而然从天而降。它需要较长时间的自我要求自我修炼自我学习自我改造，方能达到一定境界，先修而后有为。时评写作中的技法、语言、辩术等，如果算作硬实力的话，当代公民的责任修为，因牵涉思想、修养、素质、道德、造诣，那就是不可替代的软实力。硬件不行，媒体编辑可以加工修改。软件缺失，时评就是无源之水无本之木。而且，就写作者的时评写作生涯来说，这种修为是个不断进取、长期努力的过程。

台湾大时评家李敖，在学生时代就主动扛起了社会责任的担子，12 岁在《好国民》杂志上发表《妄心》《人类的冷藏》等作品。30 岁的李敖已经出版了《文化论战丹火录》《为中国思想趋向求答案》等多部著作。他自认为对社会有一份改造的责任。因此，抨击蒋家王朝锋芒毕露。为此，他曾两次被打进大牢。第二次出狱后他闭关半年，竟然写了多部《千秋评论》、数千篇时评。李敖至今著作过百，其中有 96 本被禁，他仍笔耕不辍。有朋友和他谈到人生苦短和公民责任修为的关系时，他慷慨激昂地回答："生命虽然是我想保持的，但是如果有比生命更令我追求的，我就会舍生取义!"①

郭光东当年只是一名在读的研究生，面对洪灾中的死难者，他给时任国务院总理的朱镕基上书，请求按《国旗法》精神，降国旗以志哀。之后，他又孜孜不倦写时评投给媒体，苦等半个多月的沮丧之下，他仍然不气不馁给《中国青年报》"冰点时评"投稿。最终，促成了国旗为遭遇大灾普通公民而降的国家行为通行化。

没有责任意识，时评写作者就是麻木不仁者，虽然身处矛盾纠葛利害关系冲突的世界，但他视而不见听而不闻。这种心理，怎么可能把人民的喜怒哀乐当作自己的喜怒哀乐呢？这种状态，不要讲"为国捐躯"，连为国献智都做不到。《宪法》规定了公民的基本权利和义务，其中包括"公民有言论、出版、集会、结社、游行、示威的自

---

① 李敖．千秋评论．长沙：湖南文艺出版社，1988：604.

由”。“公民对于任何国家机关和国家工作人员，有提出批评和建议的权利；对于任何国家机关和国家工作人员的违法失职行为，有向有关国家机关提出申诉、控告或者检举的权利。”时评写作者的当代公民责任修为，只是建立在上述那些基本要求基础上的一种精神升华。愿意升华、能够升华、实现升华，是时评写作者走向成熟的三个渐进阶段，也是时评写作捕捉选题、把正观点、检验效果的三个应用环节。这需要在日积月累的修炼中逐步养成。

要 领

1. 媒体的市场决定者是受众，时评写作者的市场决定者就是媒体编辑。把准市场需求，掌握编辑口味，已经成了时评写作者成功发表时评的“临门一脚”。当然，能不能发表，也是检验自己写作水平的一个重要标准。

2. 媒体性质总体上属于精神产品，同时具有商品特性。但具体说起来，每家媒体都有自己特定的性质。这种特定性质，造成了各自媒体刊发稿件的要求和口味的不同。

3. 时评的新闻由头和作为论据的事实，如果虚假失实，则整个文章根基坍塌矣。而且它还可能引发新闻纷争，导致新闻官司缠身。

4. 愿意升华、能够升华、实现升华，是时评写作者走向成熟的三个渐进阶段，也是时评写作捕捉选题、把正观点、检验效果的三个应用环节。

后记

老长的书稿终于将付梓。

鄢烈山先生写序碍于情面不好打我脸，用了“又是大部头……幸好还只是‘时评要领’，否则恐怕要1 000页了”的揶揄。尽管他前有对我已出版两本书的称赞，中间尚有“又是那么缜密生动”等正面报道为主的褒义垫衬，但我却看出了自己著书论说，还缺乏与读者换位思考、将心比心。中国传媒大学的教授博导金梦玉也曾劝过我，少写一点、书价便宜、市场好销。可我每每在键盘上飞指著述，总想写得周全、写得深入、写得不比一般，还自认为不为出书而草率。这是典型的作者本位思考方式，现在举刀自砍肉疼，“下一部”需要改进了。

虽然我做过多年报纸评论编辑，也写过几百篇时评，编过上万篇来稿，但触发写一本时评要领专著的灵感，却来自自己转战大学新闻传播学院的讲坛。学校交给我一门时评写作课，为备课我在图书馆、书店、网络，遍寻教科书和参考资料。结果，没有找到自己感觉贴切的著作。大量传统的新闻评论书，已经很难诠释当今时评的现象与写作技法。而且，很多概念、思维方式、写作方式等，都非常需要变革、创新。最近十年出版的有关时评写作具体指导的书籍极少，并基本比较简单不成系统，非学术理论专著更加罕见。我国目前有681所高校开设了新闻传播学类相关专业，7个核心专业布点数达到1 244个，在校本科生约28万人，硕士博士研究生还不包括在内。时评写作则是所有高校新闻传播类专业必学的基础课程。缺乏专业教材，但广大学生迫切需要，各校老师根据各自研究讲授也很困难。

最紧迫的，还在于自Web 2.0全民记者时代以来，新媒体（包括自媒体），特别是论坛、微博、微信的迅猛发展，使得对时政和社会现象发表观点议论的公众，几以亿数。他们绝大多数写时评还停留在感知摸索阶段，特别需要专业知识指导。如果能有操作性强的要领性著作引路，那会显著提高中国网民的论世水平，读者市场的需求也很明显。

鉴于上述原因和动力，我写了这部“面面俱到”的“煌煌大著”（鄢烈山语）。鲁迅先生在《看书琐记（三）》里论过，作者和读者的关系就像厨师和食客，食客是有评头论足权的。真诚期待读者的评判，特别是批评建议。

感谢，不是著作者狗尾续貂的俗套。写一本几十万字的厚书固然辛苦加艰苦，可字里行间总闪耀着同道尤其是前行者的智慧之光。不借后记向他们 90 度鞠躬，我将失去表达内心谢意的机会。

本书那么多鲜活的时评案例，那么多理论成果的援引，是盖起一座大厦的砖瓦。先贤侪辈皆为我师，恕不一一点出道谢了。没有你们的贡献，我写的所有要领，都不过是缺乏基石的空中楼阁。

付梓之前，特别想请时评家鄢烈山先生指点教正。三生有幸，居然就在此时，他竟主动加我微信。然后，他拨冗以极大的耐心，仔细审看了几十万字书稿，并提了不少高见。再然后，还精心为我写了几千字的序言。他的文字褒扬和语音鼓励，提振了我完善与推出本书的信心。

我在毫无熟人朋友引荐的情况下，冒昧联系中国人民大学出版社出版。因为，人大新闻学院是公认的中国顶尖的新闻学子摇篮。那里有一群既具深厚理论又有丰富实践经验的专家学者。我是抱着“弄斧到班门”之心，投稿试水去的——这是高水准市场检验的第一道大关。经过三个多月杳无音讯的煎熬，编辑终于来电，非常热情地评价本书的水平和特点。我以新闻类著作能入该社的法眼并出版而自豪，感谢你们的抬爱相中！感谢翟江虹、汤慧芸编辑，那么细心严格为本书把关！

前有序，后有跋，这才是一本著作的标配。可我担不起与中国时评大家鄢烈山相称的分量，还是落俗站低一点作个“后记”罢了。

2017 年 11 月 2 日

于南京将军山麓

图书在版编目（CIP）数据

时评要领／丁邦杰著．—北京：中国人民大学出版社，2018.10
21世纪新闻传播学应用型教材
ISBN 978-7-300-26225-3

Ⅰ.①时… Ⅱ.①丁… Ⅲ.①时事评论-新闻写作-高等学校-教材 Ⅳ.①G212.2

中国版本图书馆CIP数据核字（2018）第208984号

21世纪新闻传播学应用型教材

时评要领

丁邦杰　著

Shiping Yaoling

出版发行	中国人民大学出版社		
社　　址	北京中关村大街31号	**邮政编码**	100080
电　　话	010－62511242（总编室）		010－62511770（质管部）
	010－82501766（邮购部）		010－62514148（门市部）
	010－62515195（发行公司）		010－62515275（盗版举报）
网　　址	http://www.crup.com.cn		
	http://www.ttrnet.com(人大教研网)		
经　　销	新华书店		
印　　刷	北京东君印刷有限公司		
规　　格	185 mm×260 mm　16开本	**版　　次**	2019年1月第1版
印　　张	24.75 插页1	**印　　次**	2019年1月第1次印刷
字　　数	401 000	**定　　价**	58.00元